千華數位文化
Chien Hua Learning Resources Network

U0152851

考前充分準備　臨場沉穩作答

千華公職資訊網
http://www.chienhua.com.tw
每日即時考情資訊 網路書店購書不出門

千華公職證照粉絲團 f
https://www.facebook.com/chienhuafan
優惠活動搶先曝光

千華 Line@ 專人諮詢服務

☑ 有疑問想要諮詢嗎？
歡迎加入千華 LINE @ ！

☑ 無論是考試日期、教材推薦、
勘誤問題等，都能得到滿意的服務。

☑ 我們提供專人諮詢互動，
更能時時掌握考訊及優惠活動！

投信投顧相關法規(含自律規範)乙科

完整考試資訊
立即了解更多

- **辦理依據：**
  - (一)「證券商負責人與業務人員管理規則」。
  - (二)「期貨商負責人與業務員管理規則」、「中華民國期貨業商業同業公會辦理期貨商業務員資格測驗辦法」、「中華民國期貨業商業同業公會辦理期貨交易分析人員資格測驗辦法」及「中華民國期貨業商業同業公會辦理期貨信託基金銷售機構銷售人員資格測驗辦法」。
  - (三)「證券投資顧問事業負責人與業務人員管理規則」及「中華民國證券投資信託暨顧問商業同業公會辦理證券投資信託事業證券投資顧問事業業務人員資格測驗及認可辦法」。

- **報名資格：取得信託業業務人員信託業務專業測驗資格者。**

- **報名費用：新臺幣530元整。**

- **報名日期：**

次別	報名日期	考試日期
第一次	112.1.19～2.17	112.4.16
第二次	112.5.12～6.20	112.8.16
第三次	112.9.11～10.20	112.12.3

- **測驗科目、時間及內容：**
  - (一)測驗科目、時間及題型

科　目	測驗題數	測驗時間	作答方式
投信投顧相關法規（含自律規範）	50題	60分鐘	2B 鉛筆劃卡

(二)測驗科目及內容：投信投顧相關法規（含自律規範）

1. 證券投資信託及顧問法。
2. 證券投資顧問事業設置標準。
3. 證券投資顧問事業管理規則。
4. 證券投資顧問事業負責人與業務人員管理規則。
5. 證券投資信託事業設置標準。
6. 證券投資信託事業管理規則。
7. 證券投資信託事業負責人與業務人員管理規則。
8. 證券投資信託基金管理辦法。
9. 證券投資信託事業募集證券投資信託基金處理準則。
10. 證券投資信託事業證券投資顧問事業經營全權委託投資業務管理辦法。
11. 中華民國證券投資信託暨顧問商業同業公會「證券投資信託事業證券投資顧問事業經營全權委託投資業務操作辦法」。
12. 中華民國證券投資信託暨顧問商業同業公會「會員自律公約」。
13. 「中華民國證券投資信託暨顧問商業同業公會會員及其銷售機構從事廣告及營業活動行為規範」。
14. 中華民國證券投資信託暨顧問商業同業公會「證券投資信託事業經理守則」。
15. 證券投資顧問事業從業人員行為準則。
16. 境外基金管理辦法。

合格標準：本項測驗以成績達70分為合格。

～以上資訊僅供參考，詳細內容請參閱招考簡章～

 千華數位文化股份有限公司

■新北市中和區中山路三段136巷10弄17號　■千華公職資訊網 http://www.chienhua.com.tw
■TEL: 02-22289070　FAX: 02-22289076　　■服務專線：(02)2392-3558・2392-3559

目 次

Part 1 重點整理

Part 2 近年歷屆試題與解析

高分準備方法

由於金融考試內容多有重疊，因此主管機關特將各類考試以模組化方式進行，並且許可已取得證券商高級業務員測驗合格證明書者，僅須參加「投信投顧相關法規 (含自律規範)」乙科測驗，及格者即可取得「證券投資信託事業及證券投資顧問事業業務員專業科目測驗成績合格證明」。

※ 多背、多記、多練習

相較於其他金融考試，投信投顧相關法規的範圍較為具體且集中、大多集中於法條與法規的相關內容，因而出題時往往容易考得較細、考題重覆的頻率也相當高，故在備考時務必多加練習歷年來的各屆試題，藉此熟悉考試出題模式及範圍，同時也可培養臨場的實力和反應。

※ 善用本書，事半功倍

本書除了將所有涉及考試範圍的法規與法條詳加整理至 Part1 的重點整理，並在各章節附上章後試題以供練習之外，也將自近年以來的所有試題條列至 Part2 的歷屆試題當中，同時針對所有題目進行詳細解析，相信在備考時若能運用此書按部就班地熟讀且牢記其中重點，必定能夠藉此達到事半功倍的效果。

參考書目

1. 《證券投資信託及顧問法》
2. 《證券投資信託事業設置標準》
3. 《證券投資顧問事業設置標準》
4. 《證券投資信託事業管理規則》
5. 《證券投資顧問事業管理規則》
6. 《證券投資信託事業負責人與業務人員管理規則》
7. 《證券投資顧問事業負責人與業務人員管理規則》
8. 《證券投資信託基金管理辦法》
9. 《證券投資信託事業募集證券投資信託基金處理準則》
10. 《證券投資信託事業、證券投資顧問事業經營全權委託投資業務管理辦法》
11. 《證券投資信託事業、證券投資顧問事業經營全權委託投資業務操作辦法》
12. 《信託業兼營全權委託投資業務操作辦法》
13. 《中華民國證券投資信託暨顧問商業同業公會會員自律公約》
14. 《中華民國證券投資信託暨顧問事業從事廣告及營業活動行為規範》
15. 《中華民國證券投資信託基金廣告規範要點》
16. 《證券投資信託事業經理守則》
17. 《證券投資顧問事業從業人員行為準則》
18. 《境外基金管理辦法》
19. 《證券投資信託暨顧問法同業公會相關條文》
20. 《投信投顧相關法規 105 至 107 年歷屆試題》

Part 1 重點整理

01 證券投資信託及顧問法

依出題頻率分為：B頻率中

課前導讀

本章節為規範證券投資信託事業、證券投資顧問事業及信託業、證券相關事業兼營證券投資信託、證券投資顧問事業之主要法源，在備考時應將內容熟讀，以掌握應考時的基本分數。

重點 1　立法目的與主管機關

證券投資信託及顧問法（簡稱「投信投顧法」），立法目的有三：

一、 健全證券投資信託及顧問業務之經營與發展。

二、 增進資產管理服務市場之整合管理。

三、 保障投資。

本法未規定者，適用證券交易法之規定。

證券投資信託及顧問法所稱之主管機關為「金融監督管理委員會」（簡稱「金管會」）。

重點 2　投信投顧名詞定義

證券投資信託	
證券投資信託	係指向不特定人募集證券投資信託基金發行受益憑證，或向特定人私募投資信託基金交付受益憑證，從事於有價證券、證券商品或其他經主管機關核准項目之投資或交易。
證券投資信託事業	係指經主管機關許可，以經營證券投資信託為業之機構；證券投資信託事業經營之業務種類如下： (一) 證券投資信託業務。

證券投資信託	
證券投資信託事業	(二) 全權委託投資業務。 (三) 其他經主管機關核准之有關業務。 證券投資信託事業經營之業務種類，應報請主管機關核准。
證券投資信託契約	指由證券投資信託事業為委託人，基金保管機構為受託人所簽訂，用以規範證券投資信託事業、基金保管機構及受益人間權利義務之信託契約。【104年第2次投信投顧人員】

證券投資顧問	
證券投資顧問	係指直接或間接自委任人或第三人取得報酬，對有價證券、證券相關商品或其他經主管機關核准項目之投資或交易有關事項，提供分析意見或推介建議。
證券投資顧問事業	係指經主管機關許可，以經營證券投資顧問為業之機構；證券投資顧問事業經營之業務種類如下： (一) 證券投資顧問業務。 (二) 全權委託投資業務。 (三) 其他經主管機關核准之有關業務。 證券投資顧問事業經營之業務種類，應報請「主管機關」核准。【108年第3次投信投顧人員】
證券投資顧問契約	指證券投資顧問事業接受客戶委任，對有價證券、證券相關商品或其他經主管機關核准項目之投資或交易有關事項提供分析意見或推介建議所簽訂投資顧問之委任契約。

一、基金保管機構

係指本於信託關係，擔任證券投資信託契約受託人，依證券投資信託事業之運用指示從事保管、處分、收付證券投資信託基金，並依證券投資信託及顧問法及證券投資信託契約辦理相關基金保管業務之信託公司或兼營信託業務之銀行。

二、受益人

係指依證券投資信託契約規定，享有證券投資信託基金受益權之人。

三、證券投資信託基金

係指證券投資信託契約之信託財產，包括因受益憑證募集或私募所取得之申購價款、所生孳息及以之購入之各項資產。

四、受益憑證

係指為募集或私募證券投資信託基金而發行或交付，用以表彰受益人對該基金所享權利之有價證券。

五、境外基金

係指於中華民國境外設立，具證券投資信託基金性質者。

六、有價證券

係指依證券交易法第6條規定之有價證券，包含政府債券、公司股票、公司債券及經金管會核定之有價證券（如：受益憑證、認購權證）。

七、證券相關產品

係指經主管機關核定准予交易之證券相關之期貨、選擇權或其他金融商品。

全權委託投資	
全權委託投資	指對客戶委任交付或信託移轉之委託投資資產，就有價證券、證券相關商品或其他經主管機關核准項目之投資或交易為價值分析、投資判斷，並基於該投資判斷，為客戶執行投資或交易之業務。
全權委託保管機構	指依證券投資信託及顧問法與全權委託相關契約，保管委託投資資產及辦理相關全權委託保管業務之信託公司或兼營信託業務之銀行。
委託投資資產	指客戶因全權委託投資，委託交付或信託移轉之資產、所生孳息及以之購入之各項資產。

重點3 執行業務之原則與義務

一、善良管理人義務

證券投資信託事業、證券投資顧問事業、基金保管機構、全權委託保管機構及其董事、監察人、經理人或受僱人,應依證券投資信託及顧問法或此法授權訂定之命令及契約之規定,以善良管理人之注意義務及忠實義務,本誠實信用原則執行業務。

二、保密義務

證券投資信託事業、證券投資顧問事業、基金保管機構、全權委託保管機構及其董事、監察人、經理人或受僱人,對於受益人或客戶個人資料、往來交易資料及其他相關資料,除其他法律或主管機關另有規定外,應保守秘密。違反前述規定者,證券投資信託基金受益人或契約之相對人因而所受之損害,應負賠償責任。

重點4 行為限制

一、 經營證券投資信託業務、證券投資顧問業務、全權委託投資業務、基金保管業務、全權委託保管業務或證券投資信託及顧問法所定之其他業務者,不得有下列情事:

(一)虛偽行為。

(二)詐欺行為。

(三)其他足致他人誤信之行為。

二、 證券投資信託事業、證券投資顧問事業、基金保管機構及全權委託保管機構申報或公告之財務報告及其他相關業務文件,其內容不得有虛偽或隱匿之情事。

違反前述規定者,證券投資信託基金受益人或契約之相對人因而所受之損害,應負賠償責任。

重點 5 損害賠償請求權

一、 違反證券投資信託及顧問法規定應負損害賠償責任之人，對於故意所致之損害，法院得因被害人之請求，依侵害情節，酌定損害額「**三倍以下**」之懲罰性賠償；因重大過失所致之損害，得酌定損害額「**二倍以下**」之懲罰性賠償。【102年第3次投信投顧人員】

二、 證券投資信託及顧問法規定之損害賠償請求權，自請求權人得知有受賠償之原因時起「**二年**」間不行使而消滅；自賠償原因發生之日起逾「**五年**」者，亦同。【105年第3次投信投顧人員】

三、 受益人之收益分配請求權，自收益發放日起「**五年**」間不行使而消滅。【111年第3次投信投顧人員】

四、 受益人買回受益憑證之價金給付請求權，自價金給付期限屆滿日起「**十五年**」間不行使而消滅。【108年第3次投信投顧人員】

五、 基金清算時，受益人剩餘財產分配請求權，自分配日起「**十五年**」間不行使而消滅。

✎ 重點回顧

違反投信投顧法規定應負損害賠償責任之人：
★ 故意所致 ➡ 損害額「三倍以下」之懲罰性賠償。
★ 重大過失所致 ➡ 損害額「二倍以下」之懲罰性賠償。

投信投顧法規定之損害賠償請求權：
★ 得知有受賠償之原因時起 ➡「二年」間不行使而消滅。
★ 賠償原因發生之日起 ➡ 逾「五年」不行使而消滅。

受益人：
★ 收益分配請求權 ➡ 收益發放日起「五年」間不行使而消滅。
★ 買回受益憑證之價金給付請求權 ➡ 給付期限屆滿日起「十五年」間不行使而消滅。
★ 剩餘財產分配請求權 ➡ 分配日起「十五年」間不行使而消滅。

小試身手

(　) **1** 下列敘述何者有誤？　(A)基金保管機構應以善良管理人之注意義務及忠實義務，並本誠實信用原則，保管基金資產　(B)基金保管機構之董事、監察人、經理人、業務人員及其他受僱人員，不得以職務上所知悉之消息從事有價證券買賣之交易活動或洩漏予他人　(C)投資基金產生投資虧損時，基金保管機構應為基金受益人之權益向證券投資信託事業追償　(D)基金保管機構之代理人、代表人或受僱人，履行證券投資信託契約規定之義務有故意或過失時，基金保管機構應與自己之故意或過失負同一責任。

(　) **2** 對於證券投資顧問事業之敘述，下列何者為正確？　(A)為證券服務事業之一種　(B)投信投顧法公布前，經營投資顧問事業為非法　(C)提供有關有價證券價值研究分析意見，皆須受有報酬　(D)事業之經營依法由財政部核准。

(　) **3** 未經金管會許可，經營證券投資顧問業務，依證券投資信託及顧問法第107條規定，可處何種處罰？　(A)一年以下有期徒刑　(B)二年以下有期徒刑　(C)三年以下有期徒刑　(D)五年以下有期徒刑。

(　) **4** 違反證券投資信託及顧問法規定應負損害賠償責任之人，對於重大過失所致之損害，法院得因被害人之請求，依侵害情節酌定損害額幾倍以下之懲罰性賠償？　(A)一倍　(B)二倍　(C)三倍　(D)四倍。

(　) **5** 證券投資信託及顧問法規定之損害賠償請求權，自有請求權人知有得受賠償之原因時起幾年間不行使而消滅？　(A)一年　(B)二年　(C)三年　(D)四年。

(　) **6** 證券投資信託及顧問法規定之損害賠償請求權，自賠償原因發生之日起逾幾年而消滅？　(A)一年　(B)三年　(C)五年　(D)七年。

( ) **7** 受益人買回受益憑證之價金給付請求權，自價金給付期限屆滿日起幾年間不行使而消滅？　(A)五年　(B)十年　(C)十五年　(D)二十年。

解答 1 (C)　2 (A)　3 (D)　4 (B)　5 (C)　6 (C)　7 (C)

重點 **6** 檢查權

一、　主管機關為保障公共利害或維護市場秩序，得隨時要求證券投資信託事業、證券投資顧問事業、基金保管機構、全權委託保管機構或其關係人，於期限內提出財務、業務報告或其他相關資料，並得直接或委託適當機構，檢查其財務、業務狀況或其他相關事項，該事業、機構或其關係人不得規避、妨礙或拒絕。

二、　主管機關認為必要時，得隨時指定律師、會計師或其他專門職業或技術人員為前項之檢查，並向主管機關據實提出報告或表示意見，其費用由「被檢查人」負擔。

三、　主管機關為保障公眾利益或維護市場秩序，對於有違反證券投資信託及顧問法行為之虞者，得要求相關目的事業主管機關或金融機構提供必要資訊或紀錄。
前述所得之資訊，除為健全監理及保護投資人之必要外，不得公布或提供他人。

四、　主管機關於審查證券投資信託事業、證券投資顧問事業、基金保管機構及全權委託保管機構所申報之財務、業務報告及其他相關資料，或於檢查其財務、業務狀況時，發現有不符合法令規定之事項，除得予以糾正外，並得依法處罰之。

重點**7**　行政處分

一、　主管機關對證券投資信託事業或證券投資顧問事業違反證券投資信託及顧問法或依該法所發布之命令者，除依該法處罰外，並得視情節之輕重，為下列處分：

(一) 警告。

(二) 命令該事業解除其董事、監察人或經理人之職務。

(三) 對該事業處以二年以下停止其全部或一部之募集或私募證券投資信託基金或新增受託業務。

(四) 對公司或分支機構就其所營業務之全部或一部為六個月以下之停業。

(五) 對公司之分支機構營業許可之廢止。

(六) 其他必要之處置。

二、　證券投資信託事業及證券投資顧問事業之董事、監察人、經理人或受僱人執行職務，有違反證券投資信託及顧問法或其他有關法令之行為，足以影響業務之正常執行者，主管機關除得隨時命令該事業停止其「<u>一年</u>」以下執行業務或解除其職務外，並得視情節輕重，對該事業為上述(一)～(六)項所定之處分。【108年第1次投信投顧人員】

重點回顧

違反投信投顧問法除依該法處罰外，得視情節輕重為下列處分：

★ 對該事業，處「**二年**」以下，停止募集或私募信託基金或新增受託業務。

★ 對公司或分支機構，處「**六個月**」以下，所營業務停業。

董事、監察人、經理人或受僱人違反投信投顧問法：

★ 處「**一年**」以下停止其執行業務或解除職務。

重點**8** 刑罰

一、 證券投資信託及顧問法第8條第1項規定，經營證券投資信託業務、證券
　　 投資顧問業務、全權委託投資業務、基金保管業務、全權委託保管業務
　　 或其他證券投資信託及顧問法所定業務者，不得有下列情事：

　　 (一) 虛偽行為。

　　 (二) 詐欺行為。

　　 (三) 其他足致他人誤信之行為。

　　 1. **經營證券投資信託業務、基金保管業務**

　　　　 對公眾或受益人違反第8條第1項規定者：處「**三年**」以上、「**十年**」以
　　　　 下有期徒刑，得併科「**新臺幣一千萬以上、二億元以下**」罰金。

　　 2. **經營證券投資顧問業務、全權委託投資業務、全權委託保管業務或其他**
　　　　 本法所定業務

　　　　 對公眾或客戶違反第8條第1項規定者：處「**一年**」以上、「**七年**」以下
　　　　 有期徒刑，得併科「**新臺幣五千萬以下**」罰金。

　　　　 違反上述規定，因犯罪所得財物或財產上利益，除應發還被害人或第三
　　　　 人外，不問屬於犯罪行為人與否，沒收之。

二、 證券投資信託事業、證券投資顧問事業之董事、監察人、經理人或受僱
　　 人，意圖為自己或第三人不法之利益，或損害證券投資信託基金資產、
　　 委託投資資產之利益，而為違背職務之行為，致損害於證券投資信託基
　　 金資產、委託投資資產或其他利益者，處「**三年**」以上、「**十年**」以下
　　 有期徒刑，得併科「**新臺幣一千萬元以上、二億元以下**」罰金。

　　 其因犯罪獲取之財務或財產上利益金額達新臺幣一億元以上者，處七年
　　 以上有期徒刑，得併科新臺幣二千五百萬元以上、五億元以下罰金；未
　　 遂犯亦罰之。於犯罪後自首，如自動繳交全部犯罪所得者減輕其刑，並
　　 因而查獲其他正犯、共犯者，減輕或免除其刑。

三、 證券投資信託事業、證券投資顧問事業、基金保管機構或全權委託保管
　　 機構有下列情事之一者，處「**一年**」以上、「**七年**」以下有期徒刑，得
　　 併科「**新臺幣五千萬元**」以下罰金。

(一)對主管機關提出之公開說明書或投資說明書之內容為虛偽或隱匿之記載。

(二)對於主管機關命令提出之帳簿、表冊、文件或其他參考或報告資料之內容為虛偽或隱匿之記載。

(三)於依法或主管機關基於法律所發布之命令規定之帳簿、表冊、傳票、財務報告或其他有關業務文件之內容為虛偽或隱匿之記載。

四、有下列情事之一者，處「**五年**」以下有期徒刑，併科「**新臺幣一百萬元以上五千萬以下**」罰金（法人違反此規定者，處罰其負責人）。

(一)未經主管機關許可，經營證券投資信託業務、證券投資顧問業務、全權委託投資業務或其他應經主管機關核准之業務。【111年第1次投信投顧人員】

(二)任何人非經主管機關核准或向主管機關申報生效，而在中華民國境內從事或代理募集、銷售境外基金。

五、證券投資信託事業、證券投資顧問事業之董事、監察人、經理人或受僱人，對於職務上之行為，要求、期約、收受財物或其他不正利益者，處「**五年**」以下有期徒刑、拘役或科或併科「**新臺幣二百四十萬元以下**」罰金。
前項人員對於違背職務之行為，要求、期約、收受財物或其他不正利益者，處七年以下有期徒刑，得併科新臺幣三百萬以下罰金。

六、對於證券投資信託事業、證券投資顧問事業之董事、監察人、經理人或受僱人違背職務之行為，要求、期約、交付財物或其他不正利益，處三年以下有期徒刑，拘役或科或併科新臺幣一百八十萬以下罰金。
犯前述之罪而自白或自首者，得減輕其刑；在偵查或審判中自白者，得減輕其刑。

七、任何人未經主管機關核准或申報生效，而在中華民國境內從事或代理投資顧問境外基金者，處「**二年**」以下有期徒刑、拘役或科或併科「**新臺幣一百八十萬元**」以下罰金（法人違反此規定者，處罰其負責人）。
【107年第1次、第4次投信投顧人員】

重點回顧

投信投顧問事業之董事、監察人、經理人或受僱人：

★ 為不法利益而違背職務，致損害基金資產、委託投資資產或其他利益者；處三年以上、十年以下有期徒刑，得併科新臺幣一千萬元以上、二億元以下罰金。

★ 犯罪獲取財務利益金額達新臺幣一億元以上者：
處七年以上有期徒刑，得併科新臺幣二千五百萬元以上、五億元以下罰金。

投信投顧事業、基金保管機構或全權委託保管機構：

★ 公開說明書或投資說明書之內容虛偽或隱匿記載。

★ 帳簿、表冊、文件、傳票、財務報告等資料之內容虛偽或隱匿記載，
處一年以上、七年以下有期徒刑，得併科新臺幣五千萬元以下罰金。

未經主管機關許可：

★ 經營投信投顧業務、全權委託投資業務或其他業務
處五年以下有期徒刑，併科新臺幣一百萬元以上五千萬以下罰金。

★ 從事或代理募集、銷售境外基金
處五年以下有期徒刑，併科新臺幣一百萬元以上五千萬以下罰金。

★ 從事或代理投資顧問境外基金
處二年以下有期徒刑、拘役或科或併科新臺幣一百八十萬元以下罰金。

重點9 行政罰

一、證券投資信託事業或證券投資顧問事業有下列情事之一者，處「**新臺幣六十萬元以上、三百萬元以下**」罰鍰，並責令限期改善；屆期不改善者，得按次連續處「**二倍至五倍**」罰鍰至改善為止：

(一)證券投資信託事業經營之業務種類，未報請主管機關核准者。

(二)證券投資顧問事業經營之業務種類，未報請主管機關核准者。

(三)違反主管機關所定，證券投資信託事業得募集或私募證券投資信託基金之種類、投資或交易範圍及其限制者。

(四)違反主管機關所定，證券投資信託事業或證券投資顧問事業經營全權委託投資業務之投資或交易之範圍及其限制者。

(五)違反主管機關所定「證券投資信託事業運用證券投資信託基金從事投資或交易之方式與為指示保管、處分、收付及其他相關事項之辦法」者。

(六)證券投資信託事業運用證券投資信託基金，違反證券投資信託及顧問法，而有下列行為者：

1. 指示基金保管機構為放款或提供擔保。
2. 從事證券信用交易。
3. 與本證券投資信託事業經理之其他證券投資信託基金間為證券交易行為。
4. 投資於本證券投資信託事業或與本證券投資信託事業有利害關係之公司所發行之證券。
5. 運用證券投資信託買入該基金之受益憑益。
6. 指示基金保管機構將基金持有之有價證券借與他人。

(七)證券投資信託事業或證券投資顧問事業以自己名義為投資取得之資產，未與投信投顧事業自有資產分別獨立者。

(八)證券投資信託事業或證券投資顧問事業接受客戶之委託投資資產，與證券投資信託事業或證券投資顧問事業由全權委託保管機構之自有財產，未分別獨立者。

(九)經營全權委託投資業務違反證券投資信託及顧問法，並有下列行為者：

1. 運用客戶之委託投資資產，與自己資金或其他客戶之委託投資資產，為相對委託之交易。但經由證券集中交易市場或證券商營業處所委託買賣成交，且非故意發生相對委託之結果者，不在此限。
2. 利用客戶之帳戶，為自己或他人買賣有價證券。
3. 將全權委託投資契約之全部或部分複委任他人履行或轉讓他人。但主管機關另有規定者，不在此限。
4. 運用客戶委託投資資產買賣有價證券時，無正常理由，將已成交之買賣委託，自全權委託帳戶改為自己、他人或其他全權委託帳戶，或自其他帳戶改為全權委託帳戶。

5. 未依投資分折報告作成投資決策，或投資分析報告顯然缺乏合理分析基礎與根據者。但能提供合理解釋者，不在此限。

6. 其他影響事業經營或客戶權益者。

(十) 證券投資信託事業或證券投資顧問事業運用委託投資資產應分散投資；其投資標的分散比率未依主管機關規定者。

(十一) 證券投資信託事業及證券投資顧問事業，未經主管機關核發營業執照而營業者。

(十二) 違反主管機關所訂「證券投資信託事業及證券投資顧問事業，其應配置人員、負責人與業務人員之資格條件、行為規範、訓練、登記期限、程序及其他應遵行事項之規則」有關行為規範或限制、禁止之規定者。

(十三) 違反主管機關所訂「證券投資信託事業及證券投資顧問事業從事廣告、公開說明會及其他營業活動，其限制、取締、禁止或其他應遵行事項之規則」有關限制之禁止之規定者。

違反主管機關所訂「證券投資信託事業及證券投資顧問事業，其公司及分支機構之設定條件、應設置部門、申請程序、應檢附書件之設置標準及其財務、業務、遷移、裁撤與其他應遵行事項之管理規則」之規定，未經主管機關核准而設立分支機構、遷移或裁撤公司或分支機構者。

二、 有以下情事之一者，處「**新臺幣三十萬元以上、一百五十萬元以下**」罰鍰，並責令限期改善；屆期不改善者，得按次連續處「**二倍至五倍**」罰鍰至改善為止：

(一) 證券投資信託事業募集證券投資信託基金，未依主管機關規定之方式，向申購人交付公開說明書者。【104年第3次投信投顧人員】

(二) 非證券投資信託事業或證券投資顧問事業，使用類似證券投資信託事業或證券投資顧問事業之名稱者。

三、 證券投資信託事業、證券投資顧問事業、基金保管機構或全權委託保管機構有下列情事之一者，處「**新臺幣十二萬元以上、六十萬元以下**」罰鍰，並責令限期改善；屆期不改善者，得按次連續處「**二倍至五倍**」罰鍰至改善為止：

(一)證券投資信託事業未於私募受益憑證債款繳納完成後的五日內，向主管機關申報。

(二)私募證券投資信託基金未於信託契約變更後五日內，向主管機關申報。

(三)證券投資信託事業運用證券投資信託基金投資或交易，未依據其分析報告作成決定或交付執行時未作成紀錄、或未按月提出檢討報告，或其分析報告與決定應有合理基礎及根據或此項分析報告、決定、執行紀錄及檢討報告，未以書面為之，或未依主管機關所定期限保存者。

(四)證券投資信託事業及基金保管機構未將證券投資信託基金之公開說明書、有關銷售之文件、證券投資信託契約及其最近財務報表，置於其營業處所或其代理人之營業處所，或以主管機關指定之其他方式，以供查閱者。

(五)違反主管機關所定「在中華民國境內得從事或代理募集、銷售、投資顧問境外基金之種類、投資或交易範圍與其限制、申請或申報程序及其他應遵行事項」之辦法者。

(六)證券投資信託事業募集或私募之各證券投資信託共金未分別設帳，或未依主管機關之規定，作成各種帳簿、表冊；或其保存方式及期限，未依商業會計法及相關規定辦理者。

(七)清算人未自清算終結申報主管機關之日起，就各項帳簿、表冊保存十年以上者。【107年第1次投信投顧人員】

(八)基金管理機構、銀行、保險公司、金融控股公司，證券商或其他經主管機關認可之機構等證券投資信託事業發起人轉讓持股時，證券投資信託事業未於發起人轉讓持股前申報主管機關備查者。

(九)證券投資信託事業發生重大影響受益人權益之事項，未於事實發生之日起二日內，公告並申報主管機關者。

(十)證券投資信託事業及證券投資顧問事業，未於每會計年度終了後三個月內，公告並向主管機關申報經會計師查核簽證、董事會通過及監察人承認之年度財務報告。

(十一) 證券投資信託事業運用每一證券投資信託基金，而編具之年度財務報告；未經主管機關核准之會計師查核簽證，或未經基金保管機構簽署，或證券投資信託事業未予以公告者。

(十二) 證券投資信託事業未於每一營業日公告前一營業日之證券投資信託基金每受益單位之淨資產價值者。

(十三) 募集證券投資信託基金者，報經主管機關核准後，證券投資信託事業未於二日內公告其內容者。

(十四) 證券投資信託契約之終止，證券投資信託事業未於申報備查或核准之日起二日內公告者。

(十五) 證券投資信託事業因解散、停業、歇業或廢止許可事由，致不能繼續從事證券投資信託基金有關業務者，應洽由其他證券投資信託事業承受其證券投資信託基金有關業務。

(十六) 證券投資信託事業經理證券投資信託基金顯然不善者，主管機關得命其將該證券投資信託基金移轉於經主管機關指定之其他證券投資信託事業經理；此承受或移轉事項，未由承受之證券投資信託事業公告者。【107年第4次投信投顧人員】

(十七) 證券投資信託契約終止時，清算人未於主管機關核准清算後三個月內，完成證券投資信託基金之清算者或清算人未將清算及分配之方式，向主管機關申報及公告者，或未通知受益人者，或清算程序終結後未於二個月內將處理結果向主管機關報備，並通知受益人者。

(十八) 證券投資信託事業或證券投資顧問事業與客戶簽訂全權委託投資契約前，未製作客戶資料表連同相關證明文件留存備查者。

(十九) 經營全權委託投資業務，未按客戶別設帳、按日登載客戶資產交易情形、委託投資資產庫存數量及金額或未每月定期編製客戶資產交易紀錄及現況報告書送達客戶，或未於客戶委託投資資產之淨資產價值減損達原委託投資資產一定比率時，於事實發生之日起二個營業日內，編製前項書件送達客戶者。【107年第3次投信投顧人員】

(二十) 證券投資信託事業或證券投資顧問事業未依主管機關規定備置人員或設置部門者。

(二一) 證券投資信託事業或證券投資顧問事業互相兼營、兼營他事業或由他事業兼營者,其負責人與業務人員之兼任及行為規範、資訊交互運用、營業設備或營業場所之共用,或為廣告、公開說明會及其他營業促銷活動,與受益人或客戶利益衝突或有損害其權益之行為者。

(二二) 證券投資信託事業因解散、停業、歇業、撤銷或廢止許可事由,致不能繼續從事證券投資信託基金有關業務者,無法自行洽由其他證券投資信託事業承受其證券投資信託基金有關業務,而由主管機關指定其他證券投資信託基金承受;受指定之證券投資信託事業,無正當理由拒絕主管機關之指定承受者。

(二三) 證券投資信託事業、證券投資顧問事業、基金保管機構及全權委託保管機構或其關係人,未於主管機關要求之期限內提出財務、業務報告或其他相關資料或規避、妨礙、拒絕檢查者。

四、 投資投顧同業公會違反主管機關所定之投信投顧公會管理規則中,有關對於同業公會之業務規範或監督規定者,處「**新臺幣十二萬元以上、一百二十萬元以下**」之罰鍰,並責令限期改善;屆期不改善者,得按次連續處「二倍至五倍」罰鍰至改善為止。

五、 基金保管機構或其董事、監察人、經理人、受僱人有下列情事者,主管機關得視其情節輕重停止其執行基金保管業務「**一個月以上、二年以下**」:

(一) 未盡善良管理人之注意義務及忠實義務、或未本誠信原則執行業務。
　　【102年第4次投信投顧人員】

(二) 對客戶或受益人之個人資料、往來交易資料及其他相關資料未保守秘密。

(三) 從事基金保管業務有虛偽、詐欺或其他足致他人誤信之行為。

(四) 申報或公告之財務報告及其他相關業務文件,內容有虛偽或隱匿之情事。

(五)證券投資信託事業募集或私募證券投資信託基金，與證券投資信託事業及基金保管機構之自有財產，未分別獨立者。

(六)基金保管機構知悉證券投資信託事業有違反證券投資信託契約或相關法令，應即請求證券投資信託事業依契約或相關法令履行義務；其有損害受益人權益之虞時，未立即向主管機關申報者。

(七)基金保管機構因故意或過失違反證券投資信託及顧問法及該法授權訂定之命令及證券投資信託契約之規定，致生損害於基金之資產者。

(八)在證券投資信託事業不能或不為召開受益人會議時，應由基金保管機構召開，若其不召開者。依證券投資信託及顧問法所處之罰鍰，經限期繳納而屆期不繳納者，依法移送強制執行。

重點 **10** 其他

一、 法人違反證券投資信託及顧問法有關行政法上義務應受處罰者，其負責人、業務人員或其他受僱人之故意、過失，視為該法人之故意、過失。

二、 犯證券投資信託及顧問法之罪，所科罰金達新臺幣五千萬元以上而無力完納者，易服勞役期間為二年以下，其折算標準以罰金總額與「**二年**」之日數比例折算；所科罰金達新臺幣一億元以上而無力完納者，易服勞役期間為三年以下，其折算標準以罰金總額與「**三年**」之日數比例折算。【94年第1次投信投顧人員】

三、 法院為審理違反證券投資信託及顧問法之犯罪案件，得設立專業法庭或指定專人辦理。

小試身手

(　　) **1** 全權委託投資契約之受任人，對每一客戶委託投資資產之淨值變化，應每日妥為檢視，發現淨資產價值減損達原委託投資資產百分之二十時，應於何時編製資產交易紀錄及現況報告書，依約定方式送達客戶？　(A)事實發生起七日內　(B)事實發生當日　(C)事實發生日起二個營業日內　(D)事實發生五日起。

(　　) **2** 以下有關境外基金之敘述，何者為非？　(A)境外基金之私募不得為一般廣告或公開勸募　(B)境外基金是指於中華民國境外設立，具證券投資信託基金性質者　(C)所有境外基金之銷售或代理募集者，皆需經中央銀行同意　(D)任何人非經主管機關核准或向主管機關申報生效後，不得在中華民國境內從事或代理募集、銷售、投資顧問境外基金。

(　　) **3** 違反投信投顧法第16條之規定，於我國境內從事或代理投資顧問境外基金者，應處幾年以下有期徒刑？　(A)二年　(B)五年　(C)一年　(D)七年。

(　　) **4** 投信投投顧事業之董事、監察人、經理人或受僱人執行職務，違反投信投顧法或其他有關法令，足以影響業務之正常執行者，主管機關得隨時命令該事業停止其幾年以下執行業務或解除其職務？　(A)一年　(B)三年　(C)五年　(D)七年。

(　　) **5** 證券投資信託事業募集證券投資信託基金，未依規定向申購人交付公開說明書，應處：　(A)新臺幣三十萬元以上、一百五十萬元以下之罰鍰　(B)停權　(C)警告　(D)處三年以下有期徒刑。

(　　) **6** 針對證券投資顧問事業之敘述，何者有誤？　(A)證券投資顧問事業經營之業務種類為證券投資顧問業務及全權委託投資業務　(B)證券投資顧問事業經營未經主管機關核准之業務，處新臺幣六十萬元以上三百萬元以下罰鍰，並責令限期改善　(C)非證券投資顧問事業，卻使用類似證券投資顧問事業之名稱者，處新臺幣六十萬元以上三百萬元以下罰鍰，並責令限期改善　(D)證券投資顧問事業未經主管機關核發營業執照而營業者，處新臺幣六十萬元以上三百萬元以下罰鍰，並責令限期改善。

(　　) **7** 基金清算人自清算終結申報之日起，應就各項帳簿、表冊保存幾年以上？　(A)五年　(B)七年　(C)十年　(D)三年。

(　　) **8** 違反證券投資信託事業管理規則者，除依證券投資信託及顧問法有關規定處罰外，主管機關並得於幾年內停止受理該事業募集證券投資信託基金之申請案件？　(A)一年　(B)二年　(C)三年　(D)五年。

解答　1 (C)　2 (C)　3 (A)　4 (A)　5 (A)　6 (C)　7 (C)　8 (B)

NOTE

精選試題 ....

(　　) **1** 投顧事業得經營業務種類,應報請何機關核准為之?　(A)財政部 (B)內政部　(C)金融監督管理委員會　(D)投信投顧公會。

【108年第3次投信投顧人員】

☆(　　) **2** 全權委託投資契約之受任人,對每一客戶委託投資資產之淨值 變化,應每日妥為檢視,發現淨資產價值減損達原委託投資資 產百分之二十時,應於何時編製資產交易紀錄及現況報告書, 依約定方式送達客戶?　(A)事實發生起七日內　(B)事實發生當 日　(C)事實發生日起二個營業日內　(D)事實發生五日起。

【107年第3次、106年第3次、105年第1次、第4次投信投顧人員】

(　　) **3** 以下有關境外基金之敘述,何者為非?　(A)境外基金之私募不得為 一般廣告或公開勸募　(B)境外基金是指於中華民國境外設立,具證 券投資信託基金性質者　(C)所有境外基金之銷售或代理募集者,皆 需經中央銀行同意　(D)任何人非經主管機關核准或向主管機關申 報生效後,不得在中華民國境內從事或代理募集、銷售、投資顧問 境外基金。　　　　　　　　　　　　　　　　　【107年第3次投信投顧人員】

(　　) **4** 下列敘述何者有誤?　(A)基金保管機構應以善良管理人之注意義務及忠實 義務,並本誠實信用原則,保管基金資產　(B)基金保管機構之董事、監察 人、經理人、業務人員及其他受僱人員,不得以職務上所知悉之消息從事 有價證券買賣之交易活動或洩漏予他人　(C)投資基金產生投資虧損時,基 金保管機構應為基金受益人之權益向證券投資信託事業追償　(D)基金保管 機構之代理人、代表人或受僱人,履行證券投資信託契約規定之義務有故 意或過失時,基金保管機構應與自己之故意或過失負同一責任。

【107年第2次投信投顧人員】

(　　) **5** 受益人買回受益憑證之價金給付請求權,自價金給付期限屆滿 日起算多久內不行使而消滅?　(A)五年　(B)十年　(C)十五年 (D)二十年。　　　　　　　　　　　　　　　　　　【108年第3次投信投顧人員】

（　）**6** 基金清算人自清算終結申報之日起，應就各項帳簿、表冊保存幾年以上？　(A)五年　(B)七年　(C)十年　(D)三年。

【107年第1次、105年第1次投信投顧人員】

（　）**7** 違反投信投顧法第16條之規定，於我國境內從事或代理投資顧問境外基金者，應處幾年以下有期徒刑？　(A)二年　(B)五年　(C)一年　(D)七年。【107年第1次投信投顧人員】

（　）**8** 證券投資信託事業募集證券投資信託基金，未依規定向申購人交付公開說明書，應處：　(A)新臺幣三十萬元以上一百五十萬元以下罰鍰　(B)停權　(C)警告　(D)處三年以下有期徒刑。

【106年第2次、105年第4次投信投顧人員】

（　）**9** 投信事業及投顧事業之董事、監察人、經理人或受僱人執行職務有違反證券投資信託及顧問法或其他有關法令之行為，足以影響業務之正常執行時，主管機關得隨時命令該事業停止其執行業務，期限最長為：　(A)六個月　(B)一年　(C)二年　(D)三年。

【108年第1次投信投顧人員】

（　）**10** 對於證券投資顧問事業之敘述，下列何者為正確？　(A)為證券服務事業之一種　(B)投信投顧法公布前，經營投資顧問事業為非法　(C)提供有關有價證券價值研究分析意見，皆須受有報酬　(D)事業之經營依法由財政部核准。【104年第2次投信投顧人員】

（　）**11** 投信事業基金經理人甲，以球敘為名與上市公司東方企業董事長乙、上櫃公司北方企業總經理丙見面，於球場上主動提出以旗下基金可運用資金進場拉抬兩公司股價，惟要求乙、丙必須提供等比例之操作報酬，請問：甲之行為依法最重可處幾年有期徒刑？　(A)五年　(B)七年　(C)三年　(D)十年。【108年第2次投信投顧人員】

(　　) **12** 證券投資顧問事業得經營之業務包含下列何者？　甲.有價證券自行買賣；乙.證券投資顧問業務提供有價證券推介建議；丙.全權委託投資業務；丁.依法經主管機關核准之有關業務；戊.有價證券經紀；己.有價證券承銷　(A)甲、乙、戊、己　(B)乙、丙、丁　(C)甲、丙、丁、戊　(D)甲、戊。　　　【108年第2次投信投顧人員】

(　　) **13** 有關金管會對基金保管機構之業務事項管理、檢查，下列何者正確？　(A)發生重大缺失時，始得命其提出基金保管事項之報告或參考資料　(B)得檢查有關證券投資信託基金之帳冊文件　(C)不得命保管銀行之關係人提出基金保管事項之相關資料　(D)選項(A)(B)(C)皆是。　　　【109年第3次投信投顧人員】

(　　) **14** 證券投資信託及顧問法規定之損害賠償請求權，自賠償原因發生之日起逾幾年而消滅？　(A)一年　(B)三年　(C)五年　(D)七年。

(　　) **15** 針對證券投資顧問事業之敘述，何者有誤？　(A)證券投資顧問事業經營之業務種類為證券投資顧問業務及全權委託投資業務　(B)證券投資顧問事業經營未經主管機關核准之業務，處新臺幣六十萬元以上三百萬元以下罰鍰，並責令限期改善　(C)非證券投資顧問事業，卻使用類似證券投資顧問事業之名稱者，處新臺幣六十萬元以上三百萬元以下罰鍰，並責令限期改善　(D)證券投資顧問事業未經主管機關核發營業執照而營業者，處新臺幣六十萬元以上三百萬元以下罰鍰，並責令限期改善。

(　　) **16** 違反證券投資信託事業管理規則者，除依證券投資信託及顧問法有關規定處罰外，主管機關並得於幾年內停止受理該事業募集證券投資信託基金之申請案件？　(A)一年　(B)二年　(C)三年　(D)五年。

解答與解析

1 (C)。證券投資信託事業及證券投資顧問事業經營之業務種類，應報請主管機關核准，意即證券投資信託事業及證券投資顧問事業得經營之業務種類，由行政院金融監督管理委員會依據證券投資信託及顧問法

之規定分別核准，並於營業執照載明之；故選項(C)正確。

2 (C)。經營全權委託投資業務，若客戶委託投資資產之淨資產價值減損達原委託投資資產一定比率時，於事實發生之日起二個營業日內，編製客戶資產交易紀錄及現況報告書送達客戶；故選項(C)正確。

3 (C)。所有境外基金之銷售或代理募集者，皆需經主管機關金管會同意，而非經中央銀行同意；故選項(C)錯誤。

4 (C)。證券投資信託事業因故意或過失致損害基金之資產時，基金保管機構應為基金受益人之權益向其追償，而非於投資基金產生投資虧損時追償；故選項(C)錯誤。

5 (C)。受益人買回受益憑證之價金給付請求權，自價金給付期限屆滿日起「十五年」間不行使而消滅；故選項(C)正確。

6 (C)。基金清算人自清算終結申報之日起，應就各項帳簿、表冊保存十年；故選項(C)正確。

7 (A)。未經主管機關核准或申報生效，在中華民國境內從事或代理投資顧問境外基金者，處二年以下有期徒刑、拘役或科或併科新臺幣一百八十萬元以下罰金；故選項(A)正確。

8 (A)。證券投資信託事業募集證券投資信託基金，未向申購人交付公開說明書者，處新臺幣三十萬元以上、一百五十萬元以下罰鍰，並責令限期改善；屆期不改善者，得按次連續處二至五倍罰鍰至改善為止；故選項(A)正確。

9 (B)。投信事業及投顧事業之董事、監察人、經理人或受僱人執行職務有違反證券投資信託及顧問法或其他有關法令之行為，足以影響業務之正常執行時，主管機關得隨時命令該事業停止其執行業務，期限最長為一年；故選項(B)正確。

10 (A)。(B)「投信投顧法」整合了投資投顧相關法規，在投信投顧法於93年公布前，經營投顧事業已屬合法，只是其依據的法令不同；(C)證券投資顧問事業為吸引客戶，常常免費提供有價證券價值研究分析意見；(D)證券投資顧問事業之經營依法由「金融監督管理委員會」核准；故選項(A)正確。

11 (A)。證券投資信託事業、證券投資顧問事業之董事、監察人、經理人或受僱人，對於職務上之行為，要求、期約、收受財物或其他不正利益者，處五年以下有期徒刑、拘役或科或併科新臺幣二百四十萬元以下罰金；故選項(A)正確。

12 (B)。證券投資顧問事業得經營之業務種類如下：(1)證券投資顧問業

務、(2)全權委託投資業務、(3)其他經主管機關核准之有關業務,未經核准並載明於營業執照者,不得經營;故選項(B)正確。

13 (B)。金管會對基金保管機構之業務事項管理、檢查:(1)得隨時命其提出基金保管事項之報告或參考資料、(2)得檢查有關證券投資信託基金之帳冊文件、(3)得命保管銀行之關係人提出基金保管事項之相關資料;故選項(B)正確。

14 (C)。證券投資信託及顧問法規定之損害賠償請求權,自賠償原因發生之日起逾「五年」不行使而消滅;故選項(C)正確。

15 (C)。非證券投資顧問事業,卻使用類似證券投資顧問事業之名稱者,處新臺幣三十萬元以上一百五十萬元以下罰鍰,並責令限期改善;屆期不改善者,得按次連續處二倍至五倍罰鍰至改善為止;故選項(C)錯誤。

16 (B)。違反證券投資信託及顧問法或依該法所發布之命令者,主管機關對得視情節為下列處分:(1)警告、(2)命令該事業解除其董事、監察人或經理人之職務、(3)對該事業處以二年以下停止全部或一部之募集或私募證券投資信託基金或新增受託業務;故選項(B)正確。

02 證券投資信託及顧問事業之配置

依出題頻率分為：B頻率中

課前導讀

本章節結合了證券投資信託暨顧問事業主管機關—金融監督管理委員會所公佈之「證券投資信託事業設置標準」和「證券投資顧問事業設置標準」之內容，為後續章節之基礎，在備考時可將證券投資信託事業和證券投資顧問事業之設置標準相互參照，有助於掌握答題技巧並提升備考效率。

重點 1 法令依據

為落實證券投資信託及顧問法之立法目的、有效發展我國資產管理業務，金融監督管理委員會（簡稱「金管會」）

一、 依證券投資信託及顧問法第6條第3項、第67條第2項、第72條、第74條第2項及第75條第2項規定之授權，訂定「證券投資信託事業設置標準」。

二、 依證券投資信託及顧問法第65條第2項、第67條第1項及第3項、第67條第2項及第72條規定之授權，訂定「證券投資顧問事業管理規則」。

以做為業者申請設置證券投資信託事業及證券投資顧問事業之依據。

觀念補給站

1. 證券投資信託：係指向不特定人募集證券投資信託基金發行受益憑證，或向特定人私募證券投資信託基金交付受益憑證，從事於有價證券、證券相關商品或其他經主管機關核准項目之投資或交易。

2. 證券投資顧問：係指直接或間接自委任人或第三人取得報酬，對有價證券、證券相關商品或其他經主管機關核准項目之投資或交易有關事項，提供分析意見或推介建議。

重點 2　經營之業務

一、證券投資信託事業經營之業務種類如下：【106年第1次投信投顧人員】
　(一)證券投資信託業務。
　(二)全權委託投資業務。
　(三)其他經主管機關（金管會）核准之有關業務。

二、證券投資顧問事業經營之業務種類如下：【107年第1次投信投顧人員】
　(一)證券投資顧問業務。
　(二)全權委託投資業務。
　(三)其他經主管機關（金管會）核准之有關業務。

證券投資信託事業及證券投資顧問事業經營之業務種類，應報請主管機關核准，意即證券投資信託事業及證券投資顧問事業得經營之業務種類，由行政院金融監督管理委員會依據證券投資信託及顧問法之規定分別核准，並於營業執照載明之；未經核准並載明於營業執照者，不得經營。

重點 3　證券投資信託事業之設置

一、設立申請：

經營證券投資信託事業，發起人應檢具申請書及法定文件向金融監督管理委員會（簡稱「金管會」）提出申請許可。

證券投資信託事業之組織，以股份有限公司為限，其實收資本額不得少於新臺幣三億元。

前項最低實收資本額，發起人應於發起時一次認足。

二、公司登記及核發營業執照：【110年第3次投信投顧人員】

　(一)證券投資信託事業應自金管會許可之日起「**六個月內**」依法辦妥公司登記，並檢具法定文件向金管會申請核發營業執照。

(二)證券投資信託事業未於金管會核准設立六個月內申請核發營業執照者，廢止其設立許可。但有正當理由，在期限屆滿前得向金管會申請延長一次，並以「**六個月**」為限。

三、分支機構之設置：

(一)證券投資信託事業符合下列條件者，得申請設立分支機構：【109年第1次投信投顧人員】

1. 營業滿「**一年**」者。但因合併或受讓而設置分支機構者，不在此限。
2. 最近期經會計師查核簽證之財務報告，每股淨值不低於面額者。
3. 最近三個月未曾受證券投資信託及顧問法第 103 條第 1 款及證券交易法第 66 條第 1 款之處分者。
4. 最近半年未曾受證券投資信託及顧問法第 103 條第 2 款、第 3 款；或證券交易法第 66 條第 2 款之處分者。
5. 最近一年未曾受證券投資信託及顧問法第 103 條第 4 款，或證券交易法第 66 條第 3 款之處分者。
6. 最近二年未曾受證券投資信託及顧問法第 103 條第 5 款，或證券交易法第 66 條第 4 款之處分者。
7. 曾受上述處分且命其改善，已具體改善者。

(二)證券投資信託事業設立分支機構，應填具申請書，並檢具下列文件向金管會申請許可：

1. 公司章程。
2. 營業計畫書：應載明分支機構業務經營之原則、內部組織分工、人員招募、場地設備概況及未來一年財務狀況之預估。
3. 載明設立分支機構決議之董事會議事錄。
4. 最近期經會計師查核簽證之財務報告。
5. 分支機構內部控制制度。
6. 分支機構經理人無本法第 68 條及第 78 條第 3 項規定情事之聲明書。
7. 申請書暨附件所載事項無虛偽、隱匿之聲明書。

(三)證券投資信託事業設立分支機構，應自金管會許可之日起「**六個月內**」辦妥分支機構設立登記，填具申請書，並檢具下列文件向金管會申請核發分支機構營業執照：

1. 分支機構設立登記證明文件。
2. 最近期經會計師查核簽證之財務報告；但與申請設立許可時檢具之財務報告為同期者免附。
3. 分支機構營業處所之權狀影本或租賃契約影本及其平面圖、照片。
4. 申請書暨附件所載事項無虛偽、隱匿之聲明書。

證券投資信託事業未於前項規定期間內申請核發分支機構營業執照者，廢止其設立分支機構之許可。但有正當理由，於期限屆滿前，得向金管會申請展延一次，並以「**六個月**」為限。

重點4 證券投資顧問事業之設置

一、設立申請：

經營證券投資顧問事業，發起人應檢具申請書及法定文件向金管會提出申請許可。

證券投資顧問事業之組織，以股份有限公司為限，其實收資本額不得少於新臺幣二千萬元。

前項最低實收資本額，發起人應於發起時一次認足。

二、公司登記及核發營業執照：

(一)證券投資顧問事業應自金管會許可之日起「**六個月內**」依法辦妥公司登記，並檢具法定文件向金管會申請核發營業執照。【106年第4次投信投顧人員】

(二)證券投資顧問事業未於金管會核准設立六個月內申請核發營業執照者，廢止其設立許可。但有正當理由，在期限屆滿前得申請金管會延展一次，並以「**六個月**」為限。【107年第1次、第2次投信投顧人員】

三、分支機構之設置：

(一)證券投資顧問事業符合下列條件者，得申請設立分支機構：

1. 營業滿「**二年**」者。但因合併或受讓而設置分支機構者，不在此限。【94年第4次投信投顧人員】

2. 最近期經會計師查核簽證之財務報告，每股淨值不低於面額者。但因合併或受讓而增設分支機構者，不在此限。

3. 最近三個月未曾受證券投資信託及顧問法第 103 條第 1 款、證券交易法第 66 條第 1 款、期貨交易法第 100 條第 1 項第 1 款或信託業法第 44 條糾正、限期改善三次以上之處分者。

4. 最近半年未曾受證券投資信託及顧問法第 103 條第 2 款、第 3 款；或證券交易法第 66 條第 2 款、期貨交易法第 100 條第 1 項第 2 款或信託業法第 44 條第 1 款規定之處分。

5. 最近一年未曾受證券投資信託及顧問法第 103 條第 4 款、證券交易法第 66 條第 3 款、證券期貨交易法第 100 條第 1 項第 3 款和信託業法第 44 條第 2 款規定之處分者。

6. 最近二年未曾受證券投資信託及顧問法第 103 條第 5 款、證券交易法第 66 條第 4 款、期貨交易法第 100 條第 1 項第 4 款或信託業法第 44 條第 3 款規定之處分者。

7. 曾受上述之處分且命其改善、已具體改善者。

(二)證券投資顧問事業設立分支機構，應填具分支機構設立申請書，並檢具下列文件，向金管會申請許可：

1. 公司章程。

2. 營業計畫書：應載明分支機構業務經營之原則、內部組織分工、人員招募、場地設備概況及未來一年財務狀況之預估。

3. 載明設立分支機構決議之董事會議事錄。

4. 最近期經會計師查核簽證之財務報告。申請時已逾年度開始六個月者，應加送上半年度經會計師查核簽證之財務報告。

5. 分支機構內部控制制度。

6. 分支機構經理人無本法第 68 條及第 78 條第 3 項規定情事之聲明書。

7. 申請書暨附件所載事項無虛偽、隱匿之聲明書。

(三)證券投資顧問事業設立分支機構，應自金管會許可之日起六個月內辦妥
　　分支機構設立登記，填具申請書，並檢具下列文件向金管會申請核發分
　　支機構營業執照：

1. 分支機構設立登記證明文件。

2. 分支機構營業處所之權狀影本或租賃契約影本及其平面圖、照片。

3. 分支機構經理人及業務人員專任之聲明書。

4. 分支機構經理人及業務人員無本法第 68 條規定情事之聲明書。

5. 最近期經會計師查核簽證之財務報告；但與申請設立許可時檢具之財務
　 報告為同期者免附。

6. 營業處所獨立且未與其他事業共同使用之聲明書。

7. 同業公會出具之分支機構經理人與業務人員資格審查合格之人員名冊及
　 其資格證明文件。

8. 申請書暨附件所載事項無虛偽、隱匿之聲明書。
　 證券投資顧問事業未於前項規定期間內申請核發分支機構營業執照者，
　 廢止其設立分支機構之許可。但有正當理由，於期限屆滿前，得向金管
　 會申請展延一次，並以六個月為限。

觀念補給站

證券投資信託及顧問法第103條：

主管機關對證券投資信託事業或證券投資顧問事業違反本法或依本法所發布之命
令者，除依本法處罰外，並得視情況之輕重，為下列處分：

• 警告。（第1款）

• 命令該業解除其董事、監察人或經理人職務。（第2款）

• 對該事業二年以下停止其全部或一部募集或私募證券投資信託基金或新增業
　務。（第3款）

• 對公司或分支機構就其所營業務之全部或一部為六個月以下之停業。（第4
　款）

• 對公司或分支機構營業許可之廢止。（第5款）

• 其他必要之處置。（第6款）

證券交易法第66條：

證券商違反本法或依本法所發布之命令者，除依本法處罰外，主管機關並得視情節之輕重，為下列處分：

- 警告。（第1款）
- 命令該證券商解除其董事、監察人或經理人職務。（第2款）
- 對公司或分支機構就其所營業務之全部或一部為六個月以下之停業。（第3款）
- 對公司或分支機構營業許可之撤銷。（第4款）

期貨交易法第100條：

期貨交易所、期貨結算機構、期貨業違反本法或依本法所發布之命令者，除依本法處罰外，主管機關得視情節輕重予以糾正或為下列之處分，並得命其限期改善：

- 警告。（第1款）
- 撤換其負責人或其他有關人員。（第2款）
- 命令為停止六個月以內全部或一部之營業。（第3款）
- 撤銷或廢止營業許可。（第4款）
- 其他必要之處置（第5款）

信託業法第44條：

信託業違反本法或依本法所發布之命令者，除依本法處罰外，主管機關得予以糾正、命其限期改善，並得依其情節為下列處分：

- 命令信託業解除或停止負責之職務。（第1款）
- 停止一部或全部之業務。（第2款）
- 廢止營業許可。（第3款）
- 其他必要處置。（第4款）

重點回顧

	證券投資信託	證券投資顧問
設立申請	★檢具申請書及法定文件。 ★向金管會提出申請許可。	★檢具申請書及法定文件。 ★向金管會提出申請許可。

	證券投資信託	證券投資顧問
公司登記及核發營業執照	★許可日起「六個月內」辦妥公司登記並申請核發營業執照。 ★未申請核發營業執照者，廢止設立許可。 ★有正當理由得申請延長一次，並以「六個月」為限。	★許可日起「六個月內」辦妥公司登記並申請核發營業執照。 ★未申請核發營業執照者，廢止其設立許可。 ★有正當理由得申請延展一次，並以「六個月」為限。
設置分支機構條件	★營業滿「一年」。 ★財務報告每股淨值不低於面額。 ★最近三個月未受投信投顧法§103-1及證券交易法§66-1處分。 ★最近半年未受投信投顧法§103條-2、§103-3或證券交易法§66-2處分。 ★最近一年未受投信投顧法§103-4或證券交易法§66-3處分。 ★最近二年未受投信投顧法§103-5，或證券交易法§66-4處分。 ★曾受上述處分且命其改善，已具體改善者。	★營業滿「二年」。 ★財務報告每股淨值不低於面額。 ★最近三個月未受投信投顧法§103-1及證券交易法§66-1、期貨交易法§100或信託業法§44條糾正、限期改善三次以上之處分。 ★最近半年未受投信投顧法§103-2、§103-3，或證券交易法§66-2、期貨交易法§100或信託業法§44-1規定之處分。 ★最近一年未受投信投顧法§103-4、證券交易法§66-3、證券期貨交易法§100和信託業法§44-2處分。

	證券投資信託	證券投資顧問
設置分支機構條件		★最近二年未受投信投顧法§103-5、證券交易法§66-4、期貨交易法§100或信託業法§44-3處分。 ★曾受上述之處分且命其改善、已具體改善者。

小試身手

( ) **1** 有關投資信託事業業務之經營，下列敘述何者錯誤？　(A)得經營證券投資信託業務　(B)不得經營證券投資顧問業務　(C)得經營全權委託投資業務　(D)得募集證券投資信託基金發行受益憑證。

( ) **2** 證券投資顧問事業申請設立分支機構之條件，下列何者有誤？(A)除因合併或受讓而設置分支機構外，應營業滿一年　(B)最近期經會計師簽證之財務報告，每股淨值不低於面額　(C)最近三個月未曾受證券投資信託及顧問法第103條第1款所為之警告處分(D)最近二年未曾受證券投資信託及顧問法第103條第5款對公司或分支機構營業許可廢止之處分。

( ) **3** 證券投資顧問事業營業滿幾年者，得申請設立分支機構？　(A)一年　(B)二年　(C)三年　(D)四年。

( ) **4** 下列何者非證券投資顧問事業得經營之業務？　(A)提供分析意見(B)全權委託投資業務　(C)銷售未上市、未上櫃股票　(D)對委託人推介有價證券投資。

( ) **5** 有關證券投信事業營業執照核發之申請，下列敘述何者為非？ (A)應於申請經營許可後六個月內為之 (B)未於規定期間內為之者，主管機關得廢止其許可 (C)有正當理由，得申請延展六個月 (D)申請延展以二次為限。

( ) **6** 證券投資顧問事業應自金管會許可之日起，幾個月內依法辦妥公司登記？ (A)一個月 (B)三個月 (C)五個月 (D)六個月。

( ) **7** 有關證券投資顧問公司得經營業務，下列敘述何者錯誤？ (A)經營證券投資顧問業務 (B)經營全權委託投資業務 (C)欲聘請號稱投資專家之名嘴主持證券投資講習會，應特別聲明其個人行為與公司無關 (D)為拓展國際化業務，進行外國有價證券投資顧問行為。

( ) **8** 證券投資顧問事業未能依規定之期間內申請核發營業執照者，且未依時限申請展期，金管會得為如何之處理？ (A)應於申請經營許可後六個月內為之 (B)未於規定期間內為之者，主管機關得廢止其許可 (C)有正當理由，得申請延展一年 (D)申請延展以一次為限。

( ) **9** 證券投資信託事業設立分支機構，應檢具下列何書件向金管會申請許可？ (A)分支機構設立申請書 (B)公司章程 (C)分支機構內部控制制度 (D)以上皆是。

> 解答 1 (B) 2 (A) 3 (B) 4 (C) 5 (D) 6 (D) 7 (C) 8 (D) 9 (D)

重點**5** 兼營證券投資信託業務

一、信託業兼營證券投資信託業務：

(一)證券投資信託及顧問法第6條第2項規定，信託業募集發行共同信託基金投資於有價證券並符合一定條件者，應依證券投資信託及顧問法規定申

請兼營證券投資信託業務。此一定條件由主管機關會商信託業法主管機關定之。

(二)依此授權，金管會於「證券投資信託事業設置標準」第16條及第17條規定：信託業募集發行共同信託基金投資於證券交易法第6條之有價證券占共同信託基金募集發行額度「**百分之五十**」以上，或可投資於證券交易法第6條之有價證券達新臺幣「**十億元**」以上者，應依證券投資信託及顧問法規定先申請兼營證券投資信託業務，始得募集之。但募集發行貨幣市場共同信託基金，不在此限。【108年第2次投信投顧人員】

(三)信託業依規定申請兼營證券投資信託業務，應具備下列條件：【107年第3次投信投顧人員】

1. 最近期經會計師查核簽證之財務報告，每股淨值不低於面額。

2. 最近半年未受證券投資信託及顧問法第 103 條第 1 款、證券交易法第 66 條第 1 款、期貨交易法第 100 條第 1 款之處分，或信託業法第 44 條糾正、限期改善三次以上之處分。

3. 最近二年未受證券投資信託及顧問法第 103 條第 2 款至第 5 款、證券交易法第 66 條第 2 款至第 4 款、期貨交易法第 100 條第 2 款至第 4 款之處分或信託業法第 44 條第 1 款至第 3 款之處分。

(四)信託業依據「證券投資信託事業設置標準」申請兼營證券投資信託業務者，應以「**機構名義**」為之。

(五)信託業兼營證券投資信託業務，應指撥至少新臺幣「**三億元**」之營運資金，信託業兼營全權委託投資業務已指撥之營運資金得併入計算。

(六)信託業兼營證券投資信託業務之指撥營運資金應「**專款經營**」，除申請兼營全權委託投資業務或法律另有規定外，不得流用於非證券投資信託業務。

(七)信託業兼營證券投資信託業務應設置「**投資研究部門**」，但經營其他業務已設置投資研究部門者，不在此限。

信託業兼營證券投資信託業務，辦理投資或交易決策之業務人員不得與共同信託基金業務、全權委託投資業務或自有資金之投資或交易決策人員相互兼任。

(八)信託業兼營證券投資信託業務，應填具「**申請書**」並檢具「**營業計畫書**」、「**董監事名冊**」等法定文件向金管會申請許可。

(九)信託業申請兼營證券投資信託業務，應自金管會許可之日起「**六個月內**」檢具法定文件，依「**金管會銀行局**」規定辦理登記。

(十)信託業兼營證券投資信託業務，非加入投信投顧商業同業公會（簡稱「**投信投顧公會**」或「**同業公會**」），不得開辦該項業務。

二、證券投資顧問事業兼營證券投資信託業務：

(一)證券投資顧問事業符合下列資格條件，得申請兼營證券投資信託業務。但由他業兼營證券投資顧問業務者，不得為之：

1. 營業滿三年。

2. 實收資本額不少於新臺幣「**三億元**」。

3. 應有「**一名**」以上符合第八條所定專業發起人資格條件之股東，且其合計持股不得少於已發行股份「**百分之二十**」。

4. 最近期經會計師查核簽證之財務報告，每股淨值不低於面額。

5. 最近三個月未因從事投資分析和期貨研究分析活動受金管會依證券投資信託及顧問法糾正或投信投顧同業公會、期貨商業同業公會依自律規章警告、處以違約金、停止會員應享之部分或全部權益、撤銷或暫停會員資格之處置。

6. 最近半年未受證券投資信託及顧問法第 103 條第 1 款、證券交易法第 66 條第 1 款或期貨交易法第 100 條第 1 款之處分。

7. 最近兩年未受證券投資信託及顧問法第 103 條第 2 款至第 5 款、證券交易法第 66 條第 2 款至第 4 款或期貨交易法第 100 條第 2 款至 4 款之處分。

8. 曾受上述之處分且命其改善、已具體改善者。

(二)證券投資顧問事業兼營證券投資信託業務者，應設置「**內部稽核部門**」。但經營全權委託投資業務已設置內部稽核部門者，不在此限。

(三)證券投資顧問事業兼營證券投資信託業務，應填具「**申請書**」並檢具「**營業計畫書**」、「**董監事名冊**」等法定文件向金管會申請許可。

(四) 證券投資顧問事業申請兼營證券投資信託業務，應自金管會許可之日起「**六個月內**」，填具申請書並檢具法定文件，向金管會申請換發營業執照。

未於前項期間內申請換發證券投資顧問事業營業執照者，廢止其兼營許可。但有正當理由，於期限屆滿前，得向金管會申請展延一次，並以「**三個月**」為限。

(五) 證券投資顧問事業兼營證券投資信託業務，非向投信投顧商業同業公會申報備查，不得開辦該項業務。【106年第4次投信投顧人員】

重點回顧

信託業兼營證券投資信託業務：

★ 應以「機構名義」為之。

★ 應指撥至少新臺幣「三億元」營運資金。

★ 營運資金應「專款經營」，不得流用於他業。

★ 應設置「投資研究部門」，但經營其他業務已設置者不在此限。

★ 投資或交易決策之業務人員「不得」相互兼任。

★ 應自許可日起「六個月內」檢具法定文件辦理登記。

★ 非加入投信投顧商業同業公會不得開辦。

證券投資顧問事業兼營證券投資信託業務：

★ 須營業滿三年。

★ 實收資本額不少於新臺幣「三億」元。

★ 應有「一名」以上符合專業發起人資格之股東，且其合計持股不得少於已發行股份百分之二十。

★ 應設置「內部稽核部門」，但經營其他業務已設置者，不在此限。

★ 應自許可之日起「六個月內」填具法定文件申請換發營業執照。

★ 非向投信投顧商業同業公會申報備查不得開辦。

三、期貨信託事業兼營證券投資信託業務：

(一)期貨信託事業運用期貨信託基金持有有價證券總市值占該期貨信託基金淨資產價值「**百分之四十**」以上者，應依金管會規定先申請兼營證券投資信託業務。但募集發行組合型及保本型期貨信託基金，不在此限。

(二)期貨信託事業兼營證券投資信託業務，應具備下列資格條件，但由他業兼營期貨信託事業者，不得為之：【106年第1次投信投顧人員】

　1. 實收資本額不得少於新臺幣「**三億元**」。

　2. 最近期經會計師查核簽證之財務報告，每股淨值不低於面額。

　3. 最近半年未受證券投資信託及顧問法第 103 條第 1 款或期貨交易法第 100 條第 1 款之處分。

　4. 最近二年未受證券投資信託及顧問法第 103 條第 2 款至第 5 款、期貨交易法第 100 條第 2 款至第 4 款之處分。

　5. 曾受上述之處分且命其改善、已具體改善者。

(三)期貨信託事業兼營證券投資信託業務，辦理募集證券投資信託基金之投資或交易決策業務人員，不得與期貨信託基金經理人相互兼任。

(四)期貨信託事業申請兼營證券投資信託業務，應填具「**申請書**」並檢具「**營業計畫書**」、「**董監事名冊**」等法定文件向金管會申請許可。

(五)期貨信託事業申請兼營證券投資信託業務，應自金管會許可之日起「**六個月內**」，填具申請書並檢具法定文件，向金管會申請換發營業執照。
未於前項期間內申請換發期貨信託事業營業執照者，廢止其兼營許可。但有正當理由，於期限屆滿前，得向金管會申請展延一次，並以「**三個月**」為限。

(六)期貨信託事業兼營證券投資信託業務，非加入投信投顧商業同業公會，不得開辦該項業務。

四、期貨經理事業兼營證券投資信託事業：

(一)期貨經理事業兼營證券投資信託，應具備下列資格條件，但由他業兼營期貨經理事業者，不得為之：【106年第1次投信投顧人員】

　1. 營業滿三年。

2. 實收資本額不得少於新臺幣「**三億元**」。

3. 應有一名以上符合第 8 條所定資格條件之股東，且其合計持股不少於已發行股份「**百分之二十**」。

4. 最近期經會計師查核簽證之財務報告，每股淨值不低於面額。

5. 最近半年未受證券投資信託及顧問法第 103 條第 1 款或期貨交易法第 100 條第 1 項第 1 款之處分。

6. 最近二年未受證券投資信託及顧問法第 103 條第 2 款至第 5 款、期貨交易法第 100 條第 1 項第 2 款至第 4 款之處分。

7. 曾受上述之處分且命其改善、已具體改善者。

(二)期貨經理事業兼營證券投資信託業務者，應設置「**投資研究**」、「**財務會計**」及「**內部稽核**」部門。但已設置各該部門者，不在此限。【105年第2次投信投顧人員】

(三)期貨經理事業兼營證券投資信託業務，辦理募集證券投資信託基金之投資或交易決策業務人員，不得與全權委託期貨交易業務之交易決定人員相互兼任。

(四)期貨經理事業申請兼營證券投資信託業務，應填具「**申請書**」並檢具「**營業計畫書**」、「**董監事名冊**」等法定文件向金管會申請許可。

📝 重點回顧

期貨信託事業兼營證券投資信託業務：

★ 實收資本額不少於新臺幣「**三億元**」。

★ 投資或交易決策業務人員「**不得**」相互兼任。

★ 應自許可日起「**六個月內**」填具法定文件申請換發營業執照。

★ 非加入投信投顧商業同業公會不得開辦。

期貨經理事業兼營證券投資信託事業：

★ 須營業滿三年。

★ 實收資本額不得少於新臺幣「**三億元**」。

★ 應有一名以上符合條件股東，且合計持股不少於已發行股份「**百分之二十**」。

> ★應設置「投資研究」、「財務會計」及「內部稽核」部門,但已設置者不在此限。
> ★投資或交易決策業務人員「不得」相互兼任。

重點 **6**　兼營證券投資顧問業務或全權委託投資業務

一、證券商或期貨商兼營證券投資顧問業務或全權委託投資業務:

(一)證券經紀商或期貨經紀商得申請兼營證券投資顧問事業辦理證券投資顧問業務或全權委託投資業務。但由他業兼營證券經紀商或期貨經紀商者,不得為之。

(二)證券經紀商或期貨經紀商兼營證券投資顧問事業辦理證券投資顧問業務者,應設置「**獨立專責**」顧問部門。但兼營期貨顧問業務已設置專責部門者,不在此限。

(三)專責顧問部門之設置,應依業務規模、經營情況及內部管理之需要,配置適足、適任之部門主管及業務人員,並應符合證券投資顧問事業負責人與業務人員管理規則所定之資格條件。

(四)證券經紀商或期貨經紀商得指派專責顧問部門之業務人員至其分支機構從事證券投資顧問業務。

(五)證券經紀商兼營證券投資顧問事業以信託方式辦理全權委託投資業務,接受委託人原始信託財產應達新臺幣「**一千萬元**」以上,並應申請兼營金錢之信託及有價證券之信託。但由他業兼營證券經紀商者不得為之。

【111年第3次投信投顧人員】

(六)證券經紀商或期貨經紀商申請兼營證券投資顧問事業辦理證券投資顧問業務,應符合下列各款之規定:

　1.最近期經會計師查核簽證之財務報告,每股淨值不低於面額。

　2.最近三個月未受證券投資信託及顧問法第 103 條第 1 款、證券交易法第 66 條第 1 款、期貨交易法第 100 條第 1 款或信託業法第 44 條修正、限期改善三次以上處分者。

　3.最近半年未受證券投資信託及顧問法第 103 條第 2 款、第 3 款、證券交

易法第 66 條第 2 款、期貨交易法第 100 條第 2 款或信託業法第 44 條第 1 款規定之處分者。

4. 最近一年未受證券投資信託及顧問法第 103 條第 4 款、證券交易法第 66 條第 3 款、期貨交易法第 100 條第 3 款或信託業法第 44 篇第 2 款規定之處分者。

5. 最近二年未受證券投資信託及顧問法第 103 條第 5 款、證券交易法 66 條第 4 款、期貨交易法第 100 條第 4 款或信託業法第 44 條第 3 款規定之處分者。

6. 最近一年未受證券交易所、證券櫃檯買賣中心、期貨交易所或期貨結算機構依其章則所為停止或限制買賣者。

7. 曾受上述之處分且命其改善、已具體改善者。

(七) 證券經紀商或期貨經紀商申請兼營證券投資顧問事業辦理證券投資顧問業務，應填具「**申請書**」並檢具「**營業計畫書**」、「**董監事名冊**」等法定文件向金管會申請許可。

(八) 證券經紀商或期貨經紀商申請兼營證券投資顧問事業辦理證券投資顧問業務，應自金管會許可之日起「**六個月內**」，填具申請書並檢具法定文件，向金管會申請換發營業執照。

未於前項期間內申請換發兼營證券投資顧問事業辦理證券投資顧問業務執照者，廢止其兼營許可。但有正當理由，於期限屆滿前，得向金管會申請展延一次，並以「**三個月**」為限。

(九) 證券經紀商或期貨經紀商申請兼營證券投資顧問事業辦理證券投資顧問業務，非加入投信投顧商業同業公會，不得開辦該項業務。

(十) 外國證券經紀商或外國期貨經紀商經其總公司准許並由總公司出具聲明其於本國係得經營證券投資顧問業務者，得申請其在中華民國境內設立之分支機構兼營證券投資顧問事業辦理證券投資顧問業務。

二、信託業兼營證券投資顧問業務或全權委託投資業務：

(一) 依證券投資顧問事業設置標準第15條規定，信託業得依證券投資信託及顧問法規定，經金管會許可兼營下列業務：【106年第3次投信投顧人員】

1. 以委任方式辦理全權委託投資業務。

2. 以信託方式辦理全權委託投資業務。

3. 證券投資顧問業務。

(二)信託業申請兼營全權委託投資業務或證券投資顧問業務者,應以「**機構名義**」為之。

(三)信託業申請兼營證券投資顧問業務或全權委託投資業務,應符合下列各款規定:【106年第2次投信投顧人員】

1. 最近期經會計師查核簽證之財務報告,每股淨值不得低於面額者。

2. 最近半年未受證券投資信託及顧問法第 103 條第 1 款、證券交易法第 66 條第 1 款、期貨交易法第 100 條第 1 款或信託業法第 44 條糾正、限期改善三次以上之處分者。

3. 最近二年未受證券投資信託及顧問法第 103 條第 2 款至第 5 款、證券交易法第 66 條第 2 款至第 4 款、期貨交易法第 100 條第 2 款至第 4 款或信託業法第 44 條第 1 款至第 3 款之處分者。

4. 曾受上述之處分且命令其改善,已具體改善者。

(四)信託業申請兼營證券投資顧問業務者,應填具申請書,並檢具法定文件向金管會申請許可,並應自金管會許可之日起「**六個月內**」,檢具相關文件,依金管會銀行局規定辦理登記。

(五)信託業申請兼營證券投資顧問業務者,應設「獨立專責」顧問部門,並指派專責顧問部門主管及業務人員辦理之。此項獨立專責顧問部門之設置,應依業務規模、經營情況及內部控制之管理需要,配置適足、適任之經理人及業務人員,並應符合證券投資顧問事業負責人與業務人員管理規則所定之資格條件。

(六)信託業除已兼營全權委託投資業務者外,兼營證券投資顧問業務非加入投信投顧商業同業公會,不得開辦該項業務。【106年第4次投信投顧人員】

重點回顧

證券商或期貨商兼營證券投資顧問業務或全權委託投資業務:

★ 應設置「獨立專責」顧問部門,但已設置者不在此限。

★ 應配置適足、適任之部門主管及業務人員。

★ 應填具申請書,並檢具法定文件向金管會申請許可。

★ 應自許可之日起「六個月內」申請換發營業執照。

★ 非加入投信投顧商業同業公會,不得開辦。

信託業兼營證券投資顧問業務或全權委託投資業務:

★ 信託業經許可得依「委任方式」和「信託方式」從事全權委託投資業務,或辦理證券投資顧問業務。

★ 應以「機構名義」為之。

★ 應自許可之日起「六個月內」,檢具相關文件辦理登記。

★ 應設「獨立專責」顧問部門。

★ 應配置適足、適任之經理人及業務人員。

★ 非加入投信投顧商業同業公會,不得開辦。

三、期貨經理事業兼營證券投資顧問業務或全權委託投資業務:

期貨經理事業申請兼營證券投資顧問事業辦理全權委託投資業務,應符合下列資格條件:

1. 最近期經會計師查核簽證之財務報告,每股淨值不低於面額。

2. 最近半年未受證券投資信託及顧問法第 103 條第 1 款或期貨交易法第 100 條第 1 款之處分者。

3. 最近二年未受證券投資信託及顧問法第 103 條第 2 款至第 5 款或期貨交易法第 2 款至第 4 款之處分者。

4. 曾受上述處分且命其改善,已具體改善者。

四、期貨信託事業兼營證券投資顧問業務或全權委託投資業務:

(一) 期貨信託事業申請兼營證券投資顧問事業辦理全權委託投資業務,應符合下列資格條件:

1. 已取得金管會所換發兼營期貨經理事業之許可證照者。

2. 最近期經會計師查核簽證之財務報告,每股淨值不低於面額。

3. 最近半年未受證券投資信託及顧問法第 103 條第 1 款或期貨交易法第 100 條第 1 款之處分者。

4. 最近二年未受證券投資信託及顧問法第 103 條第 2 款至第 5 款或期貨交易法第 2 款至第 4 款之處分者。

5. 曾受上述處分且命其改善，已具體改善者。

(二) 期貨經理事業申請兼營證券投資顧問事業辦理全權委託投資業務，應自金管會許可之日起「**六個月內**」，應填具申請書，並檢具法定文件向金管會申請換發營業執照。

　　未於前項期間內申請換發營業執照者，廢止其許可。但有正當理由，於期限屆滿前得向金管會申請展延一次，並以「**三個月**」為限。

(三) 期貨經理事業除已兼營證券投資信託業務者外，兼營證券投資顧問事業辦理全權委託投資業務非加入同業公會，不得開辦該項業務。

小試身手 ....

(　) **1** 證券投信投顧事業經營全權委託投資業務，應依金融監督管理委員會之規定，定期申報相關業務表冊送至何機關備查？ (A)證券交易所 (B)金融監督管理委員會 (C)投信投顧公會 (D)證券暨期貨市場發展基金會。

(　) **2** 證券投資信託事業應有一名以上符合證券投資信託及顧問法第七十四條第一項規定資格條件之股東，且其合計持有股份不得少於已發行股份總數百分之多少？ (A)十 (B)二十 (C)二十五 (D)三十。

(　) **3** 下列何者非證券投資信託事業，申請經營全權委託投資業務應具備條件？ (A)營業滿二年 (B)最近期經會計師查核簽證之財務報告每股淨值不低於面額 (C)最近二年未曾受證券投資信託及顧問法第一百零三條第二款至第五款或證券交易法第66條第2款至第4款之處分 (D)最近半年未曾受證券投資信託及顧問法第103條第1款或證券交易法第66條第1款之處分。

(　) **4** 期貨信託業兼營證券投資信託事業時，其實收資本額不得少於新臺幣多少元？ (A)一億元 (B)二億元 (C)三億元 (D)五億元。

(　) **5** 信託業得依法定方式，經主管機關許可兼營下列業務，下列敘述何者正確？ (A)以委任方式經營全權委託投資業務 (B)以信託方式辦理全權委託投資業務 (C)直接依「證券投資信託及顧問法」之規定兼營證券投資顧問業務 (D)選項(A)(B)(C)皆是。

(　) **6** 信託業募集發行共同信託基金投資於證交法第六條有價證券占該基金募集發行額度超過一定比率者，應先申請兼營證券投資信託業務。該一定比率為何？ (A)百分之二十 (B)百分之三十 (C)百分之四十 (D)百分之五十。

(　) **7** 證券投資顧問事業經營外國有價證券投資顧問業務，應檢具申請書，連同相關文件向何機關申請核准後，始得為之？ (A)臺灣證券交易所 (B)證券投資信託暨顧問商業同業公會 (C)金融監督管理委員會 (D)證券投資暨期貨市場發展基金會。

(　) **8** 信託業兼營證券投資顧問業務，其加入同業公會之制度是： (A)任意入會 (B)強制入會 (C)選擇入會 (D)信託業僅為兼營，無庸加入同業公會。

(　) **9** 下列何者為證券投資顧問事業依法應設置之部門？甲：投資研究、乙：財務會計、丙：法務、丁：業務推廣。 (A)甲、乙 (B)甲、丙 (C)乙、丙 (D)乙、丁。

(　)**10** 下列何者不是信託業申請兼營全權委託投資業務或證券投資顧問業務之資格條件？ (A)營業滿三年 (B)以機構名義申請兼營 (C)最近期經會計師查核簽證之財務報告每股淨值不低於面額 (D)最近半年未曾受證券投資信託及顧問法或期貨交易法之處分。

(　)**11** 有關申請兼營全權委託投資業務或證券投資顧問業務，下列何者有誤？ (A)證券經紀商或期貨經紀商得申請兼營證券投資顧問事業辦理證券投資顧問業務或全權委託投資業務。但由他業兼營證券經紀商或期貨經紀商者，不得為之 (B)證券經紀商兼營證

券投資顧問事業以信託方式辦理全權委託投資業務，接受委託人原始信託財產應達新臺幣「一千萬元」以上，並應申請兼營金錢之信託及有價證券之信託　(C)證券經紀商或期貨經紀商申請兼營證券投資顧問事業辦理證券投資顧問業務，應自金管會許可之日起「六個月內」申請換發營業執照　(D)未於期間內申請換發兼營證券投資顧問事業辦理證券投資顧問業務執照者，若有正當理由，可於期限屆滿前向金管會申請展延一次，並以「六個月」為限。

解答 1 (C)　2 (B)　3 (A)　4 (C)　5 (D)　6 (D)　7 (B)　8 (B)　9 (A)　10 (A) 11 (D)

NOTE

精選試題

( )　**1** 投信事業與投顧事業之異同，下列敘述何者正確？　(A)均須為股份有限公司方可申請設立　(B)前者設立時實收資本額不得少於新臺幣三億元，後者則為一億元　(C)投信之設立須經金管會核准，投顧則不用　(D)最低實收資本額，發起人於發起時得分批認購，不須一次認足。　【108年第2次投信投顧人員】

( )　**2** 依投顧事業設置標準第五條規定，成立投顧事業之實收資本額不得少於新臺幣多少元？　(A)一千萬元　(B)二千萬元　(C)三千萬元　(D)四千萬元。　【108年第2次投信投顧人員】

( )　**3** 信託業募集發行共同信託基金投資於證券交易法第六條之有價證券達新臺幣十億元以上，或投資於有價證券占共同信託基金募集發行額度之百分比達多少以上時，即需依規定申請兼營證券投資信託業務？　(A)20%　(B)30%　(C)40%　(D)50%。　【108年第2次投信投顧人員】

( )　**4** 證券投資顧問事業未能依規定之期間內申請核發營業執照者，且未依時限申請展期，金管會得為如何之處理？　(A)通知其補正　(B)通知其展期　(C)駁回申請案　(D)廢止其許可。　【107年第2次投信投顧人員】

( )　**5** 有關證券投資顧問公司得經營業務，下列敘述何者錯誤？　(A)經營證券投資顧問業務　(B)經營全權委託投資業務　(C)欲聘請號稱投資專家之名嘴主持證券投資講習會，應特別聲明其個人行為與公司無關　(D)為拓展國際化業務，進行外國有價證券投資顧問行為。　【107年第1次投信投顧人員】

( )　**6** 有關證券投顧事業營業執照核發之申請，下列敘述何者為非？　(A)應於申請經營許可後六個月內為之　(B)未於規定期間內為之者，主管機關得廢止其許可　(C)有正當理由，得申請延展一年　(D)申請延展以一次為限。　【107年第1次投信投顧人員】

(　　)　**7** 證券投信投顧事業經營全權委託投資業務，應依金融監督管理委員會之規定，定期申報相關業務表冊送至何機關備查？　(A)證券交易所　(B)金融監督管理委員會　(C)投信投顧公會　(D)證券暨期貨市場發展基金會。　　　　　　　　　　　【106年第4次投信投顧人員】

(　　)　**8** 有關投信事業、投顧事業加入同業公會之規定，下列敘述何者正確？　(A)採自由入會，且同業公會不得拒絕　(B)採自由入會，但對不符資格者同業公會得拒絕之　(C)採強制入會，且同業公會非有正當理由不得拒絕　(D)採強制入會，但對不符資格者同業公會得拒絕之。　　　　　　　　　　　　　　【108年第1次投信投顧人員】

(　　)　**9** 證券投資顧問事業應自金管會許可之日起，幾個月內依法辦妥公司登記？　(A)一個月　(B)三個月　(C)五個月　(D)六個月。
　　　　　　　　　　　　　　　　　　　　　　　【106年第4次投信投顧人員】

(　　)　**10** 信託業申請兼營全權委託投資業務，應具備之條件不包括下列何者？　(A)實收資本額達新臺幣五千萬元以上　(B)最近期經會計師查核簽證之財務報告每股淨值不低於面額　(C)最近二年未曾受金管會為停業之處分　(D)最近半年未曾受信託業法糾正、限期改善三次以上之處分。　　　　　　　　　　【106年第2次、第4次投信投顧人員】

(　　)　**11** 信託業得依法定方式，經主管機關許可兼營下列業務，下列敘述何者正確？　(A)以委任方式經營全權委託投資業務　(B)以信託方式辦理全權委託投資業務　(C)直接依「證券投資信託及顧問法」之規定兼營證券投資顧問業務　(D)選項(A)(B)(C)皆是。
　　　　　　　　　　　　　　　　　　【106年第2次、第3次投信投顧人員】

(　　)　**12** 證券投資信託事業應於何時加入同業公會？　(A)開業前　(B)開業後一個月內　(C)開業後三個月內　(D)無強制規定。
　　　　　　　　　　　　　　　　　　　　　　　【106年第2次投信投顧人員】

(　　)　**13** 證券投資信託事業為募集證券投資信託基金，其所發行之有價證券為：　(A)基金股份　(B)受益憑證　(C)認股權證　(D)換股權利證書。　　　　　　　　　　　　　　　　　【106年第2次投信投顧人員】

☆(　) **14** 下列何者為投信事業依規定應設置之基本部門？　甲.投資研究；乙.財務會計；丙.內部稽核；丁.法務　(A)甲、乙、丙、丁　(B)僅甲、乙、丙　(C)僅甲、乙　(D)僅乙、丙。　【108年第2次投信投顧人員】

(　) **15** 下列何者不是期貨信託事業申請兼營證券投資信託業務之資格條件？　(A)營業滿三年　(B)實收資本額不少於新臺幣三億元　(C)最近期經會計師查核簽證之財務報告每股淨值不低於面額　(D)最近半年未曾受證券投資信託及顧問法或期貨交易法之警告處分。
【106年第1次投信投顧人員】

(　) **16** 有關投信事業業務之經營，下列敘述何者錯誤？　(A)得經營證券投資信託業務　(B)不得兼營證券投資顧問事業　(C)得經營全權委託投資業務　(D)得募集證券投資信託基金發行受益憑證。
【106年第1次、105年第3次投信投顧人員】

(　) **17** 所謂證券投資顧問事業，係指為獲取報酬而經營或提供何種業務者而言？　(A)提供證券投資研究分析意見報告　(B)全權委託投資業務　(C)舉辦證券投資分析演講活動　(D)選項(A)(B)(C)皆是。
【105年第4次投信投顧人員】

(　) **18** 有關證券投資信託事業業務之經營，下列敘述何者錯誤？　(A)發行受益憑證募集證券投資信託基金　(B)接受客戶全權委託投資業務　(C)運用證券投資信託基金從事證券及其相關商品之投資　(D)發行有關證券投資之出版品。　【105年第2次、第3次投信投顧人員】

(　) **19** 若有正當理由，投顧事業兼營投信業務，未於期限內申請換發營業執照者，在期限屆滿前，得申請主管機關核准展延，但展延期不得超過幾個月？　(A)一個月　(B)三個月　(C)六個月　(D)九個月。
【108年第3次投信投顧人員】

(　) **20** 下列何者係投信事業申請設立分支機構時，必須符合之條件？
(A)公司營業滿二年者　(B)最近三年未曾受主管機關依證交法規定之處分者　(C)最近期經會計師查核簽證之財務報告，每股淨值不低於面額者　(D)資本適足率高於20%者。【109年第1次投信投顧人員】

解答與解析

1 (A)。證券投資信託事業與證券投資顧問事業均須為股份有限公司方可申請設立；故選項(A)正確。

2 (B)。成立投顧事業之實收資本額不得少於新臺幣二千萬元；故選項(B)正確。

3 (D)。信託業募集發行共同信託基金投資於有價證券達新臺幣十億元以上，或投資於有價證券占共同信託基金募集發行額度之百分之五十以上時，即需依規定申請兼營證券投資信託業務；故選項(D)正確。

4 (D)。證券投資信託事業、證券投資顧問事業未於金管會核准設立六個月內申請核發營業執照者，廢止其設立許可；故選項(D)正確。

5 (C)。證券投資顧問事業得經營之業務種類如下：(1)證券投資顧問業務、(2)全權委託投資業務、(3)其他經主管機關核准之有關業務，未經核准並載明於營業執照者，不得經營。舉辦證券投資講習會不得聲明與公司無關；故選項(C)錯誤。

6 (C)。(1)證券投資信託事業應自金管會許可之日起「六個月內」依法辦妥公司登記並申請核發營業執照、(2)未於期間內申請核發營業執照者，廢止其設立許可、(3)但有正當理由，在期限屆滿前得向金管會申請延長「一次」、(4)並以「六個月」為限；故選項(C)錯誤。

7 (C)。證券投資顧問事業兼營證券投資信託業務，非向「投信投顧商業同業公會」申報備查，不得開辦該項業務；故選項(C)正確。

8 (C)。投信投顧事業加入同業公會為強制性規範，且同業公會非有正當理由不得拒絕；故選項(C)正確。

9 (D)。證券投資顧問事業應自金管會許可之日起「六個月內」依法辦妥公司登記，並檢具法定文件向金管會申請核發營業執照；故選項(D)正確。

10 (A)。信託業申請兼營證券投資顧問業務或全權委託投資業務，應符合下列各款規定：(1)最近期經會計師查核簽證之財務報告，每股淨值不得低於面額者、(2)最近半年未受證券投資信託及顧問法第103條第1款、證券交易法第66條第1款、期貨交易法第100條第1款或信託業法第44條糾正、限期改善三次以上之處分者、(3)最近二年未受證券投資信託及顧問法第103條第2款至第5款、證券交易法第66條第2款至第4款、期貨交易法第100條第2款至第4款或信託業法第44條第1款至第3款之處分者，不包括實收資本額之條件；故選項(A)錯誤。

11 (D)。依證券投資顧問事業設置標準第15條規定，信託業得依證券投資信託及顧問法規定，經金管會許可兼營下列業務：(1)以委任方式辦理

全權委託投資業務、(2)以信託方式
辦理全權委託投資業務、(3)證券投
資顧問業務；故選項(D)正確。

12 (A)。證券投資信託業務非加入投信
投顧商業同業公會，不得開辦該項
業務，意即應於開業前加入同業公
會；故選項(A)正確。

13 (B)。證券投資信託事業為募集證券
投資信託基金，得向不特定人募集
證券投資信託基金發行受益憑證，
或向特定人私募證券投資信託基金
交付受益憑證；故選項(B)正確。

14 (B)。證券投資信託事業依法應設
置：(1)投資研究部門、(2)財務會
計部門、(3)內部稽核部門；故選項
(B)正確。

15 (A)。期貨信託事業兼營證券投資信
託業務，應具備下列資格條件：(1)
實收資本額不得少於新臺幣「三億
元」、(2)最近期經會計師查核簽
證之財務報告，每股淨值不低於面
額、(3)最近半年未受證券投資信託
及顧問法第103條第1款或期貨交易
法第100條第1款之處分、(4)最近二
年未受證券投資信託及顧問法第103
條第2款至第5款、期貨交易法第
100條第2款至第4款之處分；故選
項(A)錯誤。

16 (B)。證券投資信託事業係指向不
特定人募集證券投資信託基金發行
受益憑證，或向特定人私募證券投
資信託基金交付受益憑證，經營之

業務種類如下：(1)證券投資信託業
務、(2)全權委託投資業務、(3)其他
經主管機關核准之有關業務；故選
項(B)錯誤。

17 (D)。所謂證券投資顧問事業，係指
直接或間接自委任人或第三人取得
報酬，對有價證券、證券相關商品
或其他經主管機關核准項目之投資
或交易有關事項，提供分析意見或
推介建議，營業種類包括：證券投
資顧問業務、全權委託投資業務、
其他經主管機關核准之有關業務；
故選項(D)正確。

18 (D)。證券投資信託事業係指向不
特定人募集證券投資信託基金發行
受益憑證，或向特定人私募證券投
資信託基金交付受益憑證，經營之
業務種類如下：(1)證券投資信託業
務、(2)全權委託投資業務、(3)其他
經主管機關核准之有關業務；故選
項(D)錯誤。

19 (B)。證券投資顧問事業申請兼營
證券投資信託業務，應自金管會
許可之日起「六個月內」，填具申
請書並檢具法定文件，向金管會申
請換發營業執照。未於前項期間內
申請換發證券投資顧問事業營業執
照者，廢止其兼營許可。但有正當
理由，於期限屆滿前，得向金管會
申請展延一次，並以「三個月」為
限；故選項(B)正確。

20 (C)。證券投資信託事業符合下列
條件者，得申請設立分支機構：(1)
營業滿一年、(2)最近期經會計師查
核簽證之財務報告，每股淨值不低
於面額、(3)最近三個月未曾受本法
第一百零三條第一款或證券交易法
第六十六條第一款之處分、(4)最近
半年未曾受本法第一百零三條第二
款、第三款或證券交易法第六十六
條第二款之處分、(5)最近一年未曾
受本法第一百零三條第四款或證券
交易法第六十六條第三款之處分、
(6)最近二年未曾受本法第一百零三
條第五款或證券交易法第六十六條
第四款之處分；故選項(C)正確。

NOTE

03 證券投資信託及顧問事業之管理規則

依出題頻率分為：A頻率高

課前導讀

本章節結合了證券投資信託暨顧問事業主管機關－金融監督管理委員會所公佈之「證券投資信託事業管理規則」和「證券投資顧問事業管理規則」之內容，在備考時須勤加練習歷年考古題，有助於掌握答題技巧並提升備考效率。

重點1　法令依據

為配合證券投資信託事業之財務、業務與外國及大陸事業業務的管理需要，金融監督管理委員會（簡稱「金管會」）：

一、 依證券投資信託及顧問法第20條、第70條、第72條、第81條第2項及第95條規定之授權，訂定「證券投資信託事業管理規則」。

二、 依證券投資信託及顧問法第70條、第72條、第83條第5項及第95條規定規定之授權，訂定「證券投資顧問事業管理規則」。

以做為業者經營證券投資信託事業及證券投資顧問事業之依據。

重點2　行為規範

一、行為之核准：

證券投資信託事業為下列情事之一，應先報請金管會核准：

> **考點速攻**
> 核准後才可執行。

(一)變更公司名稱。

(二)停業或復業。

(三)解散或合併。

(四)讓與全部或主要部分之營業或財產。

(五)受讓他人全部或主要部分之營業或財產。

(六)變更資本額。

(七)變更公司或分支機構營業處所。

(八)其他經金管會規定應經核准之事項。

證券投資顧問事業有下列情事之一，應先報請金管會核准：【109年第3次投信投顧人員】

(一)變更公司名稱。

(二)停業、復業及歇業。

> **考點速攻**
> 核准後才可執行。

(三)解散或合併。

(四)讓與全部或主要部分之營業或財產。

(五)受讓他人全部或主要部分之營業或財產。

(六)變更資本額。

(七)變更公司或分支機構營業處所。

(八)變更營業項目。

(九)其他經金管會規定應經核准之事項。

觀念補給站

證券投資顧問事業申請停業以「一次」為限，且停業期間自核准日起不得超過「一年」，如屆期未申請復業或申請復業未獲核准，金管會得廢止其營業許可。

證券投資顧問事業未依規定申請停業，且自行停業「連續三個月」以上者，金管會得廢止其營業許可。

二、行為之申報：

證券投資顧問事業有下列情事之一者，應於事實發生之日起「**五個營業日**」內，函送投信投顧同業公會轉報金管會：【110年第2次投信投顧人員】

(一)變更董事、監察人或經理人。

(二)董事、監察人或持有已發行股份總數百分之五以上之股東持股之變動。

(三)因經營業務或業務人員執行業務，發生訴訟、非訟事件或經投信投顧同業公會調處。

(四)其他經金管會規定應申報之事項。

證券投資信託事業有下列情事之一者，應於事實發生之日起「**五個營業日**」內，投信投顧同業公會轉報金管會：【105年第2次投信投顧人員】

(一)變更董事、監察人或經理人。

(二)董事、監察人或持有已發行股份總數百分之五以上之股東持股之變動。

(三)因經營業務或業務人員執行業務，發生訴訟、非訟事件或經投信投顧同業公會調處。

> **考點速攻**
> (一)、(三)和(四)規定於他業兼營證券投資信託業務者不適用。

(四)其他經金管會規定應申報之事項。

三、證券投資信託事業重大事項申報：

證券投資信託事業應將重大影響受益人權益之事項，於事實發生之日起「**二日內**」公告，向金管會申報並抄送同業公會。【111年第1次、110年第2次、109年第1次投信投顧人員】

所謂「重大影響受益人權益之事項」是指：

(一)存款不足之退票、拒絕往來或其他喪失債信情事。

(二)因訴訟、非訟、行政處分或行政爭訟事件，造成公司營運重大困難。

(三)向法院聲請重整。

(四)董事長、總經理或三分之一以上董事發生變動。

(五)變更公司或所經理證券投資信託基金之簽證會計師。但變更事由係會計師事務所內部調整者，不包括在內。

(六)有第三條第二款至第五款情事之一。

(七)向與公司具有公司法第六章之一所定關係企業之關係者，或公司董事、監察人、經理人或持有已發行股份總數百分之五以上股東本人或其關係人購買不動產。

(八)募集之證券投資信託基金暫停及恢復計算買回價格。

(九)經理之證券投資信託基金移轉他證券投資信託事業承受。

(十)募集之證券投資信託基金合併。

(十一)募集之證券投資信託基金契約終止。

前項第七款所稱關係人，指下列情形之一：

(一)本人為自然人者，指其配偶、二親等以內之血親及本人或配偶為負責人之企業。

(二)本人為法人者，指受同一來源控制或具有相互控制關係之法人。

四、證券投投資信託事業持股規範：

(一)證券投投資信託事業之董事、監察人或持有已發行股份總數「**百分之五**」以上之股東，不得兼為其他證券投資信託事業之持有已發行股份總數「**百分之五**」以上之股東。

> **考點速攻**
> 已發行股份總數百分之五以上之股東，其股份之計算，包括：
> 1. 其配偶。
> 2. 未成年子女。
> 3. 利用他人名義持有者。

(二)與證券投資信託事業之董事、監察人或持有已發行股份總數「**百分之五**」以上之股東，具有公司法第六章之一所定關係企業之關係者，不得擔任其他證券投資信託事業之董事、監察人或持有已發行股份總數「**百分之五以上**」之股東。

因合併致違反前二項規定者，應自合併之日起一年內，調整至符合規定。

(三)證券投資信託事業應有一名以上符合資格條件之股東，除以發行新股分配員工紅利、發行新股保留由員工承購或符合一定條件者外，其合計持有股份不得少於已發行股份總數「**百分之二十**」。【107年第3次、106年第4次投信投顧人員】

(四)證券投資信託事業之股東，除符合資格條件外，每一股東與其關係人及股東利用他人名義持有股份合計，不得超過該公司已發行股份總數「**百分之二十五**」。【110年第2次、第3次、109年第1次投信投顧人員】

(五)證券投資信託事業不得擔任證券投資信託基金所購入股票發行公司之董事或監察人。

五、證券投資顧問事業活動規範：

(一)證券投資顧問事業於各種傳播媒體從事證券投資分析活動者，應配置內部稽核人員，稽核公司之財務及業務，並作成稽核報告。

> **考點速攻**
> 已不符此項規定者，金管會得限制其於各種傳播媒體從事證券投資分析活動。

(二)內部稽核人員應符合「證券投資顧問事業負責人與業務人員管理規則」所定之資格條件；稽核報告應包括公司之財務及業務是否符合有關法令及公司內部管理制度之規定。

重點3　財務規範

一、自有資金之運用：

(一)**證券投資信託**

證券投資信託事業之資金，不得貸與他人、購置非營業用之不動產或移作他項用途。非屬經營業務所需者，其資金運用以下列為限：【111年第3次、110年第3次投信投顧人員】

1. 國內之銀行存款。
2. 購買國內政府債券或金融債券。
3. 購買國內之國庫券、可轉讓之銀行定期存單或商業票據。
4. 購買符合金管會規定條件及一定比率之證券投資信託基金受益憑證。
5. 其他經金管會核准之用途。

證券投資信託事業除符合公司法第16條第1項規定，並經金管會核准者外，不得為保證、票據之背書、或提供財產供他人設定擔保。

(二)**證券投資顧問**【108年第2次投信投顧人員】

證券投資顧問事業之資金，不得貸與他人、購置非營業用之不動產或移作他項用途。非屬經營業務所需者，其資金運用以下列為限：

1. 國內之銀行存款。
2. 購買國內政府債券或金融債券。
3. 購買國內之國庫券、可轉讓之銀行定期存單或商業票據。

4. 購買符合金管會規定條件及一定比率之證券投資信託基金受益憑證。

5. 其他經金管會核准之用途。

證券投資信託事業除符合公司法第16條第1項規定，並經金管會核准者外，不得為保證、票據之背書、或提供財產供他人設定擔保。

二、財務報告之編製：【108年第1次投信投顧人員】

(一)證券投資信託

證券投資信託事業財務報告之編製，應依有關法令規定辦理；其未規定者，依一般公認會計原則辦理。

1. 證券投資信託事業應於每會計年度終了後「**三個月內**」，公告並向金管會申報由董事長、經理人及會計主管簽名或蓋章，並經會計師查核簽證、董事會通過及監察人承認之年度財務報告。

2. 證券投資信託事業除取得營業執照未滿二個完整會計年度者外，財務報告有每股淨值低於面額者，金管會除得命其限期改善外，並得為下列處置：

   (1) 每股淨值未低於面額二分之一：

   　　金管會得限制該事業募集證券投資信託基金，該事業並應於「**一年內**」改善；屆期未改善者，金管會得限制其私募證券投資信託基金。

   (2) 每股淨值低於面額二分之一：

   　　金管會得限制該事業募集及私募證券投資信託基金。

   　　於年度中已改善公司每股淨值至不低於面額者，得檢附最近期經會計師查核簽證之財務報告，向金管會申請解除前項限制。

   　　申報月報、年度財務報告，應送由投信投顧同業公會彙送金管會。

(二)證券投資顧問【108年第2次投信投顧人員】

證券投資顧問事業財務報告之編製，應依有關法令規定辦理之；其未規定者，依一般公認會計原則辦理。

1. 證券投資顧問事業應於每會計年度終了後「**三個月內**」，公告並向金管會申報經會計師查核簽證、董事會通過及監察人承認之年度財務報告。

2. 證券投資顧問事業之財務報告顯示每股淨值低於面額者，應於「**一年內**」改善。屆期未改善者，金管會得限制其於傳播媒體從事證券投資分析活動。取得營業執照未滿一個完整會計年度者，不在此限。

3. 證券投資顧問事業之財務報告資產不足抵償其負債，經命令限期改善，
屆期仍未改善者，金管會得廢止其營業許可。

申報月報、年度財務報告，應送由投信投顧同業公會彙送金管會。

觀念補給站

一般公認會計原則：

係指自 102 會計年度起，經金管會認可之國際財務報導準則、國際會計準則、解
釋及解釋公告。

三、證券投資信託事業之基金保管：

(一)證券投資信託事業募集或私募之證券投資信託基金，與證券投資信託事
業及基金保管機構之自有財產，應分別獨立。

(二)證券投資信託事業應將證券投資信託基金交由基金保管機構保管，不得
自行保管。

(三)信託業兼營證券投資信託業務，符合下列規定之一者，得自行保管證券
投資信託基金：

1. 私募之證券投資信託基金。

2. 募集之每一證券投資信託基金設有信託監察人，且能踐行基金保管機構
及證券投資信託基金管理辦法之義務。

四、證券投資顧問事業提存保證金：【107年第2次、106年第4次投信投顧人員】

證券投資顧問事業應於辦理公司登記後，向得辦理保管業務並符合金管會規
定之金融機構提存營業保證金新臺幣「**五百萬元**」；但已提存營業保證金
者，不在此限。

小試身手

(　　) **1** 證券投資信託事業應有一名以上符合證券投資信託及顧問法第
74條第1項規定資格條件之股東，且其合計持有股份不得少於
已發行股份總數百分之多少？　(A)十　(B)二十　(C)二十五
(D)三十。

(　　) **2** 證券投資信託事業就每一證券投資信託基金之資產，應依金管會規定之比率，以何種方式保持？　甲：現金；乙：存放於銀行；丙：向票券商買入短期票券；丁：其他經金管會規定之方式。　(A)僅甲　(B)僅乙、丙　(C)僅甲、乙、丙　(D)甲、乙、丙、丁。

(　　) **3** 新生證券投資信託公司之自然人股東甲與其配偶乙，合計不得持有超過新生公司已發行股份總數多少比例之股份？　(A)百分之二十五　(B)百分之三十　(C)百分之三十五　(D)百分之四十。

(　　) **4** 甲先生及甲太太分別持有新興證券投資信託公司股份各百分之十，夫妻二人有意再增加持股比例，請問他們夫妻二人合計最多可再對新興證券投資信託公司增加多少持股比例？　(A)百分之五　(B)百分之十　(C)百分之十五　(D)不可再增加。

(　　) **5** 下列何者非證券投資顧問事業自有資金之用途？　(A)銀行存款　(B)購買國內政府債券　(C)提供委託人直接融資　(D)購買商業票據。

(　　) **6** 甲為怡康證券投資顧問公司董事，轉讓公司持股，怡康公司應遵守哪些規範？　(A)於事實發生後五個營業日內呈報金管會　(B)應事先申報金管會　(C)由公司於事實發生之日起五個營業日內函送投信投顧公會彙報金管會　(D)甲事先通知公司。

(　　) **7** 證券投資顧問事業發生下列何種何種情事，應事先向主管機關之核准？甲：解散；乙：讓與全部或主要部分營業或財產；丙：歇業；丁：變更董事長。　(A)甲、乙、丙　(B)甲、乙　(C)甲、丙　(D)乙、丙。

(　　) **8** 證券投資顧問事業發生下列何種何種情事，應事先向主管機關申報？　(A)開業、停業及復業　(B)持股百分之三以上股東持股變動　(C)變更公司經理人　(D)以上皆是。

( ) **9** 證券投資顧問事業於辦理公司登記後，原則上應向符合金管會所定條件之金融機構提存多少營業保證金？ (A)新臺幣五百萬元 (B)新臺幣一千萬元 (C)新臺幣二百萬元 (D)新臺幣二千萬元。

( ) **10** 證券投資信託事業對於下列那些重大影響受益人權益之事項，應於事實發生之日起二日內公告，向金管會申報並抄送同業公會？甲：變更資本額；乙：變更總經理；丙：存款不足退票或其他喪失債信之情事；丁：變更公司之簽證會計師；戊：變更公司營業處所；己：向持有已發行股份總數百分之五以上股東或關係人購買不動產。 (A)甲、丁、戊 (B)乙、丙、丁、戊 (C)乙、丙、丁、己 (D)甲、乙、丙、丁、戊、己。

> 解答 1 (B) 2 (D) 3 (A) 4 (A) 5 (C) 6 (C) 7 (A) 8 (A) 9 (A)
> 10 (C)

重點 **4** 業務規範

一、執行業務準則：【111年第1次投信投顧人員】

(一)證券投資信託事業應依命令規定，以善良管理人之注意義務及忠實義務，本誠實信用原則執行業務。除法令另有規定外，不得有下列行為：

1. 以業務上所知悉之消息洩露予他人或從事有價證券及其相關商品買賣之交易活動。

2. 運用證券投資信託基金買賣有價證券及其相關商品時，為自己或他人之利益買入或賣出，或無正當理由，與受託投資資金為相對委託之交易。

3. 為虛偽、詐欺或其他足致他人誤信之行為。

4. 運用證券投資信託基金買賣有價證券及其相關商品時，未將證券商、期貨商或其他交易對手退還手續費或給付其他利益歸入基金資產。

5. 約定或提供特定利益、對價或負擔損失，促銷受益憑證。

6. 轉讓出席股東會委託書或藉行使證券投資信託基金持有股票之投票表決權，收受金錢或其他利益。

7. 運用證券投資信託基金買賣有價證券及其相關商品時，意圖抬高或壓低證券交易市場某種有價證券之交易價格，或從事其他足以損害證券投資信託基金投資人權益之行為。

8. 運用證券投資信託基金買賣有價證券及其相關商品時，將已成交之買賣委託，自基金帳戶改為自己、他人或全權委託帳戶，或自自己、他人或全權委託帳戶改為基金帳戶。

9. 於公開場所或傳播媒體，對個別有價證券之買賣進行推介，或對個別有價證券未來之價位作研判預測。

10. 利用非專職人員招攬客戶或給付不合理之佣金。

11. 於非登記之營業處所經營業務。

12. 其他影響受益人、客戶之權益或本事業之經營者。

(二)證券投資顧問事業應依命令規定，以善良管理人之注意義務及忠實義務，本誠實信用原則執行業務。除法令另有規定外，不得有下列行為：

1. 以詐欺、脅迫或其他不正當方式簽訂委任契約。

2. 代理他人從事有價證券投資或證券相關商品交易行為。

3. 與客戶為投資有價證券收益共享或損失分擔之約定。

4. 買賣該事業推介予投資人相同之有價證券。但證券投資信託基金及境外基金，不在此限。

5. 為虛偽、欺罔、謾罵或其他顯著有違事實或足致他人誤信之行為。

6. 與客戶有借貸款項、有價證券，或為借貸款項、有價證券之居間情事。

7. 保管或挪用客戶之有價證券、款項、印鑑或存摺。

8. 意圖利用對客戶之投資研究分析建議、發行之出版品或舉辦之講習，謀求自己、其他客戶或第三人利益之行為。

9. 非依法令所為之查詢，洩漏客戶委任事項及其他職務所獲悉之秘密。

10. 同意或默許他人使用本公司或業務人員名義執行業務。

11. 以任何方式向客戶傳送無合理分析基礎或根據之建議買賣訊息。

12. 於公開場所或廣播、電視以外之傳播媒體，對不特定人就個別有價證券未來之價位作研判預測，或未列合理研判分析依據對個別有價證券之買賣進行推介。

13. 自行或委託他人製播之證券投資分析節目，以非事業之受僱人擔任節目主持人。

14. 藉卜筮或怪力亂神等方式，為投資人作投資分析。

15. 以文字、圖畫、演說或他法鼓動或誘使他人拒絕履行證券投資買賣之交割義務、為抗爭或其他擾亂交易市場秩序之行為。

16. 利用非專職人員招攬客戶或給付不合理之佣金。

17. 以非登記名稱從事證券投資分析活動或其他業務行為。

18. 以證券投資顧問服務為贈品。

19. 於非登記之營業處所經營業務。

20. 與他人約定利潤與營業費用分成，並以本公司或受僱人名義參與經營證券投資顧問業務。

21. 其他違反證券暨期貨管理法令或經金管會規定不得為之行為。

二、業務訊息揭露：

(一)證券投資信託公開說明書

1. 證券投資信託事業應將證券投資信託基金之公開說明書、有關銷售文件、證券投資信託契約與事業本身及基金之最近期經會計師查核簽證或核閱之財務報告，置於其營業處所及其基金銷售機構之營業處所，以供查閱。【111年第3次、108年第1次投信投顧人員】

2. 證券投資信託事業之公開說明書及最近期經會計師查核簽證或核閱之財務報告，應上傳至金管會指定之資訊申報網站。
信託業或期貨信託事業兼營證券投資信託業務者，已將事業本身最近期經會計師查核簽證或核閱之財務報告依規定於指定網站辦理公告事宜者，不在此限。

(二)證券投資顧問投資分析報告

1. 證券投資顧問事業提供證券投資分析建議時，應作成投資分析報告，載明合理分析基礎及根據。

2. 投資分析報告之副本、紀錄，應自提供之日起保存「**五年**」，並得以電子媒體形式儲存。【106年第2次投信投顧人員】

3. 證券投資顧問事業依規定訂定之證券投資顧問契約，應自契約之權利義務關係消滅之日起保存「**五年**」。【106年第2次投信投顧人員】

4. 證券投資顧問事業在各種傳播媒體提供投資分析者，應將節目錄影及錄音存查，並至少保存「**一年**」。【106年第3次投信投顧人員】

三、廣告、公開說明會及其他活動：

(一)證券投資信託事業為廣告、公開說明會及其他營業促銷活動時，不得有下列行為：

1. 藉證券投資信託基金募集之核准或生效，作為證實申請、申報事項或保證受益憑證價值之宣傳。

2. 使人誤信能保證本金之安全或保證獲利者。

3. 提供贈品或以其他利益勸誘他人購買受益憑證。但金管會另有規定者不在此限。

4. 對於過去之業績作誇大之宣傳或對同業為攻訐之廣告。

5. 為虛偽、詐欺或其他足致他人誤信之行為。

6. 對未經金管會核准募集或生效之證券投資信託基金，預為宣傳廣告或其他促銷活動。

7. 內容違反法令、證券投資信託契約或公開說明書內容。

8. 為證券投資信託基金投資績效之預測。

9. 促銷證券投資信託基金，涉及對新臺幣匯率走勢之臆測。

10. 其他影響事業經營或受益人權益之事項。

　　證券投資信託事業或其基金銷售機構為基金之廣告、公開說明會及其他營業促銷活動，應於事實發生後「**十日內**」向投信投顧同業公會申報；同業公會發現有違法之情事，應於「**每月底**」前彙整函報金管會依法處理。【111年第1次、105年第3次、第4次投信投顧人員】

(二)證券投資顧問事業為廣告、公開說明會及其他營業促銷活動時，不得有下列行為：【107年第1次、第2次、第3次投信投顧人員】

1. 於傳播媒體提供證券投資分析節目，違反以善良管理人與誠實及信用原則執行業務規定。
2. 為招攬客戶，以詐術或其他不正當方式，誘使投資人參加證券投資分析活動。
3. 對所提供證券投資服務之績效、內容或方法無任何證據時，於廣告中表示較其他業者為優。
4. 於廣告中僅揭示對公司本身有利之事項，或有其他過度宣傳之內容。
5. 未取得核准辦理全權委託投資業務，而為使人誤信其有辦理該項業務之廣告。
6. 為保證獲利或負擔損失之表示。
7. 於傳播媒體從事投資分析之同時，有招攬客戶之廣告行為。
8. 涉有利益衝突、詐欺、虛偽不實或意圖影響證券市場行情之行為。
9. 涉有個別有價證券未來價位研判預測。
10. 於有價證券集中交易市場或櫃檯買賣成交系統交易時間及前後一小時內，在廣播或電視傳播媒體，對不特定人就個別有價證券之買賣進行推介或勸誘。
11. 於前款所定時間外，在廣播或電視媒體，未列合理研判分析依據，對不特定人就個別有價證券之產業或公司財務、業務資訊提供分析意見，或就個別有價證券之買賣進行推介。
12. 對證券市場之行情研判、市場分析及產業趨勢，未列合理研判依據。
13. 以主力外圍、集團炒作、內線消息或其他不正當或違反法令之內容，作為招攬之訴求及推介個別有價證券之依據。
14. 引用各種推薦書、感謝函、過去績效或其他易使人認為確可獲利之類似文字或表示。
15. 為推廣業務所製發之書面文件未列明公司登記名稱、地址、電話及營業執照字號。
16. 以業務人員或內部研究單位等非證券投資顧問事業名義，舉辦證券投資分析活動、製作書面或電子文件。
17. 違反同業公會訂定廣告及促銷活動之自律規範。

證券投資顧問事業為廣告、公開說明會及其他營業促銷活動，應於事實發生後「**十日內**」向投信投顧同業公會申報；同業公會發現有不得為之情事，應於「**每月底**」前彙整函報金管會依法處理。【110年第2次投信投顧人員】

證券投資顧問事業從事廣告、公開說明會及其他營業促銷活動製作之宣傳資料、廣告物及相關紀錄應保存「**二年**」；從事公開說明會及其他營業促銷活動之內容應錄影或錄音存查，並至少保存「**一年**」。【111年第1次投信投顧人員】

四、業務遵行原則：

(一)證券投資信託

1. 證券投資信託事業應充分知悉並評估客戶之投資知識、投資經驗、財務狀況及其承受投資風險程度。

2. 證券證券投資信託事業及其基金銷售機構，對於首次申購之客戶，應要求其提出身分證明文件或法人登記證明文件，並填具基本資料。

3. 證券投資信託事業及其基金銷售機構對於一定金額以上或疑似洗錢之基金交易，其申購、買回或轉換應留存完整正確之交易紀錄及憑證，並應依洗錢防制法規定辦理。

4. 證券投資信託事業給付受益人買回價金時，應依公開說明書規定，對符合該基金短線交易認定標準之受益人，扣除基金短線交易之買回費用，該買回費用應歸入基金資產。

5. 證券投資信託事業行使表決權，應基於受益憑證持有人之最大利益，並應就出席股東會表決權行使之評估分析作業、決策程序及執行結果作成書面紀錄，循序編號建檔，至少保存「**五年**」。【111年第1次、110年第2次投信投顧人員】

6. 證券投資信託事業因解散、停業、歇業、撤銷或廢止許可事由，致不能繼續從事證券投資信託基金有關業務者，應洽由其他證券投資信託事業承受其證券投資信託基金有關業務，並經金管會核准。

7. 證券投資信託事業不能依前項規定辦理者，由金管會指定其他證券投資信託事業承受；受指定之證券投資信託事業，除有正當理由，報經金管會核准者外，不得拒絕。

8. 證券投資信託事業經理證券投資信託基金顯然不善者,金管會得命其將該證券投資信託基金移轉於經金管會指定之其他證券投資信託事業經理。

(二)**證券投資顧問**

1. 證券投資顧問事業應充分知悉並評估客戶之投資知識、投資經驗、財務狀況及其承受投資風險程度。

2. 證券投資顧問事業接受客戶委任,對證券投資或交易有關事項提供分析意見或推介建議時,應訂定書面證券投資顧問契約,載明雙方權利義務。【106年第2次投信投顧人員】

3. 證券投資顧問契約應載明之事項如下:

 (1) 契約當事人之名稱及地址。

 (2) 契約當事人之權利、義務及法律責任。

 (3) 證券投資顧問事業提供證券投資研究分析意見或建議之範圍。

 (4) 證券投資顧問事業提供服務之方式。

 (5) 客戶應給付報酬、費用之數額、給付方式及計算之方法。

 (6) 證券投資顧問事業因委任關係而得知客戶之財產狀況及其他個人情況,應有保守秘密之義務。

 (7) 客戶未經證券投資顧問事業之同意,不得將證券投資顧問事業所提供研究分析意見或建議之內容洩漏予他人。

 (8) 證券投資顧問事業不得收受客戶資金或代理從事證券投資行為,亦不得與客戶為證券投資損益分擔之約定。

 (9) 契約之變更或終止。

 (10) 契約之生效日期及其存續期間。

 (11) 客戶得自收受書面契約之日起七日內,以書面終止契約。【109年第1次投信投顧人員】

 (12) 契約終止時,客戶得請求退還報酬之比率及方式。

 (13) 紛爭之解決方式及管轄法院。

 (14) 其他影響當事人權益經金管會規定應記載事項。

小試身手

(　　) **1** 基金銷售機構為證券投資信託基金之廣告、公開說明會及其他促銷活動時，應依相關規定執行，並由證券投資信託事業於事實發生日起幾日內向投信投顧公會申報？　(A)七日　(B)十日　(C)五日　(D)二日。

(　　) **2** 證券投資信託公司或證券投資顧問公司從事廣告、公開說明會及其他營業活動所製作之宣傳資料、廣告物及相關紀錄應保存多久？　(A)一年　(B)二年　(C)三年　(D)五年。

(　　) **3** 證券投顧事業從事業務廣告及公開舉辦證券投資分析活動，下列行為何者符合規定？　(A)於理財節目中表示個別有價證券有主力伺機炒作，作為招攬訴求　(B)於傳播媒體從事投資分析之同時，有招攬客戶之廣告行為　(C)對證券市場之行情研判、市場分析及產業趨勢，列示合理研判依據　(D)涉有個別有價證券未來買賣價位研判預測。

(　　) **4** 下列何者非證券投資信託事業為廣告、公開說明會及其他營業促銷活動時之禁止行為？　(A)使人誤信能保證本金之安全或保證獲利者　(B)提供贈品或以其他利益勸誘他人購買受益憑證　(C)虛偽、詐欺或其他足致他人誤信之行為　(D)提供證券投資信託基金過去投資績效供參考。

(　　) **5** 有關投顧事業從事廣告及營業活動行為之敘述，何者正確？　(A)以國家認證分析師之資格擔保為訴求　(B)應揭示本名，經核准後得以名為之　(C)於有價證券集中交易市場或櫃檯買賣成交系統交易時間及前後一小時內，在廣播或電視傳播媒體對不特定人就個別有價證券之買賣進行推介或勸誘　(D)得於傳播媒體從事興櫃股票之投資分析活動。

(　　) **6** 證券投資顧問事業除法令另有規定外，不得有下列何種行為？甲：代理客戶從事有價證券投資行為；乙：與客戶為投資有價

證券收益共享或損失分擔之約定；丙：買賣其推介予投資人相同之有價證券；丁：保管客戶之有價證券。　(A)甲、乙、丙　(B)甲、丙　(C)甲、乙　(D)甲、乙、丙、丁。

(　) **7**證券投資顧問事業提供與委託人之投資分析報告，其副本應保存多久？　(A)自提供之日起五年　(B)自完成報告起五年　(C)自給付之日起三年　(D)委託關係消滅後五年。

解答 1 (B)　2 (B)　3 (C)　4 (D)　5 (D)　6 (D)　7 (A)

重點**5** 投資外國及大陸事業

證券投資信託事業或其子公司投資大陸地區證券投資基金管理公司，應依臺灣地區與大陸地區證券期貨業務往來及投資許可管理辦法之規定辦理。

一、資格條件：

(一)證券投資信託事業申請投資外國證券事業，應填具申請書，並檢具法定文件向金管會申請核准。

(二)證券投資信託事業申請投資外國證券事業，除法令另有規定者外，應符合下列規定：

　1. 營業滿兩年。

　2. 最近三個月未曾受證券投資信託及顧問法第 103 條第 1 款或證券交易法第 66 條第 1 款規定之處分。

　3. 最近半年未曾受證券投資信託及顧問法第 103 條第 2 款、第 3 款或證券交易法第 66 條第 2 款規定之處分。

　4. 最近一年未曾受證券投資信託及顧問法第 103 條第 4 款或證券交易法第 66 條第 3 款規定之處分。

　5. 最近二年未曾受證券投資信託及顧問法第 103 條第 5 款或證券交易法第 66 條第 4 款規定之處分。

　6. 最近期經會計師查核簽證之財務報告，每股淨值不低於面額。

7. 投資外國證券事業及大陸地區證券投資基金管理公司之總金額，不得超過證券投資信託事業淨值「**百分之四十**」，但有特殊需要經專案核准者，不在此限。

二、申報備查：

(一) 申請投資外國證券事業，應自核准之日起「**六個月內**」，檢具實際投資之相關證明書件，申報金管會備查。

(二) 證券投資信託事業經本會核准本條第一項投資事項，並符合前條第一項第二款至第五款所定資格條件或第二項者，得檢具第一項第一款、第三款、第四款及第六款所定之書件向本會申請核准增加對該外國事業之投資金額。

(三) 申請投資外國證券事業，經核准後，對於資金之匯出、被投資外國及大陸事業之登記或變更登記證明文件等，應於取得證明文件後「**五日內**」，申報金管會備查。

(四) 申請投資外國證券事業，應於被投資之事業營業年度終了後「**六個月內**」，申請該被投資事業之年度財務報告。

重點 6　外國有價證券投資推介顧問服務

(一) 經營外國有價證券投資顧問業務者，以下列事業為限：
　1. 證券投資顧問事業。
　2. 經營受託買賣外國有價證券之證券經紀商，且兼營證券投資顧問業務。
　3. 經營受託國外期貨交易之期貨經紀商，且兼營證券投資顧問業務。
　4. 經營特定金錢信託之信託業，且兼營證券投資顧問業務。
　5. 兼營證券投資顧問業務之證券投資信託事業。

(二) 經營外國有價證券投資顧問業務者，應符合下列各款之規定：
　1. 最近期經會計師查核簽證之財務報告每股淨值不低於面額；取得營業執照未滿一個完整會計年度者，不在此限。【109 年第 4 次投信投顧人員】
　2. 最近二年未受本法第 103 條第 2 款至第 5 款、證券交易法第 66 條第 2款至第 4 款、期貨交易法第 100 條第 2 款至第 4 款或信託業法第 44 條

第 1 項第 2 款或第 2 項第 1 款或第 2 款規定之處分者；但已具體改善並經金管會認可者，不在此限。

3. 已訂定經營外國有價證券投資顧問業務之內部管理制度，並配置適足與適任之業務人員及內部稽核人員。

4. 場地設備應符合同業公會之規定。

(三)經營境外基金以外之外國有價證券投資顧問業務，除符合前項規定外，並應符合下列各款規定之一：

1. 與其簽訂合作契約之證券商，其本公司、子公司或分公司具金管會指定外國證券交易所會員或交易資格者。【109年第4次投信投顧人員】

2. 合作之證券投資顧問公司經會計師簽證之管理資產總淨值超過十億美元或等值外幣者。

3. 實收資本額達新臺幣五千萬元以上，具有即時取得外國有價證券投資研究相關之資訊設備及適足與適任之人員者。

(四)申請經營外國有價證券投資顧問業務，除另經金管會核准或申報生效外，不得涉及在國內募集、發行或買賣。

(五)經核准經營外國有價證券顧問業務後，金管會發現申請文件內容有虛偽不實情事或涉及在國內募集及買賣行為，得視情節輕重撤銷或廢止其核准，並得停止其二年內接受新外國有價證券投資顧問服務。【107年第2次、106年第4次投信投顧人員】

重點 7　合併

一、申請合併：

證券投資信託事業申請合併、證券投資顧問事業申請合併或證券投資信託事業申請合併證券投資顧問事業，或應填具申請書並檢具法定文件，向金管會申請核准。

證券投資信託事業	
證券投資信託事業申請合併	**證券投資信託事業申請合併 證券投資顧問事業**
除金融機構合併法、企業併購法或其他法律另有規定外，參與合併公司均應符合下列規定： (一) 最近期經會計師查核簽證之財務報告，每股淨值不低於面額。 (二) 所經理之證券投資信託基金，每單位淨資產價值低於單位面額之基金數目不得超過其所經理基金總數之二分之一。 (三) 最近半年未曾受證券投資信託及顧問法第103條第2款至第5款或證券交易法第66條第2款至第4款規定之處分，但其違法情事已具體改善並經金管會認可者不在此限。 (四) 董事、監察人及持有已發行股份總數百分之五以上之股東，最近一年無大量股權轉移情事。	除金融機構合併法、企業併購法或其他法律另有規定外，參與合併公司均應符合下列規定： (一) 最近期經會計師查核簽證之財務報告，每股淨值不低於面額。 (二) 最近半年未曾受證券投資信託及顧問法第103條第2款至第5款、證券交易法第66條第2款至第4款或期貨交易法第100條第2款至第4款規定之處分。但其違法情事已具體改善並經金管會認可者，不在此限。 (三) 證券投資信託事業應符合證券投資顧問事業設置標準所定申請兼營證券投資顧問業務之條件。

證券投資顧問事業	
證券投資顧問事業申請合併	**證券投資顧問事業申請合併 證券投資信託事業**
除金融機構合併法、企業併購法或其他法律另有規定外，參與合併公司均應符合下列規定： (一) 最近期經會計師查核簽證之財務報告每股淨值不低於面額。	除金融機構合併法、企業併購法或其他法律另有規定外，參與合併公司均應符合下列規定： (一) 最近期經會計師查核簽證之財務報告每股淨值不低於面額。

證券投資顧問事業	
證券投資顧問事業申請合併	**證券投資顧問事業申請合併 證券投資信託事業**
(二) 最近半年未曾受證券投資信託及顧問法第103條第2款至第5款、證券交易法第66條第2款至第4款或期貨交易法第100條第2款至第4款規定之處分。但其違法情事已具體改善並經金管會認可者，不在此限。	(二) 最近半年未曾受證券投資信託及顧問法第103條第2款至第5款、證券交易法第66條第2款至第4款或期貨交易法第100條第2款至第4款規定之處分。但其違法情事已具體改善並經金管會認可者，不在此限。 (三) 證券投資顧問事業應符合證券投資信託事業設置標準所定申請兼營證券投資信託業務之條件。

證券投資顧問事業申請合併或證券投資顧問事業申請合併證券投資信託事業，如有不符述規定者，金管會得綜合考量證券市場健全發展及證券投資顧問事業競爭力等因素，予以專案核准。

二、合併申報：

證券投資信託事業
證券投資信託事業合併或與證券投資顧問事業合併，參與合併公司應於事實發生之日起「**二日內**」，公告決議內容合併申請書應記載事項，並檢附有關資料向金管會申報。

證券投資顧問事業
證券投資顧問事業合併或與證券投資信託事業合併，參與合併公司應於事實發生之日起「**二日內**」，公告決議內容及合併契約書應記載事項，並檢附有關資料向金管會申報。

所謂「事實發生之日」係以董事會決議日、簽約日或其他足資確定合併意向之日孰前者為準。

三、合併後程序：

(一)證券投資信託事業合併後，原經理證券投資信託基金應依下列規定辦理：

　1.原經理之開放式證券投資信託基金，如同質性高者應檢討合併或作適當之處置。

　2.消滅公司原經理之封閉式證券投資信託基金，應召開受益人會議報告證券投資信託事業合併之事實及影響，並討論是否同意改由存續公司繼續經理，及受益人會議不同意時，該基金之處理方式。

　3.原經理之封閉式證券投資信託基金於原募集之公開說明書或相關公開文件中，列有特定承諾事項者，如經評估該承諾事項已無法履行，致對受益人權益有重大影響，該封閉式證券投資信託基金應增列得由受益人定期買回之規定。

(二)證券投資信託事業合併後，所經理之證券投資信託基金原持有之有價證券，因合併致成為利害關係公司所發行之有價證券者，合併訊息公開後，應於「**二年內**」調整之。

(三)證券投資信託事業合併後，所經理之證券投資信託基金投資之有價證券超過規定之比例者，合併訊息公開後，應於「**二年內**」調整之。

(四)證券投資信託事業之合併或證券投資信託事業與證券投資顧問事業合併，消息公開後有客觀事實顯示無法完成合併者，應於事實發生之日起「**二日內**」辦理公告，並檢附有關資料向金管會申報。

小試身手 ....

(　　) **1** 證券投資信託事業申請投資外國證券事業，應自核准之日起多少時間內檢具實際投資之相關證明書件，申報金管會備查？
(A)六個月　(B)一年　(C)二年　(D)三年。

(　　) **2** 證券投資信託事業合併後，其所經理之全部證券投資信託基金投資之有價證券超過證券投資信託基金管理辦法規定之比例者，合併訊息公開後，除因該公司無償配股外不得新增，並應於多久內調整之？　(A)六個月　(B)一年　(C)二年　(D)三年。

（　）**3** 證券投資信託事業合併，所經理之基金原持有之有價證券，因合併而成為利害關係公司，所發行者應於合併訊息公關後多久期間內調整至符合規定？　(A)六個月　(B)一年　(C)二年　(D)三年。

（　）**4** 有關證券投資信託事業合併，下列敘述何者有誤？　(A)參與合併公司應於事實發生之日起十日內公告並向金管會申報　(B)最近期經會計師查核簽證之財務報告每股淨值不得低於面額　(C)所經理之證券投資信託基金，每單位淨資產價值低於單位面額之基金數目不得超過其所經理基金總數之二分之一　(D)其董事、監察人及持有已發行股份總數百分之五以上之股東，最近一年不得有大量股權轉移情事。

（　）**5** 證券投資顧問公司於申請經營外國受益憑證投資顧問業務時，出具有關管理機構資格之虛偽證明文件，申請經核准後執行投資顧問服務時怠不繳交受益憑證相關資料予客戶，而後經主管機關查知，該公司將可能受何種處分？　(A)撤銷事業之許可　(B)停止營業二年　(C)停止二年內接受新外國有價證券投資顧問業務　(D)以上皆是。

（　）**6** 若證券投資顧問事業經核准經營外國有價證券投資顧問業務後，涉及在國內募集及買賣行為，金管會得停止其幾年內接受新外國有價證券投資顧問業務？　(A)二年　(B)一年　(C)三年　(D)五年。

（　）**7** 有關經營外國有價證券投資顧問業務，下列敘述何者有誤？　(A)申請經營外國有價證券投資顧問業務，除另經金管會核准或申報生效外，不得涉及在國內募集、發行或買賣　(B)經核准經營外國有價證券顧問業務後，金管會發現申請文件內容有虛偽不實情事，得視情節輕重撤銷或廢止其核准，並停止其二年內接受新外國有價證券投資顧問服務　(C)經營外國有價證券投資顧問業務者，最近期經會計師查核簽證之財務報告每股淨值不低於面額　(D)經營境外基金以外之外國有價證券投資顧問業務，其實收資本額須達新臺幣一千萬元以上。

（　　）**8** 證券投資顧問事業合併或與證券投資信託事業合併，參與合併公司應於事實發生之日起多少時間內，公告決議並檢附有關資料向金管會申報？　(A)二日　(B)三日　(C)五日　(D)十日。

（　　）**9** 有關證券投資顧問事業申請合併，下列敘述何者有誤？　(A)最近期經會計師查核簽證之財務報告每股淨值不低於面額　(B)證券投資顧問事業證券投資顧問事業申請合併證券投資信託事業時，不須符合申請兼營證券投資信託業務之條件　(C)參與合併公司應於事實發生之日起「二日內」，公告決議內容並檢附有關資料向金管會申報　(D)最近半年未曾受證券投資信託及顧問法第103條第2款至第5款、證券交易法第66條第2款至第4款或期貨交易法第100條第2款至第4款規定之處分。

　解答 1 (A)　2 (C)　3 (C)　4 (A)　5 (C)　6 (A)　7 (D)　8 (A)　9 (B)

NOTE

精選試題 ···

(　) **1** 證券投資信託事業就每一證券投資信託基金之資產,應依金管會規定之比率,以何種方式保持? 甲:現金;乙:存放於銀行;丙:向票券商買入短期票券;丁:其他經金管會規定之方式。 (A)僅甲 (B)僅乙、丙 (C)僅甲、乙、丙 (D)甲、乙、丙、丁。

【107年第3次投信投顧人員】

(　) **2** 新生證券投資信託公司之自然人股東甲與其配偶乙,合計不得持有超過新生公司已發行股份總數多少比例之股份? (A)百分之二十五 (B)百分之三十 (C)百分之三十五 (D)百分之四十。

【107年第3次、105年第1次投信投顧人員】

(　) **3** 證券投資顧問公司發生下列哪些情事,應先申請金管會之核准? 甲:變更營業項目;乙:變更分公司營業處所;丙:變更董事長;丁:公司開業。 (A)僅甲、乙、丙 (B)僅乙、丁 (C)僅甲、丁 (D)僅甲、乙。

【107年第2次、第3次投信投顧人員】

(　) **4** 證券投資信託事業應有一名以上符合證券投資信託及顧問法第七十四條第一項規定資格條件之股東,且其合計持有股份不得少於已發行股份總數百分之多少? (A)十 (B)二十 (C)二十五 (D)三十。

【108年第2次、107年第3次投信投顧人員】

(　) **5** 甲先生及甲太太分別持有新興投信公司股份各10%,夫妻二人有意再增加持股比例,請問他們夫妻二人合計最多可再對新興投信公司增加多少持股比例? (A)5% (B)10% (C)15% (D)不可再增加。

【109年第1次投信投顧人員】

(　) **6** 證券投顧事業從事業務廣告及公開舉辦證券投資分析活動,下列行為何者符合規定? (A)於理財節目中表示個別有價證券有主力伺機炒作,作為招攬訴求 (B)於傳播媒體從事投資分析之同時,有招攬客戶之廣告行為 (C)對證券市場之行情研判、市場分析及產業趨

勢，列示合理研判依據　(D)涉有個別有價證券未來買賣價位研判
預測。　　　　　　　　　　　　　　　　　【107年第3次投信投顧人員】

(　　) **7** 證券投資信託事業行使基金持有發行公司股票之投票表決權，應出
席股東會行使表決權，表決權行使之評估分析作業、決策程序及執
行結果做成書面紀錄，並編號建檔後，應至少保存幾年？　(A)一
年　(B)三年　(C)五年　(D)十年。　　　【107年第2次投信投顧人員】

✡(　　) **8** 若證券投資顧問事業經核准經營外國有價證券投資顧問業務後，涉
及在國內募集及買賣行為，金管會得停止其幾年內接受新外國有
價證券投資顧問業務？　(A)二年　(B)一年　(C)三年　(D)五年。
　　　　　　　　　　【107年第2次、106年第4次、105年第4次投信投顧人員】

(　　) **9** A客戶於收受書面證券投資顧問契約後第三日，以書面向甲投
顧公司終止契約，下列何者為甲投顧公司得向A客戶收取之費
用？　(A)客戶請求終止契約前所提供服務之相當報酬　(B)契約終
止之損害賠償　(C)違約金　(D)選項(A)(B)(C)皆不可收取。
　　　　　　　　　　　　　　　　【107年第2次、106第1次投信投顧人員】

✡(　　) **10** 證券投資顧問事業於辦理公司登記後，原則上應向符合金管會所
定條件之金融機構提存多少營業保證金？　(A)新臺幣五百萬元
(B)新臺幣一千萬元　(C)新臺幣二百萬元　(D)新臺幣二千萬元。
　　　　　　　　　　　　　【107年第2次、106年第1次、第4次投信投顧人員】

(　　) **11** 南海證券投顧公司委任該公司證券投資分析師甲君，每週於廣播
節目中製作提供市場行情研判、市場分析之投資理財節目，下列
何者符合規定？　(A)該節目錄音應保存一個月　(B)甲君因獲有
某上市公司內線消息，在節目中以內線消息為訴求　(C)甲君得對
證券市場之行情研判、市場分析及產業趨勢，列出合理研判依據
(D)南海投顧為求吸引投資大眾，於節目中加註保證獲利文字。
　　　　　　　　　　　　　　　　　　　　【107年第1次投信投顧人員】

( ) **12** 為加強證券投顧事業之經營管理，發生下列哪些情事不用事先報請主管機關核准？ (A)變更負責人 (B)變更營業項目 (C)變更資本額 (D)選項(A)(B)(C)皆是。 【109年第3次投信投顧人員】

✡( ) **13** 證券投資信託公司或證券投資顧問公司從事廣告、公開說明會及其他營業活動所製作之宣傳資料、廣告物及相關紀錄應保存多久？ (A)一年 (B)二年 (C)三年 (D)五年。

【107年第1次、105年第1次、第2次、第3次投信投顧人員】

( ) **14** 針對證券投資信託事業自有資金運用範圍之敘述，何者有誤？ (A)得購買符合主管機關規定條件及一定比率之基金受益憑證 (B)得購買營業用之不動產 (C)不得投資高爾夫球證 (D)得購買符合主管機關規定一定額度之外幣。 【108年第2次投信投顧人員】

( ) **15** 證券投資信託事業應將證券投資信託基金之公開說明書、有關銷售之文件、證券投資信託契約及最近期財務報告，置於何處以供查閱？ (A)金融監督管理委員會 (B)證券交易所 (C)證券暨期貨市場發展基金會 (D)營業處所及其基金銷售機構之營業處所。

【108年第1次投信投顧人員】

( ) **16** 證券投資信託事業應將重大影響受益人權益之事項，於事實發生之日起幾日內，向金管會申報並抄送投信投顧公會？ (A)二日內 (B)三日內 (C)五日內 (D)七日內。

【106年第4次、105年第4次投信投顧人員】

( ) **17** 依投信投顧公會廣告及營業活動行為規範，有關專供理財專員使用之基金文宣資料之規定，何者有誤？ (A)不得放置於櫃臺供投資人自行取閱 (B)不得放置於文宣資料區提供投資人自行取閱 (C)無需申報 (D)可提供給臨櫃客戶參考。 【106年第3次投信投顧人員】

( ) **18** 基金銷售機構為證券投資信託基金之廣告、公開說明會及其他促銷活動時，應依相關規定執行，並由證券投資信託事業於事實發生

日起幾日內向投信投顧公會申報？　(A)七日　(B)十日　(C)五日　(D)二日。　　　　　　　　【106年第3次、105年第4次投信投顧人員】

(　　)**19** 證券投資信託事業為下列何項行為者，應於事實發生之日起五個營業日內函送投信投顧公會彙報主管機關？　(A)變更業務人員　(B)基金經理人之持股發生變動　(C)持股5%以上之股東持股發生變動　(D)選項(A)(B)(C)皆是。　　　　　【106年第3次投信投顧人員】

(　　)**20** 信宜證券投資顧問公司委任某投資分析人員，每週於廣播節目中製作提供市場行情研判、市場分析之投資理財節目，該節目錄音應至少保存多久？　(A)一年　(B)二年　(C)三年　(D)五年。

【106年第3次投信投顧人員】

(　　)**21** 證券投資信託事業應將重大影響受益人權益之事項，於事實發生之日起二日內公告申報，下列何種事項非屬重大影響投資人權益之事項？　(A)存款不足退票　(B)四分之一之董事發生變動　(C)變更公司之簽證會計師　(D)向關係人購買不動產。　　　　【106年第3次投信投顧人員】

(　　)**22** 投顧事業舉辦講習會、座談會、說明會及製作相關講習資料，下列何行為正確？　(A)得對不特定人推介買賣特定股票　(B)利用內線消息推介特定股票　(C)以主力外圍作為推介特定股票　(D)不以集團炒作作為推介特定股票。　　　　　　【106年第3次投信投顧人員】

(　　)**23** 投信事業應於營業年度終了後幾個月內，公告並向主管機關申報年度財報？　(A)四個月　(B)二個月　(C)六個月　(D)三個月。

【108年第1次投信投顧人員】

(　　)**24** 投顧事業提供外國股票之投資顧問業務，有關該事業應符合之規定，下列何者為非？　(A)實收資本額達新臺幣五千萬元以上，具有即時取得外國有價證券投資研究相關之資訊設備及適足與適任之人員　(B)投顧事業無最低成立年限之限制，惟最近期經會計師查核簽證之財務報告每股淨值不得低於面額　(C)與其簽訂合作契約之證

券商，其本公司、子公司或分公司具金管會指定外國證券交易所會
員或交易資格者　(D)最近兩年未受證券投資信託及顧問法第103條
第2至第5款之處分者。　　　　　　　　　　【109年第4次投信投顧人員】

(　　) **25** 投顧事業之客戶，得自收受書面投顧契約之日起幾日內，以
書面終止契約？　(A)二日　(B)三日　(C)五日　(D)七日。
　　　　　　　　　　　　　　　　　　　　【109年第1次投信投顧人員】

(　　) **26** 證券投資顧問事業提供客戶投資分析建議時，應如何為之？　(A)作
成書面投資分析報告　(B)報告須載明個股分析及買賣價位研
判　(C)投資分析報告之紀錄不得以電子媒體形式儲存　(D)選項
(A)(B)(C)皆是。　　　　　　　　　　　　【108年第2次投信投顧人員】

(　　) **27** 以下何者為投顧事業應先報請金管會核准之事項？　(A)聘請證券
分析師　(B)變更董事、監察人或經理人　(C)因經營業務發生訴訟
(D)變更分公司營業處所。　　　　　　　　【109年第2次投信投顧人員】

(　　) **28** 下列敘述何者非屬證券投資信託事業管理規則第五條所稱重大影
響受益人權益之事項？　(A)存款不足之退票、拒絕往來或其他喪
失債信情事者　(B)向關係人購買不動產者　(C)變更公司或所經理
投信基金之簽證會計師者　(D)變更公司或分支機構營業處所者。
　　　　　　　　　　　　　　　　　　　　【109年第1次投信投顧人員】

(　　) **29** 投信事業申請合併之規定，何者錯誤？　(A)最近期財務報告每股淨
值不低於面額　(B)所經理之投信基金，每單位淨資產價值低於單位
面額之基金數目不得超過其所經理基金總數之三分之一　(C)最近半
年未曾受主管機關依證交法第六十六條第二款、第三款或第四款規
定之處分，但其違法情事已具體改善並經金管會認可者，不在此限
(D)如有不符證券投資信託事業管理規則第二十九條第一項有關合
併之規定者，主管機關得綜合考量證券市場健全發展及證券投資信
託事業競爭力等因素，予以專案核准。　【108年第1次投信投顧人員】

解答與解析

1 (D)。證券投資信託事業之資金運用以下列為限：(1)國內之銀行存款、(2)購買國內政府債券或金融債券、(3)購買國內之國庫券、可轉讓之銀行定期存單或商業票據、(4)購買符合金管會規定條件及一定比率之證券投資信託基金受益憑證、(5)其他經金管會核准之用途；故選項(D)正確。

2 (A)。證券投資信託事業之股東，除符合資格條件外，每一股東與其關係人及股東利用他人名義持有股份合計，不得超過該公司已發行股份總數百分之二十五；故選項(A)正確。

3 (D)。證券投資顧問事業有下列情事之一，應先報請金管會核准：(1)變更公司名稱、(2)停業、復業及歇業、(3)解散或合併、(4)讓與或受讓全部或主要部分之營業或財產、(5)變更資本額、(6)變更公司或分支機構營業處所、(7)變更營業項目、(8)其他經金管會規定應經核准之事項；故選項(D)正確。

4 (B)。證券投資信託事業應有一名以上符合資格條件之股東，除以發行新股分配員工紅利、發行新股保留由員工承購或符合一定條件者外，其合計持有股份不得少於已發行股份總數百分之二十；故選項(B)正確。

5 (A)。證券投資信託事業之每一股東與其關係人及股東利用他人名義持有股份合計不得超過該公司已發行股份總數「百分之二十五」；故選項(A)正確。

6 (C)。證券投資信託事業為廣告、公開說明會及其他營業促銷活動時，不得有下列行為：(1)以詐術或其他不正當方式，誘使投資人參加證券投資分析活動、(2)於廣告中表示對所提供證券投資服務之績效較其他業者為優、(3)為保證獲利或負擔損失之表示、(4)於傳播媒體從事投資分析之同時，有招攬客戶之廣告行為、(5)涉有個別有價證券未來價位研判預測、(6)於交易時間及前後一小時內，在廣播或電視傳播媒體，對不特定人就個別有價證券之買賣進行推介或勸誘、(7)對證券市場之行情研判、市場分析及產業趨勢，未列合理研判依據、(8)以主力外圍、集團炒作、內線消息或其他不正當或違反法令之內容，作為招攬之訴求及推介個別有價證券之依據……等，其中不包括(C)；故選項(C)正確。

7 (C)。證券投資信託事業行使表決權，應基於受益憑證持有人之最大利益，並應就出席股東會表決權行使之評估分析作業、決策程序及執行結果作成書面紀錄，循序編號建檔，至少保存五年；故選項(C)正確。

8 (A)。證券投資顧問經核准經營外國有價證券顧問業務後，若有虛偽不實情事或涉及在國內募集及買賣行為，得視情節輕重撤銷或廢止其核准，並得停止其二年內接受新外國有價證券投資顧問服務；故選項(A)正確。

9 (A)。證券投資顧問客戶得自收受書面契約之日起七日內，以書面終止契約，投顧公司僅得向客戶收取請求終止契約前所提供服務之相當報酬；故選項(A)正確。

10 (A)。證券投資顧問事業於辦理公司登記後，應向得辦理保管業務並符合金管會規定之金融機構提存營業保證金新臺幣五百萬元，但已提存營業保證金者不在此限；故選項(A)正確。

11 (C)。(1)證券投資顧問事業從事廣告、公開說明會及其他營業促銷活動製作之宣傳資料、廣告物及相關紀錄應保存二年，從事公開說明會及其他營業促銷活動之內容應錄影或錄音存查，並至少保存一年；(2)證券投資顧問事業為廣告、公開說明會及其他營業促銷活動時，不得在交易前後一小時內在廣播或電視傳播媒體，對不特定人就個別有價證券之買賣進行推介或勸誘；(3)證券投資顧問事業為廣告、公開說明會及其他營業促銷活動時，須對證券市場之行情研判、市場分析及產業趨勢，列出合理研判依據；(4)證

券投資顧問事業為廣告、公開說明會及其他營業促銷活動時，不得有保證獲利或負擔損失之表示；故選項(C)正確。

12 (A)。證券投資顧問事業有下列情事之一，應先報請金管會核准：(1)變更公司名稱、(2)停業、復業及歇業、(3)解散或合併、(4)讓與或受讓全部或主要部分之營業或財產、(5)變更資本額、(6)變更公司或分支機構營業處所、(7)變更營業項目，其不包括選項(A)之變更負責人；故選項(A)正確。

13 (B)。證券投資顧問事業從事廣告、公開說明會及其他營業促銷活動製作之宣傳資料、廣告物及相關紀錄應保存二年；故選項(B)正確。

14 (C)。證券投資信託事業之資金，不得貸與他人、購置非營業用之不動產或移作他項用途；非屬經營業務所需者，其資金運用以下列為限：(1)國內之銀行存款、(2)購買國內政府債券或金融債券、(3)購買國內之國庫券、可轉讓之銀行定期存單或商業票據、(4)購買符合金管會規定條件及一定比率之證券投資信託基金受益憑證、(5)其他經金管會核准之用途。因此，符合主管機關規定之基金受益憑證、營業用不動產、高爾夫球證和符合主管機關規定之外幣，皆在許可範圍之內；故選項(C)錯誤。

15 **(D)**。證券投資信託事業應將證券投資信託基金之公開說明書、有關銷售文件、證券投資信託契約與事業本身及基金之最近期財務報告，應置於其營業處所及其基金銷售機構之營業處所，以供查閱；故選項(D)正確。

16 **(A)**。證券投資信託事業應將重大影響受益人權益之事項，於事實發生之日起二日內公告，向金管會申報並抄送同業公會；故選項(A)正確。

17 **(D)**。證券投資信託事業應將證券投資信託基金之公開說明書、有關銷售文件、證券投資信託契約與事業本身及基金之最近期財務報告，應置於其營業處所及其基金銷售機構之營業處所，以供查閱，專供理財專員使用的基金文宣資料屬於「有關銷售文件」；故選項(D)正確。

18 **(B)**。證券投資信託事業或其基金銷售機構為基金之廣告、公開說明會及其他營業促銷活動，應於事實發生後十日」向投信投顧同業公會申報；故選項(B)正確。

19 **(C)**。證券投資顧問事業有下列情事，應於事實發生之日起五個營業日內，函送投信投顧同業公會轉報金管會：(1)變更董事、監察人或經理人、(2)董事、監察人或持有已發行股份總數百分之五以上之股東持股之變動、(3)因經營業務或業務人員執行業務，發生訴訟、非訟事件或經投信投顧同

業公會調處、(4)其他經金管會規定應申報之事項。其中，業務人員變動、基金經理人持股變動不包括在內；故選項(C)正確。

20 **(A)**。證券投資顧問事業在各種傳播媒體提供投資分析者，應將節目錄影及錄音存查，並至少保存一年；故選項(A)正確。

21 **(B)**。證券投資信託事業應將重大影響受益人權益之事項，於事實發生之日起二日內公告，向金管會申報並抄送同業公會，所謂「重大影響受益人權益之事項」包括：(1)向關係人購買不動產、(2)存款不足之退票、拒絕往來或其他喪失債信情事、(3)董事長、總經理或三分之一以上董事發生變動、(4)變更公司或所經理證券投資信託基金之簽證會計師……等；故選項(B)錯誤。

22 **(D)**。證券投資顧問事業為廣告、公開說明會及其他營業促銷活動時：(1)不得對不特定人就個別有價證券之買賣進行推介或勸誘、(2)不得對不特定人就個別有價證券之產業或公司財務、業務資訊提供分析意見，或就個別有價證券之買賣進行推介、(3)不得以主力外圍、集團炒作、內線消息或其他不正當或違反法令之內容，作為招攬之訴求及推介個別有價證券之依據……等；故選項(D)正確。

23 **(D)**。投信事業應於營業年度終了後

三個月內，公告並向主管機關申報年度財報；故選項(D)正確。

24 (B)。經營外國有價證券投資顧問業務者，應符合下列各款之規定：(1)最近期經會計師查核簽證之財務報告每股淨值不低於面額。(2)最近二年未受證券投資信託及顧問法第103條第2款至第5款、證券交易法第66條第2款至第4款⋯⋯等。(3)已訂定經營外國有價證券投資顧問業務之內部管理制度，並配置適足與適任之業務人員及內部稽核人員。(4)場地設備應符合同業公會之規定。經營境外基金以外之外國有價證券投資顧問業務，除符合前項規定外，並應符合下列各款規定之一：(1)與其簽訂合作契約之證券商，其本公司、子公司、或分公司具本會指定外國證券交易所會員或交易資格者。(2)合作之證券投資顧問公司經會計師簽證之管理資產總淨值超過十億美元或等值外幣者。(3)實收資本額達新臺幣五千萬元以上，具有即時取得外國有價證券投資研究相關之資訊設備及適足與適任之人員者。故選項(B)錯誤。

25 (D)。證券投資顧問客戶得自收受書面契約之日起七日內，以書面終止契約，投顧公司僅得向客戶收取請求終止契約前所提供服務之相當報酬；故選項(D)正確。

26 (A)。(1)證券投資顧問事業接受客戶委任分析意見或推介建議時，應訂定書面證券投資顧問契約，載明雙方權利義務、(2)報告不得對不特定人就個別有價證券未來之價位作研判預測、(3)投資分析報告之副本、紀錄，應自提供之日起保存五年，並得以電子媒體形式儲存；故選項(A)正確。

27 (D)。證券投資顧問事業有下列情事之一，應先報請金管會核准：(1)變更公司名稱、(2)停業、復業及歇業、(3)解散或合併、(4)讓與或受讓全部或主要部分之營業或財產、(5)變更資本額、(6)變更公司或分支機構營業處所、(7)變更營業項目、(8)其他經金管會規定應經核准之事項；故選項(D)正確。

28 (D)。證券投資信託事業應將重大影響受益人權益之事項，於事實發生之日起二日內公告，向金管會申報並抄送同業公會，所謂「重大影響受益人權益之事項」包括：(1)向關係人購買不動產、(2)存款不足之退票、拒絕往來或其他喪失債信情事、(3)董事長、總經理或三分之一以上董事發生變動、(4)變更公司或所經理證券投資信託基金之簽證會計師⋯⋯等；故選項(D)錯誤。

29 (B)。證券投資信託事業申請合併，所經理之證券投資信託基金，每單位淨資產價值低於單位面額之基金數目不得超過其所經理基金總數之二分之一；故選項(B)錯誤。

04 證券投資信託及顧問事業之負責人與業務人員管理規則

依出題頻率分為：A頻率高

課前導讀

本章節結合了證券投資信託暨顧問事業主管機關－金融監督管理委員會所公佈之「證券投資信託事業負責人與業務人員管理規則」和「證券投資顧問事業負責人與業務人員管理規則」之內容，投信投顧問之負責人和業務人員資格條件向來容易出現在考試當中，在備考時須對各類內部人員的資格條件及限制內容多加理解，才能有助於掌握答題要領並獲得高分。

重點1 法令依據

為使證券投資信託、證券投資顧問事業之負責人及其業務人員執行業務之行為能受到適當之管理監督，以落實專業管理提升其經營之品質及保障客戶之權益，金融監督管理委員會（簡稱「金管會」）：

一、 依證券投資信託及顧問法第69條及第70條第3項授權，訂定「證券投資信託事業負責人與業務人員管理規則」。

二、 依證券投資信託及顧問法第69條規定之授權，訂定「證券投資顧問事業負責人與業務人員管理規則」。

規範證券投資信託事業、證券投資顧問事業應備置之相關人員及資格條件、行為規範等，以做為證券投資信託事業及證券投資顧問事業經營時之依據。

重點2　負責人與業務人員名詞定義

一、負責人：

證券投資信託事業、證券投資顧問事業之負責人是指依公司法第8條或其他法律規定應負責任之人。

證券投資信託事業	證券投資顧問事業
公司法第8條規定： (一) 公司負責人在有限公司、股份有限公司為「董事」。 (二) 公司之經理人、清算人或臨時管理人，股份有限公司之發起人、監察人、檢查人、重整人或重整監督人，在執行範圍內，亦為公司負責人。	

二、業務人員：

所謂業務人員，指為證券投資信託事業或證券投資顧問事業從事下列業務之人員：

證券投資信託事業	證券投資顧問事業 【106年第1次投信投顧人員】
(一) 辦理受益憑證之募集發行、銷售及私募。 (二) 投資研究分析。 (三) 基金之經營管理。 (四) 執行基金買賣有價證券。 (五) 辦理全權委託投資有關業務之研究分析、投資決策或買賣執行。 (六) 內部稽核。 (七) 法令遵循。 (八) 主辦會計。	(一) 對投資或交易有關事項，提供分析意見或推介建議。 (二) 從事證券投資分析活動、講授或出版。 (三) 辦理全權委託投資有關業務之研究分析、投資決策或買賣執行。 (四) 對全權委託投資業務或證券投資顧問業務，為推廣或招攬。 (五) 辦理境外基金之募集、銷售及私募。 (六) 內部稽核。 (七) 法令遵循。 (八) 主辦會計。 (九) 辦理其他經核准之業務。

重點**3**　應配置人員之資格條件

證券投資信託事業應設置投資研究、財務會計、內部稽核等部門，證券投資顧問事業應設置投資研究、財務會計部門；並且配置適足、適任之部門主管、經理人及業務人員。

一、總經理：

證券投資信託事業	證券投資顧問事業
(一) 應置總經理一人，負責綜理全公司之業務，且不得有其他職責相當之人。	(一) 應置總經理一人，負責綜理全公司之業務，且不得有其他職責相當之人。
(二) 證券投資信託事業之總經理應具備下列資格之一：	(二) 證券投資顧問事業之總經理應具備下列資格之一：
1. 符合證券投資分析人員資格，並具專業投資機構相關工作經驗「三年」以上。	1. 符合證券投資分析人員資格，並具專業投資機構相關工作經驗「一年」以上。
2. 經教育部承認之國內外專科以上學校畢業或具有同等學歷，並具專業投資機構相關工作經驗「五年」以上，曾擔任「一年」以上副總經理或同等職務，或「三年」以上經理或同等職務，成績優良。	2. 經教育部承認之國內外專科以上學校畢業或具有同等學歷，並具專業投資機構相關工作經驗「四年」以上，成績優良。
3. 有其他學經歷足資證明其具備證券金融專業知識、經營經驗及領導能力。	3. 有其他學經歷足資證明其具備證券金融專業知識、經營經驗及領導能力。【110年第2次投信投顧人員】

觀念補給站

規則訂定前已任職者得於原職務或任期內續任之，不受規定限制。

規則訂定後升任或充任者，應具備或符合資格條件；不符者不得充任，並由投信投顧同業公會撤銷登錄。

二、部門主管及分支機構經理人

證券投資信託事業	證券投資顧問事業
證券投資信託事業之部門主管及分支機構經理人，應具備下列資格之一： (一) 符合證券投資分析人員資格，並具下列工作經驗之一： 　1. 具專業投資機構相關工作經驗「一年」以上。 　2. 具資訊、科技、法律、電子商務或數位經濟等專業領域之工作經驗「二年以」上，成績優良。 (二) 符合證券投資信託及顧問業務員資格，並具下列工作經驗之一： 　1. 具專業投資機構相關工作經驗「二年」以上。 　2. 具資訊、科技、法律、電子商務或數位經濟等專業領域之工作經驗「四年」以上，成績優良。 (三) 符合證券高級業務員資格，並具下列工作經驗之一： 　1. 具專業投資機構相關工作經驗「三年」以上。 　2. 具資訊、科技、法律、電子商務或數位經濟等專業領域之工作經驗「六年」以上，成績優良。 (四) 曾擔任國內、外基金經理人工作經驗「二年」以上。 (五) 經教育部承認之國內外大學以上學校畢業或具有同等學歷，擔任證券、期貨機構或信託業之業務人員「四年」以上。 (六) 有其他學經歷足資證明其具備證券金融專業知識、經營經驗及領導能力。	證券投資顧問事業之部門主管及分支機構經理人，應具備下列資格之一： (一) 符合證券投資分析人員資格，並具下列工作經驗之一： 　1. 具專業投資機構相關工作經驗「一年」以上。 　2. 具資訊、科技、法律、電子商務或數位經濟等專業領域之工作經驗「二年以」上，成績優良。 (二) 符合證券投資信託及顧問業務員資格，並具下列工作經驗之一： 　1. 具專業投資機構相關工作經驗「二年」以上。 　2. 具資訊、科技、法律、電子商務或數位經濟等專業領域之工作經驗「四年」以上，成績優良。 (三) 符合證券高級業務員資格，並具下列工作經驗之一： 　1. 具專業投資機構相關工作經驗「三年」以上。 　2. 具資訊、科技、法律、電子商務或數位經濟等專業領域之工作經驗「六年」以上，成績優良。 (四) 曾擔任國內、外基金經理人工作經驗「二年」以上。 (五) 經教育部承認之國內外大學以上學校畢業或具有同等學歷，擔任證券、期貨機構或信託業之業務人員「四年」以上。

證券投資信託事業	證券投資顧問事業
	(六) 有其他學經歷足資證明其具備證券金融專業知識、經營經驗及領導能力。

觀念補給站

規則訂定前已任職者得於原職務或任期內續任之，不受規定限制。

規則訂定後升任或充任者，應具備或符合資格條件；不符者不得充任，並由投信投顧同業公會撤銷登錄。

三、內部稽核及法令遵循業務人員：

證券投資信託事業	證券投資顧問事業
證券投資信託事業之內部稽核及法令遵循業務人員應具備下列資格之一： (一) 符合證券投資分析人員資格。 (二) 符合證券投資信託及顧問業務員資格，並在專業投資機構從事證券、期貨或信託相關工作經驗「一年」以上。 (三) 符合證券商高級業務員資格，並在專業投資機構從事證券、期貨或信託相關工作經驗「二年」以上。 (四) 曾擔任國內、外基金經理人工作經驗「一年」以上。 (五) 經教育部承認之國內外大學以上學校畢業或具有同等學歷，並擔任證券、期貨機構或信託業之業務人員「三年」以上。	證券投資顧問事業之內部稽核及法令遵循業務人員應具備下列資格之一： (一) 符合證券投資分析人員資格。 (二) 符合證券投資信託及顧問業務員資格，並在專業投資機構從事證券、期貨或信託相關工作經驗「一年」以上。 (三) 符合證券商高級業務員資格，並在專業投資機構從事證券、期貨或信託相關工作經驗「二年」以上。 (四) 曾擔任國內、外基金經理人工作經驗「一年」以上。 (五) 經教育部承認之國內外大學以上學校畢業或具有同等學歷，擔任證券、期貨機構或信託業之業務人員「三年」以上。

證券投資信託事業	證券投資顧問事業
(六) 經教育部承認之國內外大學以上學校畢業或具有同等學歷，並在符合條件之聯合會計師事務所從事審計工作經驗「二年」以上，且具有證券投資分析人員或證券投資信託及顧問業務員資格。	(六) 經教育部承認之國內外大學以上學校畢業或具有同等學歷，並在條件之聯合會計師事務所從事審計工作經驗「二年」以上，且經投信投顧業務員或證券商高級營業員測驗合格。
(七) 具有高等律師資格，並在律師事務所從事證券或期貨相關法律事務工作經驗「二年」以上，且具有證券投資分析人員或證券投資信託及顧問業務員資格。	(七) 在律師事務所從事證券、期貨相關法律事務工作經驗「二年」以上，且經投信投顧業務員或證券商高級營業員測驗合格。

觀念補給站

規則訂定前已任職者得於原職務或任期內續任之，不受規定限制。

規則訂定後升任或充任者，應具備或符合資格條件；不符者不得充任，並由投信投顧同業公會撤銷登錄。

四、其他業務人員：

證券投資信託事業	證券投資顧問事業
證券投資信託事業之業務人員，應具備下列資格之一： (一) 符合證券投資分析人員資格。 (二) 符合證券投資信託及顧問業務員資格。 (三) 符合證券商高級業務員資格。 (四) 曾擔任國內、外基金經理人工作經驗「一年」以上。	證券投資顧問事業之業務人員，應具備下列資格之一： (一) 符合證券投資分析人員資格。 (二) 符合證券投資信託及顧問業務員資格。 (三) 符合證券商高級業務員資格。 (四) 曾擔任國內、外基金經理人工作經驗「一年」以上。 (五) 信託業務專業測驗合格，並經證券投資信託及顧問法規測驗合格。

證券投資信託事業	證券投資顧問事業
(五) 信託業務專業測驗合格，並經證券投資信託及顧問法規測驗合格。 (六) 經教育部承認之國內外大學以上學校畢業或具有同等學歷，擔任證券、期貨機構或信託業之業務人員「三年」以上。	(六) 經教育部承認之國內外大學以上學校畢業或具有同等學歷，擔任證券、期貨機構或信託業之業務人員「三年」以上。

觀念補給站

證券投資顧問事業於各種傳播媒體從事證券投資分析之人員，應具備上述各資格條件之一。【107 年第 2 次、第 3 次投信投顧人員】

規則修正前，協助辦理相關業務之業務人員，應於修正發布日起「二年內」取得所定資格，屆期未完成補正者不得充任，並由同業公會撤銷其登錄。

規則修正前，已於各傳播媒體從事證券投資分析之人員且與本規則不符者，應於發布日起「三年內」辦理補正，屆期未完成補正者，不得於各種傳播媒體從事證券投資分析。

規則修正前，對全權委託投資業務或證券投資顧問業務為推廣、招攬或協助辦理之業務人員，應於發布日起「二年內」取得所定資格之一，屆期未完成補正者不得充任，並由同業公會撤銷其登錄。

五、其他人員：

(一) 證券投資信託事業董事長：

　　證券投資信託事業之董事長應具備下列資格之一：

1. 依規定取得證券投資分析人員資格，並具專業投資機構相關工作經驗「二年」以上。
2. 經教育部承認之國內外專科以上學校畢業或具同等學歷，並具專業投資機構相關工作經驗「三年」以上，曾擔任副總經理或同等職務，成績優良。
3. 有其他事實足資證明其具備證券金融專業知識、經營經驗及領導能力。

(二)證券投資信託事業之副總經理、協理、經理：

證券投資信託事業業務部門之副總經理、協理、經理等，應具備領導及有效輔佐經營證券投資信託事業之能力，並應具備下列資格之一：

1. 符合證券投資分析人員資格，並具下列工作經驗之一：

(1) 具專業投資機構工作經驗「一年」以上。

(2) 具資訊、科技、法律、電子商務或數位經濟等專業領域之工作經驗「二年」以上，成績優良。

2. 經教育部承認之國內外專科以上學校畢業或具有同等學歷，並具專業投資機構相關工作經驗「三年」以上，成績優良。

3. 有其他學經歷足資證明其具備證券金融專業知識、經營經驗及領導能力。

(三)證券投資信託事業基金經理人：【107年第4次投信投顧人員】

證券投資信託事業之基金經理人，須針對每一證券投資信託基金之運用指派專人負責，並應具備下列資格條件之一：

1. 符合證券投資分析人員資格。

2. 符合證券投資信託及顧問業務員資格，並在專業投資機構擔任證券投資分析或證券投資決策工作「二年」以上者。

3. 符合證券商高級業務員資格，並在專業投資機構從事證券投資分析或證券投資決策工作「三年」以上者。

4. 現任基金經理人，於中華民國九十年十月十七日前任職達「一年」以上，且繼續擔任同一證券投資信託事業基金經理人併計達「二年」以上者。

5. 擔任接受客戶全權委託投資業務之投資經理人職務一年以上，無不良紀錄者。

觀念補給站

基金經理人得負責之基金數量、額度及其資格條件，由金管會定之。

小試身手

(　　) **1** 針對證券投資信託事業基金經理人之敘述，何者有誤？　(A)擔任接受客戶全權委託之投資經理職務一年以上，無不良紀錄者可擔任之　(B)經證券投資信託暨顧問商業同業公會委託機構舉辦之證券投資信託及顧問事業之業務人員測驗合格，並在專業投資機構從事證券投資分析或證券投資決策工作二年以上者得擔任之　(C)經證券商業同業公會委託機構舉辦之證券商高級業務員測驗合格，並在專業投資機構擔任證券投資分析或證券投資決策工作二年以上者得擔任之　(D)依證券投資顧問事業負責人與業務人員管理規則規定，取得證券投資分析人員資格者得擔任之。

(　　) **2** 針對證券投資信託事業內部稽核及法令遵循業務人員之敘述，何者有誤？　(A)依證券投資顧問事業負責人與業務人員管理規則規定，取得證券投資分析人員資格者得擔任之　(B)經證券投資信託暨顧問商業同業公會委託機構舉辦之證券投資信託及顧問事業之業務人員測驗合格，並在專業投資機構從事證券投資分析或證券投資決策工作二年以上者得擔任之　(C)經證券商業同業公會委託機構舉辦之證券商高級業務員測驗合格，並在專業投資機構擔任證券投資分析或證券投資決策工作二年以上者得擔任之　(D)經教育部承認之國內外大學以上學校畢業或具有同等學歷，並擔任證券、期貨機構或信託業之業務人員三年以上者得擔任之。

(　　) **3** 下列何者非證券投資信託事業所指之業務人員？　(A)辦理受益憑證之募集發行、銷售及私募之人員　(B)從事內部稽核、法令遵循或主辦會計之人員　(C)辦理境外基金之募集、銷售及私募之人員　(D)辦理全權委託投資有關業務之研究分析、投資決策或買賣執行之人員。

(　　) **4** A君擔任甲證券投信公司之總經理，A君下列行為何者符合證券投資信託管理法令之規範？　(A)投資於上櫃之乙證券投信公司

不超過百分之五　(B)經股東會同意兼任甲證券投信公司之董事長　(C)經股東會同意兼任丙證券投信公司之總經理　(D)請假時公司應指派具有符合擔任總經理資格之代理人代理之。

(　　) **5** A君剛被選任為甲證券投資信託事業之董事長，則應於選任後幾日內檢具相關資格證明文件，報請金管會認可？　(A)五日　(B)十日　(C)十五日　(D)二十日。

(　　) **6** 楊君進入牡丹證券投顧公司，其已在外國取得證券分析師資訊，經同業公會委託機構舉辦之證券投資信託及顧問事業業務員之法規測驗合格，申請認可時，請問楊君須從事證券投資分析相關工作幾年以上才可於傳播媒體從事證券投資分析？　(A)一年　(B)二年　(C)三年　(D)四年。

(　　) **7** 下列何者可擔任證券投資顧問事業證券投資分析人員？　(A)參加中華民國證券投資信託暨顧問商業同業公會委託機構舉辦之證券投資分析人員測驗合格者　(B)在外國取得證券分析師資格，具有二年以上實際經驗，經同業公會委託機構舉辦之證券投資信託及顧問事業業務員之法規測驗合格，並經同業公會認可者　(C)民國九十三年十月三十一日前，已取得證券投資分析人員資格者　(D)以上皆是。

(　　) **8** 證券投資顧問事業於各種傳播媒體從事證券投資分析之人員，應具備之資格條件，何者為非？　(A)參加同業公會委託機構舉辦之證券投資分析人員測驗合格者　(B)在外國取得證券分析師資格，經同業公會委託機構舉辦之證券投資信託及顧問事業業務員之法規測驗合格，並有二年以上實際經驗，經同業公會認可者　(C)曾於外商投資銀行擔任分析師，並有實務經驗者　(D)民國九十三年十月三十一日前，已取得證券投資分析人員資格者。

(　　) **9** 證券投資顧問事業之總經理應具備之資格條件，何者為非？　(A)符合證券投資分析人員資格，並具專業投資機構相關工作經

驗一年以上　(B)經教育部承認之國內外專科以上學校畢業或具有同等學歷，並具專業投資機構相關工作經驗四年以上，成績優良　(C)有其他學經歷足資證明其具備證券金融專業知識、經營經驗及領導能力　(D)以上皆正確。

(　　)**10** B君進入甲證券投顧公司，其已經過同業公會委託機構舉辦之證券商高級業務員資格測驗合格，申請認可時，請問楊君須在其他專業機構具有相關工作經驗幾年以上，才可擔任分支機構經理人？　(A)一年　(B)二年　(C)三年　(D)四年。

解答 1 (C)　2 (B)　3 (C)　4 (D)　5 (B)　6 (B)　7 (D)　8 (C)　9 (D)
10 (C)

重點 **4** 內部人員兼任限制

一、證券投資信託事業：【110年第2次投信投顧人員】

總經理	1. 應為「專任」。 2. 執行職務前，應由所屬事業向同業公會登錄，非經登錄不得執行業務。
業務部門之副總經理、協理、經理	
分支機構經理人、部門主管與業務人員	
內部稽核人員	不得辦理登錄範圍以外之業務。但他業兼營證券投資信託業務之內部稽核人員，得由他業登錄之內部稽核人員兼任。
法令遵循人員	1. 不得由業務人員兼任。 2. 不得與買賣執行業務人員相互兼任。
辦理研究分析、投資或交易決策之人員	3. 投信兼營投顧業務者，其投資或交易決策業務人員不得與兼營證券投資顧問業務從事證券投資分析之人員相互兼任。

辦理募集基金之投資或交易決策之業務人員	不得與私募證券投資信託基金、期貨信託基金、全權委託投資業務及全權委託期貨交易業務之投資或交易決策人員相互兼任。
信託業務之部門主管	信託業辦理兼營證券投資，信託業務之部門主管不得兼任該公司之基金經理人或全權委託投資經理人。

證券投資信託事業符合下列條件者，辦理募集證券投資信託基金之投資或交易決策業務人員，得與全權委託投資業務之投資或交易決策人員或兼營證券投資顧問業務從事證券投資分析之人員相互兼任：

(一)全權委託投資業務或證券投資顧問業務之客戶為金融消費者保護法所定之專業投資機構。

(二)全權委託投資帳戶之投資或交易範圍及兼營證券投資顧問業務提供證券投資分析意見或推介建議之範圍，應以所經理基金之主要投資標的及地區為限，且其投資策略應同屬主動式操作管理策略或被動式操作管理策略。

(三)該事業之內部控制制度已訂定有效防範利益衝突之作業原則，以確保公平對待所有客戶。

二、證券投資顧問事業：【110年第1次、109年第1次投信投顧人員】

總經理	1. 應為「專任」。 2. 執行職務前，應由所屬事業向同業公會登錄，非經登錄不得執行業務。
董事、監察人或經理人	不得投資於其他證券投資顧問事業，或兼為其他證券投資顧問事業、證券投資信託事業或證券商之董事、監察人或經理人。
分支機構經理人部門主管與業務人員	1. 應為「專任」。 2. 執行職務前，應由所屬事業向同業公會登錄，非經登錄不得執行業務。【111年第1次投信投顧人員】 3. 他業兼營投顧業務或全權委託投資業務，依法應設置專責部門者，該部門主管及業務人員不得辦理專責部門以外之業務，或由非登錄專責部門主管或業務人員兼辦。

內部稽核人員	不得辦理登錄範圍以外之業務。但他業兼營之內部稽核人員，得由他業登錄之內部稽核人員兼任之。
投資分析人員	證券投資顧問事業兼營證券投資信託業務從事證券投資分析之人員，不得與兼營證券投資信託業務辦理投資或交易決策之業務人員相互兼任。

他業兼營全權委託投資業務符合下列條件者，其辦理投資或交易決策之業務人員，得與其兼營證券投資顧問業務從事證券投資分析之人員相互兼任：

(一)全權委託投資業務及證券投資顧問業務之客戶為金融消費者保護法所定之專業投資機構。

(二)該事業之內部控制制度已訂定有效防範利益衝突之作業原則，以確保公平對待所有客戶。

重點5　登錄、異動及代理

一、登錄：

證券投資信託事業	證券投資顧問事業
負責人、部門主管、分支機構經理人及業務人員之登錄事項，由同業公會擬訂，申報金管會核定後實施。【106年第1次投信投顧人員】	負責人、部門主管、分支機構經理人及業務人員之登錄事項，由同業公會擬訂，申報金管會核定後實施。【105年第3次投信投顧人員】

二、異動：

證券投資信託事業	證券投資顧問事業
總經理、業務部門之副總經理、協理、經理，及分支機構經理人、部門主管與業務人員有異動者，該事業應於異動次日起「五個營業日內」，向同業公會申報登錄。【107年第3次、105年第2次投信投顧人員】	總經理、業務部門之副總經理、協理、經理，及分支機構經理人、部門主管與業務人員有異動者，該事業應於異動次日起「五個營業日內」，向同業公會申報登錄。

證券投資信託事業	證券投資顧問事業
所屬證券投資信託事業在辦妥異動登錄前，對各該人員之行為仍不能免責。	所屬證券投資信託事業在辦妥異動登錄前，對各該人員之行為仍不能免責。

三、代理：

證券投資信託事業	證券投資顧問事業
證券投資信託事業之經理人或業務人員請假、停止執行業務或其他原因出缺者，所屬證券投資信託事業應指派具有與被代理人相當資格條件之人員代理之。	證券投資顧問事業之經理人或業務人員請假、停止執行業務或其他原因出缺者，所屬證券投資信託事業應指派具有與被代理人相當資格條件之人員代理之。

重點6　行為規範

一、職業訓練：

證券投資信託事業 【110年第3次投信投顧人員】	證券投資顧問事業
(一) 證券投資信託事業之業務人員，應參加金管會及原財政部證券暨期貨管理委員會所指定機構辦理之「職前訓練」與「在職訓練」。 (二)「初任」及「離職滿二年後」再任之證券投資信託事業業務人員，應於到職後「**半年內**」參加職前訓練，在職人員應於任職期間參加在職訓練。【111年第1次投信投顧人員】	(一) 證券投資顧問事業之業務人員，應參加金管會及原財政部證券暨期貨管理委員會所指定機構辦理之「職前訓練」與「在職訓練」。 (二)「初任」及「離職滿二年後」再任之證券投資顧問事業業務人員，應於到職後「**半年內**」參加職前訓練，在職人員應於任職期間參加在職訓練。

證券投資信託事業 【110年第3次投信投顧人員】	證券投資顧問事業
(三) 未參加訓練或訓練未能取得合格成績於「**一年內**」再行補訓仍不合格者，不得充任業務人員，並由同業公會撤銷其業務人員登錄。	(三) 未參加訓練或訓練未能取得合格成績於「**一年內**」再行補訓仍不合格者，不得充任業務人員，並由同業公會撤銷其業務人員登錄。

二、業務原則：

(一)證券投資信託事業之負責人、部門主管、分支機構經理人、其他業務人員或受僱人，應以善良管理人之注意義務及忠實義務，本誠實信用原則執行業務，不得有下列行為：【107年第2次、105年第2次投信投顧人員】

1. 以職務上所知悉之消息洩漏予他人或從事有價證券及其相關商品買賣之交易活動。運用證券投資信託基金買賣有價證券及其相關商品時，為自己或他人之利益買入或賣出，或無正當理由，與受託投資資金為相對委託之交易。

2. 為虛偽、詐欺或其他足致他人誤信之行為。

3. 運用證券投資信託基金買賣有價證券及其相關商品時，未將證券商、期貨商或其他交易對手退還手續費或給付其他利益歸入基金資產。

4. 約定或提供特定利益、對價或負擔損失，促銷受益憑證。

5. 轉讓出席股東會委託書或藉行使證券投資信託基金持有股票之投票表決權，收受金錢或其他利益。

6. 運用證券投資信託基金買賣有價證券及其相關商品時，意圖抬高或壓低證券交易市場某種有價證券之交易價格，或從事其他足以損害證券投資信託基金投資人權益之行為。

7. 運用證券投資信託基金買賣有價證券及其相關商品時，將已成交之買賣委託，自基金帳戶改為自己、他人或全權委託帳戶，或自自己、他人或全權委託帳戶改為基金帳戶。

8. 於公開場所或傳播媒體，對個別有價證券之買賣進行推介，或對個別有價證券未來之價位作研判預測。

9. 利用非專職人員招攬客戶或給付不合理之佣金。

10. 代理客戶從事有價證券投資或證券相關商品交易。

11. 其他影響受益人、客戶之權益或本事業之經營者。

上項人員對於受益人或客戶個人資料、往來交易資料及其他相關資料，除其他法律或金管會另有規定外，應保守秘密。

(二)證券投資顧問事業之負責人、部門主管、分支機構經理人、其他業務人員或受僱人，應以善良管理人之注意義務及忠實義務，本誠實信用原則執行業務，不得有下列行為：【111年第2次投信投顧人員】

1. 以詐欺、脅迫或其他不正當方式簽訂委任契約。

2. 代理他人從事有價證券投資或證券相關商品交易行為。

3. 與客戶為投資有價證券收益共享或損失分擔之約定。

4. 買賣該事業推介予投資人相同之有價證券。但證券投資信託基金及境外基金，不在此限。

5. 為虛偽、欺罔、謾罵或其他顯著有違事實或足致他人誤信之行為。

6. 與客戶有借貸款項、有價證券，或為借貸款項、有價證券之居間情事。

7. 保管或挪用客戶之有價證券、款項、印鑑或存摺。

8. 意圖利用對客戶之投資研究分析建議、發行之出版品或舉辦之講習，謀求自己、其他客戶或第三人利益之行為。

9. 非依法令所為之查詢，洩漏客戶委任事項及其他職務所獲悉之秘密。

10. 同意或默許他人使用本公司或業務人員名義執行業務。

11. 以任何方式向客戶傳送無合理分析基礎或根據之建議買賣訊息。

12. 於公開場所或廣播、電視以外之傳播媒體，對不特定人就個別有價證券未來之價位作研判預測，或未列合理研判分析依據對個別有價證券之買賣進行推介。

13. 藉卜筮或怪力亂神等方式，為投資人作投資分析。

14. 以文字、圖畫、演說或他法鼓動或誘使他人拒絕履行證券投資買賣之交割義務、為抗爭或其他擾亂交易市場秩序之行為。

15. 利用非專職人員招攬客戶或給付不合理之佣金。

16. 以非真實姓名（化名）從事證券投資分析活動或其他業務行為。

17. 以證券投資顧問服務為贈品。

18. 於非登記之營業處所經營業務。

19. 其他違反證券暨期貨管理法令或經金管會規定不得為之行為。

三、關係人：

證券投資信託事業	證券投資顧問事業
證券投資信託事業之負責人、部門主管、分支機構經理人與基金經理人具有下列規範： (一) 其本人、配偶、未成年子女及被本人利用名義交易者，不得從事該公司股票及具股權性質之衍生性商品交易。 (二) 從事公司股票及具股權性質之衍生性商品交易，應向所屬證券投資信託事業申報交易情形；應申報之資料範圍及投資標的，由金管會定之。【111年第3次、108年第2次投信投顧人員】 (三) 本人或其配偶有擔任證券發行公司之董事、監察人、經理人或持有已發行股份總數「百分之五」以上股東者，於證券投資信託事業運用證券投資信託基金買賣該發行公司所發行之證券時，不得參與買賣之決定。【111年第2次投信投顧人員】 (四) 證券投資信託事業之負責人、部門主管、分支機構經理人、基金經理人或證券投資信託事業於其購入股票發行公司之股東代表人，不得擔任證券投資信託基金所購入股票發行公司之董事、監察人或經理人。 (五) 不得投資於其他證券投資信託事業，或為其他證券投資信託事業、證券投資顧問事業或證券商之董事、監察人或經理人。【110年第1次投信投顧人員】	證券投資顧問事業之負責人、部門主管、分支機構經理人具有下列規範： 對客戶或不特定人提供分析意見或推介建議之人、投資經理人或知悉相關證券投資資訊之從業人員，其本人、配偶、未成年子女及利用他人名義持有者，從事股票及具股權性質之衍生性商品交易，應向所屬證券投資顧問事業申報交易情形。……

證券投資信託事業	證券投資顧問事業
(六) 其本人、配偶、未成年子女及被本人利用名義交易者，不得買賣其所屬證券投資信託事業發行之封閉式基金。 上述人員申購其所服務公司發行之開放式基金，應受最低持有期間內不得請求買回之限制；所謂最低持有期間，除另有規定外為一個月，並自下列期日起算： 1. 新募集基金為基金成立日。 2. 已成立基金為每筆申購日。	

觀念補給站

上述所稱關係人，指符合以下情形之一：

1. 本人為自然人者，指其配偶、二親等以內之血親及本人或配偶為負責人之企業。
2. 本人為法人者，指受同一來源控制或具有相互控制關係之法人。

已發行股份總數「**百分之五以上**」之股東，其股份之計算，包括其配偶、未成年子女及利用他人名義持有者。

四、其他：

證券投資信託事業	證券投資顧問事業
(一) 證券投資信託事業之負責人、業務人員及其他受僱人，於從事證券投資信託業務、全權委託投資業務及其他經金管會核准之有關業務之行為涉及民事責任者，推定為該事業授權範圍內之行為。	(一) 證券投資顧問事業之負責人、業務人員及其他受僱人，於從事證券投資顧問業務、全權委託投資業務及其他經金管會核准之有關業務之行為涉及民事責任者，推定為該事業授權範圍內之行為。
(二) 證券投資信託事業之負責人與業務人員涉嫌違反本法或其他有關法令，或就執行職務相關事項之查詢，應於金管所定期間內，到會說明或提出書面報告資料。	(二) 證券投資顧問事業之負責人與業務人員涉嫌違反本法或其他有關法令，或就執行職務相關事項之查詢，應於金管會所定期間內，到會說明或提出書面報告資料。

證券投資信託事業	證券投資顧問事業
(三) 證券投資信託事業之負責人與業務人員，有下列情事之一，由金管會予以獎勵或表揚： 1. 對健全證券投資信託業務之經營與發展，增進資產管理服務市場之整合管理具有顯著績效者。 2. 研究著述，對發展證券投資信託業務或執行證券投資信託業務具有創意，經採行者。 3. 舉發市場不法違規事項，經查明屬實者。 4. 熱心公益，發揮團隊精神有具體事蹟者。 5. 其他有足資表揚之事蹟者。	(三) 證券投資顧問事業之負責人與業務人員，有下列情事之一，由金管會予以獎勵或表揚： 1. 對健全證券投資信託業務之經營與發展，增進資產管理服務市場之整合管理具有顯著績效者。 2. 研究著述，對發展證券投資信託業務或執行證券投資信託業務具有創意，經採行者。 3. 舉發市場不法違規事項，經查明屬實者。 4. 熱心公益，發揮團隊精神有具體事蹟者。 5. 其他有足資表揚之事蹟者。

小試身手

(　　) **1** 下列人員何者於證券投資信託事業運用證券投資信託基金買賣該發行公司所發行之證券時，不得參與買賣之決定？　(A)證券投資信託事業之負責人擔任該證券發行公司之監察人　(B)證券投資信託事業部門主管之配偶擔任該證券發行公司之董事　(C)證券投資信託事業之基金經理人持有該證券發行公司百分之五以上之股份者　(D)以上皆是。

(　　) **2** 證券投資信託事業之部門主管、分支機構經理人及業務人員等，於執行業務前有異動者，應由所屬證券投資信託事業向何者登錄，非經登錄不得執行業務？　(A)金融監督管理委員會　(B)投信投顧公會　(C)臺灣證券交易所　(D)證券商業同業公會。

(　　) **3** 有關證券投資信託事業之從業人員行為規範，下列何者正確？　(A)運用基金買賣有價證券時，不得將證券商或期貨商退還手續

費歸入基金資產　(B)得約定或提供特定利益、對價,以促銷受益憑證　(C)不得轉讓出席股東會委託書　(D)得在公開網站上推介個別有價證券買賣。

(　) **4** 下列證券投資信託事業內部人員禁止兼任規定,何者錯誤? (A)他業兼營投信業務之內部稽核可由他業登錄之內部稽核兼任　(B)投信公司內部稽核人員,不得辦理登錄範圍以外之業務　(C)全權委託投資業務之客戶若非專業投資機構,則投信公司基金經理人得與全權委託投資經理人相互兼任　(D)投信公司辦理研究分析者不可兼任買賣執行業務。

(　) **5** 證券投資信託事業之負責人、部門主管、分支機構經理人、基金經理人及其關係人從事上市櫃公司股票交易,應向何人申報? (A)金融監督管理委員會　(B)所屬證券投資信託事業　(C)投信投顧公會　(D)臺灣證券交易所。

(　) **6** 證券投資顧問事業之部門主管,應由所屬證券投資信託事業向何者登錄後,始得執行業務? (A)證券暨期貨市場發展基金會　(B)金融監督管理委員會　(C)證券投資信託暨顧問商業同業公會　(D)證券商業同業公會。

(　) **7** 初任及離職滿二年後再任之證券投資顧問事業業務人員,應於到職後多久期間內參加職前訓練? (A)半年　(B)三個月　(C)一年　(D)二個月。

(　) **8** 有關證券投資顧問事業之人員配置,下列敘述何者有誤? (A)總經理、部門主管,除法令另有規定外,應為專任　(B)分支機構之經理人及業務人員得為兼任　(C)投顧業務人員得提供證券投資推介建議　(D)投顧業務人員經核准得辦理全權委託業務。

(　) **9** 有關證券投資顧問事業人員之職業訓練,下列何者有誤? (A)初任及離職滿二年後再任之證券投資顧問事業業務人員,應於到職

後半年內參加職前訓練　(B)在職人員應於任職期間參加在職訓練　(C)未參加訓練不得充任業務人員　(D)訓練未能取得合格成績於三年內再行補訓仍不合格者，不得充任業務人員，並由同業公會撤銷其業務人員登錄。

(　　)**10** 下列證券投資顧問事業內部人員禁止兼任規定，何者錯誤？
(A)投資顧問公司之總經理、部門主管、分支機構經理人與業務人員應為專任　(B)投顧公司內部稽核人員，不得辦理登錄範圍以外之業務　(C)他業兼營證券投資顧問業務從事證券投資分析者，符合規定者得與募集證券投資信託基金之投資或交易決策人員相互兼任　(D)他業兼營證券投資顧問業務從事證券投資分析者不可兼任買賣執行業務。

解答 1 (D)　2 (B)　3 (C)　4 (C)　5 (B)　6 (C)　7 (A)　8 (B)　9 (D)　10 (D)

NOTE

精選試題

(　) **1** 針對證券投資信託事業基金經理人應具備之資格條件之敘述，何者有誤？　(A)擔任接受客戶全權委託業務之投資經理人職務一年以上，無不良紀錄者可擔任之　(B)經證券投資信託暨顧問商業同業公會委託機構舉辦之證券投資信託及顧問事業之業務人員測驗合格，並在專業投資機構從事證券投資分析或證券投資決策工作二年以上者得擔任之　(C)經證券商同業公會委託機構舉辦之證券商高級業務員測驗合格，並在專業投資機構擔任證券投資分析或證券投資決策工作二年以上者得擔任之　(D)依證券投資顧問事業負責人與業務人員管理規則規定，取得證券投資分析人員資格者得擔任之。

【107年第4次投信投顧人員】

(　) **2** 有關證券投資信託事業之董事、監察人或經理人之行為規範，以下敘述何者正確？　(A)甲證券投資信託事業之負責人、部門主管或分支機構經理人於一定限額內得投資上櫃之乙證券投資信託事業之股票　(B)證券投資信託事業之董事、監察人或經理人不得擔任證券投資信託基金所購入股票發行公司之董事、監察人或經理人　(C)證券投資信託事業之董事、監察人或經理人於證券投資信託事業決定運用證券投資信託基金買賣某種上市（櫃）公司股票時起，至證券投資信託基金不再持有該種股票時止之期間內，若欲參與同種股票買賣應事先向董事會申報　(D)選項(A)(B)(C)皆是。

【107年第4次投信投顧人員】

(　) **3** 有關證券投資信託事業之經理人及業務人員之規定，以下何者正確？　(A)總經理須具備證券投資分析人員測驗合格並在金融業服務三年以上　(B)證券投信事業之總經理經股東會同意得兼任全權委託期貨交易業務之交易決定人員　(C)證券投信事業之總經理得兼任期貨信託基金經理人　(D)經理人及業務人員執行職務前應向投信投顧公會登錄，非經登錄不得執行業務。　【107年第4次投信投顧人員】

(　　) **4** 證券投資信託事業之現任部門主管、分支機構經理人及業務人員
等有異動者，應於異動幾日內向投信投顧公會申報並登錄之？
(A)二個營業日　(B)三個營業日　(C)四個營業日　(D)五個營業
日。　　　　　　　　　　　　　　　　【108年第1次投信投顧人員】

(　　) **5** 證券投資顧問事業聘僱從事投資分析之業務人員甲，應遵守之事
項何者為非？　(A)取得投信投顧業務員資格　(B)得默許他人使用
甲之名義執行業務　(C)業務人員執行職務時不得有足致他人誤信
之活動　(D)負責人不得利用職務之機會從事詐欺之活動。
　　　　　　　　　　　　　　　　　　【107年第3次投信投顧人員】

(　　) **6** 證券投資顧問事業於各種傳播媒體從事證券投資分析之人員，應
具備之資格條件，何者為非？　(A)參加同業公會委託機構舉辦
之證券投資分析人員測驗合格者　(B)在外國取得證券分析師資
格，經同業公會委託機構舉辦之證券投資信託及顧問事業業務
員之法規測驗合格，並有二年以上實際經驗，經同業公會認可
者　(C)曾於外商投資銀行擔任分析師，並有實務經驗者　(D)民國
九十三年十月三十一日前，已取得證券投資分析人員資格者。
　　　　　　　　　　　　　　　　【107年第2次、第3次投信投顧人員】

☆(　　) **7** 證券投資信託事業之負責人、部門主管、分支機構經理人、基金經
理人及其關係人從事上市、上櫃公司股票交易，應向何人申報？
(A)金管會　(B)所屬證券投資信託事業　(C)投信投顧公會　(D)臺
灣證券交易所。
　　　　　　　　　【107年第1次、第3次、106年第1次、105年第3次投信投顧人員】

(　　) **8** 有關證券投資信託事業之從業人員行為規範，下列何者正確？
(A)運用基金買賣有價證券時，不得將證券商或期貨商退還手續費
歸入基金資產　(B)得約定或提供特定利益、對價以促銷受益憑證
(C)不得轉讓出席股東會委託書　(D)得在公開網站上推介個別有價
證券買賣。　　　　　　　　　　　【107年第2次、105年第2次投信投顧人員】

（　）**9** 下列證券投資信託事業內部人員禁止兼任規定，何者錯誤？　(A)他業兼營投信業務之內部稽核可由他業登錄之內部稽核兼任　(B)投信公司內部稽核人員，不得辦理登錄範圍以外之業務　(C)全權委託投資業務之客戶若非為專業投資機構，則投信公司基金經理人得與全權委託投資經理人相互兼任　(D)投信公司辦理研究分析者不可兼任買賣執行業務。　【107年第1次投信投顧人員】

（　）**10** 關於證券投資信託事業業務人員之職前訓練與在職訓練，下列敘述何者錯誤？　(A)初任及離職滿一年再任之業務人員應於到職後半年內參加職前訓練　(B)在職人員應於任職期間參加在職訓練　(C)未依規定參加職前訓練與在職訓練者，不得充任業務人員　(D)參加職前訓練與在職訓練成績不合格者，應於一年內再行補訓。　【107年第1次投信投顧人員】

（　）**11** 有關證券投資顧問事業之人員配置，下列敘述何者有誤？　(A)總經理、部門主管，除法令另有規定外，應為專任　(B)分支機構之經理人及業務人員得為兼任　(C)投顧業務人員得提供證券投資推介建議　(D)投顧業務人員經核准得辦理全權委託投資業務。　【106年第4次、105年第4次投信投顧人員】

（　）**12** 下列有關證券投資顧問事業從業人員行為準則之敘述，何者正確？　(A)行為準則之訂定係為推展證券投資顧問事業，提升社會大眾對投顧事業之信心　(B)強調避免與客戶產生利益衝突之規範　(C)為指引式規範　(D)選項(A)(B)(C)均正確。　【106年第3次投信投顧人員】

（　）**13** 證券投資顧問事業相關從業人員得從事之行為，下列何者為正確？　(A)與客戶為投資有價證券收益共享或損失分擔之約定　(B)買賣其推介予投資人相同之有價證券以求投資人之信任　(C)保管客戶之有價證券　(D)接受客戶委任時，與客戶簽訂書面契約，載明雙方權利義務。　【106年第2次、105年第1次投信投顧人員】

（　　）**14** 證券投資顧問事業之業務人員，可從事下列何種業務？　(A)對有價證券、證券相關商品或其他經金管會核准項目之投資或交易有關事項，提供分析意見或推介建議　(B)從事證券投資分析活動、講授或出版　(C)辦理全權委託投資有關業務之研究分析、投資決策或買賣執行　(D)選項(A)(B)(C)皆是。　　　　　　　　　【106年第1次投信投顧人員】

（　　）**15** 證券投資信託事業負責人、部門主管、分支機構經理人及業務人員之登錄事項，由何者擬訂？　(A)財政部　(B)金管會　(C)投信投顧公會　(D)證券交易所。　　　　　　　　　　　　　【105年第4次投信投顧人員】

（　　）**16** 下列何者非屬證券投資信託事業管理規則所稱之業務人員？　(A)法令遵循人員　(B)基金經理人　(C)內務稽核人員　(D)人事主管。
　　　　　　　　　　　　　　　　　　　　　　　　　【105年第4次投信投顧人員】

（　　）**17** 下列何者不能擔任投顧事業總經理？　(A)符合證券投資分析人員資格，並具專業投資機構相關工作經驗一年以上者　(B)經教育部承認之國內外專科以上學校畢業或具同等學歷，並具專業投資機構相關工作經驗四年以上，成績優良者　(C)有學經歷足資證明其具備證券金融專業知識、經營經驗及領導能力，可健全有效經營投顧事業之業務者　(D)取得證券高級業務員合格證書即可。

　　　　　　　　　　　　　　　　　　　　　　　　　【108年第3次投信投顧人員】

（　　）**18** 有關投信投顧事業人員之管理，下列敘述何者正確？　(A)部門主管應為兼任　(B)業務人員執行職務前應自行先向公會辦理登錄　(C)分支機構經理人有異動時，公司應於事實發生之日起五個營業日內函送同業公會轉報金管會　(D)從業人員之申報登記事項應向證券暨期貨市場發展基金會為之。　　　　　【109年第4次投信投顧人員】

（　　）**19** 證券投資信託事業之部門主管、分支機構經理人及業務人員等，於執行職務前有異動者，應由所屬證券投資信託事業向何者登錄，非經登錄，不得執行業務？　(A)金融監督管理委員會　(B)投信投顧公會　(C)臺灣證券交易所　(D)證券商業同業公會。

　　　　　　　　　　　　　　　　　　　　　　　　　【108年第3次投信投顧人員】

(　) **20** 張先生取得證券投資分析人員資格，並具專業投資機構相關工作經驗二年三個月，則張先生確定可擔任投信事業之何項職務？　甲.總經理；乙.投資部門副總經理；丙.業務部門主管；丁.分公司經理　(A)甲、乙、丙、丁　(B)僅乙、丙、丁　(C)僅丙、丁　(D)僅丁。
【108年第3次投信投顧人員】

(　) **21** 甲為A投顧公司之董事，近日擬投資於C投信公司，並有意擔任B投顧公司之監察人，下列敘述何者為正確？　(A)甲得為C公司監察人　(B)甲不得擔任B公司監察人　(C)甲得擔任B公司監察人　(D)選項(A)(B)正確。
【109年第1次投信投顧人員】

(　) **22** 依規定，下列何種業務人員不得辦理登記範圍以外之業務，或由其他業務人員兼任？　(A)基金經理人　(B)內部稽核　(C)主辦會計　(D)投資研究人員。

(　) **23** 有關證券投資信託人事業之經理人及業務人員之規定，以下何者正確？　(A)總經理應具備證券投資分析人員測驗合格　(B)證券投資信託事業之總經理經股東同意得兼任公司之董事長　(C)證券投資信託事業之總經理得兼任基金經理人　(D)經理人及業務人員執行職務前應向投信投顧公會登記，非經登記不得執行業務。

(　) **24** 針對證券投資信託事業基金經理人之敘述，何者有誤？　(A)擔任接受客戶全權委託業務之投資經理人職務一年以上，無不良紀錄者可擔任之　(B)經證券投資信託暨顧問商業同業公會委託機構舉辦之證券投資信託及顧問事業之業務人員測驗合格，並在專業投資機構從事證券投資分析或證券投資決策工作二年以上者得擔任之　(C)經證券商同業公會委託機構舉辦之證券商高級業務員測驗合格，並在專業投資機構從事證券投資分析或證券投資決策工作二年以上者得擔任之　(D)依證券投資顧問事業負責人與業務人員管理規則規定，取得證券投資分析人員資格者得擔任之。

（　）**25** 下列有關證券投資信託事業業務人員之敘述，何者正確？　(A)主辦會計、內部稽核不屬於業務人員　(B)業務人員執行業務前，應由所屬證券投資信託事業向同業公會登錄　(C)業務人員有異動，證券投資信託事業應於異動十五個營業日內向同業公會申報　(D)應參加主管機關所舉辦之職前訓練與在職訓練。

（　）**26** 證券投資顧問事業之部門主管，應由所屬證券投資顧問事業向何機構登錄，始得執行業務？　(A)證券暨期貨市場發展基金會　(B)金融監督管理委員會　(C)證券投資信託暨顧問商業公會　(D)證券商同業公會。

（　）**27** 證券投資顧問事業之業務人員異動時，證券投資顧問事業應於異動次日起幾個營業日內，向投顧同業公會辦理登錄？　(A)二個營業日　(B)三個營業日　(C)五個營業日　(D)七個營業日。

（　）**28** 有關證券投資顧問事業之總經理，下列敘述何者正確？　(A)除法令另有規定外，應為專任　(B)不得兼為全權委託專責部門主管或全權委託投資經理人　(C)執行職務前，應由所屬證券投資顧問事業向同業公會登錄　(D)以上皆是。

（　）**29** 證券投資顧問事業之業務人員於公開場所從事證券投資分析活動，不得有下列何種行為？　(A)藉算命或怪力亂神方式作投資分析　(B)以化名從事證券投資分析　(C)未列合理研判分析依據對不特定人就個股之買賣進行推介　(D)以上皆是。

解答與解析

1 (B)。證券投資信託事業基金經理人應具備之資格條件包括：(1)擔任接受客戶全權委託投資業務之投資經理人職務一年以上，無不良紀錄者、(2)符合證券投資信託及顧問業務員資格，並在專業投資機構擔任證券投資分析或證券投資決策工作「三年」以上者、(3)符合證券商高級業務員資格，並在專業投資機構從事證券投資分析或證券投資決策工作「二年」以上者、(4)符合證券投資分析人員資格；故選項(B)錯誤。

2 (B)。證券投資信託事業之董事、監察人或經理人不得投資於其他證券投資顧問事業，或兼為其他證券投資顧問事業、證券投資信託事業或證券商之董事、監察人或經理人；故選項(B)正確。

3 (D)。證券投資信託事業之：(1)總經理須符合證券投資分析人員資格，並具專業投資機構相關工作經驗「三年」以上、(2)總經理應為「專任」，不得兼任其他業務、(3)經理人及業務人員執行職務前應向投信投顧公會登錄，非經登錄不得執行業務；故選項(D)正確。

4 (D)。證券投資信託事業之總經理、業務部門之副總經理、協理、經理，及分支機構經理人、部門主管與業務人員有異動者，該事業應於異動次日起「五個營業日內」，向同業公會申報登錄；故選項(D)正確。

5 (B)。(1)證券投資顧問事業之業務人員，應符合證券投資分析人員資格、(2)證券投資顧問事業之業務人員除法令另有規定外，不得以非真實姓名（化名）從事證券投資分析活動或其他業務行為、(3)證券投資顧問事業之業務人員除法令另有規定外，不得有足致他人誤信之行為、(4)證券投資顧問事業之業務人員除法令另有規定外，不得有利用職務之機會從事詐欺之活動；故選項(B)錯誤。

6 (C)。證券投資顧問事業於各種傳播媒體從事證券投資分析之人員，應具備下列各資格條件之一：(1)符合證券投資分析人員資格、(2)信託業務專業測驗合格，並經證券投資信託及顧問法規測驗合格、(3)符合證券投資信託及顧問業務員資格、(4)符合證券商高級業務員資格、(5)曾擔任國內、外基金經理人工作經驗一年以上、(6)經教育部承認之國內外大學以上學校畢業或具有同等學歷，擔任證券、期貨機構或信託業之業務人員三年以上，民國九十三年十月三十一日規則修正前，已於各傳播媒體從事證券投資分析之人員且符合規則者，得於原職務或任期內續任之；故選項(C)正確。

7 (B)。證券投資信託事業之負責人、部門主管、分支機構經理人與基金經理人從事公司股票及具股權性質之衍生性商品交易，應向所屬證券投資信託事業申報交易情形；故選項(B)正確。

8 (C)。證券投資信託事業之負責人、部門主管、分支機構經理人、其他業務人員或受僱人除法令另有規定外，不得有下列行為：(1)運用證券投資信託基金買賣有價證券及其相關商品時，未將證券商、期貨商或其他交易對手退還手續費或給付其他利益歸入基金資產、(2)約定或提供特定利益、對價或負擔損失，促銷受益憑證、(3)轉讓出席股東會委

託書、(4)於公開場所或傳播媒體，對個別有價證券之買賣進行推介，或對個別有價證券未來之價位作研判預測……等；故選項(C)正確。

9 (C)。證券投資信託事業內部人員兼任限制包括：(1)證券投資信託事業之內部稽核人員，不得辦理登錄範圍以外之業務。但他業兼營證券投資信託業務之內部稽核人員，得由他業登錄之內部稽核人員兼任、(2)全權委託投資業務或證券投資顧問業務之客戶若為專業投資機構，辦理募集證券投資信託基金之投資或交易決策業務人員，得與全權委託投資業務之投資或交易決策人員或兼營證券投資顧問業務從事證券投資分析之人員相互兼任、(3)證券投資信託事業辦理研究分析、投資或交易決策之人員不得與買賣執行業務人員相互兼任；故選項(C)錯誤。

10 (A)。(1)證券投資信託事業之業務人員，應參加金管會及原財政部證券暨期貨管理委員會所指定機構辦理之職前訓練與在職訓練、(2)初任及離職滿二年後再任之證券投資信託事業業務人員，應於到職後半年內參加職前訓練，在職人員應於任職期間參加在職訓練、(3)未參加訓練或訓練未能取得合格成績於一年內再行補訓仍不合格者，不得充任業務人員，並由同業公會撤銷其業務人員登錄；故選項(A)正確。

11 (B)。(1)證券投資顧問事業之總經理、部門主管、分支機構經理人與業務人員除法令另有規定外，應為專任、(2)證券投資顧問事業之業務人員，意指對投資或交易有關事項提供分析意見或推介建議，或者辦理全權委託投資有關業務之研究分析、投資決策或買賣執行之人員；故選項(B)錯誤。

12 (D)。證券投資顧問事業從業人員行為準則之訂定係為推展證券投資顧問事業，提升社會大眾對投顧事業之信心，以指引式規範強調避免與客戶產生利益衝突；故選項(D)正確。

13 (D)。證券投資顧問事業相關從業人員除法令另有規定外，不得有下列行為：(1)與客戶為投資有價證券收益共享或損失分擔之約定、(2)買賣該事業推介予投資人相同之有價證券、(3)保管或挪用客戶之有價證券、款項、印鑑或存摺……等，不包括選項(D)；故選項(D)正確。

14 (D)。證券投資顧問事業之業務人員，意指從事下列業務之人員：(1)對投資或交易有關事項，提供分析意見或推介建議、(2)從事證券投資分析活動、講授或出版、(3)辦理全權委託投資有關業務之研究分析、投資決策或買賣執行、(4)對全權委託投資業務或證券投資顧問業務，為推廣或招攬、(5)辦理境外基金之募集、銷售及私募、(6)內部稽核、

法令遵循、主辦會計、(7)辦理其他經核准之業務;故選項(D)正確。

15 (C)。證券投資信託事業負責人、部門主管、分支機構經理人及業務人員之登錄事項,由投信投顧同業公會擬訂,申報金管會核定後實施;故選項(C)正確。

16 (D)。證券投資信託事業之業務人員,意指從事下列業務之人員:(1)辦理受益憑證之募集發行、銷售及私募、(2)投資研究分析、(3)基金之經營管理、(4)執行基金買賣有價證券、(5)辦理全權委託投資有關業務之研究分析、投資決策或買賣執行、(6)內部稽核、法令遵循、主辦會計;故選項(D)錯誤。

17 (D)。證券投資顧問事業之總經理應具備下列資格之一:(1)符合證券投資分析人員資格,並具專業投資機構相關工作經驗「一年」以上、(2)經教育部承認之國內外專科以上學校畢業或具有同等學歷,並具專業投資機構相關工作經驗「四年」以上,成績優良、(3)有其他學經歷足資證明其具備證券金融專業知識、經營經驗及領導能力;故選項(D)錯誤。

18 (C)。證券投資信託事業之總經理、業務部門之副總經理、協理、經理,及分支機構經理人、部門主管與業務人員有異動者,該事業應於異動次日起「五個營業日內」,向同業公會申報登錄。故選項(C)正確。

19 (B)。證券投資信託事業之總經理、業務部門之副總經理、協理、經理,及分支機構經理人、部門主管與業務人員於執行職務前有異動者,應由所屬證券投資信託事業向投信投顧同業公會申報登錄,非經登錄不得執行業務;故選項(B)正確。

20 (B)。總經理具專業投資機構相關工作經驗三年以上或經教育部承認之國內外專科以上學校畢業或具有同等學歷,並具專業投資機構相關工作經驗五年以上,曾擔任一年以上副總經理或同等職務,或三年以上經理或同等職務,成績優良;故選項(B)正確。

21 (B)。證券投資顧問事業之董事、監察人或經理人,除法令另有規定外,不得投資於其他證券投資顧問事業,或兼為其他證券投資顧問事業、證券投資信託事業或證券商之董事、監察人或經理人;故選項(B)正確。

22 (B)。證券投資信託事業之內部稽核人員,不得辦理登錄範圍以外之業務;故選項(B)正確。

23 (D)。(1)證券投資信託事業之總經理除了應具備證券投資分析人員測驗合格,還必須具有專業投資機構三年以上的相關工作經驗、(2)證券投資信託事業之總經理不得兼任公司之董事長、分支機構經理人、證券投資信託基金經理人或全權委託投資經理人;故選項(D)正確。

24 (C)。經證券商高級業務員測驗合格，必須在專業投資機構從事證券投資分析或證券投資決策工作「三年以上」者始得擔任基金經理人；故選項(C)錯誤。

25 (B)。(1)主辦會計、內部稽核屬於業務人員、(2)業務人員執行業務前，應由所屬證券投資信託事業向同業公會登錄、(3)業務人員有異動，證券投資信託事業應於異動五個營業日內向同業公會申報登記、(4)證券投資信託事業業務人員應參加金管會所指定機構舉辦之職前訓練與在職訓練；故選項(B)正確。

26 (C)。證券投資顧問事業之部門主管執行職務前，應由所屬事業向投信投顧同業公會登錄，經登錄後始得執行業務；故選項(C)正確。

27 (C)。證券投資顧問事業之業務人員有異動者，該事業應於異動次日起五個營業日內，向投信投顧同業公會申報登錄；故選項(C)正確。

28 (D)。(1)證券投資顧問事業之總經理除法令另有規定外，應為專任、(2)證券投資顧問事業之總經理不得兼為全權委託專責部門主管或全權委託投資經理人、(3)證券投資顧問事業之總經理執行職務前，應由所屬證券投資顧問事業向同業公會登錄；故選項(D)正確。

29 (D)。證券投資顧問事業之業務人員除法令另有規定外，不得有下列行為：(1)藉卜筮或怪力亂神等方式，為投資人作投資分析、(2)以非真實姓名（化名）從事證券投資分析活動、(3)未列合理研判分析依據對不特定人就個別有價證券之買賣進行推介……等；故選項(D)正確。

05 證券投資信託基金之募集與管理

依出題頻率分為：A頻率高

課前導讀

本章節結合了證券投資信託暨顧問事業主管機關—金融監督管理委員會所公佈之「證券投資信託基金管理辦法」、「證券投資信託事業募集證券投信託基金處理準則」二項法規之內容，證券投資信託基金相關內容在投信投顧法規考試的出題頻率高且題型變化多，在備考時必須針對細節多加記憶，並對基金的運用範圍及限制、設立原則及種類多加理解，才能有助於掌握答題要領並獲得高分。

重點1 法令依據

為配合管理證券投資信託基金之需要，主管機關金融監督管理委員會（簡稱「金管會」）：

一、 依證券投資信託及顧問法第11條第4項、第14條第1項、第17條第3項、第18條第1項、第19條、第22條第4項、第25條第2項及第46條規定之授權，訂定「證券投資信託基金管理辦法」。

二、 依證券投資信託及顧問法第10條第1項規定之授權，訂定「證券投資信託事業募集證券投信託基金處理準則」。

三、 依證券投資信託及顧問法第16條第3項及第4項規定之授權，訂定「境外基金管理辦法」。

規範證券投資信託基金之運用範圍、種類、募集方式及程序、銷售機構等內容，以做為管理證券投資信託事業以及境外基金時之依據。

重點2　證券投資信託基金名詞定義

證券投資信託基金	係指證券投資信託契約之信託財產，包括因受益憑證募集或私募所取得之申購價款、所生孳息及以之購入之各項資產。
證券投資信託契約【106年第4次投信投顧人員】	係指由證券投資信託事業為委託人，基金保管機構為受託人所簽訂，用以規範證券投資信託事業、基金保管機構及受益人間權利義務之信託契約。
基金保管機構【110年第2次投信投顧人員】	係指由本於信託關係擔任證券投資信託契約受託人，依證券投資信託事業之運用指示從事保管、處分、收付證券投資信託基金，並依證券投資信託及顧問法及證券投資信託契約辦理基金保管業務之信託公司或兼營信託業務之銀行。
受益人	係指依證券投資信託契約規定，享有證券投資信託基金受益權之人。
受益憑證	係指為募集或私募證券投資信託基金而發行或交付、用以表彰受益人對該基金所享權利之有價證券。
有價證券	係指依證券交易法第6條規定之有價證券，如股票、政府債券、公司債券、認購權證、受益憑證等。
境外基金	係指於中華民國境外設立、具證券投資信託基金性質者。
證券相關商品	係指經主管機關核定准予交易之證券相關之期貨、選擇權或其他金融商品。

重點3　證券投資信託基金之管理

一、應記載事項：【106年第3次、105年第4次投信投顧人員】

證券投資信託契約應記載下列各款事項：

(一)證券投資信託事業及基金保管機構之名稱及地址。

(二)證券投資信託基金之名稱及存續期間。

(三)證券投資信託事業、基金保管機構及受益人之權利、義務及法律責任。

(四) 運用基金投資交易之基本方針及範圍。

(五) 證券投資信託之收益分配事項。

(六) 受益憑證之買回事項。

(七) 基金應負擔之費用。

(八) 證券投資信託事業及基金保管機構之經理或保管費用。

(九) 基金及受益權單位淨資產價值之計算。

(十) 證券投資信託契約之終止事項。

(十一) 受益人會議之召開事由、出席權數、表決權數及決議方式。

二、購買或請求買回之費用：

受益人購買或請求買回受益憑證之費用與證券投資信託事業、基金保管機構所收取經理或保管費用之上限及基金應負擔費用之項目，由金管會視市場狀況限制之。【105年第3次投信投顧人員】

三、運用基金投資或交易：

(一) 證券投資信託事業運用基金投資或交易，應依據其分析作成決定，交付執行時應作成紀錄，並「**按月**」提出檢討，紀錄保存期限不得少於「**五年**」。【107年第4次、105年第1次投信投顧人員】

(二) 證券投資信託事業對於基金資產之運用有指示權，應親自為之，除本會另有規定外，不得委由第三人處理。【111年第3次、110年第1次投信投顧人員】

(三) 證券投資信託事業有指示基金保管機構從事保管、處分、收付基金資產之權，並得不定期盤點檢查基金資產。

(四) 證券投資信託事業運用基金為上市櫃有價證券投資，應委託證券經紀商在集中交易市場或證券商營業處所，為現款現貨交易。【111年第3次、108年第2次投信投顧人員】

(五) 證券投資信託事業運用基金為公債、公司債或金融債券投資，應以現款現貨交易為之。

(六) 證券投資信託事業運用基金所持有之資產，應以基金保管機構之基金專戶名義登記；但持有外國之有價證券及證券相關商品，得依基金保管機構與國外受託保管機構所訂契約辦理之。

(七)基金保管機構應依證券投資信託事業之指示運用基金資產，並行使與該資產有關之權利；在證券投資信託事業指示下，基金保管機構僅得為下列處分基金資產之行為：【106年第4次投信投顧人員】

1.因投資決策所需之投資組合調整。

2.保證金帳戶調整或支付權利金。

3.給付依證券投資信託契約約定應由基金負擔之款項。

4.給付依證券投資信託契約約定應分配予受益人之可分配收益。

5.給付受益人買回其受益憑證之買回價金。

(八)證券投資信託事業運用基金投資於國外者，得委託提供國外投資顧問服務之公司或其集團企業提供集中交易服務間接向國外證券商、期貨商或其他交易對手委託交易，並應於內部控制制度中訂定風險監管措施及選任標準，提經董事會通過。

觀念補給站

所謂集團企業：

係指證券投資信託事業所屬持股逾百分之五十之控股公司或子公司，或屬同一控股公司持股逾百分之五十之子公司。

小試身手

(　　) **1** 總代理人應就「銷售機構之變動」為如何處置？　(A)於事實發生日起三日內公告　(B)事先送同業公會審查核准並於三日內公告　(C)事實發生日起三日內向金管會申報　(D)於次月五日前向同業公會彙整申報轉送金管會。

(　　) **2** 投信公司擔任四家境外基金管理機構之總代理人，並擔任其他境外基金之銷售機構以自己名義為投資人向總代理人申購境外基金者需提存多少營業保證金？　(A)新臺幣二千萬元　(B)新臺幣三千萬元　(C)新臺幣七千萬元　(D)新臺幣九千萬元。

(　) **3** 有關證券投資信託事業私募證券投資信託基金應募人數之規定，除證券投資信託及顧問法第11條第1項第1款對象外，應募人總數不得超過多少人？　(A)五人　(B)九十九人　(C)五十人　(D)三十人。

(　) **4** 證券投資顧問事業提供投資推介顧問服務之外國基金管理機構所發行或經理之境外基金，應符合之條件何者正確？　(A)基金管理機構成立滿一年　(B)境外基金必須成立滿一年　(C)基金管理機構（得含其控制廣從屬機構）所管理基金總資產淨值超過十億美元或等值之外幣　(D)得投資於黃金現貨。

解答 **1** (B)　**2** (D)　**3** (B)　**4** (B)

重點**4** 證券投資信託基金之運用範圍與限制

一、基金之運用範圍：

證券投資信託事業應依所募集基金之種類及性質投資有價證券，其投資國內有價證券之種類及範圍以下列為限：

(一)上市上櫃有價證券。

(二)政府債券、公司債或金融債券。

(三)基金受益憑證。

(四)經核准或申報生效承銷之有價證券。

(五)經核准之國際金融組織債券。

(六)其他經金管會核准得投資項目。

二、基金之投資限制：

(一)證券投資信託事業於國外募集基金投資國內任一上市櫃公司股票及公司債或金融債券之總金額，不得超過基金淨資產價值「**百分之二十**」，其餘投資限制應併依國外募集地之基金法令規定辦理。

(二)證券投資信託事業於國外募集基金投資國外有價證券之種類及範圍，悉依募集地法令規定辦理。【107年第2次、105年第3次投信投顧人員】

(三)為避險需要或增加投資效率，證券投資信託事業運用基金從事證券相關商品交易，其交易範圍以下列為限：【105年第4次投信投顧人員】

1. 衍生自貨幣、有價證券、利率或指數之期貨、選擇權或其他金融商品交易。

2. 利率交換或經金管會核准非在期貨交易所進行衍生自貨幣、有價證券、利率或指數之期貨或選擇權或其他金融商品交易。
上述兩項交易之比率、風險暴露之計算方式及相關規範，由金管會公告之。

(四)證券投資信託事業募集基金，應依規定運用基金資產，並遵守下列規定：【111年第3次、108年第1次、第2次投信投顧人員】

1. 不得投資於未上市櫃股票或私募有價證券。

2. 不得為放款或提供擔保。

3. 不得從事證券信用交易。

4. 不得與該事業之其他基金或全權委託帳戶發生相對交易行為；但經集中交易市場或證券商營業處所委託買賣成交且非故意者，不在此限。

5. 不得投資於有利害關係之公司所發行之證券。

6. 不得運用基金買入本基金之受益憑證；但經受益人請求買回或因基金全部或一部不再存續而收回受益憑證者，不在此限。

7. 除正向浮動利率債券外，不得投資於結構式利率商品；但以結構式利率商品為主要投資標的並以此為名者，不在此限。

8. 不得從事不當交易行為而影響基金淨資產價值。

9. 不得為經金管會規定之其他禁止事項。

10. 不得將基金持有之有價證券借予他人；但符合規定者不在此限。

11. 不得轉讓或出售基金所購入股票發行公司股東會之委託書。

觀念補給站

所謂具有利害關係之公司，係指有下列情事之一者：

1. 與證券投資信託事業具控制與從屬或相互投資關係之公司。

2. 證券投資信託事業之董事、監察人或綜合持股達百分之五以上之股東。

3. 上述人員或證券投資信託事業經理人與該公司之董事、監察人、經理人或持有已發行股份百分之十以上股東為同一人或具有配偶關係。

所謂綜合持股：

係指事業對證券投資信託事業之持股加計事業之董事、監察人、經理人及事業直接或間接控制之事業對同一證券投資信託事業之持股總數。

三、基金投資額度：

(一)每一基金投資於任一上市櫃公司股票及公司債或金融債券之總金額
　　➡ 不得超過基金淨資產價值「**百分之十**」。

(二)每一基金投資於任一上市櫃公司股票之股份總額
　　➡ 不得超過該公司已發行股份總數「**百分之十**」；
　　所經理之全部基金投資於任一上市櫃公司股票之股份總額
　　➡ 不得超過該公司已發行股份總數「**百分之十**」。

(三)每一基金投資於任一上市櫃公司承銷股票之總數
　　➡ 不得超過該次承銷總數「**百分之一**」；
　　所經理之全部基金投資於同一次承銷股票之總數
　　➡ 不得超過該次承銷總數「**百分之三**」。

(四)每一基金投資於基金受益憑證之總金額
　　➡ 不得超過基金淨資產價值「**百分之二十**」，但組合型基金或符合規定之指數股票型基金，不在此限。

(五)除規定之指數股票型基金以外，每一基金投資於任一基金之受益權單位總數
　　➡ 不得超過被投資基金已發行受益權單位總數「**百分之十**」；
　　所經理之全部基金投資於任一基金之受益權單位總數
　　➡ 不得超過被投資基金已發行受益權單位總數「**百分之二十**」。

(六)每一基金投資於任一公司所發行無擔保公司債之總額
　　➡ 不得超過該公司所發行無擔保公司債總額「**百分之十**」。

(七)每一基金投資於任一公司發行、保證或背書之短期票券及有價證券總金額

➡ 不得超過基金淨資產價值「**百分之十**」，但投資於基金受益憑證者，
不在此限。

(八)每一基金委託單一證券商買賣股票金額

➡ 不得超過基金當年度買賣股票總金額「**百分之三十**」，但基金成立未
滿一個完整會計年度者，不在此限。

(九)每一基金投資於任一經核准之國際金融組織債券之總金額

➡ 不得超過基金淨資產價值「**百分之十**」，亦不得超過該國際金融組織
於我國境內發行國際金融組織債券總額「**百分之十**」。

觀念補給站

證券投資信託事業運用基金投資承銷股票額度，應與同種類上市櫃公司股票之股
份合併計算總額，以合併計算得投資之比率上限；投資存託憑證，應與所持有該
存託憑證發行公司發行之股票合併計算總額，以合併計算得投資之比率上限。

四、運用基金短期借款：

(一)證券投資信託事業運用基金為給付買回價金或辦理有價證券交割，得依
下列規定指示基金保管機構以基金專戶名義向金融機構辦理短期借款，
並應揭露於證券投資信託契約及公開說明書：

1. 借款對象以依法得經營辦理放款業務之國內外金融機構為限。

2. 為給付買回價金之借款期限以「**三十個營業日**」為限；為辦理有價證券
交割之借款期限以「**十四個營業日**」為限。

3. 借款產生之利息及相關費用由基金資產負擔。

4. 借款總金額不得超過基金淨資產價值之「**百分之十**」。

5. 基金借款對象為基金保管機構或與證券投資信託事業有利害關係者，其
借款交易條件不得劣於其他金融機構。

(二)基金借款契約範本由同業公會洽商信託業公會訂定，其內容應包括基金
借款借貸主體、借款金額、借款期限、借款之償還方式及損害賠償責任
歸屬，並報經金管會備查；其修正時亦同。

(三)證券投資信託事業運用基金資產辦理借款,應於內部控制制度中訂定基金借款之監控管理措施,並提經董事會通過;監控管理措施應至少包括借款效益、借款對象、交易條件之評估及借款金額、借款償還之管理。
【107年第1次、105年第2次投信投顧人員】

(四)辦理基金借款之評估及借款相關作業,應作成書面紀錄並建檔保存,保存期限不得少於「**五年**」。

五、運用基金出借國內有價證券:

證券投資信託事業經理基金出借國內有價證券,應依相關規定辦理並符合下列條件:

(一)每一基金出借所持有任一有價證券數額不得超過該有價證券數額「**百分之五十**」;但私募基金之證券投資信託契約另有約定者,不在此限。

(二)出借證券之借貸期間自借貸成交日起算,最長以「**六個月**」為限。

(三)出借證券其交易型態屬議借交易者,借券人提供擔保品之種類,以現金、政府債券、得為融資融券交易之上市或上櫃公司股票為限。
證券投資信託事業運用基金出借所持有之國內有價證券,應於內部控制制度中訂定基金出借國內有價證券之風險監控管理措施,提經董事會通過。

六、運用基金出借外國有價證券:

證券投資信託事業經理基金出借外國有價證券,得自行或委由國外代理機構辦理,並應符合下列條件:【107年第4次投信投顧人員】

(一)每一基金出借所持有任一外國有價證券數額不得超過該有價證券總金額「**百分之五十**」。

(二)出借證券之借貸期間自借貸成交日起算,最長以「**六個月**」為限。

(三)借券人提供之擔保品,以現金及具一定信評之政府債券為限;借券擔保品維持率分別不得低於百分之一百及百分之一百零五。

證券投資信託事業運用基金出借所持有之外國有價證券,應於內部控制制度中訂定出借外國有價證券之風險監控管理措施,提經董事會通過。

觀念補給站

所謂國外代理機構，應符合下列條件：

1. 成立滿三年以上。
2. 最後一年資產或淨值排名居全世界前五百名以內之金融機構或所保管之資產達五千億美元以上之銀行。
3. 經金管會核准或認可之信用評等機構評等達一定等級以上者。

七、運用基金從事投資：

(一)募集基金投資於受益證券或資產基礎證券時，應遵守下列事項：

　1. 除經金管會核定為短期票券者外，以投資經核准或申報生效公開招募之受益證券或資產基礎證券為限。

　2. 每一基金投資於任一受託機構或特殊目的公司發行之受益證券或資產基礎證券之總額，不得超過該機構或公司該次發行之受益證券或資產基礎證券總額「**百分之十**」，亦不得超過基金淨資產價值「**百分之十**」。

　3. 每一基金投資於任一創始機構發行之股票、公司債、金融債券及將金融資產信託與受託機構或讓與特殊目的公司發行之受益證券或資產基礎證券之總金額，不得超過基金淨資產價值「**百分之十**」。

　4. 所投資之受益證券或資產基礎證券應符合經金管會核准或認可之信用評等機構評等達一定等級以上者。

(二)募集基金投資於不動產投資信託基金受益證券或不動產資產信託受益證券時，應遵守下列規定：

　1. 以投資經核准募集之封閉型不動產投資信託基金受益證券或不動產信託受益證券為限。【107年第4次投信投顧人員】

　2. 每一基金投資於任一受託機構發行之不動產投資信託基金之受益權單位總數，不得超過該不動產投資信託基金已發行受益權單位總數「**百分之十**」。

　3. 每一基金投資於任一受託機構發行之不動產資產信託受益證券之總額，不得超過該受託機構該次發行之不動產資產信託受益證券總額「**百分之十**」。

　4. 每一基金投資於任一受託機構發行之不動產投資信託基金受益證券及不動產資產信託受益證券之總金額，不得超過該基金淨資產價值「**百分之十**」。

5. 每一基金投資於任一委託人將不動產資產信託與受託機構發行之不動產資產信託受益證券、將金融資產信託與受託機構或讓與特殊目的公司發行之受益證券或資產基礎證券，及其所發行之股票、公司債、金融債券之總金額，不得超過基金淨資產價值「**百分之十**」。

6. 所投資之不動產投資信託基金受益證券或不動產資產信託受益證券，信用評等應達一定等級以上。

(三)募集基金投資於國內次順位公司債或次順位金融債券時，應遵守下列規定：

1. 以投資上市或上櫃者為限。

2. 每一基金投資任一公司所發行次順位公司債或次順位金融債券之總額，不得超過該公司該次所發行次順位公司債或次順位金融債券總額「**百分之十**」。

3. 所投資之次順位公司債或次順位金融債券，信用評等應達一定等級以上。

八、基金資產保存方式：【110年第2次投信投顧人員】

證券投資信託事業募集基金，就每一基金之資產應依金管會所定之比率，以下列方式保持之：

(一)現金。

(二)存放於銀行。

(三)向票券商買入短期票券。

(四)其他經金管會規定之方式。

小試身手

(　　) **1** 甲證券投資信託事業運用證券投資信託基金從事期貨避險，以下敘述何者錯誤？　(A)除避險目的外，基金得從事非避險期貨交易　(B)得從事之期貨交易，可為商品期貨或選擇權契約　(C)應每日向期貨交易所申報所管理個別基金當日從事避險交易之投資組合比例　(D)平衡型基金亦得從事期貨交易避險操作。

（　）**2** 證券投資信託事業運用證券投資信託基金之規範，以下何者為非？　(A)每一證券投資信託基金投資於任一公司所發行無擔保公司債之總額，不得超過該公司所發行無擔保公司債總額之百分之二十　(B)每一證券投資信託基金投資於任一上市或上櫃公司股票及公司債或金融債券之總金額，不得超過該基金淨資產價值之百分之十　(C)不得投資於該證券投資信託事業或與該證券投資信託事業有利害關係之公司所發行之證券　(D)每一證券投資信託基金委託單一證券商買賣股票金額，不得超過該證券投資信託基金當年度買賣股票總金額之百分之三十。

（　）**3** 每一證券投資信託基金投資於任一上市或上櫃公司股票之股份總額，不得超過該公司已發行股份總數多少？　(A)百分之五　(B)百分之二十　(C)百分之三十　(D)百分之十。

（　）**4** 下列有關證券投資信託基金投資有價證券之規定，何者錯誤？　(A)應委託證券經紀商交易　(B)指示基金保管機構辦理交割　(C)持有投資資產應登記於基金保管機構名下之基金專戶　(D)任何情況下均不得複委託第三人處理。

（　）**5** 證券投資信託事業於國外募集基金投資國外有價證券之種類及範圍，應依何地法令規定辦理？　(A)依我國法令辦理　(B)依募集地法令辦理　(C)依投資標的國法令辦理　(D)並無限制。

（　）**6** 證券投資信託事業運用基金辦理有價證券交割，得指示基金保管機構向金融機構辦理短期借款之總金額，不得超過基金淨資產價值之多少比例？　(A)百分之十　(B)百分之二十　(C)百分之三十　(D)百分之四十。

（　）**7** 證券投資信託事業運用基金資產辦理借款，應訂定基金借款之監控管理措施，請問該監控管理措施應包含哪些項目？　(A)借款效益　(B)交易條件評估　(C)借款償還管理　(D)以上皆是。

(　) **8** 下列有關證券投資信託基金投資於依「不動產證券化條例」募集之不動產投資信託基金受益證券或不動產資產信託受益證券應遵守規定之敘述何者錯誤？　(A)投資範圍限經主管機關核准募集之開放型不動產投資信託基金受益證券或不動產信託受益證券為限　(B)每一基金投資於任一受託機構發行之不動產投資信託基金之受益權單位總數，不得超過該不動產投資信託基金已發行受益權單位總數之百分之十　(C)每一基金投資於任一受託機構發行之不動產資產信託受益證券之總額，不得超過該受託機構該次發行之不動產資產信託受益證券總額百分之十　(D)所投資之不動產投資信託基金受益證券或不動產資產信託受益證券應符合經主管機關核准或認可之信用評等機構評等達一定等級以上。

(　) **9** 投信事業募集基金之資產，應依主管機關所定比率與所訂方式保持之，下列何者非主管機關所訂方式？　(A)現金　(B)存放於銀行　(C)向票券商買入符合一定評等等級以上之短期票券　(D)購買利率交換契約。

解答 1 **(B)** 　2 **(A)** 　3 **(A)** 　4 **(D)** 　5 **(B)** 　6 **(A)** 　7 **(D)** 　8 **(A)** 　9 **(D)**

重點 5　證券投資信託基金之設立原則及種類

一、基金設立原則：【107年第1次投信投顧人員】

(一)基金名稱不得違反其基本方針及投資範圍，且不得使人誤信能保證本金之安全或保證獲利。

(二)基金有約定到期日者，應於基金名稱中標明存續年期或到期年度。

(三)證券投資信託事業得募集或私募外幣計價基金，其申購、買回及應付之相關費用，應以所選定之外幣計價，選定後不得任意變更。

(四)基金投資於證券投資信託事業本身經理之基金時，不得收取經理費。

二、基金種類及投資範圍：

基金種類	投資範圍
股票型基金【107年第1次、106年第1次投信投顧人員】	(一) 股票型基金指投資股票總額達基金淨資產價值「**百分之七十**」以上者。 (二) 基金名稱表示投資於特定標的、地區或市場者，其投資於相關標的、地區或市場之有價證券應達基金淨資產價值「**百分之六十**」。
債券型基金	(一) 債券型基金除法令另有規定外，不得投資下列標的： 1. 股票。 2. 具有股權性質之有價證券；但轉換公司債、附認股權公司債及交換公司債不在此限。 3. 結構式利率商品；但正向浮動利率債券不在此限。 (二) 債券型基金投資於轉換公司債、附認股權公司債及交換公司債，其總金額不得超過基金淨資產價值「**百分之十**」；當上述標的因條件成就致轉換、認購或交換為股票時，應於「**一年內**」調整至符合規定。 (三) 證券投資信託事業運用債券型基金投資於任一公司所發行無擔保公司債或金融債券，應於證券投資信託契約中明定其信用評等等級。 (四) 債券型基金資產組合之加權平均存續期間應在「**一年**」以上；但基金成立未滿三個月、證券投資信託契約終止日前一個月或主要投資於正向浮動利率債券者，不在此限。 【110年第1次、第2次、108年第1次投信投顧人員】
平衡型基金	(一) 平衡型基金指同時投資於股票、債券及其他固定收益證券達基金淨資產價值「**百分之七十**」以上者，其中投資於股票的金額須占基金淨資產價值「**百分之九十**」以下且不得低於「**百分之十**」。 金管會得視情況，調整上述投資比率。 (二) 平衡型基金應於基金名稱中標明平衡字樣。

基金種類	投資範圍
多重資產型基金 【111年第1次投信投顧人員】	(一) 多重資產型基金指得同時投資於股票、債券、其他固定收益證券、基金受益憑證、不動產投資信託基金受益證券及其他經核准得投資之項目等資產種類，其中投資於任一資產種類之總金額不得超過基金淨資產價值「**百分之七十**」。 金管會得視情況，調整上述投資比率。 (二) 多重資產型基金應於基金名稱中標明多重資產字樣。
指數型基金 【109年第2次投信投顧人員】	(一) 指數型基金指將基金全部或主要部分資產投資於指數成分證券，以追蹤、模擬、複製標的指數表現。 (二) 指數型基金之標的指數，應符合下列條件： 　1. 指數編製者應具有編製指數之專業能力及經驗。 　2. 指數應對所界定之市場具有代表性。 　3. 指數成分證券應具備分散性及流通性。 　4. 指數資訊應充分揭露並易於取得。 　5. 無違反其他法令規定之情事。 (三) 指數型基金應於基金名稱中明確顯示所追蹤、模擬或複製之指數或指數表現。 (四) 指數型基金之證券投資信託契約除依規定辦理外，應載明下列事項： 　1. 標的指數名稱。 　2. 指數授權契約之重要內容：載明簽約主體與其義務及責任、指數名稱之授權使用、指數授權費、契約終止相關事宜及其他重要內容。 　3. 發生有關標的指數之重大事項並對投資人權益有重大影響者，其通知及公告方式。 　4. 持股資訊與公布週期。
指數股票型基金 【109年第2次、108年第3次投信投顧人員】	(一) 指數股票型基金指以追蹤、模擬或複製標的指數表現，並在證券交易市場交易，且申購、買回採實物或依據證券投資信託契約規定方式交付之基金。 (二) 上項標的指數之成分證券包括股票、債券及其他經核准之有價證券。【111年第1次投信投顧人員】

基金種類	投資範圍
指數股票型基金【108年第3次、109年第2次投信投顧人員】	(三) 指數股票型基金追蹤、模擬或複製標的指數之正向倍數（簡稱槓桿型ETF）或反向倍數（簡稱反向型ETF）表現者，除依規定辦理外，應遵守下列規定： 　1. 於基金名稱中明確顯示所追蹤、模擬或複製標的指數之單日正向倍數或反向倍數表現。 　2. 投資於基金受益憑證之總金額得不受相關規定限制，但不得超過基金淨資產價值「**百分之三十**」。 (四) 指數股票型基金之證券投資信託契約除依規定外，應載明在證券交易市場交易、申購買回方式、指數授權契約及參與契約重要內容等相關事項。 (五) 指數股票型基金得不記載基金之發行總面額、受益權單位總數及得否追加發行等事項。 (六) 指數股票型基金符合下列條件者，得借入國內有價證券並以基金資產提供為擔保品，不受相關規定限制： 　1. 借入有價證券之目的，以指數股票型基金證券投資信託契約所定，基金所持有之有價證券不足因應實物買回所需有價證券之事由為限。 　2. 每一指數股票型基金借入有價證券之總金額，不得超過基金淨資產價值「**百分之十**」。
組合型基金【107年第2次、106年第1次、第2次投信投顧人員】	(一) 組合型基金指投資於證券投資信託事業、期貨信託事業或外國基金管理機構所發行或經理之受益憑證、基金股份或投資單位，且不得投資於其他組合型基金者。 (二) 每一組合型基金至少應投資「**五個**」以上子基金，且每個子基金最高投資上限不得超過組合型基金淨資產價值「**百分之三十**」。
保本型基金	(一) 保本型基金依有無機構保證區分為保證型基金及保護型基金。 (二) 保證型基金： 　係指在基金存續期間，藉由保證機構保證，到期時提供受益人一定比率本金保證之基金；該保證機構應符合一定等級以上之信用評等。

基金種類	投資範圍
保本型基金	(三) 保護型基金：【105年第4次投信投顧人員】 　　係指在基金存續期間，藉由基金投資工具於到期時提供受益人一定比率本金保護之基金，無保證機構提供保證之機制；除應於公開說明書及銷售文件清楚說明該基金無提供保證機構保證之機制外，不得使用保證、安全、無風險等類似文字。 (四) 保本型基金之保本比率應達投資本金「**百分之九十**」以上。 (五) 為增加保本型基金投資效率，證券投資信託事業得以利息或未保本之本金從事國內外集中交易市場或店頭市場證券相關商品交易，並遵守相關規範。
貨幣市場基金 【110年第2次投信投顧人員】	(一) 貨幣市場基金指運用於銀行存款、短期票券及附買回交易之總金額達基金淨資產價值「**百分之七十**」以上者；其中附買回交易標的，包含短期票券及有價證券。【106年第1次、第3次投信投顧人員】 (二) 貨幣市場基金應符合下列規定：【105年第3次投信投顧人員】 　1. 運用於銀行存款、短期票券、有價證券及附買回交易等標的，並應符合一定等級以上之信用評等。 　2. 投資任一非金融機構之公司發行、保證或背書之短期票券及有價證券總金額，不得超過基金淨資產價值「**百分之十**」。 　3. 存放於任一金融機構之存款、投資其發行、保證或背書之短期票券及有價證券總金額，不得超過基金淨資產價值「**百分之十**」，但投資短期票券總金額不受「**不得超過新臺幣五億元**」之限制。 　4. 除政府債券外，投資長期信用評等等級達一定等級以下之有價證券，其投資總金額不得超過基金淨資產價值「**百分之十**」。 　5. 不得投資於本證券投資信託事業或與本證券投資信託事業有利害關係之公司所發行之短期票券。 　6. 不得投資於股票及其他具有股權性質之有價證券。 　　上述公司或金融機構符合金管會所定條件時，貨幣市場基金投資或存放之比率限制得增加為基金淨資產價值「**百分之二十**」；但投資短期票券金額不得超過該公司或金融機構最近期財務報告所載淨值之「**百分之十**」。

基金種類	投資範圍
貨幣市場基金 【110年第2次投信投顧人員】	(三) 貨幣市場基金之加權平均存續期間不得大於一百八十日,運用標的為附買回交易者,應以附買回交易之期間計算。 (四) 貨幣市場基金之運用標的以剩餘到期日在「**一年內**」之標的為限;但附買回交易者,不在此限。
其他經核准發行之基金	(一) 基金依規定以結構式利率商品為主要投資標的者,應於名稱中標明結構式利率商品或類似文字。 (二) 基金以轉換公司債、附認股權公司債或其他具有股權性質之有價證券為主要投資標的者,應於名稱中標明主要投資標的之文字。 (三) 前二項基金不得以債券型基金為名,並不得於受益人買回受益憑證請求到達之當日或次一營業日給付買回價金。

觀念補給站

證券投資信託事業得募集發行具資產配置理念之傘型基金,並應遵守下列事項:
【111年第2次、106年第2次投信投顧人員】

1. 子基金數不得超過三檔,且應一次申請同時募集;當任一子基金未達成立條件時,該傘型基金即不成立。

2. 子基金得依資產配置理念,選擇某一種類基金為區隔配置或交叉組合各種類基金:

   (1)股票型基金:以投資地區為區隔。

   (2)平衡區基金:以持有之股票及債券上下限比率為區隔。

   (3)組合型基金:以不同類型子基金之投資比重為區隔。

   (4)保本型基金:以保本比率為區隔。

   (5)指數型基金:以追蹤、複製或模擬不同指數表現為區隔。

3. 每一子基金應簽訂個別之證券投資信託契約並敘明下列事項:

   (1)當任一子基金未達成立條件時,該傘型基金即不成立。

   (2)子基金間不得有自動轉換機制,子基金間之轉換應由投資人申請方得辦理,其轉換費用得由證券投資信託事業自行訂定。

小試身手

( ) **1** 目前國內證券投資信託事業所發行之保本型基金，其保本率之規範為何？　(A)應達投資本金之百分之八十以上　(B)應達投資本金之百分之九十以上　(C)應達投資本金之百分之百　(D)由經理公司依產品設計自行訂定。

( ) **2** 針對國內開放式組合型基金之敘述，何者有誤？　(A)該種基金至少應投資於五個以上子基金　(B)每個子基金最高投資上限不得超過本基金淨資產價值之百分之二十　(C)不得投資於其他組合基金　(D)不得為放款或以本基金資產提供擔保。

( ) **3** 在基金存續期間，藉由基金投資工具於到期時提供受益人一定比率本金保護之基金，稱為？　(A)保護型基金　(B)保證型基金　(C)平衡型基金　(D)組合型基金。

( ) **4** 保本型基金依是否設有保證機構，區分為「保證型基金」及哪一類型的基金？　(A)保護型基金　(B)平衡型基金　(C)組合型基金　(D)指數型基金。

( ) **5** 債券型基金資產組合之加權平均存續期間應在一年以上，但下列何者不在此限？　(A)基金成立未滿三個月　(B)信託契約終止日前三個月　(C)基金成立未滿六個月　(D)信託契約終止日前六個月。

( ) **6** 下列有關指數股票型基金之敘述，何者錯誤？　(A)以追蹤、模擬或複製標的指數表現，並在證券交易市場交易之基金　(B)標的指數之成分證券包括股票、債券及其他經金管會核准之有價證券　(C)指數股票型基金不得單一連結境外指數股票型基金　(D)槓桿型ETF為因應策略所需，投資於基金受益憑證之總金額，不得超過本基金淨資產價值之百分之三十。

( ) **7** 債券型基金資產組合之加權平均存續期間應在幾年以上？　(A)一年　(B)二年　(C)三年　(D)四年。

解答 1 (B)　2 (B)　3 (A)　4 (A)　5 (A)　6 (C)　7 (A)

重點**6**　證券投資信託基金之募集及保管

一、基金之募集

(一)**募集發行方式：**

1. 證券投資信託事業募集證券投資信託基金，非經主管機關核准或向主管機關申報生效，不得為之。

2. 其申請核准或申報生效應檢附之書件、審核程序、核准或申報生效之條件及其他應遵行事項之準則，由主管機關定之。

3. 金管會審核證券投資信託基金之募集與發行兼採「**申請核准**」及「**申報生效**」制。

申請核准	申報生效
係指金管會以證券投資信託事業所提出相關書件予以審查，如未發現異常情事即予以核准。	係指證券投資信託事業依規定檢齊相關書件向金管會提出申報，除因申報書件應行記載事項不充分、為保護公益有必要補正說明或經金管會退回者外，其案件自金管會收到申報書即日起屆滿一定營業日（即證券市場交易日）即可生效。

(二)**申請核准與申報生效：**

1. 證券投資信託事業募集證券投資信託基金，除為因應市場狀況或保護公益且經金管會核准外，有下列情形之一者應採申請核准制：

(1) 證券投資信託事業經核發營業執照後，首次募集證券投資信託基金。

(2) 國外募集或追加募集證券投資信託基金投資國內。

(3) 最近一檔已成立且開放買回已屆滿「**六個月**」之證券投資信託基金，其於該「**六個月**」期間平均已發行總單位數較成立日減少「**百分之五十**」以上。

(4) 經金管會停止申報生效於「**一年內達二次**」以上，其後首次募集案件。【106年第4次投信投顧人員】

(5) 因受證券投資信託及顧問法警告以上處分或內部控制制度之設計或執行有重大缺失，其違法情事已具體改善並經金管會認可後之首次募集案件。

(6) 依金管會規定應取得國外主管機關或其他機構之聲明或書函之募集案件。

2. 證券投資信託事業辦理下列各案件時，於金管會收到申報書日起屆滿一定營業日即生效：

(1) 辦理以投資國內為限之證券投資信託基金案件者，於金管會收到申報書日起屆滿「**十二個營業日**」生效。

(2) 辦理不以投資國內為限之證券投資信託基金案件者，於金管會收到申報書日起屆滿「**三十個營業日**」生效；但符合條件者可縮短為「**十二個**」營業日。

(3) 辦理追加募集各類型證券投資信託基金案件者，於金管會收到申報書日起屆滿「**七個營業日**」生效。

(三)**停止申報效力：**

1. 證券投資信託事業申報募集或追加募集證券投資信託基金，有下列情事之一者，金管會得停止其申報發生效力：

(1) 申報書件不完備或應記載事項不充分者。

(2) 有向金管會申報後至申報生效前，證券投資信託事業發生財務或業務重大變化，或申報書內容發生變動，致對發行計畫有重大影響者。

(3) 金管會為保護公益認有必要時。

2. 證券投資信託事業於停止申報生效送達日起，得就停止申報生效之原因提出補正，申請解除停止申報生效，如未再經金管會通知補正或退回案件，自金管會收到補正書件即日起屆滿規定時間生效。

(四)**申請（報）募集或追加募集：**

1. 證券投資信託事業申請（報）募集證券投資信託基金經核准或生效後，應於申請核准或申報生效通知函送達日起「**六個月內**」開始募集，「**三十日內**」募集成立該基金。【111年第3次、110年第2次、108年第3次投信投顧人員】

2. 但有正當理由無法於「<u>六個月內</u>」開始募集者，於期限屆滿前，得向金管會申請展延一次，並以「<u>六個月</u>」為限。【108年第3次投信投顧人員】

3. 證券投資信託事業申請（報）募集或追加募集證券投資信託基金，自提出申請或申報後至申請核准或申報生效前，發生財務或業務重大變化或申請（報）書件內容發生變動，致對發行計畫有重大影響時，應於事實發生日起「<u>二日內</u>」向金管會申報，並應視事項性質請律師或會計師表示對本次募集計畫之影響提報金管會。

4. 證券投資信託事業募集或追加募集證券投資信託基金之申請核准或申報生效，不得藉以作為證實申請（報）事項或保證證券投資信託基金價值之宣傳。

5. 證券投資信託事業募集證券投資信託基金，經申請核准或申報生效後，除另有規定外，申請（報）日「<u>前五個營業日</u>」平均已發行單位數占原申請核准或申報生效發行單位數之比率達「<u>百分之八十</u>」以上者，得辦理追加募集。【110年第3次投信投顧人員】

6. 證券投資信託事業經核發營業執照後，除他業兼營證券投資信託業務者外，應於「<u>一個月內</u>」申請募集符合下列規定之證券投資信託基金：【111年第3次、108年第2次投信投顧人員】

   (1) 為國內募集投資於國內之股票型證券投資信託基金或平衡型證券投資信託基金。

   (2) 證券投資信託基金最低成立金額為新臺幣二十億元。

   (3) 封閉式證券投資信託基金受益權單位之分散標準，應符合臺灣證券交易所有價證券上市審查準則之規定

   (4) 開放式證券投資信託基金自成立日後滿「<u>三個月</u>」，受益人始得申請買回。

7. 證券投資信託事業申請（報）證券投資信託基金投資於國外有價證券，有下列情事之一者，金管會得退回或不核准其案件：

   (1) 近一年曾受證券交易法第66條或本法第103條警告以上處分；但其違法情事已具體改善並經金管會認可者，不在此限。

(2) 未具備研究與投資海外有價證券市場之能力,且未藉由與國外投資顧問公司之合作關係獲取全球投資之技術,以增進投資能力。

(3) 近一年從事證券投資信託基金之推介,有涉及對新臺幣匯率走勢之臆測。

8. 證券投資信託事業募集或追加募集證券投資信託基金,有下列情事之一者應取得中央銀行同意後申報生效或申請核准:

(1) 國外募集或追加募集證券投資信託基金投資國內。

(2) 以外幣計價之證券投資信託基金。

二、基金之私募

(一)私募對象:【111年第2次投信投顧人員】

證券投資信託事業得向下列對象進行受益憑證之私募:

1. 銀行業、票券業、信託業、保險業、證券業、金融控股公司或其他經核准之法人或機構。

2. 符合金管會所定條件之自然人、法人或基金。

上述二款之應募人總數,不得超過九十九人。

(二)私募之限制:【108年第3次投信投顧人員】

1. 私募基金之應募人及購買人除有下列情形之一者外,不得再行賣出:

(1) 向證券投資信託事業申請買回。

(2) 轉讓予符合投信投顧法第十一條第一項應募人資格之對象。

(3) 基於法律規定所生效力之移轉。

(4) 其他經金管會核准。

有關私募受益憑證轉讓之限制,應於受益憑證以明顯文字註記,並於交付應募人或購買人之相關書面文件中載明。

2. 證券投資信託事業於私募受益憑證價款繳納完成日起「**五日內**」,應填具申報書及檢附下列書件,向金管會申報備查:

(1) 證券投資信託契約。

(2) 董事會決議私募基金議事錄。

(3) 基金經理人符合證券投資信託事業負責人與業務人員管理規則規定資格條件之證明文件影本。

　　(4) 基金保管機構無第59條規定所列各款情事之聲明文件。

　　(5) 投資說明書。

　　(6) 受益人符合本法第11條第1項資格條件之聲明書。

　　(7) 基金專戶之銀行存款證明。

　　(8) 國外私募投資國內或國內私募投資國外者，應併同檢具中央銀行同意函影本。

　　私募基金之證券投資信託契約有變更者，應於「**變更後五日內**」向金管會申報。

3. 證券投資信託事業應依私募基金之證券投資信託契約運用基金，並遵守下列規定：

　　(1) 不得投資證券交易法第6條規定以外之有價證券。

　　(2) 不得從事證券相關商品以外之交易。

　　(3) 不得為放款。

　　(4) 不得與本證券投資信託事業經理之其他各基金、共同信託基金、全權委託帳戶或自有資金買賣有價證券帳戶間為證券或證券相關商品交易行為；但經由集中交易市場或證券商營業處所委託買賣成交，且非故意發生相對交易之結果者，不在此限。

　　(5) 不得投資於本證券投資信託事業或與本證券投資信託事業有利害關係之公司所發行之證券。

　　(6) 不得運用基金買入本基金之受益憑證。但經受益人請求買回或因基金全部或一部不再存續而收回受益憑證者，不在此限。

　　(7) 不得轉讓或出售基金所購入股票發行公司股東會之委託書。

　　(8) 持有銀行存款、短期票券之總額不得超過規定之一定比率。

　　(9) 不得有接受特定人指定，協助為規避所得稅或其他影響證券投資信託事業應本於守法、誠實信用及專業投資管理原則之操作。

　(10) 不得從事經金管會規定之其他禁止事項。

4. 私募基金從事證券相關商品交易之風險暴露，不得超過基金淨資產價值「**百分之四十**」；證券投資信託事業兼營期貨信託事業者，其風險暴露不得超過淨資產價值「**百分之一百**」。

三、基金保管機構

(一)基金保管機構之原則：【110年第3次投信投顧人員】

1. 證券投資信託事業經理之基金資產，與證券投資信託事業及基金保管機構之自有財產，應分別獨立。

2. 證券投資信託事業及基金保管機構就其自有財產所負之債務，其債權人不得對於基金資產為任何請求或行使其他權利。

3. 基金保管機構應依規定按基金帳戶別，獨立設帳保管基金。

4. 信託業兼營證券投資信託業務募集基金，經金管會核准得自行保管基金資產者，有關基金保管機構之義務由信託業執行，並由信託監察人監督。

5. 基金保管機構應依規定，以善良管理人之注意義務及忠實義務，本誠實信用原則，保管基金資產。

6. 基金保管機構之董事、監察人、經理人、業務人員及其他受僱人員，不得以職務上所知悉之消息從事有價證券買賣之交易活動或洩漏予他人。

7. 有下列情形之一者，不得擔任基金保管機構：

   (1) 經金管會依證券投資信託及顧問法第115條規定處以停止其執行基金保管業務一個月以上、二年以下處分期限尚未屆滿。

   (2) 未符合經金管會核准或認可之信用評等機構評等達一定等級以上。

8. 信託公司或兼營信託業務之銀行有下列情形之一，不得擔任各該證券投資信託事業之基金保管機構：【108年第2次投信投顧人員】

   (1) 投資於證券投資信託事業已發行股份總數達「**百分之十**」以上。

   (2) 擔任證券投資信託事業董事或監察人；或其董事、監察人擔任證券投資信託事業董事、監察人或經理人。

   (3) 證券投資信託事業持有其已發行股份總數達「**百分之十**」以上。

   (4) 由證券投資信託事業或其代表人擔任董事或監察人。

   (5) 擔任基金之簽證機構。

   (6) 與證券投資信託事業屬於同一金融控股公司之子公司，或互為關係企業。

   (7) 其他經金管會規定不適合擔任基金保管機構。

(二)**保管機構之責任義務：**

1. 基金保管機構知悉證券投資信託事業有違反證券投資信託契約或相關法令，應即請求證券投資信託事業依相關法令履行義務；其有損害受益人權益之虞時，應即向金管會申報，並抄送同業公會。

2. 基金保管機構執行基金保管業務，遇有請求證券投資信託事業履行義務而不履行，致損害受益人權益之情事，經書面通知證券投資信託事業限期改善而屆期不改善時，得經報請金管會核准後，召開受益人會議更換證券投資信託事業。

3. 證券投資信託事業因故意或過失致損害基金之資產時，基金保管機構應為「基金受益人之權益」向其追償。

4. 基金保管機構因故意或過失違反規定，致生損害於基金之資產者，應負損害賠償責任，證券投資信託事業並應為「基金受益人之權益」向其追償。【111年第1次、第3次投信投顧人員】

5. 基金保管機構之代理人、代表人或受僱人，履行證券投資信託契約規定之義務有故意或過失時，基金保管機構應與自己之故意或過失負同一責任。

6. 信託業兼營證券投資信託業務，經金管會核准自行保管基金資產，因故意或過失違反規定，致生損害於基金之資產者，應負損害賠償責任。信託監察人應為基金受益人之權益向其追償。

7. 前項信託業之代理人、代表人或受僱人，履行證券投資信託契約規定之義務有故意或過失時，信託業應與自己之故意或過失負同一責任。

(三)**保管機構之移轉：**

1. 基金保管機構因解散、停業、歇業、撤銷或廢止許可事由，致不能繼續從事基金保管業務者，證券投資信託事業應洽由其他基金保管機構承受其基金保管業務，並經金管會核准。

2. 證券投資信託事業不能依前項規定辦理者，由金管會指定其他基金保管機構承受；受指定之基金保管機構，除有正當理由，報經金管會核准者外，不得拒絕。【107年第1次投信投顧人員】

3. 基金保管機構保管基金顯然不善者，金管會得命其將該基金移轉於經金管會指定之其他基金保管機構保管。

4. 基金保管機構辭卸保管職務應與證券投資信託事業協議或經受益人會議決議更換保管機構者，應先經金管會核准。

小試身手

(　) **1** 甲投信公司前一年內曾受主管機關處分停止申報生效達二次以上，欲再首次募集基金，下列何種基金可適用申報生效？ 　(A)國內募集投資國內之組合型基金 　(B)國內募集投資國外之股票型基金 　(C)國內募集投資國內之股票型基金 　(D)以上皆不可。

(　) **2** 投信公司募集下列何種基金無需經過中央銀行同意？ 　(A)國內募集投資國內且未涉及資金之匯出、匯入之股票型基金 　(B)貨幣市場基金 　(C)外幣計價基金 　(D)國外募集投資國內基金。

(　) **3** 下列有關證券投資信託事業經核發營業執照後，首次募集證券投資信託基金之敘述，何者正確？ 　(A)應為投資於國內之股票型或平衡型證券投資信託基金 　(B)應於核准募集後一年內開始募集 　(C)應為開放式基金 　(D)應於開始募集日起六十日內募集成立該基金。

(　) **4** 證券投資信託事業申請（或申報）募集或追加證券投資信託基金，有下列何種情形者金融監督管理委員會得退回或不核准其案件？ 　(A)所提申請（或申報）書件不完備或記載事項不充分，經金融監督管理委員會限期補正，屆期不能完成補正者 　(B)經金融監督管理委員會退回或自行撤回其申請（或申報）案件，自接獲金管會通知之日起三個月內，又辦理申請（或申報）募集或追加募集證券投資信託基金者 　(C)經金融監督管理委員會依證券投資信託及顧問法停止受理其募集證券投資信託基金申請（或申報）案件，期限尚未屆滿者 　(D)以上皆是。

(　　) **5** 證券投資信託事業經核准營業執照後，第一支基金應於多久時間內申請募集主管機關規定之證券投資信託基金？　(A)一個月　(B)二個月　(C)三個月　(D)四十五天。

(　　) **6** 證券投資信託事業募集證券投資信託基金，經申請核准或申報生效後，除金管會另有規定外，須符合下列何者條件及一定規模後，始得辦理追加募集？　(A)申請（報）日前五個營業日平均已發行單位數占原申請核准或申報生效發行單位數之比率達百分之八十以上　(B)自開放買回之日起申請（報）送件日屆滿二個月　(C)自開放買回之日起申請（報）送件日屆滿三個月　(D)自開放買回之日起申請（報）送件日屆滿六個月。

(　　) **7** 證券投資信託事業得進行私募受益證券之對象，下列何者有誤？　(A)保險業　(B)信託業　(C)銀行業　(D)本人淨資產價值超過一千五百萬元之自然人。

(　　) **8** 證券投資信託事業對符合主管機關所定條件之自然人、法人或基金進行受益憑證之私募時，其人數限制為何？　(A)不得超過三十五人　(B)不得超過五十人　(C)不得超過九十九人　(D)不設限。

(　　) **9** 甲證券投資信託公司與A、B、C三家銀行關係如下：A銀行投資甲證券投資信託公司股份百分之五；B銀行係甲證券投資信託公司之董事；C銀行投資甲證券投資信託公司股份百分之二，請問A、B、C三家銀行何者不得擔任甲證券投資信託公司所經理之保管機構？　(A)A銀行　(B)B銀行　(C)C銀行　(D)A、B、C銀行。

(　　)**10** 下列有關證券投資信託基金保管之敘述，何者有誤？　(A)由基金保管機構保管　(B)應設立獨立之基金帳戶　(C)與基金保管機構之財產應分別獨立　(D)投信事業債權人得對基金資產行使權利。

解答　1 (D)　2 (A)　3 (A)　4 (D)　5 (A)　6 (A)　7 (D)　8 (C)　9 (B)
　　　10 (D)

重點 **7** 證券投資信託基金之銷售機構

一、銷售機構資格條件：

(一)證券投資信託事業得委任證券投資顧問事業、證券經紀商、銀行、信託業、人身保險業及其他經金管會核定之機構，擔任證券投資信託基金之銷售機構；信託業擔任基金銷售機構者，得與投資人簽訂特定金錢信託契約。

(二)銷售機構應符合下列之資格條件：

1. 最近期經會計師查核簽證之財務報告每股淨值不低於面額；但取得營業執照未滿一個完整會計年度者，不在此限。

2. 最近二年未曾因辦理境外基金、證券投資信託基金或期貨信託基金業務受相關規定處分；但金管會命令解除職員職務之處分或其違法情事已具體改善並經金管會認可者，不在此限。

3. 辦理基金銷售業務應有適足之業務人員，並應符合證券投資信託事業負責人與業務人員管理規則所定業務人員之資格條件。

4. 具備執行基金銷售業務之必要資訊傳輸設備。

5. 其他經金管會規定應具備之條件。

二、銷售契約之簽訂：

(一)基金銷售機構辦理基金銷售業務，應與證券投資信託事業簽訂銷售契約，並遵守基金之募集、發行、銷售及其申購或買回之相關法令規定；銷售契約應行記載事項，由同業公會擬訂，報經金管會核定。

(二)證券投資信託事業委任基金銷售機構辦理基金銷售業務，應出具基金銷售機構符合資格之聲明書及其銷售契約，送同業公會審查核准後始得為之。

(三)於準則修正發布前已辦理基金銷售業務者，應於修正發布日起「<u>一年內</u>」補正之；屆期未完成補正者，除對原採定時定額扣款作業之投資人得繼續扣款外，不得受理新增申購。

(四)證券投資信託事業不得對基金銷售機構及其人員支付銷售契約約定以外之報酬、費用或其他利益。

三、基金銷售機構業務原則：【105年第3次投信投顧人員】

(一)基金銷售機構辦理基金銷售業務，應充分知悉並評估客戶之投資知識、
　　投資經驗、財務狀況及其承受投資風險程度。

(二)基金銷售機構及其經理人或受僱人，應以善良管理人之注意義務及忠實
　　義務，本誠實信用原則，辦理基金銷售業務。

(三)基金銷售機構及其人員於辦理基金銷售業務時，對於基金投資人之個人資
　　料、往來交易資料及其他相關資料，除法令另有規定外，應保守秘密。

(四)基金銷售機構之內部控制制度應包括充分瞭解客戶、銷售行為、短線交
　　易防制、洗錢防制及法令所訂應遵循之作業原則，並由證券投資信託事
　　業送交同業公會審查。

(五)基金銷售機構對於一定金額以上或疑似洗錢之基金交易，其申購、買回或
　　轉換應留存完整正確之交易紀錄及憑證，並應依洗錢防制法規定辦理。

四、基金銷售機構業務執行：

(一)基金銷售機構應於申購人交付申購申請書且完成申購價金之給付前，交
　　付簡式公開說明書，並應依申購人之要求，提供公開說明書。

(二)基金銷售機構對於首次申購之客戶，應要求其提出身分證明文件或法人
　　登記證明文件，並填具基本資料。

(三)基金銷售機構除依特定金錢信託方式或經金管會核准者外，不得以自己
　　名義為投資人申購證券投資信託基金。

(四)基金銷售機構辦理基金銷售業務，除以自己名義為投資人申購證券投資
　　信託基金者外，應要求申購人將申購價款直接匯撥至基金保管機構設立
　　之基金專戶，並應依照同業公會證券投資信託基金募集發行銷售及其申
　　購或買回作業程序辦理。

(五)基金銷售機構辦理基金銷售業務之人員，不得挪用客戶款項或受益憑證
　　或有其他損及客戶權益之行為。

(六)證券投資信託基金受益憑證之交付，應由證券投資信託事業依各基金之
　　證券投資信託契約約定為之，不得委由基金銷售機構辦理。

(七)基金銷售機構以自己名義為投資人申購證券投資信託基金者，於接獲受益人會議之通知後，對重大影響投資人權益之事項，應即時通知其所屬之投資人，並應彙整所屬投資人之意見通知證券投資信託事業。

(八)基金銷售機構辦理基金銷售業務，於銷售前，應將自證券投資信託事業收取之報酬、費用及其他利益，告知投資人。

(九)基金銷售機構終止辦理基金銷售業務者，應即通知證券投資信託事業，並由證券投資信託事業於事實發生日起「**二日內**」，向同業公會申報並公告。【110年第1次投信投顧人員】

(十)基金銷售機構辦理基金銷售業務有違反本準則規定或相關自律規範者，金管會得停止其六個月以內之期間辦理基金銷售業務。

重點 8　證券投資信託基金之買回、會計及變更

一、基金之買回：

(一)證券投資信託契約載有受益人得請求買回受益憑證之約定者，受益人得以書面或其他約定方式請求證券投資信託事業買回受益憑證，證券投資信託事業不得拒絕；對買回價金之給付不得遲延。

但有下列情事之一，並經金管會核准者，不在此限：

1. 證券交易所、證券櫃檯買賣中心或外匯市場非因例假日而停止交易。
2. 通常使用之通信中斷。
3. 因匯兌交易受限制。
4. 有無從收受買回請求或給付買回價金之其他特殊情事。

(二)受益憑證之買回價格，得以證券投資信託契約明定，以買回請求到達證券投資信託事業或其代理機構之當日或次一營業日之基金淨資產價值核算之。【111年第3次、110年第2次投信投顧人員】

(三)證券投資信託事業所經理投資國內之基金，應自受益人買回受益憑證請求到達之次一營業日起「**五個營業日**」內，給付買回價金。

(四)受益人請求買回一部受益憑證者,證券投資信託事業除依前項規定之期限給付買回價金外,並應於受益人買回受益憑證之請求到達之次一營業日起七個營業日內,辦理受益憑證之換發。【109年第1次投信投顧人員】

二、基金之會計:

(一)證券投資信託事業應於每一營業日計算基金之淨資產價值。【106年第2次、第3次、105年第3次投信投顧人員】

(二)基金之淨資產價值應依有關法令及一般公認會計原則計算之;基金淨資產價值之計算,應由同業公會擬訂基金資產價值之計算標準及計算錯誤之處理方式,報經金管會核定。【105年第2次、第4次投信投顧人員】

(三)證券投資信託事業應於每一營業日公告前一營業日基金每受益權單位之淨資產價值;但對在國外發行受益憑證募集之基金,依募集所在地之法令規定辦理。【106年第2次、第4次投信投顧人員】

(四)證券投資信託事業之各基金,應分別設帳,並應依金管會之規定,作成各種帳簿、表冊;其保存方式及期限,除金管會另有規定外,依商業會計法及相關規定辦理。

(五)基金之會計年度,除證券投資信託契約另有約定或經金管會核准者外,為每年一月一日起至十二月三十一日止。

(六)證券投資信託事業運用每一基金,應依金管會規定之格式及內容於每會計年度終了後「**二個月內**」,編具年度財務報告;於每會計年度第二季終了後「**四十五日內**」,編具半年度財務報告;於每月終了後「**十日內**」編具月報,向金管會申報。【111年第2次、109年第2次投信投顧人員】

(七)年度財務報告應經金管會核准之會計師查核簽證,半年度財務報告應經會計師核閱,並經基金保管機構簽署,證券投資信託事業並應予以公告之。年度財務報告、半年度財務報告及月報之申報,應送由同業公會彙送金管會。

(八)基金投資所得依證券投資信託契約之約定應分配收益,除經金管會核准者外,應於會計年度終了後「**六個月內**」分配之,並應於證券投資信託契約內明定分配日期。【111年第3次、110年第1次投信投顧人員】

三、基金之變更、存續、終步、清算：

(一)證券投資信託契約之變更應報經金管會核准；經核准後，證券投資信託事業應於「**二日內**」公告其內容。

(二)基金之存續期間依證券投資信託契約之約定。證券投資信託契約有下列情事之一者，應經金管會核准後予以終止：【107年第2次、第3次投信投顧人員】

1. 證券投資信託事業或基金保管機構有解散、破產、撤銷或廢止核准之情事，或因對基金之經理或保管顯然不善，經金管會命令更換，致不能繼續執行職務，而無其他適當之證券投資信託事業或基金保管機構承受原事業或機構之權利及義務。

2. 受益人會議決議更換證券投資信託事業或基金保管機構，而無其他適當之證券投資信託事業或基金保管機構承受原事業或機構之權利及義務。

3. 基金淨資產價值低於金管會所定之標準。

4. 因市場狀況、基金特性、規模，或其他法律上或事實上原因致基金無法繼續經營。

5. 受益人會議決議終止證券投資信託契約。

6. 受益人會議之決議，證券投資信託事業或基金保管機構無法接受，且無其他適當之證券投資信託事業或基金保管機構承受原事業或機構之權利及義務。

7. 其他依證券投資信託契約所定終止事由

(三)基於保護公益或受益人權益，以終止證券投資信託契約為宜者，金管會得命令終止之。

(四)證券投資信託契約因存續期間屆滿而終止者，應於屆滿「**二日內**」申報金管會備查。

(五)證券投資信託契約之終止，證券投資信託事業應於申報備查或核准之日起「**二日內**」公告之。

(六)證券投資信託契約終止時，清算人應於金管會核准清算後「**三個月內**」完成基金之清算，並將清算後之餘額，依受益權單位數之比率分派予各受益人；但有正當理由無法於「**三個月**」內完成清算者，於期限屆滿

前，得向金管會申請展延一次，並以「<u>三個月</u>」為限。【111年第1次投信
投顧人員】

(七)清算人應將前項清算及分配之方式，向金管會申報及公告，並通知受益
人。清算程序終結後應於「<u>二個月</u>」內，將處理結果向金管會報備，並
通知受益人。【106年第1次、第4次投信投顧人員】

(八)基金之清算人由證券投資信託事業擔任之，證券投資信託事業有解散、
破產或廢止核准之情事時，應由基金保管機構擔任；基金保管機構亦有
解散、破產或廢止核准之情事時，由受益人會議以決議選任符合金管會
規定之證券投資信託事業或基金保管機構為清算人。

(九)基金因基金保管機構有解散、破產或廢止核准之情事致終止證券投資信
託契約者，得由清算人選任適當之基金保管機構報經金管會核准後，擔
任清算時期基金保管職務。

(十)清算人應自清算終結申報金管會之日起，就各項帳簿、表冊保存「<u>十
年</u>」以上。

四、基金之合併：

(一)證券投資信託事業所經理之開放式基金，同為募集或私募之基金及經基
金受益人會議同意者，得向金管會申請核准與本公司之其他開放式基金
合併。

(二)但合併之基金為同種類、消滅基金最近三十個營業日淨資產價值平均低
於新臺幣五億元且存續基金之證券投資信託契約內容無重大修改者，得
不經受益人會議同意，向金管會申請核准。

(三)證券投資信託事業申請基金合併，應填具申請書並檢附下列書件：【106
年第2次、第3次投信投顧人員】

　1.申請書暨附件所載事項無虛偽、隱匿之聲明。

　2.董事會討論並決議通過之議事錄。

　3.受益人會議議事錄（未召開者得免附）。

　4.合併基金之證券投資信託契約及公開說明書。

　5.估算受益權數換發比率及計算依據（含估算換發比率日合併基金之資產
負債表及庫存資產明細表）。

6. 基金合併作業流程表。

7. 合併目的及預期效益。

8. 申請日前七日內合併基金受益人人數、金額統計。

9. 存續基金保管機構之同意書。

10. 消滅基金保管機構之同意書（召開受益人會議者得免附）。

11. 律師對合併案適法性之評估。

(四) 基金合併之申請經金管會核准後，證券投資信託事業應即將下列事項公告並通知消滅及存續基金之受益人：【107年第3次、106年第3次投信投顧人員】

1. 金管會核准函日期及文號。

2. 存續基金之名稱、基金經理人、投資策略等。

3. 消滅基金之名稱。

4. 合併目的及預期效益。

5. 合併基準日。

6. 消滅基金換發存續基金受益憑證單位數之計算公式。

7. 不同意基金合併之受益人得於公告日後至合併基準日前二日止向證券投資信託事業提出買回受益憑證申請之聲明。

8. 證券投資信託事業自合併基準日前一日起至消滅基金資產全部移轉於存續基金之日止，停止受理消滅基金受益憑證之申購及買回之聲明。

9. 換發新受益憑證之期間、方式及地點。

10. 其他經金管會規定之事項。

　　前項公告日至基金合併基準日，不得少於十五個營業日。但依第 83 條規定免經受益人會議同意合併者，不得少於三十個營業日。

(五) 證券投資信託事業應於合併基準日後「**二個營業日**」內辦理消滅基金資產移轉與存續基金；消滅基金持有之資產自合併基準日起至資產移轉完成前不得進行投資操作。【109年第1次投信投顧人員】

(六) 基金合併作業完成後，證券投資信託事業應於「**五日內**」檢具書件報金管會備查。

(七) 基金合併之相關費用，證券投資信託事業應自行負擔。

(八)基金因合併致存續基金持有之有價證券超過本辦法規定之比率者，除因無償配股外不得新增，並應於「**二年內**」調整至符合規定。

小試身手

(　　) **1** 證券投資信託基金管理辦法之規定，證券投資信託基金之淨資產價值計算及每單位淨資產價值之公告，下列敘述何者正確？ (A)每營業日計算並公告前一營業日之淨資產價值　(B)每營業日計算，每週公告　(C)每營業日計算，每月公告　(D)每月計算，每月公告。

(　　) **2** 證券投資信託基金管理辦法之規定，證券投資信託基金之淨資產價值由誰計算？　(A)證券投資信託公司　(B)基金保管銀行　(C)投信投顧公會　(D)由證券投資信託契約約定。

(　　) **3** 證券投資信託事業發行受益憑證募集投資信託資金，應先向申購之投資大眾交付？　(A)投資說明書　(B)公開說明書　(C)經會計師查核簽證之財務報告　(D)證券投資信託契約副本。

(　　) **4** 有關證券投資信託基金之受益憑證，其買回規範以下敘述何者正確？　(A)買回價格以請求買回之書面到達證券投資信託事業或其代理機構當日之基金淨資產核算之　(B)在國內募集投資國內之證券投資信託基金，應自受益人買回受益憑證請求到達之一營業日起七個營業日內給付買回價金　(C)在國內募集投資國外之證券投資信託基金，其買回價金之給付依證券投資信託契約之規定辦理　(D)證券投資信託事業如遇有無從給付買回價金之特殊情事，得暫不給付買回價金，並於事後向金管會申報。

(　　) **5** 證券投資信託基金之買回價格，應以何日之基金淨資產價值核算之？　(A)請求買回到達當日　(B)請求買回到達之次日　(C)請求買回到達次一營業日　(D)請求買回到達之前一營業日。

(　) **6** 證券投資信託契約終止後，證券投資信託事業應於金管會核准清算後多久期間內完成證券投資信託基金之清算？　(A)一個月　(B)二個月　(C)三個月　(D)四個月。

(　) **7** 下列有關須經金管會核准後始得終止基金信託契約之規定，何者有誤？　(A)基金保管機構解散或破產　(B)基金淨資產價值低於投信投顧公會所定之標準　(C)因市場狀況、基金特性、規模或其他法律上或事業上原因致基金無法繼續經營　(D)受益人會議決議終止證券投資信託契約。

(　) **8** 證券投資信託事業經理之基金，應於每會計年度終了後幾個內，編具年度財務報告向金管會申報？　(A)一個月　(B)二個月　(C)三個月　(D)四個月。

(　) **9** 有關基金合併之相關敘述，以下何者正確？　(A)經受益人會議同意即可　(B)合併之基金應為同種類基金　(C)證券投資信託事業應將基金合併之相關事項公告，公告日至基金合併基準日，不得少於七個營業日　(D)基金合併作業完成後，證券投資信託事業應於七個營業日內向主管機關申請備查。

(　)**10** 下列何者非證券投資信託事業申請合併時應檢附之書件？　(A)合併基金之證券投資信託契約及公開說明書　(B)發起人會議紀錄　(C)申請日前七日內合併基金受益人人數、金額統計　(D)合併目的及預期效益。

(　)**11** 基金清算人自清算終結申報之日起，應就各項帳簿、表冊保存幾年以上？　(A)五年　(B)七年　(C)十年　(D)三年。

解答　1 (A)　2 (A)　3 (B)　4 (C)　5 (C)　6 (C)　7 (B)　8 (B)　9 (B)　10 (B)　11 (C)

精選試題 ··

(　) **1** 證券投資信託基金之買回價格,應以何日之基金淨資產價值核算
之? 　(A)請求買回到達之當日或次一營業日 　(B)請求買回到達之
次日 　(C)請求買回到達之次二營業日 　(D)請求買回到達之前一營
業日。 　　　　　　　　　　　　【107年第4次、106年第2次、第4次投信投顧人員】

(　) **2** 有關投信事業運用貨幣市場基金應符合法律規範之敘述,下列何者
錯誤? 　(A)投資任一非金融機構之公司發行、保證或背書之短期
票券及有價證券總金額,不得超過基金淨資產價值百分之十 　(B)運
用於銀行存款、短期票券、有價證券及附買回交易等標的,應
符合經主管機關核准或認可之信用評等機構評等達一定等級以上
者 　(C)不得投資於該投信事業及其有利害關係之公司所發行之短期
票券 　(D)投資政府債券與長期信用評等等級達一定等級以下之有
價證券,其投資總金額不得超過基金淨資產價值百分之十。
　　　　　　　　　　　　　　　　　　【107年第4次、105年第3次投信投顧人員】

(　) **3** 下列敘述何者有誤? 　(A)證券投資信託基金之月報,應於每月終
了後十日內編具 　(B)證券投資信託基金之月報,應經金管會核准
之會計師查核簽證 　(C)證券投資信託基金之半年度財務報告,應
於每會計年度第二季終了後四十五日內編具 　(D)證券投資信託
基金之會計年度為每年之一月一日起至十二月三十一日止。
　　　　　　　　　　　　　　　　　　【107年第4次、105年第3次投信投顧人員】

(　) **4** 下列有關須經金管會核准後,始得終止基金信託契約之規定,何者
有誤? 　(A)基金保管機構解散或破產 　(B)基金淨資產價值低於投
信投顧公會所定之標準 　(C)因市場狀況、基金特性、規模或其他法
律上或事實上原因致基金無法繼續經營 　(D)受益人會議決議終止
證券投資信託契約。 　　　　　　　　　【109年第1次、第3次投信投顧人員】

(　　) **5** 依證券投資信託基金管理辦法規定貨幣市場基金之加權平均存續期間不得大於幾日？　(A)90日　(B)180日　(C)300日　(D)360日。

【109年第3次投信投顧人員】

(　　) **6** 下列有關基金合併核准後，投信事業應公告並通知受益人之事項，何者有誤？　(A)金管會核准函日期及文號　(B)消滅基金換發存續基金受益憑證單位數之計算公式　(C)不同意基金合併之受益人得於公告日後至合併基準日前五日止，向證券投資信託事業提出買回受益憑證申請之聲明　(D)換發新受益憑證之期間、方式及地點。

【108年第1次、107年第3次投信投顧人員】

(　　) **7** 投信事業運用每一證券投資信託基金，應依主管機關規定之格式及內容於每會計年度終了後多久內，編具年度財務報告向主管機關申報？　(A)一個月　(B)二個月　(C)三個月　(D)四個月。

【109年第2次投信投顧人員】

(　　) **8** 以追蹤、模擬或複製標的指數表現，並在證券市場交易，且申購、買回採實物或依據證券投資信託契約規定方式交付之基金稱為：(A)組合型基金　(B)多重資產型基金　(C)指數股票型基金　(D)平衡型基金。　【108年第3次投信投顧人員】

(　　) **9** 有關「債券型基金」之敘述，何者正確？　(A)不得投資具股權性質之有價證券　(B)資產組合之加權平均存續期間應在1年以上　(C)不得投資結構式利率商品，但正向浮動利率債券不在此限　(D)選項(A)(B)(C)皆正確。　【108年第1次投信投顧人員】

(　　) **10** 下列有關「指數型基金」之敘述，何者錯誤？　(A)係指將基金全部或主要部分資產投資於指數成分證券，以追蹤、模擬、複製標的指數表現之基金　(B)所追蹤之標的指數，應對所界定之市場具有代表性　(C)指數成分證券應具備分散性與流通性　(D)無須於基金名稱中明確寫出所追蹤、模擬或複製之指數。　【109年第2次投信投顧人員】

(　　) **11** 槓桿型ETF或反向型ETF投資於基金受益憑證之總金額不得超過本基金淨資產價值之多少比例？　(A)20%　(B)30%　(C)50%　(D)70%。　　　　　　　　　　　　　　　　　　【109年第2次投信投顧人員】

(　　) **12** 有關投信事業對於投信基金之保管，得以下列何種方式為之？　(A)自行保管　(B)由受委託之信託公司或銀行保管　(C)由受委託之保險公司保管　(D)由受委託之保全公司保管。

【109年第1次投信投顧人員】

(　　) **13** 有關「債券型基金」之敘述何者正確？　(A)除法令另有規定外，不得投資結構式利率商品，但正向浮動利率債券不在此限　(B)投信事業運用債券型基金投資於轉換公司債總金額，不得超過基金淨資產價值之10%　(C)債券型基金持有轉換公司債，於條件成就致轉換為股票時，應於1年內調整至符合規定　(D)選項(A)(B)(C)皆正確。

【109年第1次投信投顧人員】

(　　) **14** 股票型基金之名稱表示投資某個特定標的、地區或市場者，該基金於投資相關標的、地區或市場之有價證券應達基金淨資產價值之多少百分比？　(A)30%　(B)50%　(C)60%　(D)90%。

【109年第1次投信投顧人員】

(　　) **15** 證券投資信託契約終止後，證券投資信託事業於清算程序終結後，應於多久時間內向金管會申報處理結果，並通知受益人？　(A)四個月　(B)三個月　(C)二個月　(D)一個月。

【108年第3次投信投顧人員】

(　　) **16** 以下何種情況不受「債券型基金資產組合之加權平均存續期間應在一年以上」之限制？　(A)基金成立未滿3個月　(B)證券投資信託契約終止日前一個月　(C)主要投資於正向浮動利率債券　(D)選項(A)(B)(C)皆是。　　　　　　　　　　　　　【108年第2次投信投顧人員】

(　) **17** 有關投信事業募集基金、運用基金資產應遵守之規定，何者有誤？
(A)不得投資於未上市、未上櫃股票或私募有價證券　(B)不得從事
證券信用交易　(C)不得轉讓基金所購入股票發行公司股東會之委託
書　(D)不得投資正向浮動利率債券。　【108年第1次投信投顧人員】

(　) **18** 有關投信基金淨資產價值計算，應如何為之？　(A)應於每營業日計
算　(B)遵守投信投顧公會之計算標準　(C)依一般公認會計原則為
之　(D)選項(A)(B)(C)皆是。　【108年第1次投信投顧人員】

(　) **19** 投信事業應於合併基準日後幾個營業日內辦理消滅基金資產移轉？
(A)二個營業日　(B)三個營業日　(C)五個營業日　(D)七個營業
日。　【109年第1次投信投顧人員】

(　) **20** 受益人請求買回一部受益憑證者，投信事業除依規定之期限給付買回
價金外，並應於受益人買回受益憑證之請求到達之次一營業日起幾
個營業日內，辦理受益憑證之換發？　(A)二個營業日　(B)三個營業
日　(C)五個營業日　(D)七個營業日。　【109年第1次投信投顧人員】

(　) **21** 投信事業申請（報）募集投信基金經核准後，未能於核准申請通知
函送達後一定期限內開始募集，應如何處理？　(A)向主管機關申
請延展六個月　(B)申請中斷時效　(C)呈報公會延展六個月　(D)向
主管機關申請延展三個月。　【108年第3次投信投顧人員】

(　) **22** 私募基金之應募人及購買人在何種情形下得再行賣出？　(A)向投信
事業申請買回　(B)轉讓予符合投信投顧法第十一條第一項應募人資
格之對象　(C)基於法律規定所生效力之移轉　(D)選項(A)(B)(C)皆
是。　【108年第3次投信投顧人員】

(　) **23** 投信事業申請募集第二個基金，應於該申請案核准通知函送達日
起多久期間內開始募集？　(A)二個月　(B)三個月　(C)四個月
(D)六個月。　【108年第3次投信投顧人員】

( ) **24** 下列何者非投信事業運用投信基金投資有價證券時所為之行為？
(A)可指示基金保管機構辦理交割　(B)將持有投資資產登記於基金
保管機構名下之基金專戶　(C)交易須以現款現貨為之　(D)除法令
另有規定外，應委託證券自營商為之。　【108年第2次投信投顧人員】

( ) **25** 投信公司取得營業執照後，首次募集之基金應符合下列何種條件？
(A)國內募集投資國外　(B)投信基金最低成立金額為新臺幣20億元
(C)封閉式基金無分散標準之規定　(D)所募集之開放式基金無閉鎖
期規定。　【108年第2次投信投顧人員】

( ) **26** 下列何者得擔任投信基金保管機構？　(A)投信事業持有其已發行
股份總數百分之十以上股份之銀行　(B)擔任投信基金簽證之銀行
(C)投資於投信事業已發行總數百分之五股份之銀行　(D)擔任投信
事業董事之銀行。　【108年第2次投信投顧人員】

( ) **27** 依「證券投資信託及顧問法」之規定，下列事業：甲.證券投資信託
公司；乙.保管委託投資資產及辦理相關全權委託保管業務之信託
公司；丙.兼營信託之銀行；丁.證券公司，何者符合全權委託保管
機構之資格？　(A)僅甲、乙、丙　(B)僅乙、丙　(C)僅乙、丙、丁
(D)甲、乙、丙、丁。　【108年第2次投信投顧人員】

( ) **28** 下列有關投信事業首支基金募集之規定，何者正確？　(A)應於核發
營業執照後六個月申請募集　(B)應於核准申請募集後三個月內開始
募集基金　(C)應於核准後開始募集之三十天內募集成立　(D)選項
(A)(B)(C)皆是。　【108年第1次投信投顧人員】

( ) **29** 因應投資策略需要，投信事業運用「多重資產型基金」投資於基
金受益憑證之總金額不得超過本基金淨資產價值之多少比例？
(A)20%　(B)30%　(C)50%　(D)70%。　【108年第1次投信投顧人員】

解答與解析

1 (A)。證券投資信託基金之買回價格，應以請求買回到達之當日或次一營業日之基金淨資產價值核算；故選項(A)正確。

2 (D)。貨幣市場基金應符合下列規定：(1)投資任一非金融機構之公司發行、保證或背書之短期票券及有價證券總金額，不得超過基金淨資產價值百分之十、(2)運用於銀行存款、短期票券、有價證券及附買回交易等標的，並應符合一定等級以上之信用評等、(3)不得投資於本證券投資信託事業或與本證券投資信託事業有利害關係之公司所發行之短期票券、(4)「除政府債券外」，投資長期信用評等等級達一定等級以下之有價證券，其投資總金額不得超過基金淨資產價值百分之十，意即不包括政府債券；故選項(D)錯誤。

3 (B)。(1)證券投資信託之月報，應於每月終了後十日內編具「向金管會申報」，而非經金管會核准之會計師查核簽證、(2)證券投資信託之半年報，應於每會計年度第二季終了後四十五日內編具、(3)證券投資信託基金之會計年度為每年之一月一日起至十二月三十一日止；故選項(B)錯誤。

4 (B)。證券投資信託契約有下列情事者，應經金管會核准後予以終止：(1)基金保管機構有解散、破產、

撤銷或廢止核准之情事、(2)基金淨資產價值低於「金管會」所定之標準、(3)因市場狀況、基金特性、規模，或其他法律上或事實上原因致基金無法繼續經營、(4)受益人會議決議終止證券投資信託契約；故選項(B)錯誤。

5 (B)。貨幣市場基金之加權平均存續期間不得大於一百八十日，運用標的為附買回交易者，應以附買回交易之期間計算；故選項(B)正確。

6 (C)。基金合併申請核准後，投信事業應公告並通知受益人之事項包括：(1)金管會核准函日期及文號、(2)消滅基金換發存續基金受益憑證單位數之計算公式、(3)不同意基金合併之受益人得於公告日後至合併基準日「前二日」止向證券投資信託事業提出買回受益憑證申請之聲明、(4)換發新受益憑證之期間、方式及地點……等；故選項(C)錯誤。

7 (B)。證券投資信託事業運用每一基金，應依金管會規定之格式及內容於每會計年度終了後「二個月內」，編具年度財務報告向金管會申報；故選項(B)正確。

8 (C)。指數股票型基金指以追蹤、模擬或複製標的指數表現，並在證券交易市場交易，且申購、買回採實物或依據證券投資信託契約規定方式交付之基金；故選項(C)正確。

9 (D)。(1)債券型基金不得投資具股權性質之有價證券、(2)債券基金資產組合之加權平均存續期間應在1年以上、(3)債券基金不得投資結構式利率商品,但正向浮動利率債券不在此限;故選項(D)錯誤。

10 (D)。指數型基金必須於基金名稱中明確寫出所追蹤、模擬或複製之指數;故選項(D)錯誤。

11 (B)。槓桿型ETF投資於基金受益憑證之總金額不得超過基金淨資產價值百分之三十;故選項(B)正確。

12 (B)。證券投資信託事業對於證券投資信託基金之保管,得依投信投顧法及證券投資信託契約委由辦理基金保管業務之「信託公司」或兼營信託業務之「銀行」保管;故選項(B)正確。

13 (D)。債券型基金,除法令另有規定外,不得投資下列標的:(1)股票、(2)具有股權性質之有價證券,但轉換公司債、附認股權公司債及交換公司債不在此限、(3)結構式利率商品,但正向浮動利率債券不在此限;證券投資信託事業運用債券型基金投資於轉換公司債、附認股權公司債及交換公司債總金額,不得超過基金淨資產價值之百分之十;債券型基金持有轉換公司債、附認股權公司債及交換公司債於條件成就致轉換、認購或交換為股票者,應於一年內調整至符合規定;故選項(D)正確。

14 (C)。股票型基金名稱表示投資於特定標的、地區或市場者,其投資於相關標的、地區或市場之有價證券應達基金淨資產價值「百分之六十」;故選項(C)正確。

15 (C)。證券投資信託契約終止時,清算人應於「三個月內」完成基金之清算,並在清算程序終結後「二個月內」將處理結果向金管會報備,並通知受益人;故選項(C)正確。

16 (D)。債券型基金資產組合之加權平均存續期間應在「一年」以上,但基金成立未滿三個月、證券投資信託契約終止日前一個月或主要投資於正向浮動利率債券者,不在此限;故選項(D)正確。

17 (D)。債券基金不得投資結構式利率商品,但正向浮動利率債券不在此限;故選項(D)錯誤。

18 (D)。證券投資信託事業應依照一般公認會計原則並遵守投信投顧公會之計算標準,於「每一營業日」公告前一營業日基金每受益權單位之淨資產價值;故選項(D)正確。

19 (A)。證券投資信託事業應於合併基準日後「二個營業日」內辦理消滅基金資產移轉與存續基金;故選項(A)正確。

20 (D)。受益人請求買回一部受益憑證者,證券投資信託事業除依前項規定之期限給付買回價金外,並應於受益人買回受益憑證之請求到達之

次一營業日起七個營業日內，辦理受益憑證之換發；故選項(D)正確。

21 **(A)**。證券投資信託事業申請（報）募集證券投資信託基金經核准或生效後，應於申請核准或申報生效通知函送達日起「六個月內」開始募集，「三十日內」募集成立該基金，但有正當理由無法於「六個月內」開始募集者，於期限屆滿前，得向金管會申請展延一次，並以「六個月」為限；故選項(A)正確。

22 **(D)**。私募基金之應募人及購買人除有下列情形之一者外，不得再行賣出：(1)向證券投資信託事業申請買回、(2)轉讓予符合規定者、(3)基於法律規定所生效力之移轉、(4)其他經金管會核准；故選項(D)正確。

23 **(D)**。投信事業申請（報）募集或追加募集：證券投資信託事業申請（報）募集證券投資信託基金經核准或生效後，應於申請核准或申報生效通知函送達日起「六個月內」開始募集；故選項(D)正確。

24 **(D)**。證券投資信託基金投資有價證券，應：(1)委託證券經紀商在集中交易市場或證券商營業處所，為現款現貨交易、(2)指示基金保管機構辦理交割，並且(3)將持有投資資產應登記於基金保管機構名下之基金專戶；故選項(D)錯誤。

25 **(B)**。證券投資信託事業經核發營業執照後，除他業兼營證券投資信託業務者外，應於「一個月內」申請募集符合下列規定之證券投資信託基金：(1)為國內募集投資於國內之股票型證券投資信託基金或平衡型證券投資信託基金、(2)證券投資信託基金最低成立金額為新臺幣二十億元、(3)封閉式證券投資信託基金受益權單位之分散標準，應符合臺灣證券交易所有價證券上市審查準則之規定、(4)開放式證券投資信託基金自成立日後滿「三個月」，受益人始得申請買回；故選項(B)正確。

26 **(C)**。投信事業持有其已發行股份總數百分之十以上股份之銀行、擔任投信基金簽證之銀行及擔任投信事業董事之銀行，皆不得擔任投信基金保管機構；故選項(C)正確。

27 **(B)**。依投信投顧法及全權委託相關契約規定，全權委託保管機構係指保管委託投資資產及辦理相關全權委託保管業務，並符合金管會所定條件之銀行；故選項(B)正確。

28 **(C)**。證券投資信託事業募集首支基金，應於核准後開始募集之三十天內募集成立；故選項(C)正確。

29 **(D)**。多重資產型基金投資於基金受益憑證之總金額，不得超過淨資產價值之70%；故選項(D)正確。

06 全權委託投資業務之管理及操作辦法

依出題頻率分為：A頻率高

課前導讀

本章節內容包涵了證券投資信託暨顧問事業主管機關－金融監督管理委員會所公佈之「證券投資信託事業、證券投資顧問事業經營全權委託投資業務管理辦法」、「證券投資信託事業、證券投資顧問事業經營全權委託投資業務操作辦法」和「信託業兼營全權委託投資業務操作辦法」三項法規之內容，全權委託投資業務為近年來金管會較為重視的業務範圍，其相關內容在投信投顧法規考試中經常出現且重覆出題的頻率相當高，在備考時務必將此章節的內容融會貫通、相互參照，相信必能有助於掌握答題要領並獲得高分。

重點1 法令依據

一、 金融監督管理委員會依證券投資信託及顧問法第50條第2項、第52條第3項、第54條第2項、第55條第3項、第56條第1項、第58條、第60條第2項、第61條第2項與第3項、第62條第6項、第64條及第65條第2項規定之授權，訂定「證券投資信託事業、證券投資顧問事業經營全權委託投資業務管理辦法」。

> **考點速攻**
> 以改善我國證券市場結構、提高法人投資比重，並配合各機構投資資金委託經營之需要及亞太資產管理中心之建立。

二、 投信投顧同業公會依證券投資信託及顧問法第57條第2項、證券投資信託事業證券投資顧問事業經營全權委託業務管理辦法第27條第2項規定之授權，訂定「證券投資信託事業、證券投資顧問事業經營全權委託投資業務操作辦法」，並報經金管會核定。

> **考點速攻**
> 為使投信投顧事業辦理全權委託投資業務、信託業兼營證券投資顧問事業辦理全權委託投資時，對於簽約、開戶、買賣、交割、結算、投資或交易之分析報告、決定、執行紀錄與檢討報告及其他處理事項之操作有所依據。

三、 投信投顧同業公會依證券投資信託事業證券投資顧問事業經營全權委託
投資業務管理辦法第39條第2項規定之授權，訂定「信託業兼營全權委
託投資業務操作辦法」，並報經金管會核定。

重點 2 　全權委託投資業務名詞定義

全權委託投資業務【106年第3次投信投顧人員】	係指證券投資信託事業或證券投資顧問事業對客戶委任交付或信託移轉之委託投資資產，就有價證券、證券相關商品或其他經金融監督管理委員會核准項目之投資或交易為價值分析、投資判斷，並基於該投資判斷，為客戶執行投資或交易之業務。
全權委託投資業務的經營，分為「委任交付」及「信託移轉」方式：	
委任交付方式	係指客戶將資產委託證券投資信託事業、證券投資顧問事業，由其全權決定投資標的，並由「**客戶指定**」保管機構保管委託資產；其中： 1. 客戶應與受任人簽訂「**全權委託投資契約**」，全權委託受任人運用委託投資資產，決定投資標的。 2. 客戶應與保管機構簽訂「**委任契約**」，委任其保管委託投資資產。 3. 客戶、保管機構、受任人三方應簽訂「**三方權義協定書**」，以規範三方之權利及義務關係。
信託移轉方式	係指客戶將資產信託移轉給信託業，其中： 1. 客戶應與信託業簽訂「**信託契約**」。 2. 依信託架構，客戶為「**委託人**」、信託業為「**受託人**」，「**受益人**」則可能是客戶本人（自益信託）或其他人（他益信託）。 3. 「受託人」在信託關係成立後，得管理、處分信託財產，客戶不必再另行指定「**保管機構**」，也不須簽訂三方權義協定書。 證券投資信託事業、證券投資顧問事業或證券經紀商以信託方式經營全權委託投資業務，應依規定申請兼營金錢之信託及有價證券之信託，且接受委託人原始信託財產應達新臺幣「**一千萬元**」以上。 【107年第1次投信投顧人員】

全權委託 受任人	係指得接受委託辦理全權委託投資業務之機構，包括證券投資信託事業、證券投資顧問事業、證券經紀商或信託業。
全權委託 保管機構	係指依證券投資信託及顧問法及全權委託相關契約，保管委託投資資產及辦理相關全權委託保管業務，並符合金管會所定條件之銀行。
專業 投資人	1. 專業投資機構：係指依金融消保法授權規定所稱之專業投資機構及大陸地區之合格機構投資者。 2. 符合證券投信投顧法授權規定所定條件之自然人、法人或基金，以書面向受任人申請為專業投資人，並充分了解受任人受專業投資人委託投資得免除之責任後，同意簽署為專業投資人。

重點3 全權委託投資之營業許可

一、全權委託投資機構：

證券投資信託事業或證券投資顧問事業經營全權委託投資業務應向金管會申請核准；任何人非經核准，不得經營有價證券全權委託投資業務。

得從事全權委託投資業務的機構包括：

(一)**證券投資信託事業、證券投資顧問事業：**

依證券投資信託及顧問法規定，全權委託投資乃指證券投信投顧事業之法定業務之一，因此證券投資信託事業、證券投資顧問事業符合法定條件者，即可向金管會申請經營全權委託投資業務。

(二)**證券經紀商等：**【106年第4次投信投顧人員】

依證券投資顧問事業設置標準規定，證券經紀商、期貨經紀商、期貨經理事業或期貨信託事業符合法定條件者，得向金管會申請兼營證券投資顧問業務辦理全權委託投資業務。

(三)**信託業：**【110年第3次投信投顧人員】

依證券投資顧問事業設置標準規定，信託業符合法定條件者，得向金管會申請兼營證券投資顧問業務辦理全權委託投資業務。

信託業辦理信託業法全權決定運用標的，且單獨管理運用或集合管理運用之信託財產涉及運用於證券交易法規定之有價證券達新臺幣

「**一千五百萬**」以上者，應依證券投資顧問事業設置標準向金管會申請兼營全權委託投資業務。

二、營業許可：

(一) 證券投資信託事業或證券投資顧問事業申請經營全權委託投資業務之程序：

1. 應填具申請書，並檢具公司章程、業務章程等法定文件，送交投信投顧同業公會審查後，轉報金管會核准。【106 年第 4 次投信投顧人員】

2. 應自金管會核准經營全權委託投資之日起「**三個月內**」填具申請書，並檢具公司登記證明文件、營業執照等資料，送交投信投顧同業公會審查後，轉報金管會申請換發營業執照。若未於三個月內申請換發營業執照者，金管會得廢止其核准；但有正當理由，於期限屆滿前，得由同業公會轉報金管會申請展延「**一次**」，並以「**三個月**」為限。【110年第1次、第2次、第3次投信投顧人員】

(二) 證券投資信託事業或證券投資顧問事業申請經營全權委託投資業務者，應具備下列條件：【107年第2次、第3次、106年第1次、第4次投信投顧人員】

證券投資信託事業	證券投資顧問事業
證券投資信託事業申請經營全權委託投資業務，應具備下列條件： 1. 已募集成立證券投資信託基金。 2. 最近期經會計師查核簽證之財務報告每股淨值不低於面額；但取得營業執照未滿一個完整會計年度者，不在此限。 3. 最近半年未曾受本法第103第1款、期貨交易法100條第1款或證券交易法第66條第1款之處分。	證券投資顧問事業申請經營全權委託投資業務，應具備下列條件： 1. 實收資本額達新臺幣「**五千萬**」元；已兼營期貨顧問業務之證券投資顧問事業申請或同時申請經營全權委託投資業務及兼營期貨顧問業務者，實收資本額應達新臺幣「**七千萬**」元。 2. 最近期經會計師查核簽證之財務報告每股淨值不低於面額。但取得營業執照未滿一個完整會計年度者，不在此限。 3. 最近三個月未曾因從事證券投資分析或期貨研究分析受投信投顧同業公會或期貨業商業同業公會為警告、處以違約金、停止會員應享有之部分或全部權益、撤銷或暫停會員資格之處置。

證券投資信託事業	證券投資顧問事業
4. 最近二年未曾受本法第103條第2款至第5款、期貨交易法第100條第2款至第4款或證券交易法第66條第2款至第4款之處分。 5. 曾受前2款之處分，且命令其改善，已具體改善。 6. 其他經金管會規定應具備之條件。	4. 最近半年未曾受本法第103條第1款、期貨交易法第100條第1款或證券交易法第66條第1款之處分。 5. 最近二年未曾受本法第103條第2款至第5款、期貨交易法第100條第2款至第4款或證券交易法第66條第2款至第4款之處分。 6. 曾受前三款之處分或處置，且命令其改善，已具體改善。 7. 其他經金管會規定應具備之條件。

(三) 證券投資信託事業或證券投資顧問事業申請經營全權委託投資業務之申請案件有下列情形之一者，金管會得不予許可：【109年第1次投信投顧人員】

投信或投顧經營全權委託 投資業務	投信或投顧以信託方式經營全權委託 投資業務
1. 營業計畫書或內部控制制度內容欠具體或無法有效執行。 2. 從事全權委託投資業務之部門主管或業務人員不符合證券投資顧問事業負責人與業務人員管理規則所定之資格條件或專任之規定。 3. 申請文件內容或事項經發現有虛偽不實之情事。 4. 其他為保護公益，認有必要。	1. 營業計畫書或內部控制制度內容欠具體或無法有效執行。 2. 從事全權委託投資業務之部門主管或業務人員不符合證券投資顧問事業負責人與業務人員管理規則所定之資格條件或專任之規定。 3. 申請文件內容或事項經發現有虛偽不實之情事。 4. 對信託財產具有運用決定權者，不符合信託業法所定專任之規定。 5. 負責人、經營與管理信託業務人員不符合兼營信託業務管理辦法所定之資格條件及信託專門學識或經驗。 6. 其他為保護公益，認有必要。

小試身手

(　) **1** 下列何者為證券投顧事業申請經營全權委託業務須符合之條件？
(A)實收資本額須達五千萬元，已兼營期貨顧問事業之證券投顧事業申請或同時申請經營全權委託投資業務及兼營期貨顧問業務者，實收資本額應達新臺幣七千萬元　(B)最近三年未曾受金管會警告之處分　(C)營業滿一年　(D)以上皆是。

(　) **2** 下列何者非證券投資信託事業申請經營全權委託投資業務應具備條件？　(A)營業滿二年　(B)最近期經會計師查核簽證之財務報告每股淨值不低於面額　(C)最近二年未曾受證券投資信託及顧問法第103條第2款至第5款或證券交易法第66條第2款至第4款之處分　(D)最近半年未曾受證券投資信託及顧問法第103條第1款或證券交易法第66條第1款之處分。

(　) **3** 針對證券投資顧問事業申請經營全權委託投資業務，下列敘述何者錯誤？　(A)未兼營期貨顧問業務者，其實收資本額應達新臺幣五千萬元以上　(B)應設置內部稽核部門　(C)營業滿一年並具有經營全權委託投資能力　(D)應依規定提存營業保證金。

(　) **4** 信託業兼營全權委託投資業務，其單獨管理運用或集合管理運用之信託財產涉及運用於證券交易法第6條之有價證券之金額未達多少時，得不受全權委託投資業務管理辦法第四章之規範？
(A)新臺幣五千萬元　(B)新臺幣三千萬元　(C)新臺幣二千萬元　(D)新臺幣一千萬元。

(　) **5** 證券投信投顧事業經營全權委託投資業務，對客戶之委託投資資產，應如何保管之？　(A)得經客戶同意後保管　(B)不得以任何理由保管　(C)得經董事會同意後保管　(D)以上皆非。

解答 1 (A)　2 (A)　3 (C)　4 (D)　5 (B)

重點**4**　全權委託投資之業務申請

一、受理申請：

(一)證券投資信託事業或證券投資顧問事業申請經營全權委託投資業務，應填具申請書，並檢具下列文件，送同業公會審查後，轉報金管會許可：

　1. 公司章程。

　2. 業務章則。

　3. 最近年度經會計師查核簽證之財務報告。申請時已逾年度開始「**六個月**」者，應加送上半年度經會計師查核簽證之財務報告。

　4. 董事會議事錄。

　5. 營業計畫書：應載明辦理全權委託投資業務之經營業務原則、內部組織分工、人員招募與訓練。

　6. 申請書及附件所載事項無虛偽、隱匿之聲明書。

　7. 以信託方式辦理者，應同時檢具兼營信託業務管理辦法規定應檢具之文件。

(二)證券投資信託事業或證券投資顧問事業應自經許可經營全權委託投資業務之日起「**三個月內**」，填具申請書並檢具下列文件，送同業公會審查後，轉報金管會申請換發營業執照：【106年第4次投信投顧人員】

　1. 公司登記證明文件。

　2. 營業執照。

　3. 符合規定之組織與同業公會出具人員資格審查合格之名冊及其資格證明文件。

　4. 會計師專案審查全權委託投資業務內部控制制度之審查報告。

　5. 依規定製作之說明書。

　6. 已依規定提存營業保證金之證明文件。

　7. 申請書及附件所載事項無虛偽、隱匿之聲明書。

(三)證券投資信託事業或證券投資顧問事業經營全權委託投資業務，應自金管會許可之日起六個月內，填具申請書並檢具相關文件，向金管會申請換發分支機構營業執照。未於期間內申請者，廢止其分支機構辦理全權委託投資業務之推廣及招攬許可；但有正當理由，於期限屆滿前，得向

金管會申請「**展延一次**」，並以「**三個月**」為限。【107年第1次、第4次投信投顧人員】

(四)受任人（即證券投資信託事業或證券投資顧問事業）受理客戶申請全權委託投資、或信託業兼營全權委託投資業務受理客戶申請全權委託投資時，應請客戶填寫全權委託投資說明書及客戶資料表，並請客戶於簽訂全權委託投資契約前，檢附相關證明文件，依下列規定辦理：【107年第2次投信投顧人員】

　1. 客戶為自然人者，應持身分證明文件正本辦理並簽章；但客戶為未成年人或受輔助宣告人，應加具法定代理人或輔助人之身分證明文件正本及簽章。

　2. 客戶委由代理人代辦申請手續者，由代理人持客戶與該代理人之身分證明文件正本及客戶親自簽名蓋章之委託書代為辦理。

　3. 客戶為法人或其他機構者，應由被授權人檢具客戶出具之授權書、被授權人身分證明文件正本與代表人身分證明文件影本及法人登記證明文件影本，申請辦理。上開身分及登記證明文件影本與授權書正本應予留存，影本部分應加蓋「經核確由本人或被授權人親自申請且與原本無誤」字樣戳記。

(五)受任人與客戶簽訂全權委託投資契約前、或信託業與委託人簽訂信託業兼營投顧業務辦理全權委託投資業務之信託契約或約定相關條款前，應有「**七日以上**」之期間，供委託人審閱全部條款內容，並指派專人與委託人討論，充分瞭解委託人之信託目的、資力、投資經驗、投資需求及投資法令限制。【110年第2次、108年第2次、107年第3次投信投顧人員】

(六)受任人應向客戶交付「全權委託投資說明書」，如擬從事證券相關商品交易，應再交付「全權委託期貨暨選擇權交易風險預告書」，並告知證券相關商品交易之特性、可能之風險及法令限制等。

　全權委託投資說明書應載明下列事項：【111年第3次、108年第1次投信投顧人員】

　1. 全權委託投資之性質、範圍、經營原則、收費方式、禁止規定、客戶、全權委託投資業者及全權委託保管機構之法律關係及運作方式等事項。

2.運用委託投資資產之分析方法、資訊來源及投資策略。

3.經營全權委託投資業務之部門主管及業務人員之學歷與經歷。

4.最近二年度損益表及資產負債表。

5.因業務發生訴訟或非訟事件之說明。

6.投資或交易風險警語、投資或交易標的之特性、可能之風險反法令限制。

二、契約簽訂：

(一)受任人審查客戶填具及檢附之申請書件合於規定後，應辦理下列相關契約之簽訂及帳戶之開立：

1.與客戶簽訂全權委託投資契約。

2.通知客戶與全權委託保管機構簽訂委任或信託契約，並於該全權委託保管機構開立保管委託投資資產之投資保管帳戶或信託帳戶。

3.與客戶及全權委託保管機構共同簽訂三方權義協定書。

4.通知全權委託保管機構依據委任契約代理客戶與證券商或期貨商簽訂開戶暨受託買賣契約，其他交易對象，應依規定另開立其他投資買賣帳戶；但全權委託保管機構依信託關係持有委託投資資產者，應以「保管機構受託信託財產」名義為之。

(二)證券投資信託事業或證券投資顧問事業經營全權委託投資業務，應與客戶簽訂全權委託投資契約，明定其與客戶間因委託或信託關係所生之各項全權委託投資權利義務內容，並將契約副本送交全權委託保管機構。

全權委託契約應載明下列事項：

1.契約當事人之名稱及地址。

2.簽約後可要求解約之事由及期限。

3.委託投資時之委託投資資產。

4.投資或交易基本方針及投資或交易範圍之約定與變更；投資或交易範圍應明列有價證券或商品之種類或名稱。

5.投資或交易決策之授與及限制。

6.資產運用指示權之授與及限制。

7.投資經理人之指定與變更。

8.全權委託保管機構之指定與變更、保管方式及收付方式之指示。

9. 證券經紀商之指定與變更。

10. 善良管理人之注意義務及保密義務。

11. 客戶為公開發行公司之董事、監察人、經理人或持有公司股份股份超過股份總額百分之十之股東，其股權異動之有關法律責任。

12. 報告義務。

13. 委託報酬與費用之計算、交付方式及交付時機。

14. 契約生效日期及其存續期間。

15. 契約之變更與終止。

16. 重要事項變更之通知及其方式。

17. 契約關係終止後之了結義務。

18. 違約處理條款。

19. 受停業、撤銷或廢止許可處分後之處理方式。

20. 紛爭之解決方式及管轄法院。

21. 其他經金管會規定應記載事項。

(三)信託業兼營全權委託投資業務應與委託人簽訂信託契約。

信託契約應載明下列事項：

1. 委託人、受託人及受益人之姓名、名稱及地址。

2. 信託目的。

3. 信託財產之種類、名稱、數量及價額。

4. 信託存續期間。

5. 信託財產管理及運用方法。

6. 信託收益計算、分配之時期及方法。

7. 信託關係消滅時，信託財產之歸屬及交付方式。

8. 受託人之責任。

9. 受託人之報酬標準、種類、計算方式、支付時期及方法。

10. 各項費用之負擔及其支付方法。

11. 信託契約之變更、解除及終止之事由。

12. 簽訂契約之日期。

如涉及兼營全權委託投資業務者，信託契約應再載明下列事項：

1. 證券經紀商之指定與變更。

2. 重要事項變更之通知及其方式。

3. 違約處理條款。

4. 紛爭之解決方式及管轄法院。

5. 其他經金管會規定應記載事項。

(四)受任人發現客戶有下列情事之一者，應拒絕簽訂全權委託投資契約；信託業發現委託人有下列情事之一者，應拒絕簽訂信託契約：【108年第2次投信投顧人員】

1. 未成年人未經法定代理人之代理或允許者。

2. 受破產之宣告未經復權者。

3. 受監護或輔助之宣告未經監護人或輔助人之代理者。

4. 法人或其他機構未能提出該機構出具之授權證明者。

5. 金管會證券期貨局及受任人之負責人及從業人員。

6. 證券自營商未經金管會許可者。

(五)受任人經營全權委託投資業務，應與客戶「**個別簽訂**」全權委託投資契約，不得接受共同委任或信託。【111年第1次投信投顧人員】

(六)客戶為非專業投資人時，受任人應依規定以顯著字體方式，於全權委託投資說明書、全權委託投資契約或雙方約定方式說明重要內容並揭露可能涉及之風險資訊。

(七)受託人受理全權委託投資申請書之書件與簽訂之相關契約，應依客戶別建檔保存，於個別契約失效後至少保存「**五年**」。【110年第3次、107年第1次投信投顧人員】

信託契約或信託資金集合管理運用帳戶之相關資料，於信託期間屆滿後至少保存「**五年**」。【106年第3次投信投顧人員】

三、執行流程：

(一)受任人於全權委託投資契約存續期間，接獲客戶提出終止契約之書面要求者，應依契約了結有關權利義務事項，其應由客戶負擔之費用、稅捐、委託或績效報酬，依終止契約要求提出期日之不同，規定如下：

1. 自簽訂契約起「**七日內**」提出者，客戶應負擔運用其委託投資資產期間交易手續費、稅捐及相關費用，但不收取委託或績效報酬。

2. 於簽訂契約起「**七日後**」提出者，客戶應負擔運用其委託投資資產期間之委託或績效報酬、交易手續費、稅捐、相關費用及依全權委託投資契約應負擔之損害賠償或違約金。【107年第4次投信投顧人員】

(二)受任人向客戶收取之委託報酬，應依委託投資時之資產、委託投資資產淨值或其他法令規定之基準，依一定比例計算之。【106年第3次投信投顧人員】

(三)受任人向客戶收取之績效報酬，應遵守下列規定：【107年第2次投信投顧人員】

1. 績效報酬應適當合理。

2. 績效報酬應由客戶與受任人共同約定投資目標、收取條件、內容及計算方式，並列入全權委託投資契約。

3. 委託投資資產之淨資產價值低於原委託投資資產時，不得計收績效報酬。【107年第3次投信投顧人員】

4. 績效報酬之約定不得以獲利金額拆帳之方式計收，並應有一定之限額，且就實際經營績效超過所訂衡量標準時始能提撥一定比率或金額作為績效報酬。

5. 實際經營績效如低於所訂衡量標準時，雙方可約定扣減報酬，惟不得扣減至零，或要求受任人依一定比率分擔損失金額。

(四)受任人不得以任何理由保管受託投資資產，客戶應將委託投資資產存入全權委託保管機構保管或信託移轉予保管機構，增加委託投資資產時，亦同。【107年第1次、106年第4次投信投顧人員】

(五)受任人於全權委託投資契約存續期間，應與客戶經常聯繫，隨時注意及掌握客戶財務狀況及風險承受程度等因素之變化，並與客戶「**每年至少進行一次**」訪談，以修正或補充客戶資料表內容，作為未來投資決定之參考，並留存備查。【110年第2次投信投顧人員】

(六)全權委託投資契約存續期間得增加或提取委託投資資產，惟資產價值低於新臺幣「**五百萬元**」者，不得提取。【111年第1次投信投顧人員】

(七)受任人應於每月「**五個營業日**」前將上月新開立、變更、撤銷、解除及終止之全權委託投資契約統計資料函報投信投顧同業公會。

(八)受任人應於每月「**五個營業日**」前向投信投顧同業公會申報運用客戶委託投資從事證券相關商品交易之主要內容。【107年第1次投信投顧人員】

四、帳戶開立：【109年第1次投信投顧人員】

(一)全權委託保管機構應依客戶書面指示重新辦理「**投資買賣帳戶**」及「**期貨交易帳戶**」之開立事宜，並於辦理完成後通知客戶。

(二)客戶與全權委託保管機構簽訂委任契約者，投資買賣帳戶及期貨交易帳戶應以「**客戶名義**」名義為之，帳戶應載明客戶及受任人名稱，編定戶名。客戶與全權委託保管機構簽訂信託契約者，投資買賣帳戶及期貨交易帳戶應以「**保管機構**」名義為之，帳戶應載明客戶、全權委託保管機構及受任人名稱，編定戶名。

(三)受任人與客戶及全權委託保管機構共同簽訂三方權義協定書後，應通知保管機構依委任契約代理客戶開立「**投資買賣帳戶**」或「**期貨交易帳戶**」，但全權委託保管機構依信託關係持有委託投資資產者，應以自己名義為之。【106年第3次投信投顧人員】

(四)接受開戶之證券商、期貨商或其他交易對象，由客戶「**自行指定**」，且不以一家為限；如客戶不為指定而由受任人指定者，受任人應評估其財務、業務及信用狀況，並注意適當之分散，避免過度集中。
他業兼營者，不得指定本事業為證券經紀商，其與該證券經紀商有相互投資關係或控制與從屬關係者，並應於契約中揭露。【110年第3次投信投顧人員】

(五)客戶自行保管委託資產者，得自行決定開戶之證券商、期貨商或其他交易對象，並以自己名義開立投資買賣帳戶或期貨交易帳戶。

(六)客戶自行指定本事業為證券經紀商者，或僅指定一家證券經紀商者，應明確告知客戶相關風險、利益衝突及控管措施後，以契約以外之書面取得客戶同意。

(七)客戶得於全權委託投資契約存續期間,以書面方式通知受任人及全權委託保管機構變更證券商、期貨商或其他交易對象;保管機構應依客戶書面指示會同受任人重新辦理投資投資買賣帳戶或期貨交易帳戶之開立事宜,並於辦理完成後通知客戶。

(八)客戶委任同一受任人為全權委託投資時,除下列情形外,不得在同一證券商、期貨商或其他交易對象之同一營業處所開立一個以上之全權委託投資買賣帳戶及期貨交易帳戶:

　1. 客戶為公務人員退休撫卹基金、勞工退休基金、勞工保險基金或郵匯儲金等政府基金,於其委任同一受任人為全權委託投資時,得按其委託契約之不同而在同一證券商、期貨商或其他交易對象之同一營業處所分別開立投資買賣帳戶或期貨交易帳戶。

　2. 客戶以其經營之信託財產全權委託受任人管理者,得按信託契約別,於同一證券商、期貨商或其他交易對象之同一營業處所開立投資買賣帳戶或期貨交易帳戶。

　受任人不同時,得依受託人別在同一證券商、期貨商或其他交易對象之同一營業處所,分別開立全權委託投資買賣帳戶或期貨交易帳戶。

(九)信託業兼營全權委託投資業務,經審查委託人填具及檢附之書件合於規定後,應與委託人簽訂「**信託契約**」,並開立「**信託帳戶**」,於必要時應與證券經紀商簽訂開戶暨受託買賣契約;完成前述手續後,信託業始得進行將信託財產運用於有價證券投資。

五、投資部門及人員:【107年第4次投信投顧人員】

(一)投資經理人及其代理人之指定,應於簽訂全權委託投資契約前,由「**客戶與受任人**」共同議定之。

(二)客戶得於全權委託投資契約存續期間,依契約之約定另行指定投資經理人;投資經理人離職或因故不能執行職務時,受任人應即通知客戶並與客戶另行議定之。受任人應備妥其聘僱之各投資經理人學經歷等資料供客戶參考。

小試身手

(　　) **1** 辦理全權委託投資業務受任人，應於每月幾個營業日前，向證券投資信託暨顧問商業同業公會申報運用客戶委託投資資產從事證券相關商品交易之重要內容？　(A)五　(B)二　(C)七　(D)十。

(　　) **2** 投顧事業受理全權委託之書件及簽訂之相關契約，於契約失效後，應至少保存幾年？　(A)一年　(B)三年　(C)五年　(D)十年。

(　　) **3** 以下何者非屬全權委託投資說明書應記載事項？　(A)全權委託投資之性質、範圍及相關之法律關係　(B)受委託事業之全權委託投資業務部門主管及業務人員之學歷與經歷　(C)因業務發生訴訟、非訟事件之說明　(D)全權委託保管機構最近二年度損益表及資產負債表。

(　　) **4** 證券投信及投顧公司與客戶簽訂全權委託投資契約前，應將全權委託投資之相關事項指派專人向客戶詳細說明，並交付全權委託投資說明書，下列何者非為該說明書應載明之事項？　(A)該事業全權委託投資業務部門主管及業務人員之學經歷　(B)該事業經營全權委託投資業務之績效　(C)投資或交易風險警語　(D)收費方式。

(　　) **5** 投顧事業與客戶簽訂全權委託投資契約，應有多少期間供客戶審閱全部條款內容？　(A)五日以上　(B)七日以上　(C)十日以上　(D)十二日以上。

(　　) **6** 證券投信投顧事業經營全權委託投資業務，對客戶之委託投資資產，應如何保管之？　(A)得經客戶同意後保管　(B)不得以任何理由保管　(C)得經董事會同意後保管　(D)以上皆非。

(　　) **7** 老同學四人各出一千萬湊成四千萬元，打算委任某證券投顧公司全權委託投資，證券投顧公司應如何處理？　(A)與四人分別簽訂委任契約每人一千萬元　(B)與四人簽訂四千萬元之共同委任

契約　(C)採選項(A)或(B)之方式均可　(D)與規定不合拒絕接受委任。

(　) **8** 有關全權委託保管機構之規範何者正確？　(A)應由受任之證券投信或投顧事業與全權委託保管機構簽訂委任契約　(B)全權委託保管機構之指定，應由客戶為之　(C)數個客戶得共同委任同一全權委託保管機構保管，並共同簽訂委任契約　(D)每一全權委託投資帳戶之保管機構不以一家為限。

(　) **9** 有關全權委託保管機構，下列敘述何者為非？　(A)每一全權委託投資帳戶之保管機構不限定一家　(B)客戶得於全權委託投資契約存續期間變更全權委託保管機構，但應以書面通知原全權委託保管機構及受任人　(C)新受任全權委託保管機構應另通知受任人，共同與客戶簽訂三方權義協定書　(D)客戶與新任全權委託保管機構所簽訂之委託契約，應與新任全權委託保管機構個別簽訂。

(　)**10** 甲投資人委任乙證券投資信託公司辦理全權委託投資，乙公司與甲之委託投資資產保管機構丙之間有下列哪一情事應告知甲投資人？　(A)丙為乙公司持股百分之十以上之大股東　(B)乙公司為丙持股百分之十以上之大股東　(C)選項(A)、(B)皆應告知　(D)選項(A)、(B)皆不須告知。

(　)**11** 投信投顧事業與客戶簽訂全權委託投資契約前，應辦理相關事項，下列敘述何者為非？　(A)應將全權委託投資相關事項指派專人向客戶詳細說明　(B)因全權委託投資契約為定型化契約，並無供客戶審閱條款內容之審閱期間　(C)投信投顧事業應先對客戶之資歷、投資經驗與目的需求充分瞭解　(D)應交付客戶全權委託投資說明書。

(　)**12** 證券投信投顧事業經營全權委託投資業務，與客戶訂定委任契約時，有關委託投資之資產及增加委託投資資產之敘述何者正確？　(A)應於簽約時至少將委託金額之三分之一存入全權委託保管機

構　(B)應於簽約時至少將委託金額之二分之一存入全權委託保管機構　(C)增加委託投資資產，應將增加資產之三分之一先存入全權委託保管機構　(D)增加委託投資資產，應將增加資產一次全額存入全權委託保管機構。

(　　)**13** 證券投信投顧事業訂定全權委託投資契約，有關證券經紀商或期貨經紀商之指定與變更，下列何者為非？　(A)由客戶自行為之　(B)應由投信投顧事業任意指定之　(C)投信投顧事業指定之經紀商應注意適當之分散，避免過度集中　(D)與指定之經紀商有相互投資關係者，應於契約中揭露。

(　　)**14** 下列有關投信投顧事業經營全權委託投資業務收取績效報酬之規定何者正確？　(A)業者向客戶收取績效報酬得約定依一定比率分擔損失　(B)業者與客戶得約定得以獲利金額拆帳之方式計收　(C)績效報酬係依主管機關訂定之相關收取條件與計算方式決定　(D)委託投資資產之淨資產價值低於原委託投資資產時，不得計收績效報酬。

(　　)**15** A客戶於收受書面證券投資顧問契約後第三日，以書面向甲投顧公司終止契約，下列何者為甲投顧公司得向A客戶收取之費用？　(A)客戶請求終止契約前所提供服務之相當報酬　(B)契約終止之損害賠償　(C)違約金　(D)以上皆非。

解答 1 (A)　2 (C)　3 (D)　4 (B)　5 (B)　6 (B)　7 (A)　8 (B)　9 (A)
　　　10 (C) 11 (B) 12 (D) 13 (B) 14 (D) 15 (A)

重點 **5** 全權委託投資之業務招攬及管理

一、業務招攬：

(一)受任人為推展全權委託投資業務，得從事業務招攬與營業促銷活動，凡

與潛在或已簽訂全權委託投資契約之客戶當面洽談，或以電話、電報、傳真、其他電子通訊及各種書面方式聯繫，或以廣告、公開說明會及其他營業活動等方式促銷全權委託投資業務之行為均屬之。

(二)受任人從事全權委託投資之業務招攬與營業促銷活動，應恪遵相關法令及自律規範之規定，並不得有下列情事：

　1. 藉金管會核准經營全權委託投資業務，作為證實申請事項或保證全權委託投資資產價值之宣傳。

　2. 使人誤信能保證本金之安全或保證獲利者。

　3. 為負擔損失之表示。

　4. 提供贈品或以其他利益為不正當之招攬或促銷。

　5. 對於過去之操作績效作誇大之宣傳或對同業為攻訐之廣告。

　6. 為虛偽、詐欺或其他足致他人誤信之行為。

　7. 對所提供有價證券、證券相關商品或其他經金管會核准項目之投資、交易或其服務之績效，為不實陳述或以不實之資料或僅使用對其有利之資料作誇大之宣傳。

　8. 內容違反法令或全權委託投資契約內容。

　9. 其它違反證券暨期貨管理法令或經金管會規定不得為之之行為。

(三)信託業兼營全權委託投資業務從事廣告、業務招攬與營業促銷活動時，除其他法令或信託業相關法令另有規定者外，應依相關規定辦理。

(四)受任人為全權委託投資之業務招攬與營業促銷活動而製作之有關資料，於對外使用前，應先經內部適當審核，確定內容並無不當或不實陳述及違法情事；其中有關廣告、公開說明會及其他營業促銷活動之資料，應於事實發生後「**十日內**」向投信投顧公會申報並予以保存「**二年**」。
【109年第1次投信投顧人員】

(五)受任人為便於其業務人員於從事全權委託投資業務招攬與營業促銷活動時，提示正確及完整資訊供客戶參考，就所製作之簡介或說明之內容，涉及服務項目、資格條件、經理績效或其負責人、業務人員及受僱人之資歷等基本資料，應使其一致。

二、營業保證金：

(一)證券投資信託事業或證券投資顧問事業經營全權委託投資業務，應依下列規定，向得辦理保管業務，並符合金管會所定條件之金融機構提存營業保證金：【106年第2次、第4次、105年第3次、第4次投信投顧人員】

實收資本額	提存金額
1. 未達新臺幣一億元者	1. 提存新臺幣一千萬元
2. 新臺幣一億元以上而未達新臺幣二億元者	2. 提存新臺幣一千五百萬元
3. 新臺幣二億元以上而未達新臺幣三億元者	3. 新臺幣二千萬元
4. 新臺幣三億元以上者	4. 新臺幣二千五百萬元

他業兼營者，除期貨信託事業外，上述規定之實收資本額，改按指撥營運資金計算。

(二)營業保證金應以現金、銀行存款、政府債券或金融債券提存，不得設定質權或以任何方式提供擔保，且不得分散提存於不同金融機構；提存金融機構之更換或營業保證金之提取，應函報金管會核准後始得為之。
【108年第2次投信投顧人員】

(三)證券投資顧問事業之實收資本額增加時，應依上述規定向提存之金融機構增提營業保證金；營業保證金之處理要點，由同業公會擬訂，函報金管會核定；修正時亦同。【108年第2次投信投顧人員】

三、業務執行及管理：

(一)證券投資信託事業或證券投資顧問事業經營全權委託投資業務，於經金管會許可並完成換發營業執照後「**二年內**」，未與客戶簽訂全權委託投資契約者，廢止其經營全權委託投資業務之許可。【111年第1次投信投顧人員】

(二)證券投資信託事業或證券投資顧問事業接受客戶之委託投資資產，與其及全權委託保管機構之自有財產應「**分別獨立**」；證券投資信託事業或證券投資顧問事業及全權委託保管機構對其自有財產所負債務，其債權人不得對委託投資資產，為任何之請求或行使其他權利。【111年第3次投信投顧人員】

(三) 證券投資信託事業或證券投資顧問事業經營全權委託投資業務，其接受單一客戶委託投資資產之金額不得低於新臺幣「**五百萬元**」；但委託投資資產為投資型保險專設帳簿資產或勞工退休金條例年金保險專設帳簿資產者，不在此限。【108年第1次投信投顧人員】

(四) 證券投資顧問事業經營全權委託投資業務，接受委託投資之總金額不得超過其淨值之「**二十倍**」；但實收資本額達新臺幣三億元者，不在此限。【108年第3次投信投顧人員】

信託業兼營全權委託投資業務，接受委託投資之總金額，不得超過其指撥營運資金之「**二十倍**」；但其指撥營運資金達新臺幣三億元者，不在此限。【106年第3次投信投顧人員】

(五) 證券投資信託事業或證券投資顧問事業全權委託投資業務專責部門主管與投資經理人，其本人、配偶、未成年子女及被本人利用名義交易者，除金管會另有規定外，於證券投資信託事業或證券投資顧問事業決定運用委託投資資產從事某種公司股票及具股權性質之衍生性金融商品交易時起，至委託投資資產不再持有該公司股票及具股權性質之衍生性金融商品時止，不得從事該公司股票及具股權性質之衍生性商品交易。【110年第1次投信投顧人員】

(六) 證券投資信託事業或證券投資顧問事業經營全權委託投資業務，應每月定期編製客戶資產交易紀錄及現況報告書送達客戶。【107年第4次投信投顧人員】

(七) 客戶委託投資資產之淨資產價值減損達原委託投資資產之「**百分之二十**」以上時，證券投資信託事業或證券投資顧問事業應自事實發生之日起「**二個營業日**」內，編製客戶資產交易紀錄及現況報告書送達客戶；日後每達較前次報告淨資產價值減損達百分之十以上時，亦同。【111年第1次、第3次投信投顧人員】

(八) 客戶委託投資資產為投資型保險專設帳簿資產或勞工退休金條例年金保險專設帳簿資產者，其委託投資帳戶每單位淨資產價值較前一營業日減損達「**百分之五**」以上時，證券投資信託事業或證券投資顧問事業應自事實發生之日起「**二個營業日**」內，編製客戶資產交易紀錄及現況報告

書送達客戶；該百分之五比率得與客戶另以契約調整之，惟不得高於
「**百分之十**」。【107年第3次投信投顧人員】

四、部門及人員：

投信或投顧經營全權委託 投資業務	投信或投顧以信託方式經營全權委託 投資業務
(一) 應設置「**專責部門**」，並配置適 足、適任之主管及業務人員，並應 至少設置投資研究、財務會計及內 部稽核部門。【111年第2次、110年 第2次投信投顧人員】 (二) 上述專責部門主管及業務人員，除 辦理投資或交易決策之業務人員得 與募集證券投資信託基金之投資或 交易決策人員或辦理證券投資顧問 業務從事證券投資分析之人員相互 兼任外，不得辦理專責部門以外之 業務，或由非登錄專責部門主管或 業務人員兼任。 (三) 上述專責部門辦理研究分析、投資 或交易決策之業務人員，不得與買 賣執行之業務人員相互兼任。 (四) 上述專責部門與內部稽核部門之主 管及業務人員，除他業兼營者之內 部稽核部門主管外，應符合證券投 資顧問事業負責人與業務人員管理 規則所定之資格條件。	(一) 應設置「**信託專責部門**」，並配 置適足、適任之主管及業務人 員。 (二) 信託專責部門對信託財產具運用 決定權者，不得兼任專責部門以 外其他業務，信託專責部門主管 及業務人員，不得辦理專責部門 以外業務或由非登錄專責部門主 管或業務人員兼辦。

一、　信託業兼營全權委託投資業務：

(一)應配置適足、適任之主管及業務人員。

(二)上述辦理研究分析、投資或交易決策之業務人員，不得與買賣執行之業
　　務人員相互兼任，且辦理投資或交易決策之業務人員不得與共同信託基

金業務、募集證券投資信託基金業務、對不特定人募集期貨信託基金業務或自有資金之投資或交易決策人員相互兼任。【107年第4次、106年第1次、第3次投信投顧人員】

二、信託業兼營全權委託投資業務者，得自行保管信託財產；其自行保管者，應指定專責人員辦理。

專責部門主管及業務人員，應於到職之日起「**五日內**」由受任人或信託業檢具該等人員符合資格條件之證明文件向投信投顧公會辦理登記；未完成登記前，不得執行業務。如有異動，應於「**五日內**」向投信投顧公會申報。【109年第2次投信投顧人員】

五、保管機構：

(一)證券投資信託事業或證券投資顧問事業以委任方式經營全權委託投資業務，應由客戶將資產委託全權委託保管機構保管或信託移轉予保管機構，並不得以任何理由保管受託投資資產。
【111年第3次投信投顧人員】

> **考點速攻**
> 全權委託保管機構，應由客戶自行指定之。

(二)客戶指定之全權委託保管機構，與證券投資信託事業或證券投資顧問事業間具有下列控制關係者，證券投資信託事業或證券投資顧問事業對客戶應負告知義務：

> **考點速攻**
> 全權委託投資業務之客戶為信託業或其他經金管會核准之事業，得由客戶自行保管委託投資資產。

1. 投資於證券投資信託事業或證券投資顧問事業已發行股份總數「**百分之十**」以上股份。【107年第1次、第3次、105年第4次投信投顧人員】

2. 擔任證券投資信託事業或證券投資顧問事業董事或監察人；或其董事、監察人擔任證券投資信託事業或證券投資顧問事業董事、監察人或經理人。

3. 證券投資信託事業或證券投資顧問事業持有其已發行股份總數「**百分之十**」以上股份。【107年第3次投信投顧人員】

4. 由證券投資信託事業或證券投資顧問事業或其代表人擔任董事或監察人。

5. 全權委託保管機構與證券投資信託事業或證券投資顧問事業間，具有其他實質控制關係。

(三)證券投資信託事業或證券投資顧問事業經營全權委託投資業務，應由客戶與全權委託保管機構簽訂委任或信託契約，辦理有價證券投資或證券相關商品交易之開戶、款券保管、保證金與權利金之繳交、買賣交割、帳務處理或股權行使事宜，全權委任保管機構執行前述業務，應先審核「全權委託投資契約約定之範圍與限制」。【107年第2次投信投顧人員】

(四)證券投資信託事業或證券投資顧問事業與客戶應通知客戶與保管機構簽訂委任契約或信託契約，委任契約或信託契約應由保管機構與客戶個別簽訂，不得接受共同委任或信託。【110年第1次投信投顧人員】

(五)每一全權委託投資帳戶之全權委託保管機構以「**一家**」為限。【107年第1次、第2次投信投顧人員】

全權委託保管機構應由「**客戶指定**」，客戶指定之全權委託保管機構，若與證券投資信託事業或證券投資顧問事業間具有下列控制關係者，證券投資信託事業或證券投資顧問事業對客戶應負告知義務（於簽約前告知客戶）：【107年第2次、106年第3次投信投顧人員】

1. 投資於證券投資信託事業或證券投資顧問事業已發行股份總數百分之十以上股份。

2. 擔任證券投資信託事業或證券投資顧問事業董事或監察人，或其董事、監察人擔任證券投資信託事業或證券投資顧問事業董事、監察人或經理人。

3. 證券投資信託事業或證券投資顧問事業持有其已發行股份總數百分之十以上股份。

4. 由證券投資信託事業或證券投資顧問事業或其代表人擔任董事或監察人。

5. 全權委託保管機構與證券投資信託事業或證券投資顧問事業間，具有其他實質控制關係。

(六)委託投資之資產或以委託投資資金所購入之資產如為有價證券者，除其他法令另有規定外，應由保管機構委託證券集中保管事業保管。

(七)客戶將資產信託移轉至全權委託保管機構時，保管機構應按「**客戶別**」設帳管理；客戶同一保管機構信託財產，同時委任不同受任人執行全權委託投資時，保管機構應按「**受任人別**」設帳管理。

(八)客戶得於全權委託投資契約存續期間變更全權委託保管機構，但應以書面通知原保管機構及受任人。

(九)變更時，客戶除應與原保管機構終止原委任或信託契約外，應與新受任保管機構另簽訂委任或信託契約，且開立新投資保管帳戶，並由原保管機構將保管之資產結轉至新保管機構。

(十)新全權委託保管機構另應通知受任人，共同與客戶簽訂三方權義協定書，通知證券商、期貨商或其他交易對象，共同與受任人重新確認投資買賣帳戶及期貨交易帳戶之相關契約事宜。

觀念補給站

信託業兼營全權委託投資業務者，得自行保管信託財產，此與投信投顧事業經營全權委託投資業務時應將受託資產委由保管機關保管不同；其中，信託業自行保管信託財產者，應指定專責人員辦理，意即不必簽訂委任契約、不必開立保管帳戶。【106年第3次投信投顧人員】

小試身手

( ) **1** 證券投資信託事業或證券投資顧問事業經營全權委託投資業務，其實收資本額達新臺幣三億元以上者，應提存多少營業保證金？ (A)新臺幣一千萬元 (B)新臺幣一千五百萬元 (C)新臺幣二千萬元 (D)新臺幣二千五百萬元。

( ) **2** A投資人有三千萬資金，全權委託甲證券投資信託公司處理該資金投資業務，對A投資人委託之資金，甲應注意哪些事項 (A)應由A存入合法之保管機構保管 (B)甲之債權人不得對A委託之資金行使權利 (C)保管機構之自有財產與該委託資金須分別處理 (D)以上皆是。

( ) **3** 有關證券投資顧問事業經營全權委託投資業務提存營業保證金之規定，何者為正確？ (A)實收資本額未達新臺幣一億元者，提存新臺幣三千萬元 (B)為分散風險，營業保證金應分散提存於

不同金融機構　(C)更換提存金融機構應於更換後二日內向金管會申請　(D)以上皆非。

(　　) **4** 某甲證券投顧公司實收資本額為一億一千萬元，其經營全權委託投資業務須提存之營業保證金為若干？　(A)新臺幣一千萬元　(B)新臺幣一千五百萬元　(C)新臺幣二千五百萬元　(D)新臺幣三千萬元。

(　　) **5** 以下經營全權委託投資業務應提存營業保證金之規定，何者為非？　(A)證券投資顧問事業之實收資本額增加時，皆不須增提營業保證金　(B)所提存之金融機構須為得辦理保管業務者　(C)營業保證金之處理要點，由同業公會擬訂　(D)所提存之金融機構，其信用評等須達一定等級以上。

(　　) **6** 某證券投資信託事業經營全權委託投資業務，其分支機構欲辦理推廣及招攬行為，下列敘述何者錯誤？　(A)填具申請書向金管會申請許可　(B)檢具分支機構辦理推廣及招攬內部控制制度文件　(C)檢具申請書及附件所載事項無虛偽　(D)推廣及招攬屬商業行為，無須向主管機關申請許可。

(　　) **7** 以下敘述何者錯誤？　(A)信託業以委任及信託方式兼營全權委託投資業務指撥營運資金合計達新臺幣三億元，且依規定提存新臺幣二千五百萬元之營業保證金者，其以委任方式接受委任投資之總金額，得不受以委任方式所指撥營運資金二十倍之限制　(B)信託業兼營全權委託投資業務已提存賠償準備金者，免提存營業保證金　(C)信託業兼營全權委託投資業務，接受委託投資之總金額上限，於同時以委任及信託方式為之者，應分開計算　(D)信託業兼營全權委託投資業務，接受委任投資之總金額，不得超過其指撥營運資金之二十倍，但其指撥營運資金達新臺幣三億元者，不在此限。

(　) **8** 證券投資顧問事業經營全權委託投資業務，其實收資本額未達三億元者，接受委任投資之總金額限制為？　(A)不得超過淨值十倍　(B)不得超過淨值二十倍　(C)不得超過資本額十倍　(D)不得超過資本額二十倍。

(　) **9** 目前投信投顧事業接受投資人全權委託投資時，除委託投資資產為投資型保險專設帳簿或勞工退休金條例年金保險專設帳簿資產者外，單一客戶委託資產之最低限額為？　(A)新臺幣五百萬元　(B)新臺幣一千萬元　(C)新臺幣三千萬元　(D)新臺幣五千萬元。

(　)**10** 某證券投顧公司經營全權委託投資業務蒸蒸日上，但因目前資本額僅有新臺幣五千萬元，受到接受委託總金額不得超過淨值一定倍數之限制，該公司應增資多少始可不受限制？　(A)五千萬元　(B)一億五千萬元　(C)二億元　(D)二億五千萬元。

(　)**11** 證券投信及投顧公司經營全權委託業務，除應定期編製報告給客戶外，依規定如資產減損達法令所定一定比率時，應於事實發生之日起幾個營業日內編製報告送達客戶？　(A)二個營業日　(B)三個營業日　(C)五個營業日　(D)七個營業日。

(　)**12** 全權委託投資契約之受任人，對每一客戶委託投資資產之淨值變化，應每日妥為檢視，發現淨資產價值減損達原委託投資資產百分之二十時，應於何時編製資產交易紀錄及現況報告書，依約定方式送達客戶？　(A)事實發生起七日內　(B)事實發生當日　(C)事實發生日起二個營業日內　(D)事實發生五日起。

解答 1 (D)　2 (D)　3 (D)　4 (B)　5 (A)　6 (D)　7 (C)　8 (B)　9 (A)
　　　 10 (D) 11 (A) 12 (C)

重點**6**　全權委託投資或交易之操作

一、交易範圍及投資比率：【111年第1次、108年第3次投信投顧人員】

(一)證券投資信託事業或證券投資顧問事業經營全權委託投資業務及信託業兼營全權委託投資業務，除金管會另有規定外，應遵守下列規定：

1. 不得投資於證券交易法第 6 條規定以外之有價證券。

2. 不得從事證券相關商品以外之交易。

3. 不得為放款。

4. 不得與本事業經理之各證券投資信託基金、共同信託基金、其他全權委託投資帳戶或自行買賣有價證券帳戶間為證券交易行為；但經由證券集中交易市場或證券商營業處所委託買賣成文，且非故意發生相對交易之結果者，不在此限。

5. 不得投資於本事業發行之股票、公司債或金融債券。

6. 非經客戶書面同意或契約特別約定者，不得為下列行為：

   (1) 投資本事業發行之認購（售）權證。

   (2) 投資與本事業有利害關係之公司所發行之股票、公司債或金融債券。

   (3) 投資與本事業有利害關係之證券承銷商所承銷之有價證券。

   (4) 從事證券信用交易。

   (5) 出借有價證券。

7. 非經明確告知客戶相關利益衝突及控管措施後取得客戶逐次書面同意，並敘明得投資數量者，不得投資本事業承銷之有價證券。

8. 投資外國有價證券，不得有違反金管會規定之種類及範圍。

9. 不得為其他法令或金管會規定之禁止事項。

觀念補給站

證券投資信託事業或證券投資顧問事業運用委託投資資產投資政府債券、金融債券或公司債，得以附條件方式為之。

證券投資信託事業或證券投資顧問事業經營全權委託投資業務，為上市或上櫃有價證券投資，除法令另有規定外，應委託證券經紀商，於集中交易市場或證券商營業處所為之。【107年第3次、105年第2次投信投顧人員】

(二)證券投資信託事業或證券投資顧問事業運用委託投資資產從事證券相關商品交易，其交易範圍應符合下列規定：

1. 經金管會依期貨交易法第 6 條公告期貨商得受託從事交易與證券相關之期貨契約、選擇權契約及期貨選擇權契約。

2. 經金管會核准非在交易所進行衍生自貨幣、有價證券、利率或有價證券指數之金融商品交易。

觀念補給站

證券投資信託事業或證券投資顧問事業運用委託投資資產從事證券相關商品交易，每一帳戶營業日未沖銷買進選擇權之權利金總額不得超過該全權委託投資帳戶淨資產價值「百分之五」。【106 年第 3 次投信投顧人員】

證券投資信託事業或證券投資顧問事業運用委託投資資產從事證券相關商品交易，除因避險目的所持有之未沖銷證券相關商品空頭部位外，其未沖銷證券相關商品部分之契約總市值不得超過該全權委託投資帳戶淨資產價值之「百分之三十」。

證券投資信託事業或證券投資顧問事業為每一全權委託投資帳戶買進任一公司股票選擇權買權及賣出該公司股票選擇權賣權之履約價格乘以契約單位總額，加計該公司股票、公司債或金融債券及認購權證之總金額，除依規定得以契約另為約定之情形外，應符合不得超過全權委託投資帳戶淨資產價值「百分之二十」比率上限之規定。

證券投資信託事業或證券投資顧問事業經金管會核准兼營期貨經理事業者，其運用委託投資資產從事證券相關商品交易之比率，其風險暴露不得超過全權委託投資帳戶淨資產價值之百分之一百。

(三)證券投資信託事業或證券投資顧問事業運用委託投資資產應分散投資；
　　其投資標的之分散比率，除金管會另有規定外，應依本規定及全權委話
　　投資契約運用委託投資資產，並應遵守下列規定：【107年第1次、第2次、
　　106年第2次、第3次投信投顧人員】

　1.為每一全權委託投資帳戶投資任一公司股票、公司債或金融債券及認購
　　權證之總金額，不得超過該全權委託投資帳戶淨資產價值之「<u>百分之
　　二十</u>」；且投資任一公司所發行公司債或金融債券之總金額，不得超過
　　該全權委託投資帳戶淨資產價值之「<u>百分之十</u>」。【111第1次、108第2次
　　投信投顧人員】

　2.為全體全權委託投資帳戶投資任一公司股票之股份總額，不得超過該公
　　司已發行股份總數之「<u>百分之十</u>」。【110第1次投信投顧人員】

　3.為一全權委託投資帳戶投資於任一受託機構募集及私募受益證券、不動
　　產投資信託受益證券及不動產資產信託受益證券，任一特殊目的公司募
　　集及私募資產基礎證券之總金額，分別不得超過該全權委託投資帳戶淨
　　資產價值之「<u>百分之二十</u>」。

　　上述 1.、3. 兩者，投信投顧事業得與客戶以契約另作約定而排除，2. 則
　　不可。

觀念補給站

證券投資信託事業或證券投資顧問事業運用委託投資資產投資存託憑證，應與所
持有該存託憑證發行公司發行之股票，合併計算總金額或總數額，以合併計算得
投資之比率上限；其存託憑證之數額，以該存託憑證表彰股票之股份數額計算之。

證券投資信託事業或證券投資顧問事業運用委託投資資產投資認購權證，其表彰
股票之股份數額，應與所持有該標的證券發行公司發行之股票合併計算總數額，
以合併計算得投資之比率上限。

(四)證券投資信託事業或證券投資顧問事業經營全權委託投資外國有價證券
　　業務，應經中央銀行同意，其資金之匯出、匯入，依中央銀行相關規定
　　辦理。

二、投資或交易決策與帳務處理：

(一)受任人運用委託投資資產投資或交易，應依據其分析作成決定，交付執行時應作成紀錄，並「**按月**」提出檢討，其分析與決定應有合理基礎及根據；上述分析、決定、執行及檢討之方式，受任人應訂定於內部控制制度，並確實執行，且應留存紀錄，其保存期限不得少於「**五年**」。

(二)投資經理人交付業務員執行買賣時應作成紀錄，不得僅以口頭方式為之，以避免誤聽及無合理依據之交易情事發生。【107年第3次投信投顧人員】

(三)全權委託投資之投資或交易執行，由業務員依據投資經理人之投資或交易決定內容執行買賣，並就執行結果依客戶別於當日或成交回報日作成投資或交易執行紀錄。

(四)受任人運用全權委託投資資產投資或交易，所製作之分析、決定、執行及檢討以電子文件為之時，應將下列控制作業納入公司資訊系統處理之內部控制制度：

1. 確保按時序記載，各控制點及簽核時點及相關人員之批註意見均應留存完整紀錄，不得覆蓋或更新原有檔案內容。

2. 確保留存完整存取紀錄以作為查驗文件完整性之依據，且電子文件本身應即具有隱密性、完整性、來源辨識、不可重複性及不可否認性之控管方式。

3. 使用無法修改與消除之電子儲存媒體，建立完整目錄及管理程序，由專人負責管理，並應確保儲存資料庫安全無虞，其保存期限不得少於五年。

4. 可隨時依金管會指示，列印所需報表、提供電子檔案資料及其存取紀錄以利查核。

(五)同一客戶之不同全權委託投資帳戶，於辦理買賣交割、保證金與權利金收付或結算交割時，不得相互辦理款券轉撥、現金或未沖銷部位移轉；但全權委託投資契約另有約定者，不在此限。

(六)受任人因運用委託投資資產買賣有價證券或證券相關商品而由證券商、期貨商或其他交易對象退還之手續費或給付之其他利益，應作為「客戶

買賣交易成本之減項」，除客戶於全權委託投資契約聲明自行與證券商、期貨商或其他交易對象議定手續費率者外，受任人應本於公平忠實原則，為客戶與受託證券商、期貨商或其他交易對象議定手續費率。【107年第2次、106年第1次投信投顧人員】

(七)受任人為每一全權委託投資帳戶編製之月報，應於「每月終了後七個營業日」內以約定方式送達客戶；編製之年度報告書，應於「每年終了後十五個營業日」內以約定方式送達客戶。【108年第1次投信投顧人員】

(八)全權委託投資之投資或交易檢討，應由受任人「每月至少一次」檢討各全權委託投資帳戶投資或交易決策過程、內容及績效，並由各全權委託投資帳戶之投資經理人作成投資或交易檢討。【107年第3次投信投顧人員】

(九)證券投資信託事業或證券投資顧問事業經營全權委託投資業務，委託投資資產之閒置資金，其得運用及範圍如下：

　1. 現金。
　2. 存放於金管會認可之信用評等機構評等達一定等級以上之金融機構。
　3. 向票券商買入短期票券，並得以附條件方式為之。
　4. 本國信託業發行之貨幣市場共同信託基金受益證券。
　5. 其他經金管會規定者。

觀念補給站

所謂「閒置資金」：
係指委託投資資產除投資於證券交易法第 6 條之有價證券及從事證券相關商品交易以外，其他具流動性之資產。

三、人員之行為規範：

證券投資信託事業、證券投資顧問事業、兼營全權委託投資業務之信託業及其董事、監察人、經理人、業務人員及受僱人辦理全權委託投資業務，除應遵守相關法令規定外，不得有下列行為：

　1. 利用職務上所獲知之資訊，為自己或客戶及受益人以外之人從事有價證券買賣之交易。

2. 運用委託投資資產或信託財產投資、買賣有價證券時，從事足以損害客戶或受益人權益之交易。

3. 與客戶或受益人為投資有價證券收益共享或損失分擔之約定，但金管會對績效報酬另有規定者，不在此限。

4. 運用客戶之委託投資資產或信託財產，與自己資金或其他客戶之委託投資資產或受託之其他財產為相對委託之交易；但經由證券集中交易市場或證券商營業處所委託買賣成交，且非故意發生相對委託之結果者，不在此限。

5. 利用客戶之帳戶或信託帳戶，為自己或他人買賣有價證券。

6. 將全權委託投資契約之全部或部分複委任他人履行或轉讓他人；但金管會另有規定者，不在此限。

7. 運用客戶委託投資資產或客戶信託財產買賣有價證券時，無正常理由，將已成交之買賣委託自全權委託帳戶或信託帳戶改為自己、他人或其他全權委託帳戶，或自其他帳戶改為全權委託帳戶或信託帳戶。

8. 未依投資分析報告作成投資決策，或投資分析報告顯然缺乏合理分析基礎與根據者；但能提供合理解釋者，不在此限。

9. 其他影響事業經營或客戶權益者。

四、利益衝突之迴避：

(一)受任人為維護全權委託投資或交易決策獨立性及其業務機密性，避免不同部門或不同職務人員之間不當傳遞業務機密，或為防止其與股東或關係企業之間相互傳遞業務機密，應依下列原則建立業務區隔制度：【107年第1次、106年第1次、第3次投信投顧人員】

1. 應設置專責部門，負責辦理全權委託投資業務，專責部門主管及業務人員。

2. 除辦理投資或交易決策之業務人員得兼任私募證券投資信託基金之投資或交易決策人員外，不得辦理專責部門以外之業務，或由非登錄專責部門主管或業務人員兼辦。

3. 辦理研究分析、投資或交易決策之業務人員，不得與買賣執行之業務人員相互兼任，且辦理投資或交易決策之業務人員不得與共同信託基金業

務、募集證券投資信託基金業務、自行買賣有價證券業務或自有資金之投資或交易決策人員相互兼任；且不得將客戶委託投資資產運用情形之業務機密傳遞予非相關業務人員、股東或關係企業。

4. 受任人、受任人之股東或關係企業為證券商者，證券自營商投資決策人員及其決策資訊，或證券承銷商所承銷有價證券定價決策相關資訊，或證券經紀商為客戶所為之推介，應與全權委託投資業務分離。

5. 受任人、受任人之股東或關係企業為期貨商者，期貨自營商交易決策人員及其決策資訊，或經營期貨顧問業務之期貨經紀商提供研究分析意見或建議之人員與相關資訊，應與全權委託投資業務分離。

6. 受任人、受任人之股東或關係企業為銀行、保險公司、信託投資公司或其他金融機構者，其投資或信託部門參與有價證券投資決策或證券相關商品交易決策之人員及其決策資訊，應與全權委託投資業務分離。

(二)受任人應與參與全權委託投資或交易決策或相關業務之董事、監察人、經理人、業務人員及受僱人簽訂書面約定，載明如上開人員為其自有帳戶買賣上市、上櫃股票或具股權性質之衍生性商品時，除法令另有規定外，應遵守下列規定：

1. 於到職日起「**十日內**」向受任人申報其自有帳戶持有股票或具股權性質之衍生性商品之名稱及數量，在職期間每月彙總申報其每筆交易事項，包括股票或具股權性質之衍生性商品之名稱、數量、金額及日期等資料。

2. 買賣前，應事先以書面報經受任人允許。

3. 自知悉受任人為全權委託投資帳戶執行及完成某種股票或具股權性質之衍生性商品買賣「**前後七日內**」，不得為其自有帳戶買賣該種股票或具股權性質之衍生性商品。但得事先獲得督察主管或其他由高階管理階層所指定之人書面批准，提早於「**前後二日以上**」買入或賣出。

4. 於自有帳戶內買入某種股票或具股權性質之衍生性商品後「**三十日內**」不得再行賣出，或賣出某種股票或具股權性質之衍生性商品後「**三十日內**」不得再行買入。但有正當理由並事先以書面報經受任人允許者，不在此限。

5. 擔任股票發行公司之董事、監察人、經理人或以自有帳戶持有股票發行公司已發行股份總數百分之五以上股份者，不得參與全權委託投資帳戶對該發行公司所發行股票之買賣決定。【107年第1次、105年第3次投信投顧人員】

(三) 受任人為全體客戶決定委託投資資產運用時，應避免其與客戶或不同客戶之間不公平或利益衝突之情事，或信託業為全體信託契約或集合管理帳戶決定全權決定運用信託財產為有價證券投資之資金運用時，應避免其與信託契約或集合管理帳戶或不同信託契約或集合管理帳戶之間不公平或利益衝突之情事，處理原則如下：

1. 投信投顧事業對於影響客戶委託投資資產運用之相關資訊而有通知客戶必要時，應公平合理對待每一客戶；信託業對於影響信託契約或集合管理帳戶之全權決定運用信託財產為有價證券投資資金運用之相關資訊而有通知客戶必要時，應公平合理對待每一委託人及受益人。

2. 投信投顧事業同一投資經理人為不同客戶就同種類股票或證券相關商品同時或同一日執行相反買賣時，應有書面正當理由，確信合於各該客戶之利益，並應於公開市場以當時之公平價格為之；信託業同一投資決策人員為不同信託契約或集合管理帳戶就同種類股票同時或同一日執行相反買賣時，應有書面正當理由，確信合於各該客戶之利益，並應於公開市場以當時之公平價格為之。

3. 投信投顧事業或信託業參與全權委託投資相關業務人員不得接受客戶、有價證券發行公司、證券商、期貨商、其他交易對象或其他有利益衝突之虞者提供金錢、不當饋贈、招待或獲取其他利益。

4. 投信投顧事業為不同客戶、信託業為不同信託契約或不同集合管理帳戶認購承銷之有價證券時，應依公平原則，按客戶別為之，並確保認購之種類、數量及價格無偏袒情事。對於受任人有利害關係之公司所發行而委請證券承銷商辦理承銷或與受任人有利害關係之證券承銷商所承銷之有價證券，非經客戶書面同意或契約特別約定者，不得認購該種有價證券。【107年第3次投信投顧人員】

5. 運用委託投資資產而與受任人有利害關係之證券商、期貨商、銀行、保險公司、信託業或其他金融機構從事交易時,非經客戶書面同意或契約特別約定者,不得以議價方式為之。

6. 應指派專責人員按月查核客戶全權委託投資帳戶資產運用情形,以確保每一客戶之交易均依公平原則處理。

五、內線交易防制:

(一)受任人與客戶簽訂全權委託投資契約時,應於契約訂明客戶如為公開發行公司董事、監察人、經理人或持有公司股份超過股份總額「**百分之十**」之股東(簡稱內部人)者,應遵守證券交易法有關股權異動之法律規定。

(二)受任人知悉客戶為內部人者,就其受託該內部人全權委託投資帳戶資產之運用,應注意配合相關法令之規定。

(三)受任人及其負責人、業務人員及受僱人,獲悉有價證券發行公司或足以影響證券相關商品交易價格未公開之重大消息者,應即以書面報告交由專責人員列管保密;於該重大消息未公開前,不得告知第三人,且不得為委託投資資產、自己帳戶或促使他人買賣該公司發行之有價證券或從事相關證券相關商品交易。

獲悉資訊之人員無法確定是否為(一)～(三)所稱之重大消息時,應就獲悉之資訊先以機密方式作成書面報告,交由專責人員認定,經認定屬重大消息者,依前項規定辦理;非屬重大消息者,以非機密方式留存備查。

六、股東權利行使:

(一)因全權委託投資所持有國內發行公司股票之出席股東會、行使表決權,由「客戶」行使之;但客戶與全權委託保管機構簽訂信託契約者,應由保管機構行使之。【107年第1次、106年第1次、第2次、第4次投信投顧人員】

(二)因全權委託投資所持有國外發行有價證券之出席股東會、行使表決權,經客戶於契約授權受任人者,得由全權委託保管機構徵求受任人同意後行使之,或指示國外受託保管機構行使之。

(三)全權委託保管機構及其負責人、業務人員及受僱人依前項行使表決權時,不得轉讓出席股東會委託書或藉行使表決權,收受金錢或其他利

益。除信託契約另有規定者外，保管機構應指派代表人出席股東會，行使表決權，不得委託他人代理行使。

(四) 信託業全權決定運用信託財產為有價證券投資帳戶，所持有發行公司股票之出席股東會、行使表決權，由「**信託業**」行使之；信託業、其負責人或受僱人行使表決權時，不得轉讓出席股東會委託書或藉行使表決權收受金錢或其他利益。

(五) 信託契約記載信託業應由受託人或其指定之人指示以行使表決權者，信託業於接獲全權決定運用信託財產為有價證券投資帳戶所持有股票之發行公司股東會開會通知或議事錄後，應於收迄後「**三日內**」送達委託人或其指定之人。

七、越權交易之處理：

(一) 全權委託保管機構若發行有越權交易之情事，應即於成交日次一營業日上午十一時前，依委任或信託契約之約定，就越權部分出具越權交易通知書，載明越權之事由及詳細內容，分別通知客戶、受任人、證券商、期貨商或其他交易對象及投信投顧公會。

(二) 受任人為個別全權委託投資帳戶從事證券投資後，經保管機構依規定出具越權交易通知書時，除經客戶出具同意交割之書面並經保管機構審核符合相關法令外，受任人應負履行責任，並於交割日前將保管機構認定為越權交易之款、券撥入客戶之投資保管帳戶，由保管機構辦理交割。
【106年第2次投信投顧人員】
依相關法令規章辦理，其所需之擔保及費用由「**受任人**」負責提供支付。

(三) 越權交易買進或賣出之款券或證券相關商品，受任人應於接獲越權交易通知書之日起即依下列規定為相反之賣出或買進沖銷處理並結算損益：
【109年第2次投信投顧人員】

1. 如為買進有價證券總金額逾越委託投資資產金額或其可動用金額者，應就逾越之金額所買進之有價證券全數賣出沖銷；其應行賣出沖銷之有價證券及因之所生損益之計算，均採後進先出法，將越權交易當日買進成交時間最遲之有價證券優先賣出，依次為之，至完全沖銷；所生損失及

相關交易稅費由受任人負擔，所生相關交易稅費後之利益歸客戶，並自沖銷所得價款扣抵之，扣抵後之餘額於越權交易之交割及沖銷完成後歸還受任人；不足扣抵之差額由受任人負責補足。

2. 如為超買或超賣某種有價證券者，應就超買或超賣之數量全數沖銷，其損益之計算、歸屬、稅費負擔與所得價款餘額之歸還，同前款規定。

(四)信託業兼營全權委託投資業務，其信託契約及受託證券期貨經紀商之受託買賣契約，應載明信託業兼營全權委託投資業務運用委託投資資產從事有價證券或證券相關商品交易，逾越法令或信託契約所定限制範圍者，應由「信託業」履行責任。

(五)信託業兼營全權委託投資業務違反法令或契約，或其他可歸責於信託業之事由，致客戶或受益人受有損害者，其負責之董事及主管人員應與信託業連帶負損害賠償之責。

觀念補給站

所謂越權交易：

係指證券投資信託事業或證券投資顧問事業應製作全權委託投資帳戶交割指示函，指示保管機構辦理全權委託帳戶交割及結算作業，此一指示函之內容若有逾越委任契約所定交割範圍限制，即稱為「越權交易」。

八、違約之處理：

(一)受任人運用委託投資資產，不得違反其與客戶簽訂之全權委託投資契約，客戶發現受任人違反全權委託投資契約時，得通知投信投顧公會；全權委託保管機構發現受任人違反全權委託投資契約時，應即通知投信投顧公會及客戶。投信投顧公會接獲上開通知經查明屬實後，除依規定積極處理外，必要時應作成書面函報金管會。客戶就受任人前項違約，除得依約終止契約外，其因此所生之損害，得向受任人請求損害賠償。
【111年第3次投信投顧人員】

(二)信託業全權決定運用信託財產為有價證券投資資金，不得違反其與委託人簽訂之信託契約或集合管理帳戶約定條款，委託人或受益人發現信託

業違反信託契約或集合管理帳戶約定條款時，得通知信託業公會；信託業公會接獲通知經查明屬實後，除依規定積極處理外，必要時應作成書面函報金管會。

(三)委託人或受益人就信託業違約行為，除得依約終止契約外，其因此所生之損害，得向信託業請求損害賠償。

(四)客戶之全權委託投資資產或受益人之受益權，遭法院命令查封、扣押、強制執行或法院判決信託無效或撤銷信託等時，全權委託保管機構於知悉時應即通知客戶及受任人，複委託保管機構應通知保管機構；除有可歸責於受任人之情形外，客戶應自行履行相關義務。【105年第2次投信投顧人員】

九、契約變更或終止、停業、解散：

(一)投信投顧事業經營全權委託投資業務，其「全權委託投資契約」之生效日及其存續期間，依該契約之約定；其變更或終止，除法令另有規定外，依該契約之約定。【106年第3次投信投顧人員】

(二)信託業兼營全權委託投資業務，其「信託契約或集合管理帳戶約定條款」之生效日及其存續期間，依該契約或集合管理帳戶約定條款之約定；其變更或終止，除法令另有規定外，依該契約或集合管理帳戶約定條款之約定。

(三)受任人因解散、撤銷或廢止許可事由，致不能繼續經營全權委託投資業務者，其全權委託投資契約應予終止。受任人應即通知客戶及全權委託保管機構，並通知證券商、期貨商及其他交易對象停止受託買賣及相關交易。【105年第4次投信投顧人員】

(四)受任人因停業、歇業或顯然經營不善，金管會命其將全權委託投資契約移轉於經該會指定之其他受任人經理時，客戶得於收到受任人通知後十日內，決定是否另行委任金管會指定移轉之新受任人，繼續運用其委託投資資產。如客戶決定另行委任時，除終止原全權委託投資契約外，應另行簽訂全權委託投資相關契約，始得運用全權委託投資資產；如客戶不同意或或於通知後十日內不為意思表示者，原全權委託投資契約視為終止。【111年第1次、108年第1次投信投顧人員】

(五)客戶因前項另行委任所約定之委託投資資產,得僅以客戶原全權委託投資帳戶之資產餘額為之,不受最低限額五百萬元之限制,並以該等契約簽定日之前一日作為資產價值認定基準日。

(六)全權委託投資契約因存續期間屆滿、撤銷、解除、終止或因受任人解散事由而不再存續時,受任人應即了結現務,並通知全權委託保管機構、證券商、期貨商及其他交易對象。

(七)客戶與全權委託保管機構簽訂之委任或信託契約因存續期間屆滿、撤銷、解除、終止或其他事由而不再存續時,保管機構應依契約返還或移轉委託投資資產予客戶或其另行指定之保管機構。

小試身手 ....

(　　) **1** 甲證券投資信託公司以委任方式辦理全權委託投資業務,對於全權委託投資帳戶所持有國內發行公司股票之出席股東會、行使表決權,由誰行使之?　(A)客戶　(B)受委任之證券投信事業　(C)由全權委託保管機構指定之　(D)以上皆非。

(　　) **2** 證券投資信託事業經營全權委託投資業務,每一全權委託投資帳戶投資任一公司股票、公司債或金融債券及認購權證之總金額,依法不得超過每一全權委託投資帳戶淨資產價值多少比例?　(A)百分之五　(B)百分之十　(C)百分之二十　(D)百分之三十。

(　　) **3** 證券投資信託事業或證券投資顧問事業經營全權委託投資業務,下列投資之規範何者為正確?　(A)經全權委託保管機構同意得以場外交易方式購買上櫃公司股票　(B)經客戶同意亦不得從事信用交易　(C)得投資之範圍包括經金管會核准得投資之承銷有價證券　(D)為全體全權委託投資帳戶投資任一公司股票之股份總額,不得超過該公司已發行股份總數百分之二十。

(　　) **4** 有關全權委託投資業務之投資限制,下列何者不得與客戶以契約另作約定而排除適用?　(A)為每一全權委託投資帳戶投資任一公司股票、公司債或金融債券及認購權證之總金額,不得超過該

帳戶淨資產價值之百分之二十　(B)為每一全權委託投資帳戶投資任一公司所發行公司債或金融債券之總金額，不得超過該帳戶淨資產價值之百分之十　(C)為全體全權委託投資帳戶投資任一公司股票之股份總額，不得超過該公司已發行股份總數之百分之十　(D)為每一全權委託投資帳戶投資於任一受託機構募集及私募受益證券、不動產投資信託受益證券及不動產資產信託受益證券總金額，不得超過該帳戶淨資產價值之百分之二十。

( )**5** 甲投資人將一千萬元全權委託A證券商進行投資，有關A證券商擬為該委託資產買進其所承銷之B股票，下列何者不正確？ (A)須事先告知客戶相關利益衝突及控管措施　(B)須取得客戶逐次書面同意　(C)投資數量須經客戶書面同意　(D)該委託資產投資於B股票原則上不得超過該全權委託投資帳戶淨資產價值之百分之二十，但與客戶以契約另有契定者，不在此限。

( )**6** 證券投信及投顧公司經營全權委託投資業務，其投資範圍包括下列何種有價證券？甲：上市上櫃公司股票；乙：本事業發行之公司債；丙：國內開放型基金；丁：政府債券　(A)僅甲　(B)僅甲、乙、丁　(C)僅甲、丙、丁　(D)甲、乙、丙、丁。

( )**7** 證券投信投顧事業經營全權委託投資業務，其得執行之投資或交易，下列何者為非？　(A)買進政府債券　(B)委託買進不動產　(C)從事證券相關商品交易　(D)與客戶契約約定以融資買進我國上櫃股票。

( )**8** 信託業兼營全權委託投資業務，為委託投資資產投資於任一公司發行之公司債，依法不得超過每一全權委託投資帳戶淨資產價值多少比例？　(A)百分之五　(B)百分之十　(C)百分之二十　(D)百分之三十。

( )**9** 全權委託投資契約之受任人為每一全權委託投資帳戶編製之月報、年度報告書應於何時依約定方式送達客戶？　(A)每月終

了後十個營業日、每月終了後三個營業日　(B)每月終了後七個營業日、每月終了後三個營業日　(C)每月第五日、年度終了後十五日　(D)每月十五日、年度終了後一個月。

(　)10 投信投顧事業對於投資人全權委託投資資產之運用指示，所謂「閒置資金」係指投資於證券交易法第6條之有價證券及從事證券相關商品交易以外之何項資產？　(A)其他具流動性之資產　(B)其他人低風險低報酬率之資產　(C)選項(A)、(B)皆非　(D)選項(A)、(B)皆是。

(　)11 全權委託投資契約之受任人運用全權委託投資資產買賣有價證券而經由證券商退還手續費，應如何處理？　(A)列為管理報酬　(B)作為客戶買賣交易成本之減項　(C)作為投資獲利　(D)累積為客戶委託投資資產。

(　)12 下列有關證券投資顧問事業以信託方式經營全權委託投資業務之敘述，何者錯誤？　(A)應設置信託業務專責部門，並配置適足、適任之主管及業務人員　(B)辦理研究分析、投資決策之業務人員，不得與買賣執行業務人員相互兼任　(C)信託部門辦理投資決策之業務人員，不得與共同信託基金投資決策人員相互兼任　(D)信託部門辦理交易決策之業務人員，得與自行買賣有價證券業務人員相互兼任。

(　)13 有關證券投資信託事業人員規範何者為非？　(A)甲證券投信公司之經理人乙先生，於甲證券投信公司決定運用基金買賣某種上市櫃公司股票時起，至基金不再持有該上市櫃公司股票時止，不得參與同種股票買賣　(B)甲證券投信公司之董事丙銀行，經主管機關核准，得不受有關證券投信公司決定運用基金買賣某種上市櫃公司股票時起，至基金不再持有該上市櫃公司股票時止，董事不得參與同種股票買賣之限制　(C)甲證券投信公司之監察人丁公司，如持有A上市公司股份百分之六，得參與甲運用基金買賣

A公司股票之決定　(D)甲證券投信公司董事戊先生為A上市公司之董事,甲公司運用基金不得購入A公司股票。

(　　)**14** 受任人為個別全權委託投資帳戶從事證券投資後,接獲全權委託機構依法出具之越權交易通知書之日起,對於越權交易買進或賣出之款券應如何履行責任?　(A)由受任人為相反之賣出或買進沖銷處理並結算損益　(B)客戶撤銷買賣　(C)由受任人指定第三人為相反賣出或買進沖銷處理並結算損益　(D)由全權委託保管機構撤銷買賣。

(　　)**15** 全權委託投資業務之受任人因解散等事由,致不能繼續從事全權委託投資業務時,受任人後續作業應如何處理?　(A)應即通知客戶　(B)應即通知全權委託保管機構　(C)應通知證券商及其他交易對象停止受託買賣及相關交易　(D)以上皆是。

解答 1 (A)　2 (C)　3 (C)　4 (C)　5 (D)　6 (C)　7 (B)　8 (B)　9 (B)
10 (A) 11 (B) 12 (D) 13 (C) 14 (A) 15 (D)

精選試題 ....

(　　) **1** 證券投信及投顧公司經營全權委託投資業務，客戶交付之委託投資
資產由誰保管？　(A)證券經紀商　(B)證券投信或投顧公司　(C)客
戶指定之全權委託保管機構　(D)證券投信或投顧公司指定之全權
委託保管機構。　　　　　　　　　　　　　【107年第4次投信投顧人員】

(　　) **2** 接受客戶委任經營全權委託投資業務，有關受任人委託國內證券
商買賣外國有價證券之相關規定，何者正確？　(A)受任人應於
全權委託投資說明書或其他文件中揭示　(B)受任人應說明委任國
內證券商買賣國外有價證券之考量因素（包括投資成本、交易市
場、交易標的種類等）　(C)受任人應說明國內證券商受託買進並
送存保管之外國有價證券權益行使方式　(D)以上皆正確。

　　　　　　　　　　　　　　　　　　　　　　　　【107年第3次投信投顧人員】

✦(　　) **3** 甲投資人委任乙證券投資信託公司辦理全權委託投資，乙公司與甲
之委託投資資產保管機構丙之間有下列那一情事應告知甲投資人？
(A)丙為乙公司持股百分之十以上之大股東　(B)乙公司為丙持股百
分之十以上之股東　(C)選項(A)(B)皆應告知　(D)選項(A)(B)皆不
須告知。　　　　　　　　　【107年第1次、第3次、105年第4次投信投顧人員】

(　　) **4** 全權委託投資契約之受任人為每一全權委託投資帳戶編製之月報、
年度報告書應於何時依約定方式送達客戶？　(A)每月終了後十個
營業日、每年終了後三個營業日　(B)每月終了後七個營業日、每年
終了後十五個營業日　(C)每月第五日、年度終了後十五日　(D)每
月十五日、年度終了後一個月。　　　　　　【109年第1次投信投顧人員】

(　　) **5** 下列有關投信投顧事業經營全權委託投資業務收取績效報酬之規定
何者正確？　(A)業者向客戶收取績效報酬得約定依一定比率分擔
損失　(B)業者與客戶得約定得以獲利金額拆帳之方式計收　(C)績
效報酬係依主管機關訂定之相關收取條件與計算方式決定　(D)委

託投資資產之淨資產價值低於原委託投資資產時,不得計收績效
報酬。 【109年第3次、107年第3次投信投顧人員】

( ) **6** 投信投顧事業為招攬與促銷全權委託投資之業務而製作之有關資
料,於對外使用前,應先經內部適當審核,其中有關廣告、公開
說明會及其他公開促銷活動之資料,應於事實發生後幾日內向同
業公會申報? (A)五日 (B)七日 (C)十日 (D)十五日。
【107年第3次投信投顧人員】

( ) **7** 全權委託投資之投資或交易檢討,應由受任人多久檢討各全權委託
投資帳戶投資或交易決策過程、內容及績效,並由各全權委託
資帳戶之投資經理人作成投資或交易檢討報告? (A)每星期至少
一次 (B)每月至少一次 (C)每三個月至少一次 (D)每半年至少
一次。 【108年第2次投信投顧人員】

✦( ) **8** 全權委託投資契約之受任人,對每一客戶委託投資資產之淨值
變化,應每日妥為檢視,發現淨資產價值減損達原委託投資資
產百分之二十時,應於何時編製資產交易紀錄及現況報告書,
依約定方式送達客戶? (A)事實發生起七日內 (B)事實發生當
日 (C)事實發生日起二個營業日內 (D)事實發生五日起。
【107年第2次、第3次、106年第3次、105年第4次投信投顧人員】

✦( ) **9** 下列何者非證券投資信託事業,申請經營全權委託投資業務
應具備條件? (A)營業滿二年 (B)最近期經會計師查核簽
證之財務報告每股淨值不低於面額 (C)最近二年未曾受證券
投資信託及顧問法第103條第2款至第5款或證券交易法第66
條第2款至第4款之處分 (D)最近半年未曾受證券投資信託
及顧問法第103條第1款或證券交易法第66條第1款之處分。
【107年第3次、105年第2次、第3次投信投顧人員】

( ) **10** 從事全權委託投資業務不得與客戶以契約另作約定而排除適用下列
何規定? (A)為每一全權委託投資帳戶投資任一公司股票、公司

債或金融債券及認購權證之總金額，不得超過該帳戶淨資產價值之百分之二十　(B)為每一全權委託投資帳戶投資任一公司所發行公司債或金融債券之總金額，不得超過該帳戶淨資產價值之百分之十　(C)為全體全權委託投資帳戶投資任一公司股票之股份總額，不得超過該公司已發行股份總數之百分之十　(D)為每一全權委託投資帳戶投資於任一受託機構募集及私募受益證券、不動產投資信託受益證券及不動產資產信託受益證券總金額，不得超過該帳戶淨資產價值之百分之二十。　　　　　　　　　【107年第1次、第2次投信投顧人員】

(　　) **11** 投顧事業對全權委託投資業務所指派之專責部門主管及業務人員，該投顧事業應於其到職之日起幾個營業日內申請辦理登記？(A)三　(B)五　(C)七　(D)九。　　　　　【109年第2次投信投顧人員】

(　　) **12** 從事有價證券之全權委託投資業務時，越權交易買進之股票，受任人應於接獲越權交易通知書之日起，依規定為相反之賣出沖銷處理，其賣出沖銷之證券及因之所生損益之計算係採何法？　(A)後進先出法　(B)移動平均法　(C)先進先出法　(D)加權平均法。
　　　　　　　　　【109年第2次投信投顧人員】

(　　) **13** 證券經紀商兼營投顧事業辦理全權委託投資業務時，下列何者即使經客戶書面同意或契約特別約定，亦不得為之？　(A)投資本事業發行之股票、公司債或金融債券　(B)投資與本事業有利害關係之公司所發行之股票、公司債或金融債券　(C)投資本事業發行之認購（售）權證　(D)從事證券信用交易。　　【108年第3次投信投顧人員】

(　　) **14** 金管會於審查經營投顧事業申請案件，發現申請所檢附之營業計畫書內容欠具體或無法有效執行時，得為如何處理？　(A)不予許可(B)通知申請人限期補正　(C)屆期未補正者，得申請延展　(D)非屬該階段之審查事項。　　　　　　　　【109年第1次投信投顧人員】

(　　) **15** 客戶發現受託之投信公司運用其全權委託投資資產，違反所訂定之全權委託投資契約時，將該情事通知投信投顧公會，投信投顧公

會於必要時得為如何處理？　(A)代客戶向證券投資信託公司求償
(B)依規定積極處理，作成書面報告函報金管會　(C)查證後通知證
券投資信託公司終止該全權委託投資契約　(D)通知受託經紀商停
止辦理交割。　　　　　　　　　　　　【109年第1次投信投顧人員】

(　　) **16** 蔣君將五千萬元委任羅馬投顧公司全權投資，但約定全部投資於
債券，羅馬投顧決定先投資於復興公司發行之公司債，請問依
規定羅馬投顧最多可為蔣君投資該公司債多少元？　(A)五百萬
元　(B)一千萬元　(C)一千五百萬元　(D)二千萬元。
　　　　　　　　　　　　　　　　　　【108年第2次投信投顧人員】

(　　) **17** 投信事業或投顧事業經營全權委託投資業務，下列投資之規範何者
為正確？　(A)經全權委託保管機構同意得以場外交易方式購買上
櫃公司股票　(B)經客戶書面同意亦不得從事信用交易　(C)得投資
之範圍包括經金管會核准得投資之承銷有價證券　(D)為全體全權
委託投資帳戶投資任一公司股票之股份總額，不得超過該公司已發
行股份總數之20%。　　　　　　　　　【109年第1次投信投顧人員】

(　　) **18** 全權委託保管機構，依據委任契約代理客戶與證券商簽訂開戶暨
受託買賣契約，並依規定開立其他投資買賣帳戶，下列敘述何者
為非？　(A)接受開戶之證券商或其他交易對象，依規定應由受
任人指定　(B)接受開戶之證券商或其他交易對象，不以一家為限
(C)受任人與證券商或其他交易對象有相互投資或控制與從屬關係
者，應於全權委託投資契約中揭露　(D)全權委託保管機構完成開
戶手續後，應將開戶事宜通知客戶。　　【109年第1次投信投顧人員】

(　　) **19** 投顧事業於簽訂全權委託契約前，對於委任之投資客戶（專業投
資機構且委託投資資產已指定保管機構者除外）應履行那些事
項？　(A)應提供七日以上之期間讓客戶審閱全部條款內容　(B)瞭
解客戶之資力與投資經驗　(C)交付全權委託投資說明書　(D)選項
(A)(B)(C)皆是。　　　　　　　　　　　【108年第2次投信投顧人員】

（　　）**20** 投信或投顧公司為受任人接受客戶全權委託投資業務，共同簽訂之三方權義協定書，係為何三方？　(A)客戶、受任人、全權委託保管機構　(B)客戶、受任人、證券經紀商　(C)客戶、全權委託保管機構、證券經紀商　(D)受任人、全權委託保管機構、證券經紀商。　　　　　　　　　　　　　　　　【108年第3次投信投顧人員】

（　　）**21** 以下何者為投顧事業申請經營全權委託業務須符合之條件？　(A)實收資本額達新臺幣三億元以上　(B)最近半年未曾受主管機關警告之處分　(C)營業滿二年，並具有經營全權委託投資業務能力　(D)最近期經會計師查核簽證之財務報告淨值不低於實收資本額二分之一。　　　　　　　　　　　　　　　　【108年第3次投信投顧人員】

（　　）**22** 投信投顧事業經營全權委託投資業務，應交付客戶相關之書件，下列敘述何者為是？　(A)除需交付客戶全權委託投資說明書外，如擬從事證券相關商品交易，應再交付客戶全權委託期貨暨選擇權交易風險預告書　(B)全權委託投資說明書所記載之事項，如有重大影響客戶權益事項之變更，僅應向客戶通知說明　(C)全權委託投資說明書之封面所標示投資或交易風險警語，由投信投顧事業依其契約內容自行訂定　(D)全權委託投資說明書之內容如有虛偽或隱匿情事，逕由該事業負責人自行負責。　　　　【108年第1次投信投顧人員】

（　　）**23** 有關投信投顧事業經營全權委託投資業務，全權委託投資契約之規定，何者為非？　(A)應與客戶個別簽訂　(B)共同委任時須簽訂共同委任契約　(C)契約副本送交全權委託保管機構　(D)應載明委託投資資產。　　　　　　　　　　　　　　　　【108年第1次投信投顧人員】

（　　）**24** 美靈投信公司為實收資本額達新臺幣三億元以上之公司，若申請經營全權委託投資業務，最少應提存營業保證金新臺幣多少元？　(A)一千五百萬　(B)三千萬　(C)二千萬　(D)二千五百萬。　　　　　　　　　　　　　　　　【108年第1次投信投顧人員】

(　) **25** 有關經營全權委託投資業務提存營業保證金之規定，下列敘述何者正確？　(A)為分散風險得分別提存於二家以上之金融機構　(B)投顧事業之實收資本額增加時，應依規定向提存之金融機構增提營業保證金　(C)可以將營業保證金設定質權或提供擔保　(D)更換提存金融機構，向金管會核備即可。　　　　　【108年第2次投信投顧人員】

(　) **26** 投信事業或投顧事業發現客戶有下列哪一情事，應拒絕簽訂全權委託投資契約？　(A)有法定代理人之未成年人　(B)經金管會許可之證券自營商　(C)該受任之證券投信或投顧事業之從業人員　(D)受破產之宣告經復權者。　　　　　【108年第2次投信投顧人員】

(　) **27** 投信事業或投顧事業經營全權委託投資業務，其實收資本額新臺幣一億元以上而未達新臺幣二億元者，應提存多少營業保證金？　(A)新臺幣一千萬元　(B)新臺幣一千五百萬元　(C)新臺幣二千萬元　(D)新臺幣二千五百萬元。　　　　　【108年第3次投信投顧人員】

(　) **28** 投信事業或投顧事業發生下列哪一事由，金管會得經客戶同意將全權委託契約移轉於其他投信投顧事業？　甲：投信或投顧事業經解散；乙：經主管機關撤銷事業經營之許可；丙：事業顯然經營不善；丁：停業　(A)僅甲、乙、丙　(B)僅甲、乙　(C)僅丙、丁　(D)甲、乙、丙、丁。　　　　　【108年第1次投信投顧人員】

(　) **29** 以下何者為「全權委託投資業務」禁止之行為？　(A)利用職務上獲知資訊為自己從事有價證券買賣交易　(B)與客戶為投資有價證券收益共享之約定　(C)將全權委託投資契約之部分複委任他人履行　(D)選項(A)(B)(C)皆不得為之。　　　　　【108年第2次投信投顧人員】

(　) **30** 四個好朋友各出二百五十萬元湊成一千萬元，打算委任某投信公司全權委託投資，該投信公司應如何處理？　(A)請四人簽訂共同委任契約　(B)與四人個別簽訂委任契約　(C)無法接受　(D)再找其他小額客戶與四人湊成二千萬元簽訂共同委任契約。　　　　　【108年第1次投信投顧人員】

解答與解析

1 (C)。投信投顧公司經營全權委託投資業務，客戶交付之委託投資資產應由「客戶指定之全權委託保管機構」保管；故選項(C)正確。

2 (D)。受任人委託國內證券商買賣外國有價證券，(1)應於全權委託投資說明書或其他文件中揭示、(2)應說明委任國內證券商買賣國外有價證券之考量因素、(3)應說明國內證券商受託買進並送存保管之外國有價證券權益行使方式；故選項(D)正確。

3 (C)。客戶指定之全權委託保管機構與證券投資信託事業或證券投資顧問事業間具有下列控制關係者，證券投資信託事業或證券投資顧問事業對客戶應負告知義務：(1)保管機構與投資證券投信投顧事業已發行股份總數「百分之十」以上股份、(2)證券投信投顧事業持有保管機構已發行股份總數「百分之十」以上股份；故選項(C)正確。

4 (B)。受任人為每一全權委託投資帳戶編製之月報，應於「每月終了後七個營業日」內以約定方式送達客戶；編製之年度報告書，應於「每年終了後十五個營業日」內以約定方式送達客戶；故選項(B)正確。

5 (D)。受任人向客戶收取之績效報酬時，委託投資資產之淨資產價值低於原委託投資資產時，不得計收績效報酬；故選項(D)正確。

6 (C)。受任人為全權委託投資之業務招攬與營業促銷活動而製作之有關資料，於對外使用前，應先經內部適當審核，其中有關廣告、公開說明會及其他營業促銷活動之資料，應於事實發生後「十日內」向投信投顧公會申報並予以保存二年；故選項(C)正確。

7 (B)。全權委託投資之投資或交易檢討，應由受任人「每月至少一次」檢討各全權委託投資帳戶投資或交易決策過程、內容及績效，並由各全權委託投資帳戶之投資經理人作成投資或交易檢討；故選項(B)正確。

8 (C)。客戶委託投資資產之淨資產價值減損達原委託投資資產之「百分之二十」以上時，證券投信投顧事業應自「事實發生之日起二個營業日」內，編製客戶資產交易紀錄及現況報告書送達客戶；故選項(C)正確。

9 (A)。證券投資信託事業申請經營全權委託投資業務者，應具備下列條件：(1)最近期經會計師查核簽證之財務報告每股淨值不低於面額、(2)最近二年未曾受本法第103條第2款至第5款、期貨交易法第100條第2款至第4款或證券交易法第66條第2款至第4款之處分、(3)最近半年未曾受本法第103條第1款、期貨交易法第100條第1款或證券交易法第66條第1款之處分……等，不包括選項(A)；故選項(A)錯誤。

10 (C)。投信投顧事業運用委託投資資產應遵守下列規定：(1)為每一全權委託投資帳戶投資任一公司股票、公司債或金融債券及認購權證之總金額，不得超過該全權委託投資帳戶淨資產價值之百分之二十、(2)為每一全權委託投資帳戶投資任一公司股票、公司債或金融債券及認購權證之總金額，不得超過該帳戶淨資產價值之百分之十、(3)為全體全權委託投資帳戶投資任一公司股票之股份總額，不得超過該公司已發行股份總數之百分之十、(4)為一全權委託投資帳戶投資於任一受託機構募集及私募受益證券、不動產投資信託受益證券及不動產資產信託受益證券之總金額，分別不得超過該全權委託投資帳戶淨資產價值之百分之二十；其中第(3)項投信投顧事業不得與客戶以契約另作約定而排除，(2)則不可；故選項(C)錯誤。

11 (B)。專責部門主管及業務人員，應於到職之日起「五日內」由受任人或信託業檢具該等人員符合資格條件之證明文件向投信投顧公會辦理登記；故選項(B)正確。

12 (A)。全權委託投資業務中，越權交易買進之股票，受任人應於接獲越權交易通知書之日起，依規定採「後進先出法」為相反之賣出沖銷處理；故選項(A)正確。

13 (A)。證券經紀商兼營證券投資顧問事業辦理全權委託投資業務，不得投資於本事業發行之股票、公司債或金融債券；故選項(A)正確。

14 (A)。證券投資顧問事業兼營證券投資信託業務之申請案件有下列情形之一者，金管會得不予許可：(1)營業計畫書或兼營證券投資信託業務之內部控制制度內容欠具體或無法有效執行、(2)專業能力有無法健全有效兼營證券投資信託業務之虞或為保護公益，認有必要、(3)申請文件內容或事項經發現有虛偽不實之情事；故選項(A)正確。

15 (B)。受任人運用委託投資資產，不得違反其與客戶簽訂之全權委託投資契約，客戶發現受任人違反全權委託投資契約時，得通知投信投顧公會；全權委託保管機構發現受任人違反全權委託投資契約時，應即通知投信投顧公會及客戶。投信投顧公會接獲上開通知經查屬實後，除依規定積極處裡外，必要時應做成書面函報金管會；故選項(B)正確。

16 (A)。為每一全權委託投資帳戶投資任一公司股票、公司債或金融債券及認購權證之總金額，不得超過該全權委託投資帳戶淨資產價值之「百分之二十」；且投資任一公司所發行公司債或金融債券之總金額，不得超過該全權委託投資帳戶淨資產價值之「百分之十」；故選項(A)正確。

17 (C)。證券投資信託事業或證券投資顧問事業經營全權委託投資業務，

(1)除法令另有規定外，應委託證券經紀商「於集中交易市場或證券商營業處所」為之、(2)經客戶同意得從事信用交易、(3)得投資之範圍包括經金管會核准得投資之承銷有價證券、(4)為全體全權委託投資帳戶投資任一公司股票之股份總額，不得超過該公司已發行股份總數之「百分之十」；故選項(C)正確。

18 (A)。全權委託保管機構，依據委任契約代理客戶與證券商簽訂開戶暨受託買賣契約，並依規定開立其他投資買賣帳戶：(1)接受開戶之證券商、期貨商或其他交易對象，由客戶自行指定，且不以一家為限、(2)如客戶不為指定而由受任人指定者，受任人應評估其財務、業務及信用狀況，並注意適當之分散，避免過度集中，他業兼營者，並不得指定本事業為證券經紀商、(3)其與該證券經紀商有相互投資關係或控制與從屬關係者，並應於契約中揭露；故選項(A)錯誤。

19 (D)。受任人與客戶簽訂全權委託投資契約前，(1)應有「七日以上」之期間供委託人審閱全部條款內容，(2)充分瞭解委託人之信託目的、資力、投資經驗等，(3)應向客戶交付「全權委託投資說明書」；故選項(D)正確。

20 (A)。三方權義協定書由受任人、客戶及全權委託保管機構共同簽訂；故選項(A)正確。

21 (B)。證券投顧事業申請經營全權委託業務須符合之條件包括：(1)實收資本額達新臺幣「五千萬」元、(2)最近半年未曾受主管機關警告之處分、(3)最近期經會計師查核簽證之財務報告淨值不低於「面額」，不包括選項(C)；故選項(B)正確。

22 (A)。(B)全權委託說明書如有重大影響客戶權益事項之變更，應向金管會報備，(C)全權委託投資說明書之封面所標示投資或交易風險警語，應依金管會規定內容訂定，(D)全權委託投資說明書之內容如有虛偽或隱匿情事，需由該事業負責人及經手人員共同負責；故選項(A)正確。

23 (B)。證券投信或投顧事業與客戶簽訂全權委託投資契約，接受開戶之證券商、期貨商或其他交易對象，由客戶「自行指定」；故選項(B)錯誤。

24 (D)。實收資本額達新臺幣三億元以上之公司，申請經營全權委託投資業務應提存營業保證金新臺幣二千五百萬元；故選項(D)正確。

25 (B)。營業保證金應以現金、銀行存款、政府債券或金融債券提存，不得設定質權或以任何方式提供擔保，且不得分散提存於不同金融機構；提存金融機構之更換或營業保證金之提取，應經同業公會轉報金管會核准後始得為之；故選項(B)正確。

26 (C)。受任人發現客戶有下列情事之一者，應拒絕簽訂全權委託投資契約，(1)受破產之宣告未經復權者、(2)受監護宣告之人、(3)未成年人未經法定代理人之代理或允許者、(4)金管會證券期貨局及受任人之負責人及從業人員、(5)證券自營商未經金管會許可者……等；故選項(C)正確。

27 (B)。實收資本額新臺幣一億元以上而未達新臺幣二億元者，應提存新臺幣一千五百萬元；故選項(B)正確。

28 (C)。證券投資信託事業或證券投資顧問事業因「停業、歇業或顯然經營不善」時，金管會得經客戶同意將全權委託契約移轉於其他投信投顧事業；故選項(C)正確。

29 (D)。經營全權委託投資業務不得有下列行為：(1)利用職務上所獲知之資訊，為自己或客戶以外之人從事有價證券買賣之交易、(2)與客戶為投資有價證券收益共享或損失分擔之約定、(3)將全權委託投資契約之全部或部分複委任他人履行或轉讓他人；故選項(D)正確。

30 (C)。證券投資信託事業或證券投資顧問事業經營全權委託投資業務，接受單一客戶委託投資資產之金額不得低於新臺幣「五百萬元」；故選項(C)正確。

07 證券投資信託暨顧問商業同業公會組織與會員自律公約

依出題頻率分為：A頻率高

課前導讀

本章節內容由「證券投資信託暨顧問商業同業公會會員自律公約」和「證券投資信託暨顧問法同業公會相關條文」所組成，內容範圍雖然不多，但是仍有不少考題由此出現，在備考時還是必須留意相關內容及考題方向。

| 重點 1 | 法令依據 |

為督促證券投資信託事業、證券投資顧問事業發揚自律精神、恪遵法令規定、提昇商業道德、建立市場紀律，以保障客戶之權益，共謀市場之發展，並促進經濟之繁榮，主管機關金管會乃：

一、 依據證券投資信託暨顧問法第84條至第92條規範「證券投資信託暨顧問商業同業公會」。

二、 依據證券投資信託暨顧問法第89條規定，訂定證券投信投顧同業公會業務之規範及監督事項、應記載事項、負責人與業務人員之資格條件、財務、業務及其他應遵行事項之規則；並依此訂立「證券投資信託暨顧問商業同業公會管理規則」。

依據證券投資信託暨顧問法第89條規定，同業公會應訂定會員自律公約及違規處置申復辦法，提經會員大會通過後，報請主管機關金管會核定後實施；修正時亦同。投信投顧同業公會依此訂立「證券投資信託暨顧問商業同業公會會員自律公約」。【107年第3次投信投顧人員】

三、 依據證券投資信託暨顧問法第89條規定，同業公會應訂立會員自律公約及違規處置申復辦法，提經會員大會通過後，報請主管機關核定後實

施；修正時，亦同。投信投顧同業公會依此訂立「證券投資信託暨顧問商業同業公會會員自律公約」。【107年第3次投信投顧人員】

重點 **2** 證券投資信託顧問商業同業公會

一、會員及組織：

同業公會會員	證券投資信託事業及證券投資顧問事業非加入同業公會，不得開業；同業公會非有正當理由，不得拒絕其加入或就其加入附加不當之條件。
同業公會組織	(一) 同業公會之設立、組織及監督，除證券投資信託及顧問法規定外，適用商業團體法之規定。 (二) 同業公會至少設置理事三人，監事一人，均依章程之規定由會員大會就會員代表中選任。 (三) 理監事中，至少各應有「四分之一」由有關專家擔任，其中「半數」以上由主管機關指派，其餘由理監事會遴選，經主管機關核定後擔任；遴選辦法由主管機關定之。 (四) 同業公會理監事之任期均為「三年」，連選連任者不得超過「二分之一」。 如連任者超過二分之一，以得票數多寡取捨，缺額依其他非連任會員代表得票數多寡為序，依次遞補。 (五) 理事長之連任，以一次為限。
會務工作人員	(一) 係指由同業公會聘僱承辦會務、業務、財務及人事等之工作人員。 (二) 不得以任何方式擔任證券投資信託事業或證券投資顧問事業之任何兼職或名譽職位。
業務人員	係指由同業公會聘僱承辦下列業務之人員： (一) 證券投資信託、證券投資顧問、全權委託投資與境外基金相關業務規章之訂定、修正及執行。 (二) 對會員財務、業務之查察。 (三) 市場研究、分析、推廣、調處、教育及宣導。 (四) 會員之負責人與業務員登錄及管理事項。 同業公會業務人員之登記或異動，應「按月列冊」彙報金管會。

> **觀念補給站**
>
> **業務人員應具備下列資格之一：**
>
> 1. 依證券投資顧問事業負責人與業務人員管理規則規定，取得證券投資分析人員資格。
> 2. 經同業公會委託機構舉辦之證券投資信託及顧問事業之業務員測驗合格。
> 3. 經證券商同業公會委託機構舉辦之證券商高級業務員測驗合格，或已取得原證券主管機關核發之證券商高級業務員測驗合格證書。
> 4. 擔任國內、外基金經理人工作經驗一年以上。
> 5. 經教育部承認之國內外大學以上學校畢業或具有同等學歷，從事證券、期貨機構或信託業相關業務二年以上。
>
> 在管理規則施行前已從事業務而尚未依前項取得資格者，應自施行之日起「一年內」取得資格，申報金管會備查。

二、同業公會業務規範：

(一)同業公會理監事及主管人員之異動，應於異動後「**十五日內**」申報金管會備查。

(二)同業公會應於提報年度預算前擬訂年度業務計畫與預算，申報金管會核定，修正時亦同；於每季結束後「**十五日**」內，編製年度業務計畫與預算截至該季之執行情形，申報金管會備查。

(三)同業公會應於每會計年度終了後「**三個月內**」，向金管會申報年度工作報告及經會計師查核簽證、理事會通過及監事會承認之收支決算表、現金出納表、資產負債表、財產目錄及基金收支表。

(四)同業公會對會員從事證券投資信託、證券投資顧問、全權委託投資與境外基金相關業務，應擬訂自律規範申報金管會核定，並確實執行之。同業公會對會員從事廣告、公開說明會及其他營業活動，應擬訂行為規範申報金管會核定，並確實執行之。

(五)同業公會應注意查察其會員之財務業務情形，發現有違反法令或自律規範者，應即依本法為適當處置，並通知金管會。

(六)同業公會對他業兼營證券投資信託暨顧問業務之會員進行查察時,其查察範圍限於證券投資信託業務、證券投資顧問業務或全權委託投資業務。

(七)同業公會應依金管會規定方式,提供公眾閱覽其會員之財務業務資料。

(八)同業公會對下列規定情事,除應即為適當處置外,並應申報金管會備查:

　1. 同業公會或其業務人員及會員之負責人或業務員因執行證券投資信託、證券投資顧問、全權委託投資與境外基金相關業務涉訟或受訴訟上之判決、或為破產人或強制執行之債務人、或有金融機構退票或拒絕往來之情事、或依本法應受解除職務之處分者。

　2. 對會員及會員代表違反投顧投顧法或其他有關法令、證券投資信託暨顧問商業同業公會章程、規章、自律公約或相關業務自律規範、會員大會或理事會決議等之處置事項。

　3. 會員因經營證券投資信託、證券投資顧問、全權委託投資與境外基金相關業務發生訴訟事件。

　4. 會員入會或退會。

　5. 會員財務報告之審閱結果。

　6. 理事會之決議。

　7. 其他經金管會規定應申報之事項。

上述第1項至第3項,應於知悉事實發生或處理完成後五日內,向金管會申報;第4項至第6項,應將執行結果按月彙報金管會

三、同業公會對會員之管理:

(一)同業公會應訂立會員自律公約及違規處置申復辦法,提經會員大會通過後,報請主管機關核定後實施;修正時,亦同。

(二)同業公會得依章程之規定,對會員及其會員代表違反章程、規章、自律公約或相關業務自律規範、會員大會或理事會決議等事項時,為必要之處置。

(三)同業公會為發揮自自律功能及配合證券投資信託及顧問業務之發展,得向其會員收取商業團體法所規定經費以外之必要費用;其種類及費率,由同業公會擬訂,報經主管機關核定。

小試身手

(　　) **1** 有關投信投顧公會會員自律公約之效力，以下何者為正確？ (A)依公會自律委員會組織規則訂定　(B)如有修正，須經全體會員再次簽署，以達換簽修正公約之效力　(C)經會員大會決議通過後，即可施行　(D)自律公約之修正，應經會員大會決議通過並報請主管機關核定後施行。

(　　) **2** 證券投資信託暨顧問商業同業公會之理事、監事中，至少各應有多少比例由有關專家擔任？ (A)二分之一　(B)三分之一　(C)四分之一　(D)五分之一。

(　　) **3** 依「證券投資信託及顧問法」之規定，投信投顧公會之理、監事由其主管機關指派之比率至少應為？ (A)二分之一　(B)三分之一　(C)四分之一　(D)八分之一。

(　　) **4** 下列對於中華民國證券投資信託暨顧問商業同業公會會員，對於從業人員之聘僱與管理，何者為真？ (A)不得同意他人使用本公司或業務人員名義執行業務　(B)應禁止其負責人與受僱人利用職務之機會，從事虛偽、詐欺或其他足致他人誤信之活動　(C)應聘僱符合主管機關規定資格條件之人員執行業務　(D)以上皆是。

(　　) **5** 證券投信投顧公會會員自律公約，適用於： (A)證券投資信託事業　(B)投顧事業之負責人　(C)投信投顧業務人員　(D)以上皆是。

解答 1 **(D)**　2 **(C)**　3 **(D)**　4 **(D)**　5 **(D)**

重點 **3** 同業公會會員自律公約

一、制定機關及程序：

(一)「同業公會會員自律公約」乃由證券投資信託暨顧問商業同業公會訂定，報請金管會核備。

(二)「同業公會會員自律公約」之訂定及修正應經會員大會通過，並報請主管機關核定後實施。【107年第3次投信投顧人員】

二、業務經營原則：

同業公會會員應共同信守下列業務經營原則：

守法原則	瞭解並遵守相關法令規定，不得有違反或幫助他人違反法令之行為。
忠實誠信原則	確實掌握客戶之資力、投資經驗與投資目的，據以提供適當之服務，並謀求客戶之最大利益，禁止有誤導、虛偽、詐欺、利益衝突、足致他人誤信或內線交易之行為。【104年第1次投信投顧人員】
善良管理原則	盡善良管理之責任及注意，為客戶適度分散風險，並提供最佳之證券投資服務。
公開原則	提供客戶充足必要之資訊，告知客戶投資之風險及從事投資決定或交易過程之相關資訊，並向客戶快速揭露最新之資訊。【110年第3次投信投顧人員】
專業原則	督促受僱人持續充實專業職能，並有效運用於證券投資分析，樹立專業投資理財之風氣。【99年第4次投信投顧人員】
保密原則	妥慎保管客戶資料，禁止洩露機密資訊或有不當使用之情事，藉以建立客戶信賴之基礎。【105年第4次投信投顧人員】
公平競爭原則	避免會員之間相互破壞同業信譽、共同利益或其他不當競爭之情事。【111年第3次投信投顧人員】

三、業務執行依據：

同業公會會員經營各項業務及會員之負責人與受僱人執行各項業務，應依證券投資信託及顧問法、相關法令、主管機關函釋、同業公會章則及本公約之規定辦理。【106年第2次、105年第3次投信投顧人員】

四、會員及負責人：

(一)同業公會會員及其負責人與受僱人，不得接受上市、上櫃公司之利益、證券承銷商之利益或其他利益，而為與事實不符或誇大之投資分析。

(二)同業公會會員應要求其負責人與受僱人簽訂內部道德條款，聲明其買賣有價證券應遵守主管機關之規定。

(三)同業公會會員應與業務往來之證券商簽訂書面約定，載明該會員及其負責人與受僱人不得接受證券商退還之手續費或其他利益。並應定期對業務往來之證券商進行財務、業務及服務品質之評比，作為是否繼續維持往來之依據，其擬進行業務往來之證券商，亦應先予評比。【110年第1次投信投顧人員】

(四)同業公會會員及其負責人與受僱人應共同信守下列基本要求：

1. 不得散布或洩露所經理之基金或委任人委任事項之相關資訊。

2. 不得於公開場所或傳播媒體對不特定人就特定之有價證券進行推介，致影響市場安定或藉以牟取利益。

3. 不得於募集基金時，要求上市或上櫃公司認購該會員募集之基金，並相對將該會員經理之基金投資於該上市或上櫃公司發行之有價證券或為其他承諾事項。

4. 募集基金應經主管機關核准者，不得於未獲主管機關核准前，先行接受客戶預約認購基金。【103年第4次投信投顧人員】

5. 不得利用持有上市或上櫃公司發行之有價證券優勢，要求上市或上櫃公司認購該會員募集之基金或要求與該會員簽訂任何委任事項。

6. 不得以不當方法取得基金之受益人大會委託書，影響受益人大會之召集或決議。

7. 應確實遵守打擊金融犯罪之相關規定，並參考金管會「證券投資信託暨顧問事業防制洗錢應行注意事項」標準範本訂定防制洗錢作業應行注意事項，以落實內部控制與管理。

(五)同業公會會員於提出業務申請或經營業務期間，應依法令規定接受同業公會所為之檢查與輔導，拒絕或規避者，同業公會得通知限期接受檢查與輔導，如仍拒絕或規避者，同業公會得依第18條規定予以處分，至接受檢查與輔導為止。

(六)同業公會會員有下列情事之一者，得由紀律委員會提報理事會予以獎勵或表揚：

1. 建立證券市場制度具有顯著績效者。

2. 對發展證券市場或執行證券業務研究發展具有創意，經主管機關或同業公會採行者。

3. 舉發市場不法違規事項，經查明屬實者。

4. 維護證券市場正常運作，適時消弭重大變故或意外事件者。

5. 維護同業之共同利益，有具體事蹟者。

6. 其他足資表揚之事蹟者。

五、其他規範：

(一)同業公會會員為有效落實同業自律之管理精神，應依同業公會之業務需要與發展，繳納業務費及其他必要費用或提撥自律基金；其他必要費用之種類、費率由同業公會擬訂，報經主管機關核定。

(二)同業公會會員應聘僱符合主管機關規定資格條件之人員執行業務，並不得同意或默許他人使用本公司或業務人員名義執行業務，且應禁止其負責人與受僱人利用職務之機會，從事虛偽、詐欺或其他足致他人誤信之活動。【106年第4次投信投顧人員】

(三)同業公會會員為廣告、公開說明會或其他營業促銷活動，不得對過去之業績作誇大之宣傳、為獲利或損失負擔之保證或其他違反法令規定之情事，並應遵守同業公會訂定之有關行為規範。

(四)同業公會會員進行證券投資研究分析時，應充分蒐集資料，審慎查證分析，力求詳實週延，避免不實之陳述，並就影響該標的投資決策因素加以分析，作成報告連同引證資料留存備查。其內容如總體經濟分析、產業分析、個別公司各項財務資料分析、產品及其市場分析、股價變動分析與公司未來發展趨勢分析等。

(五)同業公會會員經營證券投資信託基金，全權委託業務或因經營其他業務而接受委任人委託代為出席股東會者，該會員及其負責人與受僱人不得轉讓出席股東會委託書，或藉行使或指示行使股票之表決權時，收受金錢或其他利益。【105年第1次投信投顧人員】

(六)同業公會會員對於會員本身及其負責人與受僱人基於職務關係而獲悉公開發行公司尚未公開之重大消息應訂定處理程序，於該重大消息未公開前，不得為自己、客戶、其他第三人或促使他人買賣該公開發行公司之有價證券；獲悉消息之人應即向該會員指定之人員或部門提出書面報告，並儘可能促使該公開發行公司及早公開消息。

(七)同業公會會員違反證券投資信託及顧問法、相關法令、同業公會章則、本公約等自律規範時，依據「中華民國證券投資信託暨顧問商業同業公會會員違規處置申復辦法」之規定處理。

小試身手

(　　) **1** 證券投資信託暨顧問商業同業公會會員共同信守之基本業務經營原則為？　(A)專業原則　(B)善良管理原則　(C)公開原則　(D)以上皆是。

(　　) **2** 證券投資信託暨顧問商業同業公會對於會員違反公會章則及公司之處分，得按次連續各處以每次提高多少倍金額之違約金，至補正改善或配合辦理為止？　(A)一倍　(B)二倍　(C)三倍　(D)四倍。

(　　) **3** 證券投資信託暨顧問商業同業公會對於違反該公會章則及公約之會員，得為如何之處分？　(A)處以新臺幣十萬元以上、三百萬元以下之違約金　(B)停止其應享有之部分或全部權益　(C)責令會員公司對負責人及受僱人員為適當之處分　(D)以上皆是。

(　　) **4** 證券投資信託暨顧問商業同業公會為避免會員之間相互破壞同業信譽、共同利益或其他不當競爭之情事，規定會員應共同信守之基本業務經營原則為？　(A)專業原則　(B)公平競爭原則　(C)善良管理原則　(D)守法原則。

(　　) **5** 下列對於證券投資信託暨顧問商業同業公會從業人員之聘僱與管理，何者為真？　(A)不得同意他人使用本公司或業務人員名義

執行業務　(B)應禁止其負責人與受僱人利用職務之機會，從事虛偽、詐欺或其他足致他人誤信之活動　(C)應聘僱符合主管機關規定資格條件之人員執行業務　(D)以上皆是。

(　　) **6** 下列何者非屬投信投顧公會得對違反法令或自律規範之會員所為處置？　(A)停權　(B)課以違約金　(C)命其限期改善　(D)除籍。

(　　) **7** 「證券投資信託事業之負責人及員工應持續充實專業職能，並有效運用於證券投資分析、樹立專業投資風氣」此敘述為其應遵守基本原則中之何項？　(A)忠實義務原則　(B)誠信原則　(C)專業原則　(D)管理謹慎原則。

(　　) **8** 證券投信事業對於業務往來之證券商，應採行哪些管理事項？　(A)應簽訂書面約定，將退還手續費捐贈給慈善機構　(B)定期對財務、業務及服務品質為評比　(C)書面約定除退還之手續費外，不得接受證券商之其他利益　(D)以上皆是。

(　　) **9** 投信投顧同業公會對於違反法令或自律規範之會員，得要求會員對其從業人員予以暫停執行業務，其最長期限為？　(A)一個月　(B)六個月　(C)一年　(D)三年。

(　　)**10** 下列何者非屬投信投顧公會會員自律公約第3條規定，公會會員應共同信守之基本業務經營原則？　(A)守法原則　(B)忠實誠信原則　(C)積極開放原則　(D)公開原則。

解答 1 (D)　2 (A)　3 (D)　4 (B)　5 (D)　6 (D)　7 (C)　8 (B)　9 (B)　10 (C)

精選試題

( ) **1** 有關投信投顧公會會員自律公約之效力，以下何者為正確？ (A)依公會自律委員會組織規則訂定 (B)如有修正，須經全體會員再次簽署，以達換簽修正公約之效力 (C)經會員大會決議通過後，即可施行 (D)自律公約之修正，應經會員大會決議通過並報請主管機關核定後施行。 【107年第3次投信投顧人員】

( ) **2** 有關投顧事業加入同業公會之規範，下列敘述何者正確？ 甲：於申請核發營業執照時，即應取得公會同意入會；乙：信託業兼營者得於開業一個月內加入；丙：強制性規範；丁：投顧事業者應於取得營業執照時即加入公會；戊：信託業兼營者，應於開辦該項業務前加入公會 (A)僅乙、丙、丁 (B)僅甲、丁 (C)僅甲、丙、戊 (D)僅乙、戊。 【107年第1次投信投顧人員】

( ) **3** 下列對於中華民國證券投資信託暨顧問商業同業公會會員，對於從業人員之聘僱與管理，何者為真？ (A)不得同意他人使用本公司或業務人員名義執行業務 (B)應禁止其負責人與受僱人利用職務之機會，從事虛偽、詐欺或其他足致他人誤信之活動 (C)應聘僱符合主管機關規定資格條件之人員執行業務 (D)以上皆是。 【106年第4次投信投顧人員】

( ) **4** 證券投信投顧公會會員經營各項業務及會員之負責人與受僱人執行各項業務，應依何者之規定辦理？ (A)主管機關法令 (B)公會章則 (C)會員自律公約 (D)以上皆是。 【106年第4次、105年第3次投信投顧人員】

( ) **5** 下列何者非投信投顧公會得對違反法令或自律規範之會員所為處置？ (A)停權 (B)課予違約金 (C)命其限期改善 (D)除籍。 【109年第3次投信投顧人員】

(　) **6** 中華民國證券投資信託暨顧問商業同業公會為避免會員之間相互破壞同業信譽、共同利益或其他不當競爭之情事，規定會員應共同信守之基本業務經營原則為：　(A)專業原則　(B)公平競爭原則　(C)善良管理原則　(D)守法原則。　【106年第3次投信投顧人員】

(　) **7** 證券投信投顧公會會員自律公約，適用於：　(A)證券投資信託事業　(B)投顧事業之負責人　(C)投信投顧業務人員　(D)以上皆是。
【106年第2次投信投顧人員】

(　) **8** 中華民國證券投資信託暨顧問商業同業公會對於會員違反公會章則及公約之處分，得按次連續各處以每次提高多少倍金額之違約金，至補正改善或配合辦理為止？　(A)一倍　(B)二倍　(C)三倍　(D)四倍。　【106年第2次、105年第1次投信投顧人員】

(　) **9** 下列何者為證券投信投顧公會對於違反該公會章則及公約之會員得為之處分？　(A)處以新臺幣十萬元以上、三百萬元以下之違約金　(B)停止其應享有之部分或全部權益　(C)責令會員公司對其負責人及受僱人員為適當之處分　(D)以上皆是。
【106年第2次、105年第2次投信投顧人員】

(　) **10** 投顧事業應於何時加入同業公會？　(A)申請許可設立時　(B)開業前　(C)申請核發營業執照時　(D)開業滿一年。
【109年第3次投信投顧人員】

(　) **11** 證券投資顧問事業之所有受僱人員應妥慎保管客戶資料，禁止洩露機密資訊或有不當使用之情事，以建立客戶信賴之基礎，係依「證券投資顧問事業從業人員行為準則」中所稱之下列何項而來？(A)善良管理人注意原則　(B)忠實誠信原則　(C)勤勉原則　(D)保密原則。　【105年第4次投信投顧人員】

(　) **12** 證券投資信託事業之部門主管、分支機構經理人及業務人員等，於執行職務前有異動者，應由所屬證券投資信託事業向何者登

錄，非經登錄，不得執行業務？　(A)金融監督管理委員會　(B)投信投顧公會　(C)臺灣證券交易所　(D)證券商業同業公會。

【105年第2次投信投顧人員】

(　　) **13** 經營證券投資信託基金之公會會員，對所管理證券投資信託基金而接受委任人委託代為出席股東會，對於該委託書之管理：　(A)得經該會員負責人同意後轉讓出席股東委託書　(B)得經該會員董事會同意後轉讓出席股東委託書　(C)得經該會員股東大會同意後轉讓出席股東委託書　(D)以上皆非。　　【105年第1次投信投顧人員】

(　　) **14** 證券投資信託暨顧問商業同業公會為謀求客戶之最大利益，禁止有誤導、詐欺、利益衝突或內線交易之行為，規定會員應共同信守之基本業務經營原則為：　(A)守法原則　(B)忠實誠信原則　(C)保密原則　(D)善良管理原則。　　　　　　【104年第1次投信投顧人員】

(　　) **15** 下列敘述何者有違投信投顧公會會員自律公約？　(A)對委任人委任事項之相關事項列管保密　(B)會員受僱人向委任人推介建議特定股票　(C)經核准募集前受理客戶預約認購基金　(D)會員舉辦說明會不對同業之業績為攻訐。　　　　　【103年第4次投信投顧人員】

(　　) **16** 證券投資信託暨顧問商業同業公會訂立會員自律公約之敘述，何者為非？　(A)建立市場紀律　(B)以保障客戶之權益　(C)自律公約之修正應經理事會決議通過　(D)提升商業道德。

【103年第4次投信投顧人員】

(　　) **17** 依據投信投顧公會會員自律公約，會員對其與客戶之利益衝突或不同客戶間之利益衝突情事，應：　(A)避免之　(B)以書面約定為依據　(C)以多數客戶之利益為依據　(D)以損益標準為處理原則。

【100年第4次投信投顧人員】

(　　) **18** 「證券投資信託事業之負責人及員工應持續充實專業職能，並有效運用於證券投資分析，樹立專業投資風氣」以上敘述為其應遵守基

本原則中之何項？　(A)忠實義務原則　(B)誠信原則　(C)專業原則　(D)管理謹慎原則。

(　　)**19** 證券投信事業對於業務往來之證券商，應採行哪些管理事項？　(A)應簽訂書面約定，將退還手續費捐贈給慈善機構　(B)定期對財務、業務及服務品質為評比　(C)書面約定除退還手續費外，不得接受證券商之其他利益　(D)以上皆是。

(　　)**20** 中華民國證券投資信託暨顧問商業同業公會會員，共同信守之基本業務經營原則為？　(A)專業原則　(B)善良管理原則　(C)公開原則　(D)以上皆是。

解答與解析

1 (D)。投信投顧公會會員自律公約，(1)乃由投信投顧同業公會依據證券投資信託暨顧問法第89條訂定、(2)修正時應經「會員大會」通過，並報請主管機關核定後實施；故選項(D)正確。

2 (C)。(1)投顧事業申請核發營業執照時，即應取得公會同意入會、(2)信託業兼營者，非加入公會「不得」開辦該項業務；故選項(C)正確。

3 (D)。(1)同業公會會員應聘僱符合主管機關規定資格條件之人員，執行業務、(2)不得同意或默許他人使用本公司或業務人員名義執行業務、(3)且應禁止其負責人與受僱人利用職務之機會，從事虛偽、詐欺或其他足致他人誤信之活動；故選項(D)正確。

4 (D)。同業公會會員經營各項業務及會員之負責人與受僱人執行各項業務，應依(1)證券投資信託及顧問法及相關法令、(2)主管機關函釋、(3)同業公會章則及(4)會員自律公約之規定辦理；故選項(D)正確。

5 (D)。投信投顧公會得對違反法令或自律規範之會員處以停權、課予違約金、命其限期改善之處置，不包括選項(D)；故選項(D)為非。

6 (B)。同業公會會員應共同信守業務經營原則，其中公平競爭原則係指避免會員之間相互破壞同業信譽、共同利益或其他不當競爭之情事；故選項(B)正確。

7 (D)。同業公會會員經營各項業務及「會員之負責人與受僱人」執行各項業務，應依證券投資信託及顧問

法、相關法令、主管機關函釋、同業公會章則及證券投信投顧公會會員自律公約之規定辦理；故選項(D)正確。

8 **(A)**。同業公會對於會員違反公會章則及公約之處分，得按次連續各處以每次提高「一倍」金額之違約金，至補正改善或配合辦理為止；故選項(A)正確。

9 **(D)**。同業公會對於違反該公會章則及公約之會員，得(1)處以新臺幣十萬元以上、三百萬元以下之違約金、(2)停止其應享有之部分或全部權益、(3)責令會員公司對其負責人及受僱人員為適當之處分；故選項(D)正確。

10 **(B)**。證券投資信託業務非加入投信投顧商業同業公會，不得開辦該項業務，意即應於開業前加入同業公會；故選項(B)正確。

11 **(D)**。同業公會會員應共同信守業務經營原則，其中「所有受僱人員應妥慎保管客戶資料，禁止洩露機密資訊或有不當使用之情事，以建立客戶信賴之基礎」係指保密原則；故選項(D)正確。

12 **(B)**。證券投資信託事業之部門主管、分支機構經理人及業務人員等，於執行職務前有異動者，應由所屬證券投資信託事業向投信投顧公會登錄，非經登錄，不得執行業務；故選項(B)正確。

13 **(D)**。同業公會會員經營證券投資信託基金，全權委託業務或因經營其他業務而接受委任人委託代為出席股東會者，該會員及其負責人與受僱人「不得轉讓出席股東會委託書，或藉行使或指示行使股票之表決權時，收受金錢或其他利益」；故選項(D)正確。

14 **(B)**。同業公會會員應共同信守業務經營原則，其中「謀求客戶之最大利益，禁止有誤導、詐欺、利益衝突或內線交易之行為」係指忠實誠信原則；故選項(B)正確。

15 **(C)**。同業公會會員募集基金應經主管機關核准者，「不得」於未獲主管機關核准前，先行接受客戶預約認購基金；故選項(C)有誤。

16 **(C)**。同業公會之自律公約修正應提經會員大會通過後，「報請主管機關金管會核定後實施」；故選項(C)有誤。

17 **(A)**。投信投顧公會會員應避免會員之間相互破壞同業信譽、共同利益或其他不當競爭之情事；故選項(A)正確。

18 **(C)**。同業公會會員應共同信守業務經營原則，其中「督促受僱人持續充實專業職能，並有效運用於證券投資分析，樹立專業投資理財之風氣」係指專業原則；故選項(C)正確。

19 (B)。同業公會會員：(1)應與業務往
來之證券商簽訂書面約定，載明該
會員及其負責人與受僱人「不得」
接受證券商退還之手續費或其他利
益、(2)並應定期對業務往來之證券
商進行財務、業務及服務品質之評
比；故選項(B)正確。

20 (D)。同業公會會員應共同信守下列
業務經營原則包括：守法原則、忠
實誠信原則、善良管理原則、公開
原則、專業原則、保密原則、公平
競爭原則；故選項(D)正確。

NOTE

08 證券投資信託暨顧問事業從事業務廣告之規範

依出題頻率分為：A頻率高

課前導讀

本章節出自「證券投資信託暨顧問事業從事廣告及營業活動行為規範」，是投信投顧公會會員從事廣告、業務活動時之執行依據，歷年有不少考題皆出於此，在備考時可盡量將此章內容結合實務經驗進行理解，相信必能有助於掌握答題要領並獲得高分。

重點 1　法令依據

投信投顧公會會員及其銷售機構從事廣告及營業活動行為規範：

一、 乃依據證券投資顧問事業管理規則第12條第2
項、證券投資顧問事業負責人與業務人員管理
規則第16條第2項、證券投資信託暨顧問商業
同業公會管理規則第6條及投信投顧同業公會
會員自律公約第7條之規定訂定之。

> **考點速攻**
> 此規範為投信投顧公會會員從事廣告、各種營業活動，如：基金招募、投資分析、公開說明會、全權委託業務等之依據。

二、 證券投資顧問事業及其從業人員從事廣告、公
開說明會及其他營業活動，應恪遵證券投資信
託及顧問法、相關法令及此行為規範，以提升自律、維護專業形象，並
保障投資人權益。【110年第1次投信投顧人員】

三、 經投信投顧同業公會理事會通過，並報請金管會核定後施行，修正時
亦同。

重點2　廣告規範名詞定義

廣告 【111年第 3次、107年 第3次、106 年第1次投 信投顧人 員】	係指以促進業務為目的，而運用下列傳播媒體或於公開場所，就證券投資顧問業務及相關事務向不特定多數人為傳遞、散布或宣傳： (一) 報紙、雜誌等出版物。 (二) DM、信函廣告、傳單等印刷物。 (三) 電視、電影、幻燈片、廣播電臺、跑馬燈等。 (四) 海報、看板、布條、公車或其他交通工具上之廣告等。 (五) 電子郵件或網際網路系統。 (六) 新聞稿。 (七) 其他任何形式之廣告宣傳。
公開說明 **會及其他** **營業活動** 【107年第 1次投信投 顧人員】	係指為促進業務為目的，向不特定多數人以下列方式進行業務推廣、招攬，或發表、進行有關證券投資之分析或建議： (一) 舉辦現場講習會、座談會、說明會或其他營業活動等方式進行。 (二) 透過報紙、雜誌、電視、廣播電臺、電子郵件、新聞稿等各種傳播媒體公開發表意見。
銷售文件	係指向投資人交付之公開說明書或其中譯本，投資人須知或併同上開文件所提供之其它有關資料，其內容載有申購基金之概況資料。

重點3　廣告行為應遵守原則

一、廣告行為原則：

證券投資信託事業、總代理人及其委任之基金銷售機構發布有關基金資料之新聞稿，須確保相關內容之正確性，以避免誤導投資大眾之判斷力，並應遵守下列處理原則：

(一)對送金管會審核中之新基金之募集申請案件所發布之新聞稿，應以金管會網站公告資訊項目內容為限。

(二)新聞稿內容如其涉及基金之促銷或刊登得與公司聯絡之方式等，應向投信投顧公會辦理申報；如為經理人依其專業對投資市場發表其投資分析

意見，則免辦理申報，但其內容仍應符合相關法令之規定。【107年第3次投信投顧人員】

(三)公司得於新聞稿發稿前依投信投顧公會指定申報方式向其辦理申報。

(四)公司提供資料或新聞稿予媒體時，應確實向該媒體敘明公司從事廣告及營業活動行為之規範及立場，並提醒媒體不得有誇大不實的報導。

(五)證券投資信託事業、總代理人及基金銷售機構從事基金業務之宣導推廣活動時，得在不與基金申購結合之前提下，提供贈品鼓勵投資人索取基金相關資料，並應遵守下列原則：

　1. 贈品活動不得變相誘導投資人購買基金，並應注意避免流於浮濫，以維持合理競爭秩序。

　2. 贈品單一成本價格上限為新臺幣二百元，且不得重複領取、累積金額以換取其他贈品或辦理抽獎活動。

　3. 金融商品不得作為贈品。

二、廣告行為規範：

(一)證券投資信託事業、總代理人及基金銷售機構從事基金之廣告、公開說明會及其他營業活動時，不得有下列行為：【111年第1次、108年第3次投信投顧人員】

　1. 藉金管會對該基金之核准或申報生效，作為證實申請（報）事項或保證基金價值之宣傳。

　2. 使人誤信能保證本金之安全或保證獲利者，但設有保證機構之保證型保本基金已於其公開說明書中，充分揭露保證之具體內容者，其保證本金安全部分不在此限。

　3. 提供贈品或定存加碼、貸款減碼等金融性產品，或以其他利益勸誘他人購買基金，但金管會另有規定者，不在此限。

　4. 對於過去之業績作誇大之宣傳或對同業攻訐之廣告。

　5. 為虛偽、詐欺或其他足致他人誤信之行為。

　6. 對未經金管會核准募集或申報生效之基金，預為宣傳廣告、公開說明會及促銷。

7. 內容違反法令、證券投資信託契約、境外基金相關機構授權契約或基金公開說明書內容。

8. 以基金經理人作為宣傳廣告之主要訴求或標題。

9. 為基金投資績效之預測。

10. 涉及對新臺幣匯率走勢之臆測。

11. 內容採用可能貶低整體行業聲譽之方式作宣傳。

12. 內容載有不正確或銷售文件內容不符或不雅之文字、美術稿或圖案設計。

13. 開放式基金以「無折價風險」等相關詞語作為廣告。

14. 以銷售費或經理費收入為捐贈或與投資人權益無關之詞語為訴求。

15. 截取報章雜誌之報導作為廣告內容。

16. 以採訪投資人之方式來廣告促銷基金。

17. 以獲利或配息率為廣告者，未同時報導其風險以作為平衡報導。

18. 以配息比率或配息金額為廣告文宣之主要標題。

19. 以配息為廣告標題者，加入基金配息資訊以外之行銷性質文字。

20. 股票型基金以月配息為廣告或銷售之主要訴求。

21. 使用優於於定存、打敗通膨等相類之詞語為訴求。

22. 有關免稅之說明，未載明或說明係何種對象、何種內容免稅。

23. 以基金信用評等等級為廣告或促銷內容（含已成立或金管會核准募集但尚未成立之基金）時，未以顯著方式註明該基金所獲得信用評等之性質及未成立基金未註明該基金尚未成立。

24. 未於基金銷售文件中，標明已備有公開說明書（或其中譯本）或投資人須知及可供索閱之處所或可供查閱之方式。

25. 股票型基金提及配息類股時，未於銷售文件中說明配息機制，包括股票配息情形及說明如何將股息收入轉為各期配息。

26. 銷售文件中有提及投資人直接應付之費用（含手續費前收或後收型基金之申購手續費、基金短線交易應付之買回費用或其他費用等）時，未清楚標示收取方式；以及未揭示「有關基金應負擔之費用（境外基金含分銷費用）已揭露於基金之公開說明書或投資人須知中，投資人可至公開資訊觀測站或境外基金資訊觀測站中查詢。」之相關資訊。

27. 對投資人須支付基金分銷費用之基金，未於銷售文件或廣告內容中以顯著方式揭露分銷費用反映於每日基金淨資產價值及其約占比例之資訊或請投資人詳閱公開說明書查詢上開資訊。

28. 申購手續費屬後收型之基金，以免收申購手續費為廣告主要訴求且未揭露遞延手續費之收取方式或請投資人詳閱公開說明書查詢上開資訊。

29. 為推廣業務所製發之書面文件，未列明公司名稱、地址及電話，以及證券投資顧問未列明營業執照字號。

30. 以未經金管會核准或同意生效之境外基金為廣告內容。

31. 專攻理財專員使用之基金文宣資料，放置於櫃臺或文宣資料區提供投資人自行取閱。

32. 以基金銷售排行之方式為廣告內容。

33. 其他影響事業經營或投資人權益之事項。

(二)證券投資信託事業、總代理人及基金銷售機構於從事「保本型」基金之廣告、公開說明書及營業活動時，除應遵守相關規定外，並須符合下列原則：

1. **銷售文件應揭露下列事項：**

   (1) 保證型基金之有關保證機構資料：保證機構名稱、業務性質及有關其財務狀況資料（如股本、總資產淨值或股東資金），以及其信用評等或其他有關資料。

   (2) 保證型基金之有關該項保證資料：該項保證之條款，包括該項保證適用範圍及有效性，以及可能導致該項保證終止之情事，並舉例說明用以清楚表示有關的保證機制，以及高於保證金額之潛在回報計算方法。

   (3) 保護型基金未設保證機構，應載明本基金無提供保護機構保證之機制，係透過投資工具達成保護本金之功能，亦不得使用保證、安全、無風險等類似文字。【109年第2次投信投顧人員】

   (4) 相關投資連結標的性質之詳細說明。

   (5) 應註明實際參與率，與所列出作為參考的參考比例可能會有所不

同，並說明實際參與率將於何時釐定及以何種方式通知投資人或基金受益人。

(6) 應於投資人須知或公開說明書（或其中譯本）之封面以顯著方式標明基金之保本比率及基金類型（保證型或保護型）。

2. **廣告文宣內容應以顯著顏色及字體方式，揭露下列事項：**

(1) 保證型基金：基金類型、保證機構名稱、保證期間及保本比率。
【106年第4次投信投顧人員】

(2) 保護型基金：基金類型、保本期間、保本比率及「本基金無提供保證機構保證之機制，係透過投資工具達成保護本金之功能」用語。

(3) 依基金類型加註廣告警語內容。

(4) 如有引用參考性參考比率，應列明參考日期並註明實際參與率與參考性參考比率可能會有所不同。

三、廣告贈品規範：

證券投資信託事業、總代理人及基金銷售機構提供贈品鼓勵投資人索取基金相關資料時，應確實執行下列控管作業：

(一) 應於相關宣傳文件（含電子媒體）上載明贈品活動之期間、人數、數量、參加辦法等項訂有限制條件者，以避免紛爭。

(二) 應留存領取贈品之投資人所填寫資料或將投資人姓名、聯絡方式等項建檔留存。但贈品單一成本價值低於新臺幣三十元且印有公司名稱之贈品（例如：原子筆、便條紙等）不在此限。【107年第3次投信投顧人員】

(三) 對前述留存之投資人個人資料，除其他法律或金管會另有規定外，應保守秘密，並依個人資料保護法規定辦理。

(四) 各項贈品活動應按月造冊，併同宣傳文件、投資人資料及內部審核紀錄保存「**二年**」。

(五) 贈品如以非現金取得，該贈品價值應以該項贈品或類似商品之零售價格、或其他可供佐證之單據文件認定之。

小試身手 ....

(　) **1** 有關投顧事業從事廣告及營業活動行為規範所稱之「廣告」，下列敘述何者為非？　(A)以促進業務為目的　(B)運用傳播媒體為工具　(C)於不公開之場所進行　(D)向不特定之多數人宣傳之。

(　) **2** 「證券投資信託暨顧問商業同業公會證券投資信託事業從事廣告及營業促銷活動行為規範」所稱「廣告」，係指運用下列何種傳播媒體，就證券投資信託業務及相關之事務向不特定人多數人為傳遞、散布或宣傳？　(A)理財雜誌　(B)手機簡訊　(C)部落格網頁　(D)以上皆是。

(　) **3** X證券投資信託公司下列何種宣傳行為，應遵守投信事業從事廣告及營業促銷活動行為規範之規定？　甲：基金產品投資說明書之簡介，乙：於入口網站首頁刊登新募集成立基金廣告，丙：利用電子郵件向大專院校宣傳績優基金訊息，丁：戶外電子看板播出募集新基金訊息　(A)僅甲、丁　(B)僅乙、丙　(C)僅甲、乙、丙　(D)甲、乙、丙、丁皆是。

(　) **4** 下列何者係投顧事業從事廣告及營業活動行為規範所稱之「廣告」？　(A)使用新聞稿宣傳投資諮詢服務訊息　(B)利用電子郵件提供公司業務最新動態　(C)運用網路行銷投資顧問月刊　(D)以上皆是。

(　) **5** 甲證券投信資託公司下列何種宣傳行為，應遵守投信投顧公會會員及其銷售機構從事廣告及營業活動行為規範之規定？　A：基金產品投資說明書之簡介；B：利用網頁傳遞新募集成立基金訊息；C：利用電子郵件向大專院校宣傳績優基金訊息；D：發布新聞稿將募集新基金。　(A)僅A、D　(B)僅B、C　(C)僅A、B、C　(D)A、B、C、D皆是。

(　) **6** 針對證券投資信託事業、總代理人及基金銷售機構從事基金廣告、公開說明會及其他營業促銷活動時，下列何者正確？

(A)得以提供贈品或定存加碼、貸款減碼，以勸誘他人購買基金
(B)得截取報章雜誌之報導作為廣告內容　(C)開放式基金不得以
無折價風險等相類詞語做為廣告　(D)經理公司不得以基金績效
為廣告。

(　　) **7** 證券投資信託事業或境外基金總代理人提供贈品鼓勵投資人索取
基金相關資料時，贈品單一成本價格上限為？　(A)新臺幣一百
元　(B)新臺幣二百元　(C)新臺幣三百元　(D)新臺幣五百元。

(　　) **8** 甲公司於本國募集投資於海外之信託基金，於公開說明會進行推
介建議時，可以下列何者方式宣傳？　(A)預計明年之投資報酬
率達百分之二十五以上　(B)該區域經濟穩定成長，是絕對安全
且無風險之投資環境　(C)對於新臺幣與該國匯率比較進行臆測
(D)於現場發送之文件中，標明已備有公開說明書或投資人須知
可供查閱之方式。

解答 1(C)　2(D)　3(D)　4(D)　5.(D)　6(C)　7(B)　8(D)

重點 **4** 廣告行為規範要點

一、贈品管理規範：

(一)證券投資信託事業、總代理人應於「**每月十日前**」將上個月份舉辦之贈
品活動按規定造冊，並向投信投顧同業公會申報，同時如上個月份未舉
辦贈品活動者，則不需申報。

(二)從事廣告、公開說明會及其他營業促銷活動而製作之有關資料，及以所
屬全部銷售機構為對象舉辦之贈品活動，應列入公司內部控制制度管
理，並於對外使用前，經公司法令遵循部門適當覆核。

若無法令遵循部門之設置，則由權責部門主管為之，確定其內容無不
當、不實陳述、誤導投資人、違反本行為規範及相關法令之情事。

二、廣告及促銷活動之申報：

(一)從事廣告、公開說明會及其他營業促銷活動而製作之有關資料，及以所屬全部銷售機構為對象舉辦之贈品活動，應列入公司內部控制制度管理，並於對外使用前，經公司法令遵循部門適當覆核；若無法令遵循部門之設置，則由權責部門主管為之，確定其內容無不當、不實陳述、誤導投資人、違反本行為規範及相關法令之情事。

(二)除下列情形者外，並應於「**事實發生後十日內**」依法令規定程序將廣告、公開說明會及其他營業促銷活動之資料，向同業公會申報：【108年第1次投信投顧人員】

　1.登載會員公司名稱、人事、地點、股權、辦公處所、事業結構、主管或出資人、電話、傳真、網址之變動等事宜有關之廣告或文宣。

　2.已申報再次使用內容無變動之案件。

　3.基金銷售機構之業務人員對特定客戶提供之說明資料。

　4.僅以手續費折扣方式促銷基金且未提及任何基金名稱者；或提及基金名稱但係以在公司櫃檯上擺置牌子方式為之者；或僅提及基金名稱但未涉及其他任何形式之廣告宣傳者。

　5.公司對其內部人員或對其委任之基金銷售機構所製作使用並標示為內部文件之教育訓練資料。

　6.其它金管會或法令規定得豁免申報之情形者。

三、投顧事業之廣告規範：

(一)投顧事業從事境外基金或國內投信所發行基金之推介顧問服務，應客戶要求製作之相關文件內容，應遵守下列事項：【106年第4次投信投顧人員】

　1.須務求相關內容之正確性，以避免誤導投資大眾之判斷力。

　2.不得對於該基金過去之業績作誇大之宣傳。

　3.以獲利為宣導重點者，必須同時報導其風險，且須以較大粗體字型印刷「基金投資不表示絕無風險，基金經理公司以往之績效不保證基金之最低收益。投資人申購前應詳閱基金公開說明書」之警語。

4. 以基金績效及業績數字為資料內容者，應刊登至少「**最近三年**」之績效，成立時間未滿三年者，應刊登自成立日以來之績效，不得截取特定期間之績效。

5. 不得為基金投資績效之預測。

6. 提供境外基金之推介顧問服務時，應揭示有關基金應負擔之費用（含分銷費用）已揭露於基金之公開說明書及投資人須知中，投資人可至境外基金資訊觀測站中查詢之內容文字。

7. 提供境外基金之推介顧問服務時，非經金管會核准，不得涉及境外基金在臺募集、發行或買賣之事宜，亦不得有廣告及其他促銷行為或以新聞報導方式，達到廣告或促銷特定境外基金之目的。

8. 提供國內投信所發行基金之推介顧問服務時，應遵守投信投顧同業公會「證券投資信託事業從事廣告及營業促銷活動行為規範」之相關規定。

(二) 投顧事業及其從業人員，從事廣告、公開說明會及其他營業活動，不論係以自行製播、接受媒體連線或現場訪問、call in節目或以其他形式進行，除應符合證券投資顧問事業負責人與業務人員管理規則有關業務人員之資格條件外，並不得有下列行為：【111年第2次、110年第2次投信投顧人員】

1. 藉卜筮或怪力亂神等方式，為投資人作投資分析。

2. 鼓動或誘使他人拒絕履行證券投資買賣之交割義務、為抗爭或其他擾亂交易市場秩序之行為。

3. 利用非專職人員招攬客戶或給付不合理之佣金。

4. 以非向同業公會登記之名稱為之。

5. 為招攬客戶，以詐術或其他不正當方式，誘使投資人參加證券投資分析活動或簽訂委任契約。

6. 對所提供證券投資服務之績效、內容或方法無任何證據時，於廣告中表示較其他業者為優。

7. 於廣告中僅揭示對公司本身有利之事項，或有其他過度宣傳之內容。

8. 未取得核准辦理全權委託投資業務，而為使人誤信其有辦理該項業務之廣告。

9. 為保證獲利或負擔損失之表示。

10. 於傳播媒體從事投資分析之同時，有招攬客戶之廣告行為。

11. 涉有利益衝突、詐欺、虛偽不實、欺罔、謾罵或其他顯著有違事實或足致他人誤信或意圖影響證券市場行情之行為。

12. 涉有個別有價證券未來價位研判預測。

13. 於有價證券集中交易市場或櫃檯買賣成交系統交易時間及前後一小時內，在廣播或電視傳播媒體，對不特定人就個別有價證券之買賣進行推介或勸誘。

14. 於前款所定時間外，在廣播或電視媒體，未列合理研判分析依據，對不特定人就個別有價證券之產業或公司財務、業務資訊提供分析意見，或就個別有價證券之買賣進行推介。

15. 於公開場所或廣播、電視以外之傳播媒體，對不特定人未列合理研判分析依據對個別有價證券之買賣進行推介。

16. 對證券市場之行情研判、市場分析及產業趨勢，未列合理研判依據。

17. 以主力外圍、集團炒作、內線消息或其他不正當或違反法令之內容，作為招攬之訴求及推介個別有價證券之依據。

18. 引用各種推薦書、感謝函、過去績效或其他易使人認為確可獲利之類似文字或表示。

19. 為推廣業務所製發之書面文件未列明公司登記名稱、地址、電話及營業執照字號。

20. 以業務人員或內部研究單位等非證券投資顧問事業名義，逕行對外招收會員、舉辦證券投資分析活動或製發書面文件。

21. 未經許可兼營期貨顧問業務，而從事期貨或衍生性商品之投資分析。
【111年第3次投信投顧人員】

22. 對同業為攻訐。

23. 提供贈品或其他利益以招攬客戶。

24. 以顧問費或委任費之收入為捐贈或與委任人權益無關之詞語為訴求。

25. 藉金管會核准經營某項業務，作為證實該申請事項或保證投資分析績效之宣傳。

26. 製作有聲媒體廣告時，未以語音或文字聲明「本公司經主管機關核准之營業執照字號為（○○）證管（或金管）投顧字第○○○號」。製作廣播證券投資分析節目時，未於節目播放之前或之後，聲明公司名稱、金管會或原證期會核准之營業執照字號及「本節目資料僅供參考」。

27. 製作電視證券投資分析節目時，未於畫面或版面明顯處，載明公司名稱、金管會或原證期會核准之營業執照字號及「本資料僅供參考」或相同意思之字樣。

28. 其他經金管會禁止之行為。

(三) 投顧事業為廣告、公開說明會及其他營業活動應經內部適當審核，並於事實發生後「**十日內**」向同業公會申報；從事廣告、公開說明會及其他營業活動製作之宣傳資料、廣告物及相關紀錄應保存二年。【107年第1次、105年第2次、第3次、第4次投信投顧人員】

(四) 投顧事業於各種傳播媒體從事證券投資分析活動，應將節目錄影（音）存查，並依同業公會所訂自行審核與申報作業程序確實執行；節目錄影（音）資料，應至少保存二個月，但證券投資分析內容涉有爭議者，應保存至該爭議消除為止。

(五) 投顧事業所為之廣告、公開說明會及其他營業活動，同業公會認為有必要或經投資人、相關單位檢舉有違反本行為規範之嫌疑時，同業公會應即進行查證，並對檢舉人身分予以保密。

(六) 同業公會依規定對投顧事業進行查證後，認為涉有違反本行為規範之情事者，應通知該公司提出說明；投顧事業於接獲同業公會前項通知後，應於所訂期限內以書面回復同業公會；投顧事業未依期限回復或經審查後仍認為涉有違反行為規範之情事者，應提同業公會紀律委員會審議。

(七) 投顧事業從事廣告、公開說明會及其他營業活動，經不同業公會紀律委員會審議認為有違反行為規範之情事者，除並有違反規定之情事，應由投信投顧同業公會於每月底前彙整函報金管會依法處理外，得視違反情節之輕重，依投信投顧同業公會會員違規處置申復辦法處理之。

(八) 總代理人委任之基金銷售機構從事境外基金之廣告、公開說明會及其他營業活動有違反規定時，總代理人及基金銷售機構應依相關法令負其責

任，並應於事實發生「**十日內**」向投信投顧公會申報。【107年第4次、105年第2次投信投顧人員】

(九)為便於其業務人員於從事全權委託投資業務招攬與營業促銷活動時，提示正確及完整資訊供客戶參考，就所製作之簡介或說明之內容，涉及服務項目、資格條件、經理績效或其負責人、業務人員及受僱人之資歷等基本資料，應使其一致，且不得冒用或使用相同或近似於他人之註冊商標、服務標章或名號，致有混淆投資人之虞。

重點 5　廣告須述明之警語

證券投資信託事業、總代理人及基金銷售機構除為單純登載投資管理專門知識或服務等標榜境外基金機構、集團、公司或企業形象而不涉及任何基金產品之廣告，無須標示警語外，其為基金廣告時，應於廣告內容中述明下列或與之相類之警語：【107年第3次、106年第2次投信投顧人員】

平面廣告	除保本型基金及以投資高收益債券為訴求之基金外，應揭示「本基金經金管會核准或同意生效，惟不表示絕無風險。基金經理公司以往之經理績效不保證基金之最低投資收益；基金經理公司除盡善良管理人之注意義務外，不負責本基金之盈虧，亦不保證最低之收益，投資人申購前應詳閱基金公開說明書。」之警語。【107年第3次投信投顧人員】
保本型基金	保本型基金應揭示之警語內容包括： (一) 保本型基金為保證型者：【111年第2次投信投顧人員】 　　應刊印「本基金經金管會核准或同意生效，惟不表示絕無風險。投資人持有本基金至到期日時，始可享有＿＿％的本金保證。投資人於到期日前買回者或有本基金信託契約第＿＿條或公開說明書所定應終止之情事者，不在保證範圍，投資人應承擔整個投資期間之相關費用，並依當時淨值計算買回價格。投資人應了解到期日前本境外基金之淨值可能因市場因素而波動。投資人在進行交易前，應確定已充分瞭解本基金之風險與特性。」等文字。

保本型 基金	(二) 保本型基金為保護型者： 　應刊印「本基金無提供保證機構保證之機制，係透過投資工具達成保護本金之功能。本基金經金管會核准或同意生效，惟不表示絕無風險。投資人持有本基金至到期日時，始可享有____%的本金保護。投資人於到期日前買回者、或有本基金信託契約第____條或公開說明書所定應提前終止之情事者，不在保護範圍，投資人應承擔整個投資期間之相關費用，並依當時淨值計算買回價格。投資人應了解到期日前本基金之淨值可能因市場因素而波動，因保護並非保證，投資標的之發行人違約或發生信用風險等因素，將無法達到本金保護之效果，投資人在進行交易前，應確定已充分瞭解本基金之風險與特性。」等文字。
高收益 債券 基金	以投資高收益債券為訴求之基金除有聲廣告依規定為之外，應以不同顏色顯著字體方式載明並列示適合之投資人屬性，並刊印「投資人投資以高收益債券為訴求之基金不宜占其投資組合過高之比重」，及揭示「本基金經金管會核准，惟不表示絕無風險。由於高收益債券之信用評等未達投資等級或未經信用評等，且對利率變動的敏感度甚高，故本基金可能會因利率上升、市場流動性下降，或債券發行機構違約不支付本金、利息或破產而蒙受虧損。本基金不適合無法承擔相關風險之投資人。基金經理公司以往之經理績效不保證基金之最低投資收益；基金經理公司除盡善良管理人之注意義務外，不負責本基金之盈虧，亦不保證最低之收益，投資人申購前應詳閱基金公開說明書。」等文字。 **觀念補給站** **以投資高收益債券為訴求之基金類型如下：** ★ 證券投資信託基金： 　1. 高收益債券基金。 　2. 投資新興市場國家之債券總金額達基金淨資產價值之百分之六十以上且投資高收益債券總金額不得超過基金淨資產價值之百分之四十者。 　3. 追蹤、模擬或複製高收益債券標的指數表現之指數股票型基金（ETF）及指數型基金。

高收益債券基金	★ 境外基金： 1. 以高收益債券為名或投資策略以投資高收益債券為主或過去1年每月底投資組合平均60%以上投資於高收益債券。 2. 投資策略有相當比重投資於高收益債券或過去1年每月底投資組合平均30%以上投資於高收益債券。 ★ 以高收益債券為訴求之基金。
槓桿型ETF反向型ETF	槓桿型ETF及反向型ETF應於銷售文件（包括但不限於公開說明書或簡式公開說明書）以粗體或顯著顏色字體刊印「本基金具有槓桿或反向風險，其投資盈虧深受市場波動與複利效果影響，與傳統指數股票型基金不同。本基金不適合追求長期投資且不熟悉本基金以追求單日報酬為投資目標之投資人。投資人交易前，應詳閱基金公開說明書並確定已充分瞭解本基金之風險及特性。」等文字。
基金配息	基金配息可能涉及本金之揭露： (一) 當基金得以其本金支付配息時，應特別揭示「基金的配息可能由基金的收益或本金中支付。任何涉及由本金支出的部份，可能導致原始投資金額減損。」之警語，並於基金名稱後方以粗體或顯著顏色及相同大小字體加註「基金之配息來源可能為本金」。 (二) 如基金配息前未先扣除應負擔之相關費用時，應揭示「本基金配息前未先扣除應負擔之相關費用」等警語。 (三) 證券投資信託事業或總代理人應備有近12個月內由本金支付配息之相關資料供投資人查詢，且於表格下方揭露可分配淨利益之計算基礎，並揭露於公司網站。 (四) 上述三項應揭露於基金所有銷售文件（包括但不限於公開說明書、簡式公開說明書或境外基金投資人須知），但第三項得以揭露投資人查詢方法或途徑為之。 (五) 除投資人為金融消費者保護法第4條第2項所定之專業投資機構外，應於初次交易前進行有關基金配息可能涉及本金之風險告知，並取具其簽署或以雙方約定之方式聲明已充分瞭解此風險。 (六) 證券投資信託事業、總代理人及基金銷售機構應將上述事項納入內部控制與內部稽核制度。

	廣告內文提及下列情事時，應再加註之內容：
廣告內文加註內容	(一) 本基金投資範圍或市場（例如：新興市場等）之經濟走勢預測時，應以與警語相同之顏色及字體加註「本文提及之經濟走勢預測不必然代表本基金之績效，本基金投資風險請詳閱基金公開說明書」之警語。但廣告內文中僅敘明基金投資範圍，未提及投資範圍或市場之經濟走勢預測，則不在此限。 (二) 以基金定時定額投資績效為廣告時，應揭示「投資人因不同時間進場，將有不同之投資績效，過去之績效亦不代表未來績效之保證。」之警語。 (三) 以基金配息率為廣告時，應揭示「基金配息率不代表基金報酬率，且過去配息率不代表未來配息率；基金淨值可能因市場因素而上下波動。」之警語。 (四) 以高收益為名之基金，若於廣告文宣資料上標示高收益、高配息，應以相同規格標示或揭露其相對應之投資風險。 (五) 以投資高收益債券為訴求之基金銷售文件或廣告，應於基金名稱後方，以粗體或顯著顏色及相同大小字體加註下述文字： 　　1.「本基金主要係投資於非投資等級之高風險債券」，例如：○○高收益債券基金（本基金主要係投資於非投資等級之高風險債券）。另，高收益債券基金之配息政策可能致配息來源為本金者，亦應比照辦理。 　　2. 加註「本基金有相當比重投資於非投資等級之高風險債券」，例如：○○基金（本基金有相當比重投資於非投資等級之高風險債券）。 (六) 當以基金過去績效進行模擬投資組合之報酬率時，除應將模擬的方法及基本假設與限制註明清楚外，並應揭示「以上僅為歷史資料模擬投資組合之結果，不代表本投資組合之實際報酬率及未來績效保證，不同時間進行模擬操作，其結果亦可能不同。」之警語。 (七) 申購手續費屬後收型之基金，若有收取分銷費，應揭示「手續費雖可遞延收取，惟每年仍需支付＿＿＿%的分銷費，可能造成實際負擔費用增加。」之警語。 (八) 廣告內容中如有公司所屬集團形象性質之文字時，應註明「○○公司獨立經營管理」字樣。

有聲廣告	各類型基金之有聲廣告：透過廣播、電視、電影、手機簡訊、手機來電答鈴或其他相似方式，以影像或聲音為有聲廣告時，應揭示「投資一定有風險，基金投資有賺有賠，申購前應詳閱公開說明書（投資人須知）」。但手機簡訊及手機來電答鈴之內容僅揭示以下訊息時，則不在此限： (一) 基金名稱、募集日期。 (二) 說明會日期及地點。 (三) 手續費率（含優惠）。 (四) 客服連絡電話。 (五) 公司介紹。
全權委託投資業務	從事全權委託投資業務為廣告時，應於廣告內容中述明下列或與之相類之警語： (一) 平面廣告： 　　1. 應揭示「全權委託投資並非絕無風險，本公司以往之經理績效不保證委託投資資產之最低收益，本公司除盡善良管理人之注意義務外，不負責委託投資資產之盈虧，亦不保證最低之收益，客戶簽約前應詳閱全權委託投資說明書。」之警語。 　　2. 廣告內文提及下列情事時，應再加註之內容： 　　　(1) 提及全權委託投資範圍或市場（例如：新興市場等）之經濟走勢預測時，應以與警語相同之顏色及字體加註「本文提及之經濟走勢預測不必然代表本全權委託投資業務之績效」之警語。 　　　(2) 廣告內容中如有公司所屬集團形象性質之文字時，應註明「○○公司獨立經營管理」字樣。 (二) 有聲廣告：透過廣播、電視、電影或其他相似方式，以影像或聲音為有聲廣告時，應揭示「全權委託投資並非絕無風險，本公司以往之經理績效不保證委託投資資產之最低收益，客戶簽約前應詳閱全權委託投資說明書」之警語。 (三) 單純登載投資管理專門知識或服務等標榜公司、企業或集團形象而不涉及全權委託投資業務之廣告，無須標示警語。

重點 **6**	以基金績效為廣告之原則

一、績效廣告原則：

(一)任何基金績效及業績數字（包括所提之獎項及排名）均需註明使用資料之來源及日期。

保本型基金如須採用複雜計算機制，為了向投資人詳細解釋該等機制，證券投資信託事業、總代理人及基金銷售機構可以使用假設數字，且須清楚列明該數字僅作說明用途，並非表示投資人將來可獲得的實際收益。【107年第3次投信投顧人員】

(二)以基金績效作為廣告者，基金需成立滿六個月以上者，始能刊登全部績效或年度績效；並應遵守以全部績效、年度績效及以定時定額投資績效為廣告之事項。【107年第1次、106年第3次投信投顧人員】

1. **以全部績效作為廣告：**

(1) 須刊登自成立日以來並以計算至月底之最近日期之全部績效（指三個月、六個月、一年、二年及自成立日之績效），同時可增加揭示「自今年以來」之績效。

(2) 成立滿三年者，應以最近三年全部績效（指一年、二年及三年之績效）為圖表表示，同時可增加揭露「自今年以來」、或「三個月」及「六個月」、或「五年」、或「十年」、或「自成立日以來」之績效。

(3) 基金之各期間績效排名皆為同類型基金之前 1／2 者，得以文字形容該基金績效，惟須一併揭示該基金應揭示之全部績效及同類型基金績效平均數或指標（benchmark）績效。

2. **以年度績效（指 1 至 12 月完整曆年期間計算之績效）作為廣告者：**

(1) 應揭示最近十年度之各年度績效，同時可增加揭示「自今年以來」績效。

(2) 成立未滿十年者，應揭示自成立以來之各年度績效，同時可增加揭示「自今年以來」績效。

(3) 成立未滿三年者，除揭示年度績效外，須一併揭示該基金之全部績效（指三個月、六個月、一年、二年及自成立日之績效）。

(4) 基金之各年度績效排名皆為同類型基金之前1／2者，得以文字形容該基金年度績效，惟須一併揭示該基金應揭示之年度績效及同類型基金年度績效平均數或指標（benchmark）年度績效。

二、績效揭示原則：【108年第2次投信投顧人員】

(一)不得以一個月之基金績效為廣告訴求及截取特定期間之績效。

(二)不得採點對點之直接連接之線圖方式來呈現基金績效表現之走勢。

(三)若以線圖呈現基金績效，基金成立未滿三年者，應揭示該基金自成立以來之績效，基金成立滿三年（含）者，得自行決定揭示自成立以來之績效或最近三年之績效，且不得對上揭績效的揭示期間作特定期間之壓縮或放大。

(四)基金績效與指標（benchmark）作比較時，除比較基期及計算幣別應一致外，該指標（benchmark）應由證券投資信託事業檢具相關證明文件，報經金管會核備後載明於基金公開說明書，並於通知同業公會後始得為之；境外基金則由總代理人檢具證明文件並將該指標載明於投資人須知，於報經同業公會核對無誤後始得為之；指標（benchmark）有變動時，亦同。

(五)如非以主要（primary）類股之績效揭示，應同時揭示該類股之級別（例如：資料來源：Lipper／類股：A累積）

三、績效評比與揭露：

(一)以基金績效作為廣告者，應以投信投顧同業公會委請之專家學者、理柏（Lipper）、晨星（Morningstar）、嘉實資訊公司或彭博（Bloomberg）等基金評鑑機構所作之評比資料為標準。【107年第3次投信投顧人員】

(二)與其他證券投資信託基金或境外基金之基金績效比較時，應使用同一國內、外機構之統計或分析資料，且須換算成相同幣別將全部同類型基金之績效均列入並以相同計算基礎比較。全部同類型基金之績效得以該分類之全體平均值替代。

(三)以模擬過去績效之方式作為廣告內容時，應針對該模擬績效之運算模型或模組及假設條件等相關資訊，加以詳細之附註說明於旁，並依同業公

會所定規範對其風險作平衡報導，且其字體大小不得小於該模擬績效廣告部分之字體。

(四)以基金配息率為廣告時，應同時揭露各期間之報酬率（含息）或報酬率（不含息），並說明報酬率之計算方式；基金配息之年化配息率計算公式為「每單位配息金額÷除息日前一日之淨值×一年配息次數×100%」，並應加註「年化配息率為估算值」之說明。

(五)以基金定時定額投資績效為廣告時，應以評比資料為標準，惟可按基金扣款情形予以調整，但應確實核對數字之正確性，且須遵守下列事項：

　1. 須載明投資績效計算期間且為迄最近日期資料及扣款日期；及投資績效若以原計價幣別以外之其它幣別計算揭露，應同時揭露以相同計算基礎所換算為原幣或新臺幣之投資績效。

　2. 基金須成立滿一年以上。【111年第3次投信投顧人員】

　3. 基金成立未滿三年者，應揭露一年、二年及自成立日以來之績效；基金成立滿三年以上者，應至少揭露三年之績效。前述績效應為迄最近日期資料且不得揭露一年（不含）以下期間之投資績效。

(六)以原計價幣別以外之其它幣別之基金績效作為廣告者，應同時揭露以相同計算基礎所換算為原幣或新臺幣之基金績效。

(七)除基金屬性係以追求一定報酬率為主之特殊型基金且其追求之報酬率已於基金公開說明書中揭露並為一致性之資訊外，不得使用「追求○%報酬率、或○%年報酬率、或○%絕對報酬率」等相類用語為基金之廣告及促銷。但符合前述所定條件之特殊型基金於引用時，不可對報酬率部分特別以其他顏色或與其他文字比例顯不相當之方式呈現之，且應揭露自成立日以來之全部績效以平衡風險報導。

(八)不得以（任何期間）基金績效數值或排名資料為廣告標題、或訴求、或為任何特別標識，且廣告內文中刊載基金績效時，不得以劃有色框線、或放大字體、或粗黑字體或不同顏色字樣等顯著方式加以放大或強調。

(九)以基金績效外之其他業績數字為廣告時，可引用之國內、外機構之統計或分析資料名單，若作同類比較時，僅可使用同一來源。前述業績數字包括對證券投資信託事業、總代理人及境外基金管理機構所公布業績數字。

(十)證券投資信託事業對投資人進行槓桿型ETF及反向型ETF之教育宣導，協助投資人瞭解該等ETF產品之風險及特性，以基金績效與槓桿指數或反向指數（含證券投資信託事業自行計算之槓桿指數或反向指數）作單日或截取特定期間之比較者，得不受「基金需成立滿六個月以上者，始能刊登」之限制。

小試身手

(　　) **1** 以證券投資顧問事業於各種傳播媒體從事證券投資分析活動，應將節目錄影及錄音存查，並依投信投顧公會所訂自行審核與申報作業程序確實執行；此節目錄影及錄音資料涉有爭議者應保存至該爭議消除為止，無爭議者則至少應保存多久？　(A)二年　(B)一年　(C)六個月　(D)二個月。

(　　) **2** 投信投顧公會會員（如：證券投資顧問事業）從事廣告、公開說明會及其他營業活動製作之宣傳資料、廣告物及相關紀錄應保存多久？　(A)三年　(B)二年　(C)一年　(D)六個月。

(　　) **3** 基金銷售機構為證券投資信託基金之廣告、公開說明會及其他促銷活動時，應依相關規定執行，並由證券投資信託事業於事實發生之日起幾日內向投信投顧公會申報？　(A)七日　(B)十日　(C)十五日　(D)三十日。

(　　) **4** 公司對於業績數字進行廣告，證券投資信託基金目前可引用國內外機構統計或分析資料，以下何者不正確？　(A)Thomson Band Watch　(B)嘉實資訊　(C)美國晨星（Morning Star）基金評鑑機構　(D)美國理柏（Lipper）基金評鑑機構。

(　　) **5** 證券投資信託事業以基金績效及業績數字為廣告內容者，需符合以下哪個原則？　(A)基金成立需滿一年以上者始能刊登　(B)成立超過三年的基金得採點對點之直接連接之線圖方式來呈現基金績效表現之走勢　(C)成立滿三年者，應至少揭露三年績效

(D)以基金績效作為廣告者，得以金管會委請專家學者所作之評比資料為標準。

(　　) **6** 以基金績效及業績數字為廣告內容者，以下何者符合規定？ (A)廣告所列出之圖表，必須清楚展示其內容，不得有任何扭曲 (B)以基金績效成為廣告者，應以金管會委請之專家學者所作之評比為標準 (C)同一基金成立滿三個月以上始能刊登 (D)以上皆是。

(　　) **7** 證券投資信託事業製作何種廣告須標示警示語？ (A)公司投資管理專門知識 (B)公司服務專業部門簡介 (C)企業形象 (D)基金產品之宣傳。

(　　) **8** 以基金績效及業績數字作為廣告者，同一基金成立滿三年者應如何刊載表示其績效？ (A)截取特定期間以圖表表示之績效 (B)公布最近一年績效以圖表或線圖表示 (C)以最近三年全部績效為圖表或線圖表示 (D)以最近二年全部績效為圖表或線圖表示。

(　　) **9** 依中華民國證券投資信託暨顧問商業同業公會會員及其銷售機構從事廣告及營業活動行為規範，有關投顧事業從事廣告、公開說明會及其他營業活動之敘述，何者為非？ (A)可於開盤前一小時在電視媒體推介特定股票 (B)不得誘使他人拒絕履行交割義務，為抗爭或其他擾亂市場秩序之行為 (C)不得為保證獲利或負擔損失之表示 (D)不得引用各種推薦函、感謝函或其他易使人認為確可獲利之類似文字或表示。

(　　)**10** 有關投顧事業從事廣告及營業活動行為之敘述，何者正確？ (A)以國家認證分析師之資格擔保為訴求 (B)應揭示本名，經核准後得以化名為之 (C)於有價證券集中市場或櫃檯買賣成交系統時間及前後一小時內，在廣播或電視傳播媒體，對不特定人就個別有價證券之買賣進行推介及勸誘 (D)得於傳播媒體從事興櫃股票之投資分析活動。

(　　)**11** 證券投顧事業從事業務廣告及公開舉辦證券投資分析活動，下列何者符合規定？　(A)於廣告中僅揭示對公司本身有利之事項　(B)於傳播媒體從事投資分析之同時，有招攬客戶之廣告行為　(C)對證券市場之行情研判、市場分析及產業趨勢，列示合理研判依據　(D)涉有個別有價證券未來買賣價位研判預測。

(　　)**12** 投顧事業舉辦投資說明會時，發表證券市場之投資意見涉及哪些下列事項應同時說明研判之依據？　(A)行情研判　(B)市場研判　(C)產業趨勢　(D)以上皆是。

(　　)**13** 投顧事業舉辦投資講習會、座談會及說明會等，除已取得兼營期貨顧問業務之許可外，不得對下列何者作投資分析？　(A)上櫃股票　(B)公債　(C)上市股票　(D)選擇權。

(　　)**14** 投信投顧公會會員（如：證券投資信託公司）從事全權委託投資業務之招攬與營業促銷活動時之規範，下列何者不符合規定？　(A)藉金管會核准經營全權委託投資業務，作為證實申請事項或保證全權委託投資資產價值之宣傳　(B)為負擔損失或保證獲利之表示　(C)提供贈品招攬或促銷　(D)以上皆不符規定。

(　　)**15** 投信投顧事業從事全權委託投資之業務招攬與營業促銷活動，不得有何種行為？　(A)向客戶保證會員負責擔損失　(B)以過去之操作績效作誇大之宣傳　(C)對客戶提供過去其進行有價證券交易之績效時，僅引用對其有利資料以利宣傳　(D)以上皆不得為之。

解答 1 (D)　2 (B)　3 (B)　4 (A)　5 (C)　6 (A)　7 (D)　8 (C)　9 (A)　10 (D) 11 (C) 12 (D)　13 (D) 14 (D) 15 (D)

精選試題

(　) **1** 證券投資顧問公司之業務人員於公開場所從事證券投資分析活動，不得有下列何種行為？　(A)藉算命或怪力亂神方式作投資分析　(B)以化名從事證券投資分析　(C)未列合理研判分析依據對不特定人就個股之買賣進行推介　(D)選項(A)(B)(C)皆是。

【107年第4次、106年第1次投信投顧人員】

(　) **2** 依投信投顧公會廣告及營業活動行為規範規定，以基金定時定額投資績效為廣告時，基金須成立滿多久以上？　(A)三個月　(B)六個月　(C)一年　(D)二年。　　【107年第1次、第4次信投顧人員】

(　) **3** 下列何種行為非屬證券投資顧問事業從事廣告及營業活動行為規範所指之「廣告」或「公開說明會及其他營業活動」？　(A)於大樓外牆之跑馬燈顯示公司名稱及服務事項　(B)於自宅中與固定之友人為證券價值分析之研討　(C)於雜誌中置入宣傳公司證券投資分析之專題報導　(D)在捷運車廂廣告看板上宣傳公司的基金產品。

【107年第1次、第4次投信投顧人員】

(　) **4** 證券投資信託事業提供贈品鼓勵投資人索取基金相關資料時，贈品成本低於幾元時，無需留存投資人資料？　(A)新臺幣十元　(B)新臺幣二十元　(C)新臺幣三十元　(D)新臺幣五十元。

【107年第3次、第4次投信投顧人員】

(　) **5** 依投信投顧公會廣告及營業活動行為規範之規定，下列何種廣告內容無加註警語之規定？　(A)提及基金投資範圍或市場之經濟走勢預測時　(B)以投資高收益境外基金為訴求　(C)提及定時定額投資績效　(D)標榜企業形象而不涉及任何基金產品之廣告。

【107年第3次投信投顧人員】

(　) **6** 依投信投顧公會廣告及營業活動行為規範規定，以基金績效作為廣告者，應以規定之基金評鑑機構所作之評比資料為標準，下列何

者為非符合規定之基金評鑑機構？　(A)理柏（Lipper）　(B)晨星
（Morningstar）　(C)里昂CLSA CG Watch　(D)嘉實資訊（股）公司。

【108年第1次投信投顧人員】

(　　) **7** 投信投顧事業為招攬與促銷全權委託投資之業務而製作之有關資
料，於對外使用前，應先經內部適當審核，其中有關廣告、公開
說明會及其他公開促銷活動之資料，應於事實發生後幾日內向同
業公會申報？　(A)五日　(B)七日　(C)十日　(D)十五日。

【107年第3次、108年第1次投信投顧人員】

(　　) **8** 下列證券投資顧問事業使用社群媒體及網站從事業務招攬之行為規
定之敘述何者錯誤？　(A)公司應建立內部管理機制　(B)僅限轉貼公
司依公會「會員及其銷售機構從事廣告及營業活動行為規範」規定
審核通過之資料　(C)審核通過之資料不得添載其他與業務相關之廣
告宣傳文字　(D)業務人員得依需要略微調整更動審核通過之內容。

【107年第3次、105年第3次投信投顧人員】

(　　) **9** 證券投資信託公司製作基金廣告其應記載之警語相關規定，不包括
下列何者？　(A)平面廣告應揭示「本基金經金管會核准或同意生
效，惟不表示本基金絕無風險。基金公司以往之經理績效不保證基
金之最低投資收益。」　(B)基金公司除盡善良管理人之注意義務
外，不負責本基金之盈虧，亦不保證最低之收益，投資人申購前應
詳閱本基金公開說明書　(C)平面廣告受限於版面設計，得儘量縮小
警語字體，平面廣告應揭示「全權委託投資並非絕無風險，本公司
以往之經理績效不保證委託投資資金之最低收益；本公司除盡善良
管理人之注意義務外，不負責委託投資資金之盈虧，亦不保證最低
之收益，委任人簽約前應詳閱風險預告書。」　(D)有聲廣告應清
楚的宣讀警語，且除廣播以聲音揭示外，須以易識別之字體揭示警
語至少播放五秒鐘。警語字體之大小，並應以粗體印刷顯著標示。

【107年第3次投信投顧人員】

(　) **10** 證券投資信託基金之廣告，刊載標明基金績效及業績數字，應注意哪些事項？　(A)註明使用資料之來源及日期　(B)可以該證券投資信託公司研究部門所作之評比為標準　(C)可強調說明基金投資績效預測　(D)成立滿一年之基金，可截取特定期間之較優績效為廣告。　【107年第3次、106年第2次投信投顧人員】

☆(　) **11** 「中華民國證券投資信託暨顧問商業同業公會證券投資信託事業從事廣告及營業促銷活動行為規範」所稱之「廣告」，指運用下列何種傳播媒體，就證券投資信託業務及相關之事務向不特定多數人為傳遞、散布或宣傳？　(A)理財雜誌　(B)手機簡訊　(C)部落格網頁贊助廣告　(D)選項(A)(B)(C)皆是。　【107年第2次、106年第4次、105年第3次投信投顧人員】

(　) **12** 有關投顧事業從事廣告及營業活動行為之敘述，何者正確？　(A)以國家認證分析師之資格擔保為訴求　(B)應揭示本名，經核准後得以化名為之　(C)於有價證券集中交易市場或櫃檯買賣成交系統交易時間及前後一小時內，在廣播或電視傳播媒體，對不特定人就個別有價證券之買賣進行推介或勸誘　(D)得於傳播媒體從事興櫃股票之投資分析活動。　【107年第2次投信投顧人員】

(　) **13** 下列何者係投顧事業從事廣告及營業活動行為規範所稱之「廣告」？　(A)使用新聞稿宣傳投資諮詢服務訊息　(B)利用電子郵件提供公司業務最新動態　(C)運用網路行銷投資顧問月刊　(D)選項(A)(B)(C)皆是。　【107年第1次、106年第4次投信投顧人員】

(　) **14** 為保障投資人之權益，下列何者為投資人於申購基金前應注意之廣告標示警語？　(A)各同業之評比　(B)基金公司過往之績效表現　(C)詳閱基金公開說明書　(D)收益之保證。　【107年第1次投信投顧人員】

(　) **15** 證券投資信託事業以基金績效及業績數字為廣告內容者，需符合以下哪個原則？　(A)基金成立需滿一年以上者始能刊登　(B)成立超過三年的基金得採點對點之直接連接之線圖方式來呈現基金績效表

現之走勢　(C)成立滿三年者，應至少揭露三年績效　(D)以基金績效作為廣告者，得以金管會委請專家學者所作之評比資料為標準。

【107年第1次投信投顧人員】

(　　) **16** X證券投資信託公司下列何種宣傳行為，應遵守投信事業從事廣告及營業促銷活動行為規範之規定？　甲：基金產品投資說明書之簡介；乙：於入口網站首頁刊登新募集成立基金廣告；丙：利用電子郵件向大專院校宣傳績優基金訊息；丁：戶外電子看板播出募集新基金訊息。　(A)僅甲、丁　(B)僅乙、丙　(C)僅甲、乙、丙　(D)甲、乙、丙、丁。　　　【107年第1次、105年第4次投信投顧人員】

(　　) **17** 下列對於證券投資信託事業有關廣告的規定，何者為非？　(A)公司所有廣告內容只須得主管機關核可後，便可對外發出，無須確保所有廣告符合法令及同業公會相關規定　(B)公司應確保任何關於基金表現及全權委託帳戶表現之敘述屬實　(C)公司為拓展業務所製作之廣告應注意是否符合公平交易法、證券交易法及其他相關法規之規定　(D)公司員工為廣告及其他營業促銷活動，應遵守的法規包括證券交易法、投信投顧事業管理規則、基金管理辦法，主管機關或自律組織依法發布之規定。　　　【107年第1次投信投顧人員】

(　　) **18** 以基金績效及業績數字為廣告內容者，以下何者不符規定？　(A)廣告所列出之圖表，必須清楚展示其內容，不得有任何扭曲　(B)不得為基金投資績效預測　(C)同一基金績效達三個月以上者始能刊登　(D)成立滿三年者，應以最近三年全部績效為圖表或線圖表示。　　　【106年第4次、105年第4次投信投顧人員】

(　　) **19** 保證型基金從事廣告、公開說明會及營業活動時，在廣告文宣內容上應揭露哪些事項？　(A)保證機構名稱　(B)保證期間　(C)保本比率　(D)選項(A)(B)(C)皆是。　　　【106年第4次投信投顧人員】

(　　) **20** 甲證券投資信託公司於本國募集投資於海外之證券投資信託基金，製作廣告時可以下列何種方式宣傳？　(A)預計明年之投資報酬率達

百分之十五以上　(B)該區域經濟穩定成長，是絕對安全、無風險之投資環境　(C)預測新臺幣將再貶值　(D)刊登自成立以來全部績效。

【106年第3次、第4次投信投顧人員】

(　　) **21** 依投信投顧公會廣告及營業活動行為規範規定，以基金績效為廣告應遵守之規定，下列何者錯誤？　(A)基金需成立滿一年以上者，始能刊登　(B)須刊登自成立日以來並以計算至月底之最近日期之全部績效　(C)不得以一個月之基金績效為廣告訴求　(D)不得以三個月之基金績效為廣告訴求。　　　　【106年第3次投信投顧人員】

(　　) **22** 投顧事業製作廣播證券投資分析節目應於播放前或播放後為一定之聲明，請問下列何者為正確？　甲.聲明公司名稱；乙.聲明金管會核准之營業執照字號；丙.聲明公司執照字號；丁.聲明「本節目資料僅供參考」　(A)甲、乙、丙　(B)乙、丙、丁　(C)甲、乙、丁　(D)甲、丙、丁。　　　　　　　　　　【109年第3次投信投顧人員】

(　　) **23** 下列有關保護型基金之描述，何者有誤？　(A)未設立保證機構　(B)係透過投資工具達成保護本金之功能　(C)應於公開說明書載明基金無提供保證機構保證之機制　(D)銷售文件得使用保證、無風險等文字。　　　　　　　　　【109年第2次投信投顧人員】

(　　) **24** 依投信投顧公會廣告及營業活動行為規範規定，基金銷售文件中有提及投資人直接應付之費用時，應清楚標示收取方式，所稱「投資人直接應付之費用」不包括：　(A)前收手續費　(B)後收手續費　(C)基金短線交易應付之買回費用　(D)基金分銷費用。

【109年第1次投信投顧人員】

(　　) **25** 依投信投顧公會廣告及營業活動行為規範規定，投信事業以基金績效為廣告者，基金績效與指標（benchmark）作比較時，下列何者非為應遵守之規定？　(A)比較基期應一致　(B)計算幣別應一致　(C)該指標（benchmark）須載於基金公開說明書或投資人須知中　(D)該指標須報經投信投顧公會審查後始得為之。

【108年第2次投信投顧人員】

(　　) **26** 下列何者非投信事業為廣告、公開說明會及其他營業促銷活動時之
禁止行為？　(A)使人誤信能保證本金之安全或保證獲利者　(B)提
供贈品或以其他利益勸誘他人購買受益憑證　(C)虛偽、詐欺或其
他足致他人誤信之行為　(D)提供投信基金過去投資績效供參考。
【108年第3次投信投顧人員】

(　　) **27** 證券投資信託事業為廣告、公開說明會及其他營業促銷活動時，
下列何種行為符合規定？　(A)退還部分經理費以促銷受益憑證
(B)對已送主管機關審核尚未核准之基金，預為宣傳　(C)使人誤信
能保證本金之安全或保證獲利　(D)於事實發生後十日內向投信投
顧公會申報。　　　　　　　　　　　【108年第3次投信投顧人員】

(　　) **28** 投顧事業可否從事期貨或衍生性商品之宣導廣告？　(A)應申請公會
核准　(B)應取得兼營期貨顧問業務之許可　(C)事實發生後向同業公
會報備　(D)事實發生後向金管會報備。　【108年第3次投信投顧人員】

解答與解析

1 (D)。證券投資顧問公司之業務人
員於公開場所從事證券投資分析活
動，不得有之行為包括：(1)藉算命
或怪力亂神方式作投資分析、(2)以
化名從事證券投資分析、(3)未列合
理研判分析依據對不特定人就個股
之買賣進行推介；故選項(D)正確。

2 (C)。以基金定時定額投資績效為廣
告時，基金須成立滿一年以上；故
選項(C)正確。

3 (B)。證券投資顧問事業從事廣告
及營業活動行為規範所稱之「廣
告」或「公開說明會及其他營業活
動」，包括：(1)舉辦現場講習會、
座談會、(2)透過報紙、雜誌、電視

等各種傳播媒體公開發表意見，其
中不包含在自家進行證券價值分析
之研討；故選項(B)為非。

4 (C)。證券投資信託事業、總代理
人及基金銷售機構提供贈品鼓勵投
資人索取基金相關資料時，應留存
領取贈品之投資人所填寫資料或將
投資人姓名、聯絡方式等項建檔留
存，但贈品單一成本價值低於新臺
幣三十元且印有公司名稱之贈品不
在此限；故選項(C)正確。

5 (D)。證券投資信託事業、總代理人
及基金銷售機構除為單純登載投資
管理專門知識或服務等標榜境外基
金機構、集團、公司或「企業形象

而不涉及任何基金產品」之廣告，無須標示警語外，其為基金廣告時，應於廣告內容中述明警語；故選項(D)正確。

6 **(C)**。以基金績效作為廣告者，應以投信投顧同業公會委請之專家學者、理柏（Lipper）、晨星（Morningstar）、嘉實資訊公司或彭博（Bloomberg）等基金評鑑機構所作之評比資料為標準；故選項(C)為非。

7 **(C)**。投信投顧事業為廣告、公開說明會及其他營業活動應經內部適當審核，並於事實發生後「十日內」向同業公會申報；故選項(C)正確。

8 **(D)**。(1)投顧事業二從事廣告、公開說明會及其他營業促銷活動而製作之有關資料，應列入公司內部控制制度管理、(2)僅限轉貼依「會員及其銷售機構從事廣告及營業活動行為規範」規定審核通過之資料，不得添載其他與業務相關之廣告宣傳文字；故選項(D)錯誤。

9 **(C)**。平面廣告應揭示「本基金經金管會核准或同意生效，惟不表示絕無風險。基金經理公司以往之經理績效不保證基金之最低投資收益；基金經理公司除盡善良管理人之注意義務外，不負責本基金之盈虧，亦不保證最低之收益，投資人申購前應詳閱基金公開說明書。」之警語；選項(C)之揭示內容係指全權委

託投資業務，且該警語不得儘量縮小；故選項(C)錯誤。

10 **(A)**。以基金績效及業績數字為廣告或促銷內容者，應符合下列原則：(1)任何基金績效及業績數字均需註明使用資料之來源及日期、(2)應以投信投顧同業公會委請之專家學者、理柏（Lipper）、晨星（Morningstar）、嘉實資訊公司或彭博（Bloomberg）等基金評鑑機構所作之評比資料為標準、(3)不得為基金投資績效之預測、(4)不得截取特定期間之較優績效為廣告；故選項(A)正確。

11 **(D)**。「證券投資信託事業從事廣告及營業促銷活動行為規範」所稱之「廣告」，係指運用下列傳播媒體，就證券投資顧問業務及相關事務向不特定多數人為傳遞、散布或宣傳：(1)報紙等出版物、(2)DM等印刷物、(3)電視、電影等、(4)海報、看板等、(5)電子郵件或網際網路系統、(6)新聞稿、(7)其他任何形式之廣告宣傳；故選項(D)正確。

12 **(D)**。投顧事業從事廣告及營業活動行為時，(1)不得為保證獲利或負擔損失之表示、(2)不得以化名為之、(3)不得於交易時間及前後一小時內，在廣播或電視傳播媒體，對不特定人就個別有價證券之買賣進行推介或勸誘；故選項(D)正確。

13 **(D)**。投顧事業從事廣告及營業活動行為規範所稱之「廣告」，係指運用下列傳播媒體，就證券投資顧問業務及相關事務向不特定多數人為傳遞、散布或宣傳：(1)報紙等出版物、(2)DM等印刷物、(3)電視、電影等、(4)海報、看板等、(5)電子郵件或網際網路系統、(6)新聞稿、(7)其他任何形式之廣告宣傳；故選項(D)正確。

14 **(C)**。為保障權益，投資人於申購基金前應注意「詳閱基金公開說明書」之廣告標示警語；故選項(C)正確。

15 **(C)**。證券投資信託事業以基金績效及業績數字為廣告內容，應遵守下列原則：(1)需成立滿「六個月」以上者，始能刊登全部績效或年度績效、(2)「不得」採點對點之直接連接之線圖方式來呈現基金績效表現之走勢、(3)成立滿三年者，應以最近三年全部績效為圖表表示、(4)以基金績效作為廣告者，應以「投信投顧同業公會」委請之專家學者等基金評鑑機構所作之評比資料為標準；故選項(C)正確。

16 **(D)**。從事廣告及營業促銷活動行為規範所稱之「廣告」，包括：(1)報紙等出版物、(2)DM等印刷物、(3)電視、電影等、(4)海報、看板等、(5)電子郵件或網際網路系統、(6)新聞稿、(7)其他任何形式之廣告宣傳，其中不包含在自家進行證券價值分析之研討；故選項(D)正確。

17 **(A)**。證券投信投顧事業所有廣告內容皆須符合法令及同業公會相關規定；故選項(A)錯誤。

18 **(C)**。以基金績效作為廣告者，(1)基金需成立滿六個月以上者，始能刊登全部績效或年度績效、(2)應刊登至少最近三年之績效，成立時間未滿三年者，應刊登自成立日以來之績效；故選項(C)錯誤。

19 **(D)**。保證型基金之廣告文宣內容應以顯著顏色及字體方式，揭露下列事項：基金類型、保證機構名稱、保證期間及保本比率；故選項(D)正確。

20 **(D)**。證券投資信託事業從事基金之廣告、公開說明會及其他營業活動時，不得有之行為包括：(1)為基金投資績效之預測、(2)以「無折價風險」等相關詞語為廣告、(3)涉及對新臺幣匯率走勢之臆測，不包括選項(D)；故選項(D)正確。

21 **(A)**。以基金績效作為廣告者，(1)基金需「成立滿六個月」以上者，始能刊登全部績效或年度績效、(2)須刊登自成立日以來並以計算至月底之最近日期之全部績效、(3)不得以一個月之基金績效為廣告訴求及截取特定期間之績效；故選項(A)錯誤。

22 **(C)**。投顧事業製作廣播證券投資分析節目應於播放前後聲明公司名稱、金管會核准之營業執照字號以及「本節目資料僅供參考」；故選項(C)正確。

23 (D)。(1)保護型基金無保證機構提供保證之機制、(2)保護型基金係指在基金存續期間，藉由基金投資工具於到期時提供受益人一定比率本金保護之基金、(3)保護型基金應於公開說明書及銷售文件清楚說明該基金無提供保證機構保證之機制外，「不得」使用保證、安全、無風險等類似文字；故選項(D)錯誤。

24 (D)。證券投資信託事業、總代理人及基金銷售機構從事基金之廣告、公開說明會及其他營業活動時，不得有下列行為：銷售文件中有提及投資人直接應付之費用（含手續費前收或後收型基金之申購手續費、基金短線交易應付之買回費用或其它費用等）時，未清楚標示收取方式；故選項(D)錯誤。

25 (D)。基金績效與指標（benchmark）作比較時，除比較基期及計算幣別應一致外，該指標（benchmark）應由證券投資信託事業檢具相關證明文件，報經金管會核備後載明於基金公開說明書，並於通知同業公會後始得為之；境外基金則由總代理

人檢具證明文件並將該指標載明於投資人須知，於報經同業公會核對無誤後始得為之；故選項(D)錯誤。

26 (D)。投信事業為廣告、公開說明會及其他營業促銷活動時應恪遵相關法令及自律規範之規定，並不得有下列情事：(1)藉金管會核准經營全權委託投資業務，作為證實申請事項或保證全權委託投資資產價值之宣傳、(2)使人誤信能保證本金之安全或保證獲利者、(3)為負擔損失之表示、(4)提供贈品或以其他利益為不正當之招攬或促銷、(5)對於過去之操作績效作誇大之宣傳或對同業為攻訐之廣告、(6)為虛偽、詐欺或其他足致他人誤信之行為……等；故選項(D)錯誤。

27 (D)。證券投資信託事業為廣告、公開說明會及其他營業促銷活動時，應於事實發生後十日內向投信投顧公會申報；故選項(D)正確。

28 (B)。證券投資顧問事業從事期貨或衍生性商品之宣導廣告，應取得兼營期貨顧問業務之許可；故選項(B)正確。

09 證券投資信託暨顧問從業人員行為準則

依出題頻率分為：A頻率高

課前導讀

本章節內容包括「證券投資信託事業經理守則」及「證券投資顧問事業從業人員行為準則」二項法規之內容，相關內容範圍不多卻仍具重要性，在備考時可依照本書所條列的重點逐一記憶，相信必能有助於掌握要領並獲得高分。

重點1 法令依據

為推展證券投資顧問業務，提升社會投資大眾對投顧事業之信心，投信投顧事業及其從業人員應重視倫理規範及內部控管，並避免利益衝突情事發生。依此，各證券投資信託及顧問事業有訂定業務人員行為準則之必要，俾利全體從業人員遵守。【106年第3次投信投顧人員】

一、 為強調公司對內部人員行為控管之重要性，投信投顧事業應訂定內部人員行為規範，供其人員遵守。

二、 為提昇證券投資顧問事業之聲譽，並落實公司內部道德規範，爰參酌上開國家制度，訂定行為準則，供投信投顧事業制定內部人員職業道德規範時參考援引。

三、 相關行為準則為業界自律規範，故從業人員違反本行為準則之規定，由公司依其僱傭或委任關係處理，將可能遭受公司之警告、處分或解職。若同時違反法律或主管機關之相關規定時，亦將遭受司法機關及行政機關之處分。惟公司負責人及員工之行為如違反公司依本行為準則所制定之內部規範者，可能作為主管機關行政處分之參考或遭致公會之自律處分。

重點 **2** 證券投資信託事業經理守則

一、適用範圍與對象：

(一)證券投資信託事業及其人員有關管理證券投資信託基金及經營全權委託
投資業務，與他事業及其人員兼營證券投資信託基金業務之事宜。

(二)公司負責人及員工，應一體遵行本守則之規定。但本守則個人交易規
定，僅適用於以下定義之「經手人員」：【110年第3次投信投顧人員】

員工	指各公司從業人員。
負責人	指董事（含法人董事之代表人）、監察人（含法人監察人之代表人）及經理人。
經手人員	證券投資信託事業負責人、部門主管、分支機構經理人、基金經理人、全權委託投資業務之投資經理人、公司員工依其職位得為參與、制定投資決策之人，或公司員工得有機會事先知悉公司有關投資交易行為之非公開資訊或得提供投資建議之人。

二、基本原則：

為落實公司內部健全管理，妥善維護投資大眾資產，共同創造投信事業之
發展與投資客戶之利益，公司負責人及其員工經營證券投資信託基金及全
權委託業務應符合忠實義務原則、誠信原則、勤勉原則、管理謹慎原則及
專業原則。【110年第2次、第3次投信投顧人員】

忠實義務原則	係指客戶利益優先、利益衝突避免、禁止短線交易、禁止不當得利與公平處理等五原則。
誠信原則	係指公司負責人及員工行為應符合誠信原則，其基金管理與全權委託帳戶管理相關業務行為，應為客戶追求最高利益。
勤勉原則	係指公司為管理並保護客戶資產，應維持適當程序，以定期申報及查核方式，提醒公司員工應於其業務範圍內，注意業務進行與發展，對客戶的要求與疑問，適時提出說明。

管理謹慎 原則	係指公司應以善良管理人之注意及具專業度之謹慎方式管理客戶委 託之資產，於內部建立職能區隔機制，使員工各盡其職務上應盡之 注意義務。
專業原則	負責人及員工應持續充實專業職能，並有效運用於證券投資分析， 樹立專業投資理財風氣。

三、遵守法令及自律規則：

公司之運作與管理應遵守法令之限制與規定，公司負責人及其員工須了解相
關規定，公司亦應定期舉辦員工訓練，告知應予遵守之旨。

四、個人交易管理申報：

經手人員從事個人投資、理財應遵守之規範如下：

應申報 帳戶	經手人員於到職日起「**十日內**」，應向投信公司督察主管出具聲明 書及依制式表格申報下列帳戶：【106年第2次投信投顧人員】 (一)本人、配偶及其未成年子女。 (二)本人與配偶及未成年子女利用他人名義持有著之他人。 為使本守則發揮功能，因此對該帳戶直接或間接有利益者，亦屬於 本守則規定之對象。
應申報 交易	(一)經手人員應於交易後之次月「**十日**」前向督察主管申報前一月 　　之交易狀況，若當月無交易，則免予申報。 (二)經手人員為每筆個人交易買賣，應事先以書面呈報督察主管核 　　准，該核准限申請之當日有效。
應申報 標的	(一)國內上市、上櫃及興櫃公司股票及具股權性質之衍生性商品。 　　【108年第2次投信投顧人員】 (二)上述衍生性商品，係指可轉換公司債、附認股權公司債、認股權 　　憑證、認購（售）權證、股款繳納憑證、新股認購權利證書、新 　　股權利證書、債券換股權利證書、個股選擇權及股票期貨。
應申報標 的之資料 內容	(一)股票部分： 　　其股票名稱、成交日期、交易別（買或賣）、交易股數、交易 　　單價及總額、淨增（減）股數、累計持有股數。

應申報標的之資料內容	(二)具股權性質之衍生性商品： 　　其名稱、交易日期、交易別（買或賣）、交易數量、交易單價及總額及累計持有數量等。
其他	(一)經手人員除須遵守個人交易申報規定外，如擬買賣所經理之基金或全權委託帳戶所持有之有價證券，使其自證券市場直接或間接受有利益，或對發行該股票公司為股東權之行使時，須由督察主管併同一位基金經理人，檢視其決定是否符合投資人之利益。 (二)公司應維持適當程序，將經手人員之個人交易，與基金或全權委託帳戶之交易為明顯之區隔，確保經手人員個人交易係遵守適當程序，並保有相關證明文件。 (三)督察主管及其所管理人員之個人帳戶交易，應另由總經理指定其他人員予以核准或查核。

五、個人交易之限制：【110年第2次投信投顧人員】

(一)經手人員如於進行股票及具股權性質之衍生性商品交易之當日，知悉公司於同日亦欲執行同種股票及其衍生性商品之買盤，則於公司未執行或未撤回該買賣盤前，經手人員不得買入或賣出該項投資。

(二)經手人員如知悉其個人交易將與公司所管理之基金或全權委託帳戶為同一種股票及其衍生性商品之交易買賣，個人交易不得於該買賣交易前後「**七個營業日**」內為之。但得事先獲得督察主管或其他由高階管理階層所指定之人書面批准，提早於「**前後二日**」以上買入或賣出。

(三)經手人員個人交易買入某種股票及具股權性質之衍生性商品須持有「**至少三十日**」，或於賣出後「**三十日**」內不得再行買入；但有正當理由時，得事先獲得書面批准，提早買入或賣出。【108年第3次投信投顧人員】

(四)經手人員不得以特定人身分取得初次上市（櫃）及初次登錄興櫃股票，以避免其利用職務之便獲取不當利益。

六、經理人買賣情形查核：

(一)公司應要求基金經理人及全權委託投資業務投資經理人交付同意書授權

公司向證券交易所及證券櫃檯買賣中心查詢本人、配偶及未成年子女買賣有價證券之情形；公司應定期或視需要不定期為前述之清查。

(二)同一公司不同經理人不同帳戶對同一支股票不得有同時或同一日作相反投資決定。

(三)公司應就全權委託投資業務投資經理人及基金經理人之辦公處所訂定資訊及通訊設備使用管理規範。

(四)違反個人交易規定之效果經手人員因故意或過失，違反個人交易申報程序之規定者，督察主管得知會其部門主管，並對其發出書面警告，嚴重者為停職。

七、基金管理及執行：

(一)基金管理應符合法令或證券投資信託契約所准許之投資範圍、投資方針及投資限制進行；並基於投資當時所能取得之最佳條件，於顧及市場現況下執行交易。

(二)應設置投資管理委員會或投資管理團隊，並就臺灣證券交易所上市股票、證券櫃檯買賣中心上櫃股票及興櫃股票建立主要股票投資資產池，並明定篩選標準，以作為基金經理人投資管理與選股操作之依據。

(三)一個基金經理人管理一個以上基金時，除應依據主管機關規定辦理外，並應遵守下列事項：

　1.為維持投資決策之獨立性及其業務之機密性，除應落實職能區隔機制之「中國牆」制度外，公司應建立「中央集中下單制度」，即完善建構投資決策過程的監察及稽核體系，以防止利益衝突或不法情事；並基於內部控制制度之考量，應將投資決策及交易過程分別予以獨立。

　2.為避免基金經理人任意對同一支股票於不同基金間作買賣相反之投資決定，而影響基金受益人之權益，除有因特殊類型之基金性質或為符合法令、信託契約規定及公司內部控制制度，或法令另有特別許可之情形外，應遵守不得對同一支股票，有同時或同一日作相反投資決定之原則。【111年第1次投信投顧人員】

八、督察程序：

(一)公司內部應建立一直接對公司「**總經理**」以上階層負責之中立監督單位並應建立內部督察程序，並應確保執行查核之人員具備足以執行其職務之能力與經驗。【110年第2次投信投顧人員】

(二)專責督察主管應獨立於所有部門之外，直接對公司總經理以上階層報告並負責；如受公司規模所限，督察主管得由公司之高階管理階層、法務主管或內部稽核主管擔任。

(三)督察主管應維持獨立及客觀之稽核職能，以便針對公司之管理、運作及內部控制措施是否妥善、有效等方面定期向公司管理階層提出彙報。

(四)督察主管得對經手人員之個人交易進行調查，並製作查核紀錄。如認該行為與公司所管理基金，或全權委託帳戶之利益相衝突者，即應通知該人員所屬主管，並向總經理以上層級報告。

(五)督察主管與經手人員應對因職務關係所獲知之資訊、申請核准或應事先報告之個人交易內容保密，除主管機關或其他依法要求公開該等資訊外，不得對外洩漏。

(六)督察主管應每年一次向董事會及監察人提出簡單報告，包含：

1. 過去一年來公司經手人員個人交易之變動、程序內容是否有所更動。
2. 過去一年公司員工違反相關規定及其處理狀況。
3. 公司經理守則之限制與管理內容是否有修正必要。

九、收受饋贈之限制：

(一)公司及其員工不應直接或間接收受或提供不當之金錢、饋贈、招待或其他利益，而影響其專業判斷能力與客觀執行職務。

(二)公司應訂定員工收受或提供饋贈或款待之規範。

(三)因節慶或依風俗慣例所為之饋贈，每位員工每次自同一公司所收受者及公司每次提供予同一公司之同一對象者，其禮品價值均不得超過「新臺幣三千元」。

十、保守秘密之義務：

公司員工不得無故洩漏公司基金或全權委託帳戶之機密，亦應避免關係企業間、不同部門與不同職務人員間傳遞機密。

小試身手

(　　) **1** 證券投資顧問事業之經手人員應於到職日起幾日內依公司所制定之制式表格申報本人帳戶及利害關係人帳戶持有國內上市、上櫃公司股票及具股權性質之衍生性商品之名稱及數量？　(A)七日　(B)十日　(C)十二日　(D)十五日。

(　　) **2** 有關證券投資信託事業經手人員個人交易之管理，下列何者為正確？　(A)經手人員從事個人投資、理財時，交易行為應遵守證券投資信託事業經理守則之限制以避免利益衝突情事之發生　(B)為求公司管控之便利，亦方便經手人員申報，以公司帳戶管理做為公司內部控管範圍　(C)經手人員未必以自己名義開立帳戶，故對該帳戶直接或間接受有利益者不屬證券投資信託事業經理守則規定對象　(D)選項(A)(B)(C)皆是。

(　　) **3** 依據「證券投資信託事業基金經理守則」其適用對象為何？　(A)董事　(B)經理人　(C)員工　(D)以上皆是。

(　　) **4** 依據證券投資信託事業基金經理守則，公司內部應建立一直接對公司何者以上階層負責之中立監督單位並應建立內部督察程序？　(A)總經理　(B)稽核主管　(C)監察人　(D)研究分析部門主管。

(　　) **5** 對於證券投資信託事業基金經理守則之適用對象，下列何者有誤？　(A)公司負責人及員工，應一體遵行本守則之規定，包括本守則個人交易規定　(B)各公司從業人員合稱之「員工」，範圍界定由各公司依其需要定之　(C)「負責人」則依現行法令解釋為董事、監察人及經理人　(D)公司為落實基本守則，並為內

部控制需要，應對與公司所發行基金與全權委託帳戶之管理、交易等相關消息有所接觸之人訂立詳細行為規範。

(　) **6** 有關證券投資信託事業之年度督察報告，下列敘述何者為正確？ (A)督察主管應每年一次向董事會及監察人提出簡單報告　(B)包含過去一年公司經手人員個人交易之變動、程序內容是否有所更動　(C)包含過去一年公司員工違反相關規定及其處理狀況 (D)以上皆是。

(　) **7** 證券投資信託事業之經手人員，投資下列何種有價證券須申報？　(A)開放型基金受益憑證　(B)政府公債　(C)票券　(D)上櫃股票。

(　) **8** 基金經理人守則個人交易規範所稱之「經手人員」包括下列何者？　(A)證券投資信託事業負責人　(B)基金經理人　(C)全權委託投資業務之投資經理人　(D)以上皆是。

(　) **9** 證券投資信託公司或證券顧問公司從事廣告、公開說明會及其他營業活動所製作之宣傳資料、廣告物及相關紀錄應保存多久？ (A)一年　(B)二年　(C)三年　(D)五年。

(　)**10** 有關證券投資信託事業經手人員從事個人交易之管理，下列何者為正確？　(A)經手人員從事個人投資、理財時，交易行為應遵行證券投資信託事業經理守則之限制，以避免利益衝突情事之發生　(B)為求公司管控之便利，亦方便經手人員申報，以公司帳戶管理做為公司內部控管範圍　(C)經手人員未必以自己名義開立帳戶，故對該帳戶直接或間接受有利益者不屬證券投資信託事業經理守則規定對象　(D)以上皆是。

解答 1(B)　2(A)　3(D)　4(A)　5(A)　6(D)　7(D)　8(D)　9(B) 10(A)

重點**3**　證券投資顧問事業從業人員行為準則

一、適用範圍與對象：

(一)投顧公司及其負責人、業務人員及所有受僱人員、與他業兼營者，應一體遵行本行為準則之規定。

(二)本守則所稱之「**經手人員**」，係指證券投資顧問事業之負責人、部門主管、分支機構經理人、對客戶或不特定人提供分析意見或推介建議之人、投資經理人、知悉相關證券投資資訊之從業人員。【111年第3次投信投顧人員】

二、基本原則：

負責人、業務人員及所有受僱人員應秉持下列之業務經營原則，共同為維護證券投資顧問公司之聲譽與發展而努力：【110年第2次投信投顧人員】

忠實義務原則	係指應遵守並奉行高標準的誠實、清廉和公正原則，確實掌握客戶之資力、投資經驗與投資目的，據以提供適當之服務，並謀求客戶之最大利益，不得有誤導、詐欺、利益衝突或內線交易之行為。
勤勉原則	係指公司員工應於其業務範圍內，注意業務進行與發展，對客戶的要求與疑問，適時提出說明。無論和現有客戶、潛在客戶、雇主或職員進行交易時，都必須秉持公正公平且充分尊重對方。
善良管理人注意原則	係指應以善良管理人之責任及注意，確實遵守公司內部之職能區隔機制，以提供證券投資顧問服務及管理客戶委託之資產，並提供最佳之證券投資服務。
專業原則	係指應持續充實專業職能，並有效運用於職務上之工作，樹立專業投資理財風氣。
保密原則	係指妥慎保管客戶資料，禁止洩露機密資訊或有不當使用之情事，以建立客戶信賴之基礎。

三、遵守法令及自律規則：

本行為準則為公司委任或聘僱契約之一部份，負責人、業務人員及所有受僱人員如違反本行為準則時，可能遭受公司之警告、懲戒或解僱處分。若同時違反法律或主管機關之相關規定時，亦將遭受司法機關或行政機關之訴追或處分。【111年第2次投信投顧人員】

四、個人交易管理申報：

經手人員從事個人投資、理財應遵守之規範如下：

應申報帳戶	(一)經手人員於到職日起「**十日內**」應出具聲明書及依公司所制定之制式表格申報本人帳戶及利害關係人帳戶持有國內上市、上櫃及興櫃公司股票及具股權性質之衍生性商品之名稱及數量等資料。【106年第3次、第4次、105年第4次投信投顧人員】 (二)經手人員於在職期間應依公司所制定之制式表格，於每月「**十日前**」彙總申報前一月本人帳戶及利害關係人帳戶每一筆交易狀況；當月無交易者，無需申報。
應申報之資料範圍	(一)股票部分： 　其股票名稱、成交日期、交易別（買或賣）、交易股數、交易單價及總額、淨增（減）股數、累計持有股數。 (二)具股權性質之衍生性商品： 　其名稱、交易日期、交易別（買或賣）、交易數量、交易單價及總額、及累計持有數量等。

觀念補給站

上述所稱利害關係人，係指：【111年第2次投信投顧人員】

1. 本人配偶及其未成年子女。
2. 本人、配偶及其未成年子女利用他人名義投資有價證券及其衍生性金融商品而直接或間接受有利益者。

五、個人交易之限制：

(一)經手人員不得取得與業務相關之初次上市（櫃）及興櫃股票，以避免其利用職務之便獲取不當利益。

(二)經手人員為本人帳戶投資國內上市、上櫃及興櫃公司股票及具股權性質之衍生性商品前，應事先以書面報經督察主管或所屬部門主管核准。
【108年第2次投信投顧人員】

其中，具股權性質之衍生性商品指：可轉換公司債、附認股權公司債、認股權憑證、認購（售）權證、股款繳納憑證、新股認購權利證書、新股權利證書、債券換股權利證書、個股選擇權交易、股票期貨。

(三)經手人員之任何交易，皆應將客戶之利益列為優先之地位。督察主管如認為某特定之個人交易與客戶之利益有衝突之虞而不適當時，得不予核准。

(四)經手人員為其個人帳戶買入某種股票後「<u>三十日內</u>」不得再行賣出，或賣出某種股票後「<u>三十日內</u>」不得再行買入。

(五)經手人員自知悉公司推介予客戶某種有價證券或為全權委託投資帳戶執行及完成某種股票買賣前後「<u>七日內</u>」，不得為本人或利害關係人帳戶買賣該種有價證券。但得事先獲得督察主管或其他由高階管理階層所指定之人書面批准，提早於前後「<u>二日以上</u>」買入或賣出。【108年第3次投信投顧人員】

(六)經手人員絕不可利用所獲得之未公開、具價格敏感性之相關資訊從事證券之交易，包括經手人員獲得客戶對某種證券或其衍生性產品已下單或將要下單買賣之資訊。

(七)辦理全權委託投資業務之相關人員為本人或利害關係人帳戶買賣有價證券，如擬買賣與全權委託投資帳戶相同之有價證券，使其自證券市場直接或間接受有利益時，須事先報經督察主管或其他由高階管理階層所指定之人，檢視其決定是否符合客戶之利益。

六、基金管理及執行：

(一)負責人、部門主管、分支機構經理人、其他業務人員或受僱人於執行業務時，除法令另有規定外，不得有下列行為：

1. 以詐欺、脅迫或其他不當方式簽訂委任契約。

2. 以任何形式代理客戶從事有價證券或證券相關商品之投資或交易行為。

3. 與客戶為投資有價證券收益共享或損失分擔之約定。

4. 買賣其推介予投資人相同之有價證券。

5. 為虛偽、欺罔、謾罵或其他顯著有違事實或足致他人誤信之行為。

6. 與客戶有借貸款項、有價證券，或為借貸款項、有價證券之居間情事。

7. 保管或挪用客戶之有價證券、款項、印鑑或存摺。

8. 意圖利用對客戶之投資研究分析建議、發行之出版品或舉辦之講習，謀求自己、其他客戶或第三人利益之行為。

9. 非依法令所為之查詢，洩露客戶委任事項及其他職務所獲悉之秘密。

10. 同意或默許他人使用本公司或業務人員名義執行業務。

11. 於有價證券集中交易市場或櫃檯買賣成交系統交易時間內，以任何方式向客戶傳送無分析基礎或根據之建議買賣訊息。

12. 於公開場所或廣播、電視以外之傳播媒體，對不特定人就個別有價證券未來之價位做研判預測，或未列合理研判分析依據，對個別有價證券之買賣進行推介。

13. 藉卜筮或怪力亂神等方式，為投資人作投資分析。

14. 以文字、圖畫、演說或他法鼓動或誘使他人拒絕履行證券投資買賣之交割義務、為抗爭或其他擾亂交易市場秩序之行為。

15. 利用非專職人員從事招攬客戶、證券投資分析活動或其他營業行為、或給付不合理之佣金。

16. 以非真實姓名（化名）從事證券投資分析活動。

17. 證券投資顧問事業之同一證券投資分析人員對同一支股票，對其不同等級客戶間、或對其客戶與於媒體對不特定人有同一日作相反之投資建議。但個別客戶有事先約定如停利、停損或資產配置比率等特殊需求者，不在此限。

18. 其他違反證券暨期貨管理法令或經主管機關規定不得為之行為。

(二)兼營證券投資顧問業務之證券商經營股權性質群眾募資業務，向客戶提供於其募資平臺辦理股權募資公司股票之分析意見或推介建議時，不得有下列行為：

1. 所引用之資訊有不實、虛偽、隱匿或足致他人誤信之情事。
2. 對提供分析意見或推介建議之股票做特定結果之保證。
3. 未明確告知或標示所採用之資料係屬預測性質。
4. 未依據研究報告提供分析意見或推介建議。
5. 依據過去提供分析意見或推介建議之結果,以為業務之宣傳。

(三)辦理投資研究分析之業務人員在提供客戶投資組合建議或為全權委託投資帳戶進行投資行為前,應對客戶的財務狀況、投資經驗以及投資標的作適度的詢問,並考慮該投資組合對於客戶之適合度與適當性。在決定每一個投資的適合度與適當性時,應考慮的相關因素包含該投資組合或客戶需要及情況,投資所包含的基本特性及整個投資組合的基本特性。
【108年第3次投信投顧人員】

(四)辦理證券投資顧問業務時,應向客戶提供有關公司之充份資料,包括公司之營業地址、公司經營業務之種類與限制,以及代表公司執行業務並可能與客戶有所聯繫的人員之身分和職位。【108年第3次投信投顧人員】

(五)接受客戶委任,提供證券投資顧問服務前,應先向客戶說明契約重要內容及以客戶能充分瞭解之方式揭露風險與收費之基準及數額,並與客戶簽訂書面證券投資顧問契約,以確定雙方之權利義務。【111年第1次投信投顧人員】

(六)提供研究分析建議時,應作成投資分析報告,載明分析的基礎及根據,並應適時提供客戶有關投資組合的基本特性及相關風險。

(七)業務人員使用電子郵件、群組電子郵件、佈告欄及網站包括但不限於網站聊天室、個人部落格及臉書等社群媒體)從事業務招攬之行為,公司應建立內部管理機制;於上述傳播媒體使用之廣告,僅限轉貼公司依本公會「會員及其銷售機構從事廣告及營業活動行為規範」規定經公司內部法令遵循部門或權責部門主管適當審核通過之資料,業務人員不得變動其內容,亦不得添載其他與業務相關之廣告宣傳文字。

(八)不得無故洩漏證券投資分析資料或全權委託帳戶之機密,亦應避免關係企業間、不同部門與不同職務人員間傳遞機密。

(九)非因職務需要或公司書面同意，不得於任職期間內或期間終止後，洩露或利用公司或其客戶任何機密、通訊往來、帳戶、關係或交易，或任何其於受僱期間所接觸獲得之資訊，亦不得藉由該項資訊獲取財務利益。【111年第2次投信投顧人員】

(十)對於客戶個人資料之蒐集或利用，應注意遵守個人資料保護法之規定，若有違反，應自負法律責任，並賠償公司因此直接或間接所受損害及所生費用（含訴訟費及律師費）。【110年第3次投信投顧人員】

七、收受饋贈之限制：

(一)負責人、業務人員及所有受僱人員不得接受客戶、有價證券發行公司、證券商、其他交易對象或其他有利益衝突之虞者提供不當之金錢、饋贈、招待或獲取其他利益，而影響其專業判斷能力與客觀執行職務。

(二)因節慶或依風俗慣例所為之饋贈，每位員工每次自同一公司所收受者及公司每次提供予同一公司之同一對象者，其禮品價值均不得超過新臺幣「**三千元**」。

八、客戶申訴之處理：【108年第3次投信投顧人員】

(一)無論是客戶書面或口頭的申訴案件，客戶服務相關部門均應逐日詳細登載，且應至少包括以下各項：申訴日期、傳達方式（信件／傳真／電話／會議／其他）、客戶姓名、編號、經辦人員、申訴性質、處理人員、處理結果、回覆日期、類似申訴是否持續發生等。

(二)主管應指派資深同仁保管上述檔案記錄，且至少「**每季一次**」交由部門主管及督察主管核閱。

(三)申訴案件應由經驗豐富的資深員工調查處理，且該員工不得為申訴案件中的申訴對象；申訴對象之員工，應全力配合調查；若陳述與客戶有重大不一致時，為確保其真實性，應出具所言為實之聲明書。

(四)負責處理申訴案件之員工應本懇切之態度深入瞭解整個申訴案件之全貌，並依公司內部作業程序妥適處理；督察主管應定期執行查核，以確保客戶申訴案件均依公司所訂之作業程序辦理。

小試身手

(　) **1** 依據「證券投資顧問事業從業人員行為準則」，經手人員自知悉公司推介予客戶某種有價證券或為全權委託投資帳戶執行及完成某種股票買賣前後幾日內，不得為本人或利害關係人帳戶買賣該種有價證券？　(A)五日　(B)五個營業日　(C)七日　(D)七個營業日。

(　) **2** 依據「證券投資顧問事業從業人員行為準則」，證券投資顧問事業之經手人員於在職期間應定期彙總申報本人帳戶及利害關係人帳戶每一筆交易狀況，包括有價證券及其衍生性金融商品之名稱、數量、金額及日期等資料，其申報之週期為？　(A)每週申報乙次　(B)每月申報乙次　(C)每季申報乙次　(D)每半年申報乙次。

(　) **3** 依據「證券投資顧問事業從業人員行為準則」規定，證券投資顧問事業之經手人員除報經督察主管允許外，該人員為個人帳戶買入某種股票後幾日內不得再行賣出，或賣出某種股票後幾日內不得再行買入？　(A)七日；三十日　(B)十五日；十五日　(C)二十日；二十日　(D)三十日；三十日。

(　) **4** 依據「證券投資顧問事業從業人員行為準則」規定，證券投資顧問事業之員工於節慶時，除經督察主管核可另予處理外，原則上得給予或收受之禮品價值以不超過新臺幣若干為限？　(A)一千元　(B)二千元　(C)三千元　(D)五千元。

(　) **5** 依據「證券投資顧問事業從業人員行為準則」規定，辦理投資研究分析之業務人員在提供客戶投資組合建議前，於決定該投資組合對於客戶之適合度與適當性時，應考慮的因素有哪些？　(A)客戶的需要及情況　(B)整個投資組合的基本特性　(C)投資所包含的基本特性　(D)以上皆應考慮。

(　　) **6** 證券投資顧問之經手人員於在職期間依公司規定定期彙總申報本人及利害關係人帳戶交易狀況，所稱利害關係人為：　(A)本人之父母投資　(B)本人二等親之姻親投資　(C)本人三等親之血親投資　(D)本人、配偶及其未成年子女利用他人名義投資受有利益者。

(　　) **7** 依據證券投資顧問事業從業人員行為準則之規定，對於客戶申訴之處理，主管應指派資深同仁保管檔案記錄，且至少多久一次交由部門主管及督察主管核閱？　(A)每月　(B)每季　(C)每週　(D)每日

(　　) **8** 下列對於客戶申訴之處理，何者為是？　(A)對於客戶書面的申訴案件，客戶服務相關部門均應逐日詳細登載，但口頭的申訴案件則不需要　(B)相關部門主管應指派資深同仁保管相關檔案記錄，且至少每月一次交由部門主管及督察主管核閱　(C)申訴對象之員工，應全力配合調查；若陳述與客戶有重大不一致時，為確保其真實性，應出具所言為實之聲明書　(D)申訴案件應由資淺員工調查處理，才不致有偏袒發生，且該員工不得為申訴案件中的申訴對象。

解答 **1** (C)　**2** (B)　**3** (D)　**4** (C)　**5** (D)　**6** (D)　**7** (B)　**8** (C)

精選試題 ....

(　) **1** 證券投資信託事業之經手人員如知悉其個人交易將與公司所管理之基金或全權委託帳戶為同一種股票之交易買賣,個人交易不得於該買賣交易前後七個營業日內為之。但得事先獲得督察主管或其他由高階管理階層所指定之人書面批准,提早於前後幾日以上買入或賣出?　(A)一日　(B)二日　(C)三日　(D)四日。

【108年第3次投信投顧人員】

(　) **2** 有關證券投資信託事業之年度督察報告,下列敘述何者為正確?(A)督察主管應每年一次向董事會及監察人提出簡單報告　(B)包含公司過去一年來公司經手人員個人交易之變動、程序內容是否有所更動　(C)包含公司過去一年公司員工違反相關規定及其處理狀況(D)選項(A)(B)(C)皆是。　　　　　　【107年第4次投信投顧人員】

(　) **3** 下列對於客戶申訴之處理,何者為是?　(A)對於客戶書面的申訴案件,客戶服務相關部門均應逐日詳細登載,但口頭的申訴案件則不需要　(B)相關部門主管應指派資深同仁保管相關檔案記錄,且至少每月一次交由部門主管及督察主管核閱　(C)申訴對象之員工,應全力配合調查;若陳述與客戶有重大不一致時,為確保其真實性,應出具所言為實之聲明書　(D)申訴案件應由資淺員工調查處理,才不致有偏袒發生,且該員工不得為申訴案件中的申訴對象。

【107年第4次、106年第4次投信投顧人員】

(　) **4** 依據「證券投資顧問事業從業人員行為準則」,經手人員自知悉公司推介予客戶某種有價證券或為全權委託投資帳戶執行及完成某種股票買賣前後幾日內,不得為本人或利害關係人帳戶買賣該種有價證券?　(A)五日　(B)五個營業日　(C)七日　(D)七個營業日。

【107年第3次、105年第1次投信投顧人員】

(　) **5** 證券投資顧問事業之經手人員於在職期間依公司規定定期彙總申報本人及利害關係人帳戶交易狀況,所稱利害關係人為:　(A)本

人之父母投資　(B)本人二等親之姻親投資　(C)本人三等親之血親投資　(D)本人、配偶及其未成年子女利用他人名義投資受有利益者。　　　　　　　　　　　　　　【107年第2次投信投顧人員】

(　　)　**6** 依據證券投資顧問事業從業人員行為準則之規定，對於客戶申訴之處理，主管應指派資深同仁保管檔案記錄，且至少多久一次交由部門主管及督察主管核閱？　(A)每月　(B)每季　(C)每週　(D)每日。　　　　　　　　　　　　　　【107年第2次投信投顧人員】

(　　)　**7** 有關證券投資信託事業經手人員個人交易之管理，下列何者為正確？　(A)經手人員從事個人投資、理財時，交易行為應遵守證券投資信託事業經理守則之限制以避免利益衝突情事之發生　(B)為求公司管控之便利，亦方便經手人員申報，以公司帳戶管理做為公司內部控管範圍　(C)經手人員未必以自己名義開立帳戶，故對該帳戶直接或間接受有利益者不屬證券投資信託事業經理守則規定對象　(D)選項(A)(B)(C)皆是。　　　　　　　　【107年第1次投信投顧人員】

(　　)　**8** 依「證券投資顧問事業從業人員行為準則」之規定，經手人員為本人帳戶投資國內上市（櫃）公司股票及具股權性質之衍生性商品前，應事先以書面報經督察主管核准，請問下列何者非該準則所規範之「具股權性質之衍生性商品」？　(A)可轉換公司債　(B)個股選擇權交易　(C)股款繳納憑證　(D)臺灣存託憑證。　　　　　　　　　　　　　　【108年第2次投信投顧人員】

(　　)　**9** 證券投資顧問事業之經手人員應於到職日起幾日內依公司所制定之制式表格申報本人帳戶及利害關係人帳戶持有國內上市、上櫃公司股票及具股權性質之衍生性商品之名稱及數量？　(A)七日　(B)十日　(C)十二日　(D)十五日。　　　【108年第1次、106年第4次投信投顧人員】

(　　)　**10** 下列有關證券投資顧問事業從業人員行為準則之敘述，何者正確？　(A)行為準則之訂定係為推展證券投資顧問事業，提升社會大眾對投顧事業之信心　(B)強調避免與客戶產生利益衝突之規範　(C)為指引式規範　(D)選項(A)(B)(C)均正確。　【106年第3次投信投顧人員】

（　　）**11** 依據「證券投資顧問事業從業人員行為準則」，投顧事業之經手人員為每筆個人交易買賣前，應事先以書面報經督察主管或所屬部門主管核准，但為下列何項投資或交易標的，不在此限？　(A)未上市股票　(B)國內上市公司股票　(C)個股選擇權交易　(D)股票期貨。
【108年第2次投信投顧人員】

（　　）**12** 依「證券投資信託事業經理守則」規定，經手人員個人交易買入某種股票須持有至少幾日以上？　(A)十日　(B)三十日　(C)十五日　(D)二十日。
【108年第3次投信投顧人員】

（　　）**13** 基金經理守則個人交易規範所稱之「經手人員」包括下列何者？(A)公司負責人　(B)基金經理人　(C)全權委託帳戶管理人　(D)選項(A)(B)(C)皆是。
【106年第1次、105年第3次投信投顧人員】

（　　）**14** 依據證券投資信託事業基金經理守則，公司內部應建立一直接對公司什麼階層以上負責之中立監督單位，並應建立內部督察程序？　(A)董事　(B)總經理　(C)監察人　(D)稽核主管。
【106年第1次投信投顧人員】

（　　）**15** 依據「證券投資顧問事業從業人員行為準則」，辦理投資研究分析之業務人員在提供客戶投資組合建議前，於決定該投資組合對於客戶之適合度與適當性時，應考慮的因素有哪些？　(A)客戶的需要及情況　(B)整個投資組合的基本特性　(C)投資所包含的基本特性(D)選項(A)(B)(C)皆應考慮。
【108年第3次投信投顧人員】

（　　）**16** 證券投資顧問事業從業人員對於客戶申訴之處理，客戶服務相關部門應登載之內容包括：　(A)申訴日期　(B)申訴性質　(C)類似申訴是否持續發生　(D)選項(A)(B)(C)皆是。【108年第3次投信投顧人員】

（　　）**17** 依據「證券投資顧問事業從業人員行為準則」，下列何者為辦理證券投資顧問業務時，應向客戶提供有關公司的資料？　(A)公司之營業地址　(B)公司經營業務之種類　(C)公司經營業務之限制(D)選項(A)(B)(C)均是。
【108年第3次投信投顧人員】

解答與解析

1 (B)。證券投資信託事業之經手人員如知悉其個人交易將與公司所管理之基金或全權委託帳戶為同一種股票之交易買賣，個人交易不得於該買賣交易前後七個營業日內為之；但得事先獲得督察主管或其他由高階管理階層所指定之人書面批准，可提早於前後二日以上買入或賣出；故選項(B)正確。

2 (D)。督察主管應每年一次向董事會及監察人提出簡單報告，報告中應包含公司過去一年來公司經手人員個人交易之變動、程序內容是否有所更動以及公司過去一年公司員工違反相關規定及其處理狀況；故選項(D)正確。

3 (C)。關於客戶申訴之處理：(1)無論是客戶「書面或口頭」的申訴案件，客戶服務相關部門均應逐日詳細登載、(2)主管應指派資深同仁保管檔案記錄，且至少「每季一次」交由部門主管及督察主管核閱、(3)申訴對象之員工，應全力配合調查；若陳述與客戶有重大不一致時，為確保其真實性，應出具所言為實之聲明書、(4)申訴案件應由「經驗豐富的資深員工」調查處理，且該員工不得為申訴案件中的申訴對象；故選項(C)正確。

4 (C)。依據「證券投資顧問事業從業人員行為準則」，經手人員自知悉公司推介予客戶某種有價證券或為全權委託投資帳戶執行及完成某種股票買賣前後「七日內」，不得為本人或利害關係人帳戶買賣該種有價證券；故選項(C)正確。

5 (D)。「證券投資顧問事業從業人員行為準則」中所稱利害關係人係指：(1)本人配偶及其未成年子女、(2)本人、配偶及其未成年子女利用他人名義投資有價證券及其衍生性金融商品而直接或間接受有利益者；故選項(D)正確。

6 (B)。依據證券投資顧問事業從業人員行為準則之規定，對於客戶申訴之處理，主管應指派資深同仁保管檔案記錄，且至少「每季一次」交由部門主管及督察主管核閱；故選項(B)正確。

7 (A)。有關證券投資信託事業經手人員個人交易之管理，(1)經手人員從事個人投資、理財時，交易行為應遵守證券投資信託事業經理守則之限制以避免利益衝突情事之發生、(2)以經手人員個人帳戶管理做為公司內部控管範圍、(3)本人與配偶及未成年子女利用他人名義持有著之他人帳戶亦屬證券投資信託事業經理守則規定對象；故選項(A)正確。

8 (D)。「具股權性質之衍生性商品」指：可轉換公司債、附認股權公司債、認股權憑證、認購（售）權

證、股款繳納憑證、新股認購權利
證書、新股權利證書、債券換股權
利證書、個股選擇權交易、股票期
貨；故選項(D)錯誤。

9 **(B)**。證券投資顧問事業之經手人員
應於到職日起「十日內」應出具聲
明書及依公司所制定之制式表格申
報本人帳戶及利害關係人帳戶持有
國內上市、上櫃及興櫃公司股票及
具股權性質之衍生性商品之名稱及
數量等資料；故選項(B)正確。

10 **(D)**。為推展證券投資顧問業務，
提升社會投資大眾對投顧事業之信
心，投顧事業及其從業人員應重視
倫理規範及內部控管，並避免利益
衝突情事發生，此規範為指引式的
業界自律規範；故選項(D)正確。

11 **(A)**。證券投資顧問事業之經手人
員為本人帳戶投資「國內上市、上
櫃及興櫃公司股票」及「具股權性
質之衍生性商品」前，應事先以書
面報經督察主管或所屬部門主管核
准；故選項(A)正確。

12 **(B)**。經手人員個人交易買入某種股
票及具股權性質之衍生性商品須持有
「至少三十日」；故選項(B)正確。

13 **(D)**。基金經理守則個人交易規範所
稱之「經手人員」，包括：證券投
資信託事業負責人、部門主管、分

支機構經理人、基金經理人、全權
委託投資業務之投資經理人；故選
項(D)正確。

14 **(B)**。依據證券投資信託事業基金
經理守則，公司內部應建立一直接
對公司「總經理」以上階層負責之
中立監督單位並應建立內部督察程
序；故選項(B)正確。

15 **(D)**。辦理投資研究分析之業務人員
在提供客戶投資組合建議前，應對
客戶的財務狀況、投資經驗以及投
資標的作適度的詢問，在決定每一
個投資的適合度與適當性時，應考
慮的相關因素包含：(1)該投資組合
或客戶需要及情況、(2)投資所包含
的基本特性、(3)整個投資組合的基
本特性；故選項(D)正確。

16 **(D)**。證券投資顧問事業從業人員對
於客戶申訴之處理，相關部門應登
載之內容包括：申訴日期、申訴性
質、類似申訴是否持續發生；故選
項(D)正確。

17 **(D)**。辦理證券投資顧問業務時，應
向客戶提供有關公司之充分資料，
包括公司之營業地址、公司經營業
務之種類與限制，以及代表公司執
行業務並可能與客戶有所聯繫的人
員之身分和職位；故選項(D)正確。

10 境外基金管理辦法

依出題頻率分為：A頻率高

課前導讀

本章節以「境外基金管理辦法」法規之內容為主，境外基金相關內容在投信投顧法規考試的出題頻率高且題型變化眾多，在備考時必須針對細節多加記憶，並對基金的運用範圍及限制、設立原則及種類多加理解，才能有助於掌握答題要領並獲得高分。

重點1 法令依據

為規範境外基金之運用範圍、種類、募集方式，主管機關金融監督管理委員會（簡稱「金管會」）：

依證券投資信託及顧問法第16條第3項及第四項規定之授權，訂定「境外基金管理辦法」，用以做為管理證券投資信託事業以及境外基金時之依據。

重點2 境外基金之總代理人

一、募集及銷售：

(一)任何人非經金管會核准或向金管會申報生效，不得在我國境內代理募集或銷售境外基金。【110年第1次投信投顧人員】

(二)境外基金管理機構或其指定機構應委任「**單一**」之總代理人在國內代理其基金之募集及銷售。【111年第3次投信投顧人員】

(三)總代理人得在國內代理一個以上境外基金機構之基金募集及銷售；銷售機構得在國內代理一個以上境外基金之募集及銷售。【109年第2次投信投顧人員】

(四)境外基金機構得委任經核准營業之證券投資信託事業、證券投資顧問事業或證券經紀商擔任總代理人，辦理境外基金募集及銷售業務。【110年第1次投信投顧人員】

(五)境外基金機構應與其所委任之總代理人簽訂人員培訓計畫，其計畫要點由同業公會擬訂，報經金管會核定。

二、總代理人資格條件：【108年第3次投信投顧人員】

(一)實收資本額、捏撥營運資金或專撥營業所用資金達新臺幣「**七千萬元**」以上。

(二)最近期經會計師查核簽證之財務報告每股淨值不低於面額。但取得營業執照未滿一個完整會計年度者，不在此限。

(三)具有即時取得境外基金機構投資及相關交易資訊之必要資訊傳輸設備。

(四)最近半年未曾受本法第103條第1款、證券交易法第66條第1款、期貨交易法第100條第1款、信託業法第44條或銀行法第61條之1第1項所定糾正、限期改善三次以上之處分。

(五)最近二年未曾受本法第103條第2款至第5款、證券交易法第66條第2款至第4款、期貨交易法第100條第2款至第4款、信託業法第44條第1款至第3款或銀行法第61-1條第1項第1款至第8款或金融消費者保護法第12-1條第1項第2款至第5款規定之處分。但金管會命令解除職員職務之處分，不在此限。

(六)業務人員及內部稽核人員之資格條件及人數，應符合規定。

(七)境外基金機構對總代理人之委任及總代理人對銷售機構之委任，均應以書面為之，其應行記載事項，由同業公會擬訂，報經金管會核定。

(八)其他經金管會規定應具備之資格條件。

三、營業保證金：

(一)總代理人除在國內代理境外指數股票型基金之募集及銷售者外，應依下列規定，向得辦理保管業務並符合金管會所定條件之金融機構提存營業保證金：【111年第2次投信投顧人員】

擔任一家境外基金管理機構所管理之基金	應提存新臺幣三千萬元
擔任二家境外基金管理機構所管理之基金	應提存新臺幣五千萬元
擔任三家以上基金管理機構所管理之基金	應提存新臺幣七千萬元

(二)銷售機構以自己名義為投資人向總代理人申購境外基金者，除依特定金錢信託契約受託投資境外基金者外，應向符合規定之金融機構提存營業保證金新臺幣二千萬元。

(三)營業保證金應以現金、銀行存款、政府債券或金融債券提存，不得設定質權或以任何方式提供擔保，且不得分散提存於不同金融機構；提存金融機構之更換或營業保證金之提取，應經同業公會轉報金管會核准後始得為之。【109年第1次投信投顧人員】

四、總代理應辦理事項：【107年第2次投信投顧人員】

(一)就其所代理之境外基金，編製投資人須知及公開說明書中譯本等相關資訊，並交付予銷售機構、參與證券商及投資人；但境外指數股票型基金於證券交易所進行交易者，得免交付投資人。

(二)擔任境外基金機構在國內之訴訟及一切文件之送達代收人。

(三)負責與境外基金機構連絡，提供投資人所代理境外基金之相關發行及交易資訊。

(四)依投資人申購、買回或轉換境外基金之交易指示，轉送境外基金機構；但代理境外指數股票型基金者，不在此限。

(五)就不可歸責總代理人之情事，協助辦理投資人權益保護之相關事宜。

(六)其他依法令或金管會規定應辦理之事項。

五、總代理人需公告之事項：

(一)總代理人就下列事項，應於事實發生日起「**三日內**」公告：

1. 所代理之境外基金經境外基金註冊地主管機關撤銷其核准、限制其投資活動。

2. 境外基金機構因解散、停業、營業移轉、併購、歇業、其當地國法令撤銷或廢止許可或其他相似之重大事由，致不能繼續從事相關業務。

3. 所代理之境外基金經金管會撤銷者。

4. 境外基金管理機構受其主管機關處分。

5. 所代理之境外基金有暫停及恢復交易情事。

6. 其代理之境外基金公開說明書或交付投資人之其他相關文件，其所載內容有變動或增加，致重大影響投資人之權益。

7. 其代理之境外基金於國內募集及銷售所生之投資人訴訟或重大爭議。

8. 總代理人發生財務或業務重大變化。

9. 所代理之境外指數股票型基金發生有關標的指數之重大事項並對投資人權益有重大影響或經註冊地主管機關核准更換標的指數者。

10. 基金淨值計算錯誤達其註冊地主管機關所定之可容忍範圍以上者。

(二)總代理人就下列事項，應事先送同業公會審查核准並於「<u>三日內</u>」公告：

1. 銷售機構之變動情形。【107年第1次投信投顧人員】

2. 參與證券商之變動情形。

3. 所代理之境外基金於國內募集銷售之級別有新增、暫停、恢復或註銷情事。

(三)境外基金有下列情事之一者，應經金管會核准並於事實發生日起「<u>三日內</u>」公告：【109年第2次投信投顧人員】

1. 基金之移轉、合併或清算。

2. 調增基金管理機構或保管機構之報酬。

3. 終止該基金在國內募集及銷售。

4. 變更基金管理機構或保管機構。

5. 變更基金名稱。

6. 變更該基金投資有價證券或從事證券相關商品交易之基本方針及範圍。

7. 變更基金之投資標的與策略，致基金種類變更。

8. 基金管理機構或保管機構之組織重大調整或名稱變更。

9. 其他經金管會規定應經核准之事項。

六、總代理人需申報之事項：

(一)總代理人應於每一營業日將其前一營業日代理之境外基金名稱、經交易確認之申購、買回或轉換之總金額、單位數及其他金管會所定之事項，依金管會規定之格式及內容，經金管會指定之資訊傳輸系統向金管會或金管會指定之機構申報。

(二)總代理人所代理之境外基金，應依金管會規定之格式及內容於每月終了後「**十個營業日**」內編具月報，並經金管會指定之資訊傳輸系統送同業公會彙送金管會及中央銀行。

(三)總代理人所代理之境外基金，應依基金註冊地規定，編具年度財務報告，併同其中文簡譯本即時辦理公告。基金註冊地規定應編具半年度財務報告者，亦同。

(四)總代理人應於每一營業日公告所代理境外基金之單位淨資產價值。【107年第4次投信投顧人員】

重點 **3**　境外基金之銷售機構

一、銷售機構規範：

(一)總代理人得委任經核准營業之證券投資信託事業、證券投資顧問事業、證券經紀商、銀行、信託業及其他經金管會核定之機構，擔任境外基金之銷售機構，辦理該境外基金之募集及銷售業務。【107年第3次投信投顧人員】

(二)信託業或證券經紀商依本辦法擔任境外基金銷售機構者，得與投資人簽訂特定金錢信託契約或受託買賣外國有價證券契約為之。

二、銷售機構資格條件：【106年第1次、第2次投信投顧人員】

(一)最近期經會計師查核簽證之財務報告每股淨值不低於面額。但取得營業執照未滿一個完整會計年度者，不在此限。

(二)最近二年未曾因辦理境外基金、證券投資信託基金或期貨信託基金業務受本法第103條第2款至第5款、證券交易法第66條第2款至第4款、期貨交易法第100條第2款至第4款、信託業法第44條第1款至第3款或銀行法第61條之1第1項第1款至第8款或金融消費者保護法第12-1條第1項第2款至第5

款規定之處分；但金管會命令解除職員職務之處分或其違法情事已具體改善並經主管機關認可者，不在此限。

(三)辦理募集及銷售業務人員應符合證券投資顧問事業負責人與業務人員管理規則所定業務人員之資格條件。

(四)其他經金管會規定應具備之條件。

三、銷售機構應辦理事項：

(一)交付投資人須知及公開說明書中譯本等相關資訊予投資人。

(二)就不可歸責銷售機構之情事，協助投資人紛爭處理與辦理投資人權益保護事宜及一切通知事項。

(三)其他依法令或金管會規定應辦理之事項。

四、銷售機構之終止：

(一)銷售機構終止辦理境外基金之募集及銷售業務者，應即通知總代理人。

(二)銷售機構終止辦理前項業務後，於轉由其他境外基金銷售機構辦理前，應協助投資人辦理後續境外基金之買回、轉換或其他相關事宜。

小試身手

(　　) **1** 有關境外基金總代理人之資格條件，下列何者錯誤？　(A)最近期經會計師查核簽證之財務報告每股淨值不低於面額　(B)實收資本額（指撥營運資金）達新臺幣一千萬元以上　(C)具有即時取得境外基金機構相關交易資訊之必要資訊傳輸設備　(D)業務人員及內部稽核人員之資格條件與人數應符合境外基金管理辦法之規定。

(　　) **2** 依我國法令規定，境外基金機構欲在我國從事募集銷售行為，應委任何人為之？　(A)受任人　(B)總代理人　(C)經銷商　(D)代理商。

(　　) **3** 依據境外基金管理辦法規定，有關總代理人之敘述何者不正確？　(A)實收資本額至少需達新臺幣七千萬元　(B)應依註冊地主管機關規定頻率公告所代理境外基金之單位淨資產價值　(C)總代理

人所代理之境外基金，應依基金註冊地規定，編具年度財務報告，併同其中文簡譯本即時辦理公告　(D)總代理人所代理之境外基金，應依金管會規定之格式及內容於每月終了後十日內編具月報，並經金管會指定之資訊傳輸系統送投信投顧公會彙送金管會及中央銀行。

(　　) **4** 總代理人應就「銷售機構之變動」為如何處置？　(A)於事實發生日起三日內公告　(B)事先送同業公會審查核准並於三日內公告　(C)事實發生日起三日內向金管會申報　(D)於次月五日前向同業公會彙整申報轉送金管會。

(　　) **5** 投信公司擔任四家境外基金管理機構之總代理人，並擔任其他境外基金之銷售機構以自己名義為投資人向總代理人申購境外基金者需提存多少營業保證金？　(A)新臺幣二千萬元　(B)新臺幣三千萬元　(C)新臺幣七千萬元　(D)新臺幣九千萬元。

(　　) **6** 有關境外基金銷售機構之資格，何者錯誤？　(A)銀行可擔任境外基金之銷售機構，辦理募集及銷售業務　(B)除取得營業執照未滿一個會計年度者外，最近期經會計師查核簽證之財務報告每股淨值不低於面額　(C)最近二年未曾因辦理境外基金或投信基金業務受一定之處分　(D)證券經紀商不得擔任基金銷售機構、辦理募集與銷售業務。

(　　) **7** 下列有關境外基金總代理人及銷售機構之敘述何者錯誤？　(A)擔任境外基金機構在國內之訴訟及一切文件之送達代收人　(B)內部控制制度應包括充分瞭解客戶、銷售行為、短線交易防制等法令應遵循之作業原則，並由境外基金管理機構送同業公會審查　(C)依投資人申購、買回或轉換境外基金之交易指示，轉送境外基金機構　(D)總代理人應編製投資人須知及公開說明書中譯本等相關資訊，交付與銷售機構及投資人。

解答　**1** (B)　**2** (B)　**3** (B)　**4** (B)　**5** (D)　**6** (D)　**7** (B)

重點 **4**　境外基金之募集與銷售

一、募集與銷售之條件：

(一)境外基金除境外指數股票型基金外，符合下列條件者得經金管會核准或申報生效在國內募集及銷售：

1. 境外基金從事衍生性商品交易之比率，不得超過金管會所訂定之比率。

2. 境外基金不得投資於黃金、商品現貨及不動產。

3. 境外基金投資大陸地區證券市場之有價證券占該境外基金總投資之比率，不得超過「**百分之十**」。

4. 國內投資人投資金額占個別境外基金比率，不得超過金管會規定之一定限額。

5. 境外基金之投資組合不得以中華民國證券市場為主要的投資地區，該投資比率由金管會定之。

6. 該境外基金不得以新臺幣或人民幣計價。

7. 境外基金必須成立滿「**一年**」。【105 年第 4 次投信投顧人員】

8. 境外基金已經基金註冊地主管機關核准向不特定人募集者。

9. 其他經金管會規定之事項。

(二)境外基金之境外基金管理機構，應符合下列條件：【108年第2次投信投顧人員】

1. 基金管理機構（得含其控制或從屬機構）所管理以公開募集方式集資投資於證券之基金總資產淨值超過二十億美元或等值之外幣者。所稱總資產淨值之計算不包括退休基金或全權委託帳戶。

2. 最近二年未受當地主管機關處分並有紀錄在案者。

3. 成立滿二年以上者。

4. 基金管理機構或其集團企業對增進我國資產管理業務有符合金管會規定之具體貢獻，且經金管會認可者；但基金註冊地與基金管理機構所在地為我國承認且公告者，得不受限制。

二、募集與銷售之規範：

(一)總代理人代理募集及銷售境外基金，金管會得視證券市場管理需要，訂定境外基金在國內募集及銷售總額。

(二)經金管會核准或申報生效在國內募集及銷售之境外基金，除境外指數股票型基金外，其保管機構應符合經金管會核准或認可之信用評等機構評等達一定等級以上者。

(三)總代理人首次申請（報）境外基金之募集及銷售，經金管會核准或申報生效後，涉及資金之匯出、匯入者，應檢具銷售機構及參與證券商名單等相關文件向中央銀行申請辦理相關外匯業務之許可，始得募集及銷售。但境外指數股票型基金以新臺幣掛牌者，應逐案申請。

(四)總代理人申請（報）境外基金之募集及銷售，有下列情形之一者，金管會得退回或不核准其案件：【107年第2次、106年第2次投信投顧人員】

1. 申請（報）事項有違反法令，致影響境外基金之募集及銷售。

2. 該基金註冊國之法令對投資人權益之保護顯低於我國。

3. 經金管會退回、不予核准、撤銷、廢止或自行撤回其申請（報）案件，總代理人自接獲金管會通知之日或自行撤回之日起三個月內，辦理申請（報）募集及銷售境外基金。

4. 已向金管會提出其他境外基金申請案件尚未經核准。

5. 所提申請（報）書件不完備或應記載事項不充分，經金管會限期補正，屆期不能完成補正。

6. 總代理人不符合第 9 條規定之資格條件。

7. 總代理人最近一年違反本辦法規定，其情節重大。

8. 其他金管會為保護公益認有必要。

(五)總代理人或銷售機構受理投資人申購境外基金款項之收付，應依下列方式之一為之：

1. 投資人自行向境外基金機構於境外指定之帳戶辦理款項之收付。

2. 境外基金機構授權總代理人以境外基金機構之名義，在國內金融機構設置基金專戶辦理款項之收付。

3. 金管會指定之證券集中保管事業指定之銀行專戶,並由證券集中保管事業匯至境外基金機構於境外指定之帳戶或於國內金融機構設置基金專戶辦理款項之收付。

(六)境外基金之募集及銷售不成立時,總代理人應依境外基金募集及銷售規定退款至投資人指定之銀行帳戶。【111年第3次、110年第3次投信投顧人員】

(七)總代理人或銷售機構應於投資人申購或買回申請書或電子文書上,明確註記受理申請之日期及時間。

(八)境外基金機構應於投資人申購、買回或轉換境外基金時,自行或委任總代理人製作並交付書面或電子檔案之交易確認書或對帳單予投資人。

(九)境外基金之申購、買回、轉換、交易確認書或對帳單及其他有關之文件,其保存方式及期限,依商業會計法及相關規定辦理;投資人如非以書面方式提出申請者,其相關作業系統須具有明確記載受理申請日期及時間之功能,並保留稽核軌跡二個月以上。

重點 5　境外基金之私募

一、得進行私募之對象:

境外基金機構得在國內對下列對象進行境外基金之私募:

(一)銀行業、票券業、信託業、保險業、證券業、金融控股公司或其他經金管會核准之法人或機構。【107年第2次投信投顧人員】

(二)符合金管會所定條件之自然人、法人或基金。

前項應募人總數,不得超過九十九人。

二、境外基金私募規範:

(一)境外基金機構向特定人私募基金,不得為一般性廣告或公開勸誘之行為。

(二)境外基金機構於國內私募境外基金,得委任銀行、信託業、證券經紀商、證券投資信託事業或證券投資顧問事業辦理。【106年第1次投信投顧人員】

(三)境外基金機構於國內私募境外基金，應委任符合資格條件且實收資本額、指撥營運資金或專撥營業所用資金達新臺幣「三千萬元」以上之銀行、信託業、證券經紀商、證券投資信託事業或證券投資顧問事業辦理，並應符合下列規定：

1. 受委任機構之內部控制制度應包括充分瞭解客戶、商品適合度評估、受委任機構之變更或終止向同業公會申報且負協助及通知投資人之義務等作業原則。
2. 基金管理機構於註冊地取得資產管理證照或資格。
3. 私募境外基金受委任機構行為準則。

(四)私募基金之應募人及購買人除有下列情形之一者外，不得再行賣出：

1. 向境外基金機構申請買回。
2. 轉讓予符合前述資格之人。
3. 基於法律規定所生效力之移轉。
4. 其他經金管會核准。

(五)境外基金機構應於私募境外基金價款繳納完成日五日內，向金管會指定之機構申報，並告知中央銀行。

小試身手

(　　) **1** 總代理人申請（報）境外基金之募集及銷集，以下何者非金管會得退回或不核准其案件之理由？　(A)該基金註冊國之法令對投資人權益之保護顯高於我國　(B)已向金管會提出其他境外基金申請案件尚未經核准　(C)所提申請（報）書件不完備或應記載事項不充分，經金管會限期補正，屆期不能完成補正　(D)經金管會退回其申請（報）案件，總代理人自接獲金管會通知之日三個月內，又辦理申請（報）募集及銷售境外基金。

(　　) **2** 下列何者非境外基金機構向特定人私募境外基金，得委任辦理之機構？　(A)銀行　(B)信託業　(C)票券業　(D)證券投資顧問事業。

(　　) **3** 依照境外基金管理辦法及相關規定，境外基金投資大陸地區證券市場之有價證券不得超過該境外基金淨資產價值之百分比為何？ (A)零點四　(B)零點五　(C)五　(D)十。

(　　) **4** 有關證券投資信託事業私募證券投資信託基金應募人數之規定，除證券投資信託及顧問法第11條第1項第一款對象外，應募人總數不得超過多少人？　(A)五人　(B)九十九人　(C)五十人 (D)三十人。

(　　) **5** 有關境外基金之投資顧問業務，何者不正確？　(A)應由經核准之證券投資顧問事業為之　(B)辦理境外基金之投資顧問業務，應與總代理人簽訂提供資訊合作契約，契約應行記載事項由投信投顧公會擬定　(C)證券投資顧問事業只能擔任銷售機構，不能辦理境外基金投資顧問業務　(D)投資顧問之境外基金應以經金管會核准或申報生效得募集及銷售者為限。

(　　) **6** 證券投資顧問事業提供投資推介顧問服務之外國基金管理機構所發行或經理之境外基金，應符合之條件何者正確？　(A)基金管理機構成立滿一年　(B)境外基金必須成立滿一年　(C)基金管理機構（得含其控制廣從屬機構）所管理基金總資產淨值超過十億美元或等值之外幣　(D)得投資於黃金現貨。

解答 1 (A)　2 (C)　3 (D)　4 (B)　5 (C)　6 (B)

精選試題

( )　**1** 違反「投信投顧法」第16條之規定，於我國境內從事或代理投資顧問境外基金者，應處幾年以下有期徒刑？　(A)二年　(B)五年　(C)一年　(D)七年。　　　　　　　　　【107年第4次投信投顧人員】

( )　**2** 境外基金機構之總代理人應於何時公告所代理境外基金之單位淨資產價值？　(A)每星期第一營業日　(B)每一營業日　(C)應即時公告　(D)每個月公告一次。　　　【107年第4次、106第2次投信投顧人員】

( )　**3** 境外基金管理機構得在國內對下列何者進行境外基金之私募？甲：銀行業；乙：票券業；丙：信託業；丁：保險業。　(A)僅丙、丁　(B)僅甲、乙、丙　(C)僅甲、丁　(D)甲、乙、丙、丁皆可。　　　　　　　　　　　　　【107年第2次、第4次投信投顧人員】

( )　**4** 有關境外基金之廣告、公開說明會及促銷，何者正確？　(A)總代理人委任之銷售機構從事境外基金之廣告、公開說明會及促銷違反規定時，銷售機構需負其法令責任，總代理人可免責　(B)總代理人或其委任之銷售機構為境外基金之廣告、公開說明會及促銷，總代理人應於事實發生後十日內向投信投顧公會申報　(C)可以為客戶預期臺幣的匯率走勢提供參考　(D)可為境外基金績效作預測。　　　　　　　　　　　　　　　　　【107年第4次投信投顧人員】

( )　**5** 下列何者得擔任境外基金之銷售機構？　甲：證券投資信託事業；乙：證券投資顧問事業；丙：證券經紀商；丁：銀行。　(A)僅丙　(B)僅甲、乙　(C)僅甲、乙、丁　(D)甲、乙、丙、丁皆可。　　　　　　　　　　　　　　　　　【109年第1次投信投顧人員】

( )　**6** 以下有關境外基金之敘述，何者為非？　(A)境外基金之私募不得為一般廣告或公開勸募　(B)境外基金是指於中華民國境外設立，具證券投資信託基金性質者　(C)所有境外基金之銷售或代理募集者，皆需經中央銀行同意　(D)任何人非經主管機關核准或向主管機關申

報生效後，不得在中華民國境內從事或代理募集、銷售、投資顧問境外基金。　　　　　　　　　　　　　【107年第3次投信投顧人員】

(　　) **7** 總代理人申請（報）境外基金之募集及銷售，以下何者非金管會得退回或不核准其案件之理由？　(A)該基金註冊國之法令對投資人權益之保護顯高於我國　(B)已向金管會提出其他境外基金申請案件尚未經核准　(C)所提申請（報）書件不完備或應記載事項不充分，經金管會限期補正，屆期不能完成補正　(D)經金管會退回其申請（報）案件，總代理人自接獲金管會通知之日三個月內，又辦理申請（報）募集及銷售境外基金。　　　　【107年第2次投信投顧人員】

(　　) **8** 依據境外基金管理辦法規定，有關總代理人之敘述何者錯誤？　(A)實收資本額至少需達新臺幣七千萬元　(B)應依註冊地主管機關規定頻率公告所代理境外基金之單位淨資產價值　(C)總代理人所代理之境外基金，應依基金註冊地規定，編具年度財務報告，併同其中文簡譯本即時辦理公告　(D)總代理人所代理之境外基金，應依金管會規定之格式及內容於每月終了後十個營業日內編具月報，並經金管會指定之資訊傳輸系統送投信投顧公會彙送金管會及中央銀行。

【107年第2次投信投顧人員】

(　　) **9** 有關境外基金總代理人之資格條件，下列何者錯誤？　(A)最近期經會計師查核簽證之財務報告每股淨值不低於面額　(B)實收資本額、指撥營運資金達新臺幣一千萬元以上　(C)具有即時取得境外基金機構相關交易資訊之必要資訊傳輸設備　(D)業務人員及內部稽核人員之資格條件與人數應符合「境外基金管理辦法」之規定。

【107年第2次投信投顧人員】

(　　) **10** 下列有關境外基金總代理人及銷售機構之敘述何者錯誤？　(A)擔任境外基金機構在國內之訴訟及一切文件之送達代收人　(B)內部控制制度應包括充分瞭解客戶、銷售行為、短線交易防制等法令應遵循之作業原則，並由境外基金管理機構送同業公會審查　(C)依投資人申購、買回或轉換境外基金之交易指示，轉送境外基金機構

(D)總代理人應編製投資人須知及公開說明書中譯本等相關資訊，交付與銷售機構及投資人。　　　　　　　【107年第2次投信投顧人員】

( ) **11** 下列何者得擔任境外基金之總代理人？　甲：證券投資信託事業；乙：證券投資顧問事業；丙：證券經紀商。　(A)僅丙　(B)僅甲、乙　(C)僅甲、丙　(D)甲、乙、丙皆可。　　　　【108年第2次投信投顧人員】

( ) **12** 總代理人應就「銷售機構之變動」為如何處置？　(A)於事實發生日起三日內公告　(B)事先送同業公會審查核准並於三日內公告　(C)事實發生日起三日內向金管會申報　(D)於次月五日前向同業公會彙總申報轉送金管會。　　　　　　　【107年第1次投信投顧人員】

( ) **13** 總代理人申請境外基金於國內募集及銷售，境外基金管理機構應符合之條件，以下何者為非？　(A)管理之公募基金總資產（不包括退休基金或全權委託帳戶）淨值超過20億美元或等值外幣　(B)最近二年未受當地主管機關處分　(C)應成立滿三年以上　(D)基金管理機構對增進我國資產管理業務有符合金管會規定之具體貢獻且經認可。　　　　　　　　　　　　　　　　【108年第2次投信投顧人員】

( ) **14** 下列何者為申報在臺銷售的境外基金可投資的項目？　(A)商品現貨　(B)不動產　(C)黃金　(D)大陸地區有價證券。
　　　　　　　　　　　　　　　　　　　　【109年第3次投信投顧人員】

( ) **15** 投信公司擔任2家境外基金管理機構之總代理人，需提存多少營業保證金？　(A)新臺幣2,000萬元　(B)新臺幣3,000萬元　(C)新臺幣5,000萬元　(D)新臺幣7,000萬元。　　　【109年第1次投信投顧人員】

( ) **16** 境外基金之銷售機構得在國內代理幾個以上境外基金之募集與銷售？　(A)1個　(B)3個　(C)5個　(D)10個。
　　　　　　　　　　　　　　　　　　　　【109年第2次投信投顧人員】

( ) **17** 境外基金在何種情況下，應經金管會核准並於事實發生日起三日內公告？　(A)基金之合併　(B)變更基金保管機構　(C)變更基金之投

資標的與策略致基金種類變更　(D)選項(A)、(B)、(C)皆是。

【109年第2次投信投顧人員】

(　　) **18** 依照境外基金管理辦法規定，投顧事業擔任境外基金之總代理，其代理之個別基金必須成立滿幾年？　(A)1年　(B)2年　(C)3年　(D)5年。　　　　　　　　　　　　　　　　【109年第1次投信投顧人員】

(　　) **19** 有關境外基金總代理人之資格條件，下列何者錯誤？　(A)取得營業執照已滿一個會計年度者，最近期經會計師查核簽證之財務報告每股淨值不低於面額　(B)實收資本額、指撥營運資金達新臺幣一千萬元以上　(C)具有即時取得境外基金機構相關交易資訊之必要資訊傳輸設備　(D)業務人員及內部稽核人員之資格條件與人數應符合「境外基金管理辦法」之規定。　　　　　　【108年第3次投信投顧人員】

(　　) **20** 有關境外基金總代理提存之營業保證金，下列何者敘述錯誤？　(A)應以現金、銀行存款、政府債券或金融債券提存　(B)不得設定質權或以任何方式提供擔保　(C)應分散提存於不同金融機構　(D)提存金融機構之更換或營業保證金之提取，應經投信投顧公會轉報金管會核准後始得為之。　　　　　　　【109年第1次投信投顧人員】

解答與解析

1 (A)。任何人未經主管機關核准或申報生效，而在中華民國境內從事或代理投資顧問境外基金者，處「二年」以下有期徒刑；故選項(A)正確。

2 (B)。境外基金機構之總代理人應於「每一營業日」公告所代理境外基金之單位淨資產價值；故選項(B)正確。

3 (D)。境外基金機構得在國內對下列對象進行境外基金之私募：銀行業、

票券業、信託業、保險業、證券業、金融控股公司或其他經金管會核准之法人或機構；故選項(D)正確。

4 (B)。總代理人委任之基金銷售機構從事境外基金之廣告、公開說明會及其他營業活動有違反規定時，總代理人及基金銷售機構應依相關法令負其責任，並應於事實發生十日內向投信投顧公會申報；故選項(B)正確。

5 **(D)**。總代理人得委任經核准營業之證券投資信託事業、證券投資顧問事業、證券經紀商、銀行、信託業及其他經金管會核定之機構，擔任境外基金之銷售機構；故選項(D)正確。

6 **(C)**。所有境外基金之銷售或代理募集者，皆需經主管機關金管會同意，而非經中央銀行同意；故選項(C)錯誤。

7 **(A)**。總代理人申請（報）境外基金之募集及銷售，有下列情形者金管會得退回或不核准其案件：(1)該基金註冊國之法令對投資人權益之保護顯「低於我國」、(2)已向金管會提出其他境外基金申請案件尚未經核准、(3)所提申請（報）書件不完備或應記載事項不充分，經金管會限期補正，屆期不能完成補正、(4)經金管會退回、不予核准、撤銷、廢止或自行撤回其申請（報）案件，總代理人自接獲金管會通知之日或自行撤回之日起三個月內，辦理申請（報）募集及銷售境外基金；故選項(A)錯誤。

8 **(B)**。依據境外基金管理辦法規定，(1)總代理人實收資本額需達新臺幣「七千萬元」以上、(2)總代理人應於「每一營業日公告」所代理境外基金之單位淨資產價值、(3)總代理人所代理之境外基金，應依基金註冊地規定，編具年度財務報告，併同其中文簡譯本即時辦理公告、(4)

總代理人所代理之境外基金，應依金管會規定之格式及內容於每月終了後十個營業日內編具月報，並經金管會指定之資訊傳輸系統送同業公會彙送金管會及中央銀行；故選項(B)錯誤。

9 **(B)**。境外基金總代理人應符合下列資格條件：(1)最近期經會計師查核簽證之財務報告每股淨值不低於面額、(2)實收資本額、指撥營運資金或專撥營業所用資金達新臺幣「七千萬元」以上、(3)具有即時取得境外基金機構投資及相關交易資訊之必要資訊傳輸設備、(4)業務人員及內部稽核人員之資格條件及人數應符合境外基金管理辦法之規定……等；故選項(B)錯誤。

10 **(B)**。(1)境外基金經理人擔任境外基金機構在國內之訴訟及一切文件之送達代收人、(2)境外基金委任機構之內部控制制度應包括「充分瞭解客戶、商品適合度評估、受委任機構之變更或終止向同業公會申報且負協助及通知投資人之義務」等作業原則、(3)境外基金總代理人應依投資人申購、買回或轉換境外基金之交易指示，轉送境外基金機構、(4)境外基金總代理人應就其所代理之境外基金，編製投資人須知及公開說明書中譯本等相關資訊，並交付予銷售機構、參與證券商及投資人；故選項(B)錯誤。

11 (D)。境外基金機構得委任經核准營業之「證券投資信託事業」、「證券投資顧問事業」或「證券經紀商」擔任總代理人，辦理境外基金募集及銷售業務；故選項(D)正確。

12 (B)。境外基金總代理人應就銷售機構之變動情形，事先送同業公會審查核准並於三日內公告；故選項(B)正確。

13 (C)。境外基金之境外基金管理機構，應符合下列條件：(1)基金管理機構（得含其控制或從屬機構）所管理以公開募集方式集資投資於證券之基金總資產淨值超過二十億美元或等值之外幣者、(2)最近二年未受當地主管機關處分並有紀錄在案者。(3)成立滿二年以上者、(4)基金管理機構或其集團企業對增進我國資產管理業務有符合金管會規定之具體貢獻，且經金管會認可者；故選項(C)錯誤。

14 (D)。境外基金除境外指數股票型基金外，其符合下列條件者，得經金管會核准或申報生效在國內募集及銷售：(1)境外基金從事衍生性商品交易之比率，不得超過金管會所訂定之比率。(2)境外基金不得投資於黃金、商品現貨及不動產。(3)境外基金投資大陸地區證券市場之有價證券占該境外基金總投資之比率，不得超過本會所訂定之比率⋯⋯等；故選項(D)正確。

15 (C)。擔任1家境外基金管理機構總代理人時，應提存新臺幣3000萬營業保證金、擔任2家境外基金管理機構總代理人時，應提存新臺幣5000萬營業保證金、擔任3家以上境外基金管理機構總代理人時，應提存新臺幣以上7000萬營業保證金；故選項(C)正確。

16 (A)。境外基金管理機構或其指定機構應委任「單一」之總代理人在國內代理其基金之募集及銷售；故選項(A)正確。

17 (D)。境外基金有下列情事之一者，應經金管會核准並於事實發生日起三日內公告：(1)基金之移轉，合併或清算、(2)調增基金管理機構或保管機構之報酬、(3)終止該基金在國內募集及銷售、(4)變更基金管理機構或保管機構、(5)變更基金名稱、(6)變更該基金投資有價證券或從事證券相關商品交易之基本方針及範圍、(7)變更基金之投資標的與策略，致基金種類變更⋯⋯等；故選項(D)正確。

18 (A)。證券投資顧問事業所代理之個別境外基金必須成立「滿一年」；故選項(A)正確。

19 (B)。境外基金總代理人應符合下列資格條件：(1)最近期經會計師查核簽證之財務報告每股淨值不低於面額、(2)實收資本額、指撥營運資金或專撥營業所用資金達新臺幣

「七千萬元」以上、(3)具有即時取得境外基金機構投資及相關交易資訊之必要資訊傳輸設備、(4)業務人員及內部稽核人員之資格條件及人數應符合境外基金管理辦法之規定……等；故選項(B)錯誤。

20 (C)。總代理人在國內代理境外基金，應依規定，向得辦理保管業務之金融機構提存營業保證金，營業保證金應以現金、銀行存款、政府債券或金融債券提存，不得設定質權或以任何方式提供擔保，且不得分散提存於不同金融機構；提存金融機構之更換或營業保證金之提取，應經同業公會轉報本會核准後始得為之；故選項(C)錯誤。

NOTE

NOTE

( ) **1** 全權委託投資契約之受任人為每一全權委託投資帳戶編製之月報、年度報告書應於何時依約定方式送達客戶？ (A)每月終了後十個營業日、每年終了後三個營業日 (B)每月終了後七個營業日、每年終了後十五個營業日 (C)每月第五日、年度終了後十五日 (D)每月十五日、年度終了後一個月。

( ) **2** 王先生原任某證券公司營業經理，因違規受主管機關依證券交易法第五十六條解除職務處分，其同鄉老友郭女士邀他擔任南台投信公司業務經理，則其所受處分需滿幾年後始可擔任？ (A)永久不可擔任 (B)不受限制，隨時可擔任 (C)解除職務滿三年後始可擔任 (D)解除職務滿五年後始可擔任。

( ) **3** 針對非專業投資機構之客戶，全權委託投資經理人對全權委託投資之決定，應注意哪些事項？ 甲.投資經理人應依據其分析作成決定，交付執行時應作成紀錄，並按月提出檢討；乙.投資分析為投資決定之依據；丙.投資經理人依據投資分析，即可執行買賣事項 (A)僅甲、丙 (B)僅甲、乙 (C)僅乙、丙 (D)甲、乙、丙。

( ) **4** 經營證券投資信託事業應經何機關之許可？ (A)中央銀行 (B)財政部 (C)國發會 (D)金融監督管理委員會。

( ) **5** 投顧事業之客戶，得自收受書面投顧契約之日起幾日內，以書面終止契約？ (A)二日 (B)三日 (C)五日 (D)七日。

( ) **6** 投顧事業經營全權委託投資業務，除應設置全權委託專責部門外，依規定尚應設置其他部門，下列何者屬依全權委託投資業務管理辦法規定應設置之部門？ (A)投資研究部門 (B)財務會計部門 (C)內部稽核部門 (D)選項(A)(B)(C)皆是。

（　）　**7** 下列何者係投信事業申請設立分支機構時，必須符合之條件？
(A)公司營業滿二年者　(B)最近三年未曾受主管機關依證交法規定
之處分者　(C)最近期經會計師查核簽證之財務報告，每股淨值不低
於面額者　(D)資本適足率高於20%者。

（　）　**8** 下列何者係投顧事業從事廣告及營業活動行為規範所稱之「廣
告」？　(A)使用新聞稿宣傳投資諮詢服務訊息　(B)利用電子郵件
提供公司業務最新動態　(C)運用網路行銷投資顧問月刊　(D)選項
(A)(B)(C)皆是。

（　）　**9** 有關境外基金總代理提存之營業保證金，下列何者敘述錯誤？
(A)應以現金、銀行存款、政府債券或金融債券提存　(B)不得設
定質權或以任何方式提供擔保　(C)應分散提存於不同金融機構
(D)提存金融機構之更換或營業保證金之提取，應經投信投顧公會
轉報金管會核准後始得為之。

（　）**10** 甲先生及甲太太分別持有新興投信公司股份各10%，夫妻二人有意
再增加持股比例，請問他們夫妻二人合計最多可再對新興投信公司
增加多少持股比例？　(A)5%　(B)10%　(C)15%　(D)不可再增加。

（　）**11** 信託業兼營全權委託投資業務，與客戶簽訂之信託契約，相關之
規範何者為非？　(A)信託契約於信託期間屆滿後至少保存三年
(B)證券經紀商或期貨經紀商之指定，除信託資金集合管理運用帳戶
外，原則上由信託業為之　(C)信託業與該證券商或期貨經紀商有
相互投資關係或控制從屬關係者，除辦理信託資金集合管理運用業
務投資有價證券外，應於信託契約中揭露　(D)倘發生信託業法第
二十七條所定禁止信託業從事之行為者，應事先告知受益人並取得
其書面同意。

（　）**12** 投信事業應於合併基準日後幾個營業日內辦理消滅基金資產移轉？
(A)二個營業日　(B)三個營業日　(C)五個營業日　(D)七個營業日。

( ) **13** 股票型基金之名稱表示投資某個特定標的、地區或市場者,該基金於投資相關標的、地區或市場之有價證券應達基金淨資產價值之多少百分比? (A)30% (B)50% (C)60% (D)90%。

( ) **14** 經營投信事業之發起人應有成立滿三年、最近三年未曾因資金管理業務受其本國主管機關處分,並符合法定資格之基金管理機構、銀行或保險公司,且其所認股份,合計不得少於第一次發行股份多少? (A)10% (B)20% (C)25% (D)30%。

( ) **15** 甲投資人委任乙投信公司辦理全權委託投資,乙公司與甲之委託投資資產保管機構丙之間若有下列何種情事應告知甲? (A)丙為乙公司持股10%以上之大股東 (B)乙公司為丙持股10%以上之股東 (C)選項(A)(B)皆應告知 (D)選項(A)(B)皆不須告知。

( ) **16** 為提昇投顧業者之自律,立法設計上促使業者加入同業公會,並於事業設立之審核時為何種設計? (A)於申請核發營業執照時,應繳交同業公會同意入會之證明文件 (B)於提出申請許可時一個月內加入公會 (C)經申請許可之日起三個月內辦妥入會登記 (D)於第一階段申請時,六個月內提出入會證明文件。

( ) **17** 受益人請求買回一部受益憑證者,投信事業除依規定之期限給付買回價金外,並應於受益人買回受益憑證之請求到達之次一營業日起幾個營業日內,辦理受益憑證之換發? (A)二個營業日 (B)三個營業日 (C)五個營業日 (D)七個營業日。

( ) **18** 投信事業行使基金持有發行公司股票之投票表決權,應出席股東會行使表決權,表決權行使之評估分析作業、決策程序及執行結果做成書面紀錄,並編號建檔後,應至少保存幾年? (A)1年 (B)3年 (C)5年 (D)10年。

( ) **19** 信託業兼營全權委託投資業務,以下何者為其得執行之投資業務? (A)經客戶書面同意以融資買進我國上櫃股票 (B)經與客戶

契約約定以融券賣出我國上市股票　(C)買進政府債券　(D)選項(A)(B)(C)均正確。

(　) **20** 有關投顧事業之規範，下列何者正確？　(A)經營投顧事業應以有限公司組織為限　(B)實收資本額不得少於三千萬元　(C)經營全權委託投資業務及期貨顧問業務，其實收資本額應為五千萬元以上　(D)投信業務為投顧事業得申請兼營之業務之一。

(　) **21** 下列何者得擔任境外基金之銷售機構？　甲.證券投資信託事業；乙.證券投資顧問事業；丙.證券經紀商；丁.銀行　(A)僅丙　(B)僅甲、乙　(C)僅甲、乙、丁　(D)甲、乙、丙、丁皆可。

(　) **22** 投信公司為從事廣告、公開說明會及其他營業促銷活動而製作之有關資料，應於事實發生後幾日內向同業公會申報？　(A)5日　(B)10日　(C)2日　(D)7日。

(　) **23** 投信投顧事業對於全權委託投資業務之相關主管及從業人員之管理，下列何者正確？　(A)應先登錄方得執行業務　(B)由事業向公會申請登錄　(C)發生異動時應申報　(D)選項(A)(B)(C)皆是。

(　) **24** 投信公司擔任2家境外基金管理機構之總代理人，需提存多少營業保證金？　(A)新臺幣2,000元　(B)新臺幣3,000萬元　(C)新臺幣5,000萬元　(D)新臺幣7,000萬元。

(　) **25** 依照境外基金管理辦法規定，投顧事業擔任境外基金之總代理，其代理之個別基金必須成立滿幾年？　(A)1年　(B)2年　(C)3年　(D)5年。

(　) **26** 若有正當理由，投顧事業兼營投信業務未於期限內申請換發營業執照者，在期限屆滿前，得申請主管機關核准展延，但展延期不得超過幾個月？　(A)1個月　(B)3個月　(C)6個月　(D)9個月。

(　) **27** 下列有關須經金管會核准後，始得終止基金信託契約之規定，何者有誤？　(A)基金保管機構解散或破產　(B)基金淨資產價值低於投

信投顧公會所定之標準　(C)因市場狀況、基金特性、規模，或其他法律上或事實上原因致基金無法繼續經營　(D)受益人會議決議終止投信契約。

( ) **28** 投顧公司接受客戶委任提供證券投資分析建議，雙方應訂定書面證券投資顧問契約，契約範本由何機構擬訂報金管會核定？　(A)證券投資人及期貨交易人保護中心　(B)金融消費評議中心　(C)消費者保護協會　(D)證券投資信託暨顧問商業同業公會。

( ) **29** 投信事業或投顧事業經營全權委託投資業務，下列投資之規範何者為正確？　(A)經全權委託保管機構同意得以場外交易方式購買上櫃公司股票　(B)經客戶書面同意亦不得從事信用交易　(C)得投資之範圍包括經金管會核准得投資之承銷有價證券　(D)為全體全權委託投資帳戶投資任一公司股票之股份總額，不得超過該公司已發行股份總數之20%。

( ) **30** 甲為A投顧公司之董事，近日擬投資於C投信公司，並有意擔任B投顧公司之監察人，下列敘述何者為正確？　(A)甲得為C公司監察人　(B)甲不得擔任B公司監察人　(C)甲得擔任B公司監察人　(D)選項(A)(B)正確。

( ) **31** 保本型基金之保本比率應達投資本金之多少比例以上？　(A)60%　(B)70%　(C)80%　(D)90%。

( ) **32** 下列何項不是證券投資信託事業管理規則規定基金經理人應具備資格條件之一？　(A)國內外大學以上學校畢業或同等學歷　(B)證券投資分析人員資格　(C)證券商高級業務人員測驗合格　(D)投信投顧業務員測驗合格。

( ) **33** 在下列何種情形下，一個投信基金之經理人可同時管理兩個同類型基金？　(A)公司已發行三個（含）以上之基金，並擁有三個（含）以上之研究分析人員　(B)基金經理人應具備二年以上管理同

類型基金之經驗　(C)基金經理人須具備一年以上管理基金之經驗
(D)申請登記時，二個基金規模合計不得超過新臺幣五十億元。

(　　) **34** 得受理保管經營全權委託投資業務之事業所提存營業保證金之外
國銀行在我國境內之分公司，應具備下列何評等機構之一定等級
以上評等之資格？　(A)中華信用評等公司　(B)Moody's Investors
Service　(C)Standard & Poor's Corp.　(D)選項(A)(B)(C)皆是。

(　　) **35** 證券投資顧問事業從事自動化投資顧問服務，以下何者為應告知客
戶之注意事項？　(A)客戶於使用前應詳閱服務內容或其他相關公
開揭露資訊　(B)客戶應認知投資工具有其內在限制與現實情況存在
潛在落差　(C)客戶應理解自動化投資顧問服務之產出直接繫於客戶
所提供之資訊　(D)選項(A)(B)(C)皆應告知。

(　　) **36** 有關「債券型基金」之敘述何者正確？　(A)除法令另有規定外，不
得投資結構式利率商品，但正向浮動利率債券不在此限　(B)投信事
業運用債券型基金投資於轉換公司債總金額，不得超過基金淨資產
價值之10%　(C)債券型基金持有轉換公司債，於條件成就致轉換為
股票時，應於1年內調整至符合規定　(D)選項(A)(B)(C)皆正確。

(　　) **37** 違反證券投資信託事業管理規則者，除依證券投資信託及顧問法有
關規定處罰外，主管機關並得於幾年內停止受理該事業募集證券投資
信託基金之申請案件？　(A)一年　(B)二年　(C)三年　(D)五年。

(　　) **38** 全權委託保管機構，依據委任契約代理客戶與證券商簽訂開戶暨
受託買賣契約，並依規定開立其他投資買賣帳戶，下列敘述何者
為非？　(A)接受開戶之證券商或其他交易對象，依規定應由受
任人指定　(B)接受開戶之證券商或其他交易對象，不以一家為限
(C)受任人與證券商或其他交易對象有相互投資或控制與從屬關係
者，應於全權委託投資契約中揭露　(D)全權委託保管機構完成開
戶手續後，應將開戶事宜通知客戶。

（　　）**39** 投顧事業經營全權委託投資業務提存營業保證金之規定，何者為正確？　(A)實收資本額未達新臺幣一億元者，提存新臺幣五百萬元　(B)實收資本額新臺幣一億元以上而未達二億元者，提存新臺幣二千五百萬元　(C)實收資本額新臺幣二億元以上而未達三億元者，提存新臺幣二千萬元　(D)實收資本額新臺幣三億元以上者，提存新臺幣三千萬元。

（　　）**40** 自動化投資顧問服務系統應公平客觀地執行下列何項功能？　(A)決定投資組合參數　(B)建立有價證券納入投資組合之篩選標準　(C)挑選適於納入投資組合之有價證券　(D)選項(A)(B)(C)皆是。

（　　）**41** 投信投顧事業經營全權委託投資業務操作辦法，係依據何種法規訂定？　(A)證券交易法　(B)證券投資信託及顧問法　(C)證券投資顧問事業管理規則　(D)信託業法。

（　　）**42** 客戶發現受託之投信公司運用其全權委託投資資產，違反所訂定之全權委託投資契約時，將該情事通知投信投顧公會，投信投顧公會於必要時得為如何處理？　(A)代客戶向證券投資信託公司求償　(B)依規定積極處理，作成書面報告函報金管會　(C)查證後通知證券投資信託公司終止該全權委託投資契約　(D)通知受託經紀商停止辦理交割。

（　　）**43** 下列敘述何者非屬證券投資信託事業管理規則第五條所稱重大影響受益人權益之事項？　(A)存款不足之退票、拒絕往來或其他喪失債信情事者　(B)向關係人購買不動產者　(C)變更公司或所經理投信基金之簽證會計師者　(D)變更公司或分支機構營業處所者。

（　　）**44** 依投信投顧公會廣告及營業活動行為規範規定，基金銷售文件中有提及投資人直接應付之費用時，應清楚標示收取方式，所稱「投資人直接應付之費用」不包括：　(A)前收手續費　(B)後收手續費　(C)基金短線交易應付之買回費用　(D)基金分銷費用。

(　　) **45** 有關全權委託保管機構，下列何種敘述為非？　(A)每一全權委託投資帳戶之保管機構不限定一家　(B)客戶得於全權委託投資契約存續期間變更全權委託保管機構，但應以書面通知原全權委託保管機構及受任人　(C)新受任全權委託保管機構另應通知受任人，共同與客戶簽訂三方權義協定書　(D)客戶與新任全權委託保管機構所簽訂之委任契約，應與新任全權委託保管機構個別簽訂。

(　　) **46** 信託業募集發行共同信託基金投資於證交法第六條有價證券占該基金募集發行額度超過一定比率者，應先申請兼營投信業務。該一定比率為何？　(A)20%　(B)30%　(C)40%　(D)50%。

(　　) **47** 有關投信事業對於投信基金之保管，得以下列何種方式為之？　(A)自行保管　(B)由受委託之信託公司或銀行保管　(C)由受委託之保險公司保管　(D)由受委託之保全公司保管。

(　　) **48** 證券投資信託事業經手人員所應申報之帳戶，以下何者為非？　(A)本人之帳戶　(B)本人配偶及其未成年子女之帳戶　(C)本人、配偶及其未成年子女利用他人名義投資未上市、未上櫃公司股票者之他人帳戶　(D)本人或配偶為負責人之企業之帳戶。

(　　) **49** 證券經紀商欲以信託方式經營全權委託投資業務，應接受委託人原始信託財產達新臺幣多少數額以上，方可依相關法令申請兼營金錢之信託及有價證券信託？　(A)1,000萬元　(B)600萬元　(C)500萬元　(D)1,500萬元。

(　　) **50** 金管會於審查經營投顧事業申請案件，發現申請所檢附之營業計畫書內容欠具體或無法有效執行時，得為如何處理？　(A)不予許可　(B)通知申請人限期補正　(C)屆期未補正者，得申請延展　(D)非屬該階段之審查事項。

解答及解析 答案標示為#者，表官方曾公告更正該題答案。

1 (B)。受任人為每一全權委託投資帳戶編製之月報，應於「每月終了後七個營業日」內以約定方式送達客戶；編製之年度報告書，應於「每年終了後十五個營業日」內以約定方式送達客戶；故選項(B)正確。

2 (C)。受證券交易法第五十六條及第六十六條第二款解除職務之處分，未滿三年者不得充任證券商之董事、監察人或經理人；故選項(C)正確。

3 (B)。(1)受任人運用委託投資資產投資或交易，應依據其分析作成決定，交付執行時應作成紀錄，並按月提出檢討，其分析與決定應有合理基礎及根據、(2)全權委託投資之投資或交易決定，應由投資經理人依據前條投資或交易分析及考量客戶各項委任條件後，客觀公正地依客戶別作成投資或交易決定，再通知業務員執行買賣等事項；故選項(B)正確。

4 (D)。經營證券投資信託事業，發起人應檢具申請書及法定文件向金融監督管理委員會（簡稱「金管會」）提出申請許可；故選項(D)正確。

5 (D)。證券投資顧問客戶得自收受書面契約之日起七日內，以書面終止契約，投顧公司僅得向客戶收取請求終止契約前所提供服務之相當報酬；故選項(D)正確。

6 (D)。投信或投顧經營全權委託投資業務，應設置專責部門，並應至少設置「投資研究」、「財務會計」及「內部稽核」部門；故選項(D)正確。

7 (C)。證券投資信託事業符合下列條件者，得申請設立分支機構：(1)營業滿一年、(2)最近期經會計師查核簽證之財務報告，每股淨值不低於面額、(3)最近三個月未曾受本法第一百零三條第一款或證券交易法第六十六條第一款之處分、(4)最近半年未曾受本法第一百零三條第二款、第三款或證券交易法第六十六條第二款之處分、(5)最近一年未曾受本法第一百零三條第四款或證券交易法第六十六條第三款之處分、(6)最近二年未曾受本法第一百零三條第五款或證券交易法第六十六條第四款之處分；故選項(C)正確。

8 (D)。投顧事業從事廣告及營業活動行為規範所稱之「廣告」，係指運用下列傳播媒體，就證券投資顧問業務及相關事務向不特定多數人為傳遞、散布或宣傳：(1)報紙等出版物、(2)DM等印刷物、(3)電視、電影等、(4)海報、看板等、(5)電子郵件或網際網路系統、(6)新聞稿、(7)其他任何形式之廣告宣傳；故選項(D)正確。

9 (C)。總代理人在國內代理境外基金，應依規定，向得辦理保管業

務之金融機構提存營業保證金，營業保證金應以現金、銀行存款、政府債券或金融債券提存，不得設定質權或以任何方式提供擔保，且不得分散提存於不同金融機構；提存金融機構之更換或營業保證金之提取，應經同業公會轉報本會核准後始得為之；故選項(C)錯誤。

10 (A)。證券投資信託事業之每一股東與其關係人及股東利用他人名義持有股份合計不得超過該公司已發行股份總數「百分之二十五」；故選項(A)正確。

11 (A)。信託契約於信託期間屆滿後至少保存「五年」；故選項(A)錯誤。

12 (A)。證券投資信託事業應於合併基準日後「二個營業日」內辦理消滅基金資產移轉與存續基金；故選項(A)正確。

13 (C)。股票型基金名稱表示投資於特定標的、地區或市場者，其投資於相關標的、地區或市場之有價證券應達基金淨資產價值「百分之六十」；故選項(C)正確。

14 (B)。經營證券投資信託事業，發起人應有符合下列資格條件之基金管理機構、銀行、保險公司、證券商或金融控股公司，其所認股份，合計不得少於第一次發行股份之百分之二十；故選項(B)正確。

15 (C)。客戶指定之全權委託保管機構與證券投資信託事業或證券投資顧問事業間具有下列控制關係者，證券投資信託事業或證券投資顧問事業對客戶應負告知義務：(1)保管機構與投資證券投信投顧事業已發行股份總數「百分之十」以上股份、(2)證券投信投顧事業持有保管機構已發行股份總數「百分之十」以上股份；故選項(C)正確。

16 (A)。證券投資顧問事業應自金管會許可之日起六個月內完成公司設立登記，填具申請書，並檢具下列文件，向金管會申請核發營業執照：(1)公司登記證明文件、(2)公司章程、……(13)同業公會同意入會之證明文件……等；故選項(A)正確。

17 (D)。受益人請求買回一部受益憑證者，證券投資信託事業除依前項規定之期限給付買回價金外，並應於受益人買回受益憑證之請求到達之次一營業日起七個營業日內，辦理受益憑證之換發；故選項(D)正確。

18 (C)。證券投資信託事業行使表決權，應基於受益憑證持有人之最大利益，並應就出席股東會表決權行使之評估分析作業、決策程序及執行結果作成書面紀錄，循序編號建檔，至少保存五年；故選項(C)正確。

19 (D)。信託業兼營全權委託投資業務之投資範圍，包括政府債券、公司債券、本國上市、上櫃及興櫃有價

證券、經金管會核准得投資之承銷有價證券;故選項(D)正確。

20 (D)。(A)經營投顧事業應以股份有限公司組織為限。(B)實收資本額不得少於二千萬。(C)經營全權委託投資業務及期貨顧問業務,其實收資本額應為七千萬元以上;故選項(D)正確。

21 (D)。總代理人得委任經核准營業之證券投資信託事業、證券投資顧問事業、證券經紀商、銀行、信託業及其他經金管會核定之機構,擔任境外基金之銷售機構;故選項(D)正確。

22 (B)。投信投顧事業為廣告、公開說明會及其他營業活動應經內部適當審核,並於事實發生後「十日內」向同業公會申報;故選項(B)正確。

23 (D)。投信投顧事業從事全權委託投資業務之相關主管及從業人員,應由該事業向公會申請登錄後方得執行業務;故選項(D)正確。

24 (C)。擔任1家境外基金管理機構總代理人時,應提存新台幣3000萬營業保證金、擔任2家境外基金管理機構總代理人時,應提存新台幣5000萬營業保證金、擔任3家以上境外基金管理機構總代理人時,應提存新台幣以上7000萬營業保證金;故選項(C)正確。

25 (A)。證券投資顧問事業所代理之個別境外基金必須成立「滿一年」;故選項(A)正確。

26 (B)。未於期間內申請換發兼營證券投資顧問事業辦理證券投資顧問業務執照者,廢止其兼營許可。但有正當理由,於期限屆滿前,得向金管會申請展延一次,並以「三個月」為限;故選項(B)正確。

27 (B)。證券投資信託契約有下列情事者,應經金管會核准後予以終止:(1)基金保管機構有解散、破產、撤銷或廢止核准之情事、(2)基金淨資產價值低於「金管會」所定之標準、(3)因市場狀況、基金特性、規模,或其他法律上或事實上原因致基金無法繼續經營、(4)受益人會議決議終止證券投資信託契約;故選項(B)錯誤。

28 (D)。投顧公司接受客戶委任提供證券投資分析建議,雙方應訂定書面證券投資顧問契約,其內容及契約範本由投信投顧公會擬訂後函報金管會核定;故選項(D)正確。

29 (C)。證券投資信託事業或證券投資顧問事業經營全權委託投資業務,(1)除法令另有規定外,應委託證券經紀商「於集中交易市場或證券商營業處所」為之、(2)經客戶同意得從事信用交易、(3)得投資之範圍包括經金管會核准得投資之承銷有價證券、(4)為全體全權委託投資帳戶投資任一公司股票之股份總額,不得超過該公司已發行股份總數之「百分之十」;故選項(C)正確。

解答與解析

30 (B)。證券投資顧問事業之董事、監察人或經理人，除法令另有規定外，不得投資於其他證券投資顧問事業，或兼為其他證券投資顧問事業、證券投資信託事業或證券商之董事、監察人或經理人；故選項(B)正確。

31 (D)。保本型基金之保本比率應達投資本金「百分之九十」以上；故選項(D)正確。

32 (A)。證券投資信託事業基金經理人應具備之資格條件包括：(1)擔任接受客戶全權委託投資業務之投資經理人職務一年以上，無不良紀錄者、(2)符合證券投資信託及顧問業務員資格，並在專業投資機構擔任證券投資分析或證券投資決策工作「二年」以上者、(3)符合證券商高級業務員資格，並在專業投資機構從事證券投資分析或證券投資決策工作「三年」以上者、(4)符合證券投資分析人員資格；故選項(A)錯誤。

33 (B)。下列情形下，一個基金經理人可同時管理兩個基金：(1)公司已發行四個（含）以上之基金，並擁有四個（含）以上之研究分析人員、(2)所管理之兩個基金應屬投資國內之股票型或平衡型基金、(3)基金經理人應具備二年以上管理基金之經驗；故選項(B)正確。

34 (D)。保管委託投資資產與辦理相關全權委託保管業務之信託公司或兼營信託業務之銀行、提存營業保證金之金融機構，屬外國銀行在中華民國境內之分公司者，其總公司之信用評等等級應達下列標準之一：(1)經Standard & Poor's Ratings Services評定，長期債務信用評等達BBB–級以上，短期債務信用評等達A–3級以上、(2)經Moody's Investors Service,Inc評定，長期債務信用評等達Baa3級以上，短期債務信用評等達P–3級以上、(3)經Fitch Ratings Ltd.評定，長期債務信用評等達BBB–級以上，短期債務信用評等達F3級以上、(4)經中華信用評等股份有限公司評定，長期債務信用評等達twBBB–級以上，短期債務信用評等達twA–3級以上、(5)經英商惠譽國際信用評等股份有限公司臺灣分公司評定，長期債務信用評等達BBB–（twn）級以上，短期債務信用評等達F3（twn）級以上；故選項(D)正確。

35 (D)。證券投資顧問事業從事自動化投資顧問服務，應於客戶初次使用前告知客戶下列注意事項：(1)客戶於使用前應詳閱服務內容或其他相關公開揭露資訊、(2)客戶應認知投資工具有其內在限制與現實情況所存在的潛在落差、(3)客戶應理解自動化投資顧問服務之產出直接繫於客戶所提供之資訊、(4)客戶應注意系統產出未必符合客戶個人的財務需要或目標；故選項(D)正確。

36 (D)。債券型基金，除法令另有規定外，不得投資下列標的：(1)股票、(2)具有股權性質之有價證券，但轉換公司債、附認股權公司債及交換公司債不在此限、(3)結構式利率商品，但正向浮動利率債券不在此限；證券投資信託事業運用債券型基金投資於轉換公司債、附認股權公司債及交換公司債總金額，不得超過基金淨資產價值之百分之十；債券型基金持有轉換公司債、附認股權公司債及交換公司債於條件成就致轉換、認購或交換為股票者，應於一年內調整至符合規定；故選項(D)正確。

37 (B)。違反證券投資信託事業管理規則者，主管機關得於二年內停止受理該事業募集證券投資信託基金之申請案件；故選項(B)正確。

38 (A)。全權委託保管機構，依據委任契約代理客戶與證券商簽訂開戶暨受託買賣契約，並依規定開立其他投資買賣帳戶：(1)接受開戶之證券商、期貨商或其他交易對象，由客戶自行指定，且不以一家為限、(2)如客戶不為指定而由受任人指定者，受任人應評估其財務、業務及信用狀況，並注意適當之分散，避免過度集中，他業兼營者，並不得指定本事業為證券經紀商、(3)其與該證券經紀商有相互投資關係或控制與從屬關係者，並應於契約中揭露；故選項(A)錯誤。

39 (C)。實收資本額新台幣二億元以上者，應提存新台幣二千萬元；故選項(C)正確。

40 (D)。為忠實履行客戶利益優先，利益衝突避免，禁止不當得利與公平處理等原則，應確認自動化投資顧問服務系統能公平客觀的執行下列功能：(1)決定投資組合之參數，例如：報酬表現、分散程度、信用風險、流動性風險、(2)建立有價證券納入投資組合之篩選標準，例如：交易成本、流動性風險、與信用風險等、(3)挑選於納入投資組合之有價證券，倘若有價證券係由演算法所挑選者，應就演算法進行審核、(4)檢視系統預設投資組合建議是否適合於所配對之客戶風險承受度；故選項(D)正確。

41 (B)。投信投顧同業公會依證券投資信託及顧問法第57條第2項、證券投資信託事業證券投資顧問事業經營全權委託業務管理辦法第27條第2項規定之授權，訂定「證券投資信託事業、證券投資顧問事業經營全權委託投資業務操作辦法」，並報經金管會核定；故選項(B)正確。

42 (B)。受任人運用委託投資資產，不得違反其與客戶簽訂之全權委託投資契約，客戶發現受任人違反全權委託投資契約時，得通知投信投顧公會；全權委託保管機構發現受任人違反全權委託投資契約時，應即通知投信投顧公會及客戶。投信投顧公會接獲上

開通知經查屬實後，除依規定積極處裡外，必要時應做成書面函報金管會；故選項(B)正確。

43 (D)。證券投資信託事業應將重大影響受益人權益之事項，於事實發生之日起二日內公告，向金管會申報並抄送同業公會，所謂「重大影響受益人權益之事項」包括：(1)向關係人購買不動產、(2)存款不足之退票、拒絕往來或其他喪失債信情事、(3)董事長、總經理或三分之一以上董事發生變動、(4)變更公司或所經理證券投資信託基金之簽證會計師……等；故選項(D)錯誤。

44 (D)。證券投資信託事業、總代理人及基金銷售機構從事基金之廣告、公開說明會及其他營業活動時，不得有下列行為：銷售文件中有提及投資人直接應付之費用（含手續費前收或後收型基金之申購手續費、基金短線交易應付之買回費用或其它費用等）時，未清楚標示收取方式；故選項(D)錯誤。

45 (A)。根據中華民國證券投資信託暨顧問商業同業公會證券投資信託事業證券投資顧問事業經營全權委託投資業務操作辦法第27條，每一全權委託投資帳戶之全權委託保管機構以一家為限。

46 (D)。信託業募集發行共同信託基金投資於證券交易法第6條之有價證券占共同信託基金募集發行額度「百分之五十」以上，或可投資於證券交易法第6條之有價證券達新台幣「十億元」以上者，應依證券投資信託及顧問法規定先申請兼營證券投資信託業務，始得募集之；故選項(D)正確。

47 (B)。證券投資信託事業對於證券投資信託基金之保管，得依投信投顧法及證券投資信託契約委由辦理基金保管業務之「信託公司」或兼營信託業務之「銀行」保管；故選項(B)正確。

48 (C)。應申報帳戶：(1)本人、配偶及其未成年子女、(2)本人與配偶及未成年子女利用他人名義持有著之他人；應申報標的：(1)國內上市、上櫃及興櫃公司股票及具股權性質之衍生性商品；未上市或未上櫃無須申報、(2)上述衍生性商品，係指可轉換公司債、附認股權公司債、認股權憑證、認購（售）權證、股款繳納憑證、新股認購權利證書、新股權利證書、債券換股權利證書、個股選擇權及股票期貨；故選項(C)錯誤。

49 (A)。證券經紀商兼營證券投資顧問事業以信託方式辦理全權委託投資業務，接受委託人原始信託財產應達新台幣「一千萬元」以上，並應申請兼營金錢之信託及有價證券之信託；故選項(A)正確。

50 (A)。證券投資顧問事業兼營證券投資信託業務之申請案件有下列情形之一者，金管會得不予許可：(1)營業計畫書或兼營證券投資信託業務之內部控制制度內容欠具體或無法有效執行、(2)專業能力有無法健全有效兼營證券投資信託業務之虞或為保護公益，認有必要、(3)申請文件內容或事項經發現有虛偽不實之情事；故選項(A)正確。

NOTE

109年 第2次投信投顧相關法規(含自律規範)

(　　) **1** 投信投顧業者經營全權委託投資業務，應依哪些規定辦理？ (A)全權委託投資業務操作辦法　(B)投信投顧公會章則　(C)投信投顧公會會員自律公約　(D)選項(A)、(B)、(C)皆是。

(　　) **2** 永安銀行持有北投投信公司20%股份，今有某外國資產管理業者來臺投資設立NY投信公司，打算邀請永安銀行參與投資經營，下列有關永安銀行投資經營NY投信公司之敘述何者錯誤？ (A)不得擔任NY投信公司之董事　(B)不得擔任NY投信公司之董事、監察人 (C)不得擔任NY投信公司之發起人　(D)投資NY投信公司之持股不得超過10%。

(　　) **3** 甲投信公司為特定投資人決定運用全權委託投資資產，投資與甲公司有利害關係之證券承銷商所承銷之有價證券，為避免利益衝突，應如何處理？ (A)僅可申購投資資產5%以下　(B)公司自行以複委任方式由其他投信事業執行　(C)須經該客戶書面同意後始得進行 (D)接獲客戶口頭通知即可。

(　　) **4** 投顧事業得經營業務種類，應報請何機關核准為之？ (A)財政部 (B)內政部　(C)金融監督管理委員會　(D)投信投顧公會。

(　　) **5** 投顧事業從事業務廣告所製播之宣傳錄影帶及錄音帶，應將該錄影帶及錄音帶至少保存多久？ (A)三個月　(B)四個月　(C)半年 (D)一年。

(　　) **6** 「多重資產型基金」投資於股票、債券、基金受益憑證等任一資產之總金額不得超過本基金淨資產價值之多少比例？ (A)70% (B)50%　(C)40%　(D)30%。

（　　）　**7** 投顧公司申請兼營投信業務應具備之資格條件，何者有誤？　(A)營業滿一年　(B)實收資本額新臺幣三億元以上　(C)最近期經會計師查核簽證之財務報告每股淨值不低於面額　(D)專業股東合計持股不少於20%。

（　　）　**8** 甲投信公司經營全權委託投資業務，事後有相當理由認為營業保證金保管銀行業務尚非妥適，為確保提存營業保證金之安全，可採取下列何項措施？　(A)將保證金分散提存於二家以上金融機構　(B)經金管會之核准後得更換之　(C)更換後五日內申報金管會　(D)實收資本額增加時，不再調整金額。

（　　）　**9** 下列何者不違反證券投信投顧會員自律公約？　甲.向上市公司募集基金，並相對將該會員經理之基金投資於該上市公司股票；乙.向上櫃公司募集基金，承諾將其投資於該上櫃公司股票；丙.未經金管會核准前，接受客戶預約認購基金；丁.不洩露所經理之基金委任事項之相關資訊　(A)僅甲、乙　(B)僅丁　(C)僅甲、丙　(D)僅乙、丙。

（　　）**10** 有關受益憑證事務之處理規範，下列何者為非？　(A)受益憑證應經簽證，其簽證事項準用公開發行公司發行股票及公司債券簽證規則之規定　(B)受益憑證由投信事業依金管會所定格式載明其應記載事項，經基金保管機構簽署後發行之　(C)開放型基金受益憑證除得向投信公司請求買回外，不得轉讓給他人　(D)記名式受益憑證應記載受益人之姓名。

（　　）**11** 投信事業應有具備法定條件之基金管理機構等專業機構擔任專業發起人，下列何者非基金管理機構之資格條件？　(A)具有管理或經營國際證券投資信託基金業務經驗　(B)該機構及其控制或從屬機構所管理之資產，包括接受全權委託投資帳戶及公開募集之基金資產總值不得少於新臺幣六百五十億元　(C)最近三年未曾因資金管理業務受其本國主管機關處分　(D)成立滿三年。

（　）**12** 因違反中華民國證券投資信託暨顧問商業同業公會章則及公約，則公會對該會員得處以新臺幣多少之違約金？　(A)二萬元以上、十萬元以下　(B)十萬元以上、三十萬元以下　(C)十萬元以上、五十萬元以下　(D)十萬元以上、三百萬元以下。

（　）**13** 槓桿型ETF或反向型ETF投資於基金受益憑證之總金額不得超過本基金淨資產價值之多少比例？　(A)20%　(B)30%　(C)50%　(D)70%。

（　）**14** 下列何者非基金保管機構之業務項目？　(A)資產保管　(B)有價證券借貸　(C)有價證券買賣之交割　(D)交易確認。

（　）**15** 全權委託投資業務之客戶若為專業投資機構且其委託投資資產已指定保管機構者，證券投資信託事業或證券投資顧問事業得豁免部分規定，由業者與該客戶自行約定。以下豁免規定何者正確？　(A)資產委託全權委託保管機構保管　(B)簽訂全權委託投資契約前之應辦理事項（如審閱期、交付全權委託投資說明書等）　(C)淨資產價值減損通知　(D)選項(A)、(B)、(C)皆正確。

（　）**16** 投信公司取得營業執照後，首次募集之基金應符合下列何種條件？　(A)國內募集投資國外　(B)投信基金最低成立金額為新臺幣20億元　(C)封閉式基金無分散標準之規定　(D)所募集之開放式基金無閉鎖期規定。

（　）**17** 依「證券投資顧問事業從業人員行為準則」之規定，經手人員為本人帳戶投資國內上市（櫃）公司股票及具股權性質之衍生性商品前，應事先以書面報經督察主管核准，請問下列何者非該準則所規範之「具股權性質之衍生性商品」？　(A)可轉換公司債　(B)個股選擇權交易　(C)股款繳納憑證　(D)臺灣存託憑證。

（　）**18** 境外基金在何種情況下，應經金管會核准並於事實發生日起三日內公告？　(A)基金之合併　(B)變更基金保管機構　(C)變更基金之投資標的與策略致基金種類變更　(D)選項(A)、(B)、(C)皆是。

（　）**19** 針對非專業投資機構之客戶，全權委託投資經理人對全權委託投資之決定，應注意哪些事項？　甲.投資經理人應依據其分析作成決定，交付執行時應作成紀錄，並按月提出檢討；乙.投資分析為投資決定之依據；丙.投資經理人依據投資分析，即可執行買賣事項　(A)僅甲、丙　(B)僅甲、乙　(C)僅乙、丙　(D)甲、乙、丙。

（　）**20** 針對國內開放式組合型基金之敘述，何者有誤？　(A)該種基金至少應投資於五個以上子基金　(B)每個子基金最高投資上限不得超過本基金淨資產價值之20%　(C)不得投資於其他組合基金　(D)不得為放款或以本基金資產提供擔保。

（　）**21** 投信事業之基金經理人同時管理兩個同類型基金時，以下何者為非？　(A)投資地區並無限制　(B)應具備二年以上管理同類型基金之經驗　(C)為了操作策略可利用兩個基金對同一支股票，在同時或同一日作相反投資　(D)不得同時管理私募證券投資信託基金。

（　）**22** 下列有關「指數型基金」之敘述，何者錯誤？　(A)係指將基金全部或主要部分資產投資於指數成分證券，以追蹤、模擬、複製標的指數表現之基金　(B)所追蹤之標的指數，應對所界定之市場具有代表性　(C)指數成分證券應具備分散性與流通性　(D)無須於基金名稱中明確寫出所追蹤、模擬或複製之指數。

（　）**23** 某投信事業辦理全權委託投資業務，依法令規定，負責為客戶投資管理之經理人及其關係人於該投信事業運用投資資產從事某種公司股票交易時起，至不再持有該種股票時止，禁止其從事該種股票之交易，則下列何者非受禁止規定拘束？　(A)負責統籌全權委託業務之副總以自己名義進行交易　(B)投信事業投資部門經理以其剛滿18歲的女兒名義所開立的戶頭進行交易　(C)投信事業投資部門經理之配偶以自己的名義進行交易　(D)投信事業投資部門經理之父以自己的名義進行交易。

（　）**24** 有關投顧事業設立之申請程序，下列敘述何者為非？　(A)第一階段許可完成後，應向金管會辦妥公司登記　(B)第一階段若有書件記載不完備者，金管會得通知補正　(C)第二階段申請時應檢附公司登記證明文件　(D)第一階段應檢附發起人會議紀錄、營業計畫書。

（　）**25** 全權委託投資契約之客戶與全權委託保管機構簽訂保管契約之契約範本，係由何機構擬訂後報請金管會核定？　(A)中華民國證券商業同業公會　(B)臺灣證券交易所　(C)中華民國證券投資信託暨顧問商業同業公會　(D)選項(A)、(B)、(C)皆非。

（　）**26** 針對投信事業及人員禁止事項之敘述，何者有誤？　(A)運用投信基金買賣有價證券，應將證券商退還之手續費歸入該證券投資信託事業之職工福利金　(B)不得約定或提供特定利益，促銷受益憑證　(C)不得轉讓出席股東會委託書　(D)不得利用非專職人員招攬客戶或給付不合理之佣金。

（　）**27** 下列何者不屬於證券投信投顧公會會員自律公約中，會員應共同信守基本之業務經營原則？　(A)忠實義務原則　(B)公開原則　(C)保密原則　(D)積極開放原則。

（　）**28** 投信公司經營全權委託投資業務，應依何項規定提存一定金額之營業保證金？　(A)證券投資信託事業管理規則　(B)投信投顧法　(C)證券投資信託事業設置標準　(D)證券投資信託基金管理辦法。

（　）**29** 從事有價證券之全權委託投資業務時，越權交易買進之股票，受任人應於接獲越權交易通知書之日起，依規定為相反之賣出沖銷處理，其賣出沖銷之證券及因之所生損益之計算係採何法？　(A)後進先出法　(B)移動平均法　(C)先進先出法　(D)加權平均法。

（　）**30** 以下何者為投顧事業應先報請金管會核准之事項？　(A)聘請證券分析師　(B)變更董事、監察人或經理人　(C)因經營業務發生訴訟　(D)變更分公司營業處所。

( ) **31** 投信或投顧公司為受任人接受客戶全權委託投資業務，共同簽訂之三方權義協定書，係為何三方？ (A)客戶、受任人、全權委託保管機構 (B)客戶、受任人、證券經紀商 (C)客戶、全權委託保管機構、證券經紀商 (D)受任人、全權委託保管機構、證券經紀商。

( ) **32** 有關「自動化投資顧問服務」之人工服務敘述，何者錯誤？ (A)人工服務屬輔助性質，限於協助客戶完成系統「瞭解客戶」之作業 (B)可針對客戶使用自動化投資顧問服務所得知投資組合建議內容提供解釋 (C)得調整或擴張自動化投資顧問服務系統所提供之投資組合建議內容 (D)不可提供非由系統自動產生之其他投資組合建議。

( ) **33** 境外基金之銷售機構得在國內代理幾個以上境外基金之募集與銷售？ (A)1個 (B)3個 (C)5個 (D)10個。

( ) **34** 投資人甲將其資產一千萬元全權委託乙投顧公司處理，由乙投資於上市股票、政府債券及公司債，對於乙購入之有價證券： (A)應由乙依約定保管 (B)全權委託保管機構之債權人得主張權利 (C)投資人甲若為信託業，得自行保管 (D)選項(A)、(B)、(C)皆非。

( ) **35** 投顧事業之經理人接受委任，對證券投資有關事項提供研究分析或推介建議，此行為視為下列何者授權範圍內之行為？ (A)金融監督管理委員會 (B)經理人本人 (C)證券投資信託暨顧問商業同業公會 (D)證券投資顧問事業。

( ) **36** 下列何者可為投信事業之發起人？ (A)受破產之宣告，已復權者 (B)使用票據經拒絕往來尚未期滿者 (C)無行為能力或限制行為能力者 (D)選項(A)、(B)、(C)皆不可。

( ) **37** 投顧事業對全權委託投資業務所指派之專責部門主管及業務人員，該投顧事業應於其到職之日起幾個營業日內申請辦理登記？ (A)三 (B)五 (C)七 (D)九。

( ) **38** 投信事業運用每一證券投資信託基金，應依主管機關規定之格式及內容於每會計年度終了後多久內，編具年度財務報告向主管機關申報？ (A)一個月 (B)二個月 (C)三個月 (D)四個月。

( ) **39** 下列有關保護型基金之描述，何者有誤？ (A)未設立保證機構 (B)係透過投資工具達成保護本金之功能 (C)應於公開說明書載明基金無提供保證機構保證之機制 (D)銷售文件得使用保證、無風險等文字。

( ) **40** 有關投顧事業之規範，下列何者正確？ (A)經營投顧事業應以有限公司組織為限 (B)實收資本額不得少於三千萬元 (C)經營全權委託投資業務及期貨顧問業務，資本額應為五千萬元以上 (D)投信業務為投顧事業得申請兼營之業務之一。

( ) **41** 有關自動化投資顧問服務之投資組合再平衡功能之敘述，何者正確？ (A)應明確告知客戶系統提供投資組合再平衡之服務 (B)應告知客戶投資組合再平衡可能產生之各項成本 (C)應向客戶揭露投資組合再平衡如何運作 (D)選項(A)、(B)、(C)皆正確。

( ) **42** 若有正當理由，投信事業未於期間內申請核發營業執照者，在期限屆滿前，得申請主管機關核准展延，但展延期不得超過幾個月？ (A)六個月 (B)三個月 (C)二個月 (D)四個月。

( ) **43** 投信事業對於基金績效以外之業績數字為廣告，不可引用下列哪一家機構所提供之統計或分析資料？ (A)台北金融研究發展基金會評選之金鑽獎 (B)財團法人中華民國證券暨期貨市場發展基金會評選之金彝獎 (C)里昂證券公司治理評鑑（CLSA CG Watch）(D)S&P's Micropal。

( ) **44** 有關境外基金之投資顧問業務，何者錯誤？ (A)應由經核准之投顧事業為之 (B)辦理境外基金之投資顧問業務，應與總代理人簽訂提供資訊合作契約，其契約應行記載事項，由投信投顧公會擬訂

(C)投顧事業只能擔任銷售機構，不能辦理境外基金投資顧問業務
(D)顧問之境外基金應以經金管會核准或申報生效得募集及銷售者
為限。

(　　) **45** 下列何者為投顧事業得為之行為？　(A)與客戶間為有價證券之居間
(B)於盤中交易去電客戶告知無合理分析基礎之買賣訊息　(C)同意
他人使用本公司業務員名義執行業務　(D)應本誠實及信用原則執
行業務。

(　　) **46** X某曾任甲公司宣告破產時之董事、Y為當時之監察人、Z為副總經
理，其破產終結未滿幾年，三人不得共同為投顧事業之發起人？
(A)1年　(B)2年　(C)3年　(D)5年。

(　　) **47** 證券投資顧問公司申請以信託方式經營全權委託投資業務，其實收
資本額應比委任方式經營全權委託投資業務加計多少金額才符合經
營條件？　(A)新臺幣1,000萬元　(B)新臺幣1億5,000萬元　(C)新臺
幣1億元　(D)新臺幣5,000萬元。

(　　) **48** 林先生與忠孝投顧公司簽訂全權委託投資契約，並委任信義銀行保
管全權委託投資之資產，該全權委託投資保管帳戶所持有國內發行
公司股票之出席股東會、行使表決權，依全權委託投資業務操作辦
法規定，由何人行使？　(A)林先生　(B)忠孝證券投顧公司　(C)由
信義銀行指定之代理人　(D)由全權委託投資契約自行約定。

(　　) **49** 下列何者可擔任投顧事業之證券投資分析人員？　(A)參加投信投顧
公會委託機構舉辦之證券投資分析人員測驗合格者　(B)在外國取得
證券分析師資格，並有1年以上實際經驗　(C)曾擔任基金經理人工作
經驗2年以上者　(D)具有5年以上實務經驗，取得證券業務員資格者。

(　　) **50** 投信投顧事業經營全權委託投資業務，應交付客戶相關之書件，下
列敘述何者為是？　(A)除需交付客戶全權委託投資說明書外，如
擬從事證券相關商品交易，應再交付客戶全權委託期貨暨選擇權交
易風險預告書　(B)全權委託投資說明書所記載之事項，如有重大影

響客戶權益事項之變更，僅應向客戶通知說明　(C)全權委託投資說明書之封面所標示投資或交易風險警語，由投信投顧事業依其契約內容自行訂定　(D)全權委託投資說明書之內容如有虛偽或隱匿情事，逕由該事業負責人自行負責。

解答與解析

1 (D)。投信投顧業者經營全權委託投資業務，應依：(1)投信投顧公會會員自律公約、(2)投信投顧公會章則、(3)全權委託投資業務操作辦法……等規定辦理；故選項(D)正確。

2 (D)。永安銀行與北投證券投資信託公司具利害關係，不得擔任其他證券投資信託公司之董事、監察人、發起人或投資該公司；故選項(D)錯誤。

3 (C)。受任人決定運用全權委託投資資產時，應避免與客戶或不同客戶間不公平或利益衝突之情事，應依公平原則按客戶別為之，非「經客戶書面同意」或「契約特別約定」不得認購承銷商所承銷之有價證券；故選項(C)正確。

4 (C)。證券投資顧問事業得經營之業務種類，由金融監督管理委員會依證券投資信託事業設置標準之規定分別核准，並於營業執照載明之；未經核定並載明於營業執照，不得經營；故選項(C)正確。

5 (D)。從事公開說明會及其他營業促銷活動之內容應錄影或錄音存查，並至少保存「一年」；故選項(D)正確。

6 (A)。多重資產型基金指得同時投資於股票、債券、其他固定收益證券、基金受益憑證、不動產投資信託基金受益證券及其他經核准得投資之項目等資產種類，其中投資於任一資產種類之總金額不得超過基金淨資產價值「百分之七十」；故選項(A)正確。

7 (A)。證券投資顧問事業符合下列資格條件，得申請兼營證券投資信託業務：(1)營業滿三年、(2)實收資本額不少於新臺幣三億元、(3)應有一名以上符合證券投資信託事業設置標準第八條所定資格條件之股東，且其合計持股不少於已發行股份百分之二十、(4)最近期經會計師查核簽證之財務報告每股淨值不低於面額……等；故選項(A)錯誤。

8 (B)。營業保證金應以現金、銀行存款、政府債券或金融債券提存，不得設定質權或以任何方式提供擔保，且不得分散提存於不同金融機構；提存金融機構之更換或營業保證金之提取，應函報金管會核准後始得為之。證券投資顧問事業之實收資本額增加時，應依規定，向提

存之金融機構增提營業保證金；故選項(B)正確。

9 **(B)**。中華民國證券投資信託暨顧問商業同業公會會員及其負責人與受僱人應共同信守下列基本要求：(1)不得散布或洩露所經理之基金或委任人委任事項之相關資訊、(2)不得於公開場所或傳播媒體對不特定人就特定之有價證券進行推介，致影響市場安定或藉以牟取利益、(3)不得於募集基金時，要求上市或上櫃公司認購該會員募集之基金，並相對將該會員經理之基金投資於該上市或上櫃公司發行之有價證券或為其他承諾事項、(4)募集基金應經主管機關核准者，不得於未獲主管機關核准前，先行接受客戶預約認購基金、(5)不得利用持有上市或上櫃公司發行之有價證券優勢，要求上市或上櫃公司認購該會員募集之基金或要求與該會員簽訂任何委任事項、(6)不得以不當方法取得基金之受益人大會委託書，影響受益人大會之召集或決議……等；故選項(B)正確。

10 **(C)**。受益憑證，除法律另有規定者外，得自由轉讓之；故選項(C)錯誤。

11 **(B)**。經營證券投資信託事業，發起人應有符合下列資格條件之基金管理機構、銀行、保險公司、證券商或金融控股公司，其所認股份，合計不得少於第一次發行股份之百分之二十：(1)成立滿三年，且最近三

年未曾因資金管理業務受其本國主管機關處分、(2)具有管理或經營國際證券投資信託基金業務經驗、(3)該機構及其控制或從屬機構所管理之資產中，以公開募集方式集資投資於證券之共同基金、單位信託或投資信託之基金資產總值不得少於新臺幣六百五十億元……等；故選項(B)錯誤。

12 **(D)**。同業公會對於違反該公會章則及公約之會員，得(1)處以新台幣十萬元以上、三百萬元以下之違約金、(2)停止其應享有之部分或全部權益、(3)責令會員公司對其負責人及受僱人員為適當之處分；故選項(D)正確。

13 **(B)**。槓桿型ETF投資於基金受益憑證之總金額不得超過基金淨資產價值百分之三十；故選項(B)正確。

14 **(B)**。基金保管機構乃依指示從事保管、處分、收付證券投資信託基金，並依證券投資信託及顧問法及證券投資信託契約辦理相關基金保管業務之信託公司或兼營信託業務之銀行，其業務項目不包含有價證券借貸；故選項(B)為非。

15 **(D)**。全權委託投資業務之客戶若為專業投資機構且其委託投資資產已指定保管機構者，投信投顧事業得豁免部分規定並由業者與該客戶自行約定，包括：資產委託全權委託保管機構保管、簽訂全權委託投資

解答與解析

契約前之應辦理事項、淨資產價值減損通知；故選項(D)正確。

16 **(B)**。證券投資信託事業經核發營業執照後，除他業兼營證券投資信託業務者外，應於一個月內申請募集符合下列規定之證券投資信託基金：(1)為國內募集投資於國內之股票型證券投資信託基金或平衡型證券投資信託基金、(2)證券投資信託基金最低成立金額為新臺幣二十億元、(3)封閉式證券投資信託基金受益權單位之分散標準，應符合臺灣證券交易所股份有限公司有價證券上市審查準則之規定、(4)開放式證券投資信託基金自成立日後滿三個月，受益人始得申請買回；故選項(B)正確。

17 **(D)**。具股權性質之衍生性商品係指可轉換公司債、附認股權公司債、認股權憑證、認購（售）權證、股款繳納憑證、新股認購權利證書、新股權利證書、債券換股權利證書、個股選擇權及股票期貨；故選項(D)錯誤。

18 **(D)**。境外基金有下列情事之一者，應經金管會核准並於事實發生日起三日內公告：(1)基金之移轉，合併或清算、(2)調增基金管理機構或保管機構之報酬、(3)終止該基金在國內募集及銷售、(4)變更基金管理機構或保管機構、(5)變更基金名稱、(6)變更該基金投資有價證券或從事證券相關商品交易之基本方針及

範圍、(7)變更基金之投資標的與策略，致基金種類變更……等；故選項(D)正確。

19 **(B)**。(1)受任人運用委託投資資產投資或交易，應依據其分析作成決定，交付執行時應作成紀錄，並按月提出檢討，其分析與決定應有合理基礎及根據、(2)全權委託投資之投資或交易決定，應由投資經理人依據前條投資或交易分析及考量客戶各項委任條件後，客觀公正地依客戶別作成投資或交易決定，再通知業務員執行買賣等事項；故選項(B)正確。

20 **(B)**。(1)組合型基金至少應投資五個以上子基金、(2)每個子基金最高投資上限不得超過組合型基金淨資產價值「百分之三十」、(3)組合型基金不得投資於其他組合型基金、(4)證券投資信託事業募集基金不得為放款或以本基金資產提供擔保，其中亦包括組合型基金；故選項(B)錯誤。

21 **(C)**。證券投資信託事業之基金經理人同時管理兩個同類型基金時，不得對同一支股票在同時或同一日作相反投資；故選項(C)為非。

22 **(D)**。指數型基金必須於基金名稱中明確寫出所追蹤、模擬或複製之指數；故選項(D)錯誤。

23 **(D)**。證券投資信託事業之負責人、部門主管、分支機構經理人與基金經理人，其本人、配偶、未成年子

女及被本人利用名義交易者，除法令另有規定外，於證券投資信託事業決定運用證券投資信託基金從事某種公司股票及具股權性質之衍生性商品交易時起，至證券投資信託基金不再持有該公司股票及具股權性質之衍生性商品時止，不得從事該公司股票及具股權性質之衍生性商品交易；故選項(D)錯誤。

24 **(A)**。投顧事業設立之申請程序：第一階段許可完成後，應向經濟部辦妥公司登記；故選項(A)錯誤。

25 **(C)**。投顧公司接受客戶委任提供證券投資分析建議，雙方應訂定書面證券投資顧問契約，其內容及契約範本由投信投顧公會擬訂後函報金管會核定；故選項(C)正確。

26 **(A)**。證券投資信託事業之負責人、部門主管、分支機構經理人、其他業務人員或受僱人除法令另有規定外，不得有下列行為：(1)運用證券投資信託基金買賣有價證券及其相關商品時，未將證券商、期貨商或其他交易對手退還手續費或給付其他利益歸入基金資產、(2)約定或提供特定利益、對價或負擔損失，促銷受益憑證、(3)轉讓出席股東會委託書、(4)於公開場所或傳播媒體，對個別有價證券之買賣進行推介，或對個別有價證券未來之價位作研判預測、(5)利用非專職人員招攬客戶或給付不合理之佣金……等；故選項(A)錯誤。

27 **(D)**。同業公會會員應共同信守下列業務經營原則包括：忠實義務原則、善良管理人注意原則、勤勉原則、專業原則、保密原則；故選項(D)正確。

28 **(B)**。《證券投資信託及顧問法》第52條：證券投資信託事業或證券投資顧問事業經營全權委託投資業務者，應向金融機構提存營業保證金；故選項(B)正確。

29 **(A)**。全權委託投資業務中，越權交易買進之股票，受任人應於接獲越權交易通知書之日起，依規定採「後進先出法」為相反之賣出沖銷處理；故選項(A)正確。

30 **(D)**。證券投資顧問事業有下列情事之一，應先報請金管會核准：(1)變更公司名稱、(2)停業、復業及歇業、(3)解散或合併、(4)讓與或受讓全部或主要部分之營業或財產、(5)變更資本額、(6)變更公司或分支機構營業處所、(7)變更營業項目、(8)其他經金管會規定應經核准之事項；故選項(D)正確。

31 **(A)**。三方權義協定書由受任人、客戶及全權委託保管機構共同簽訂；故選項(A)正確。

32 **(C)**。人工服務係屬輔助性質，僅限於協助客戶完成系統「瞭解客戶」之作業，或針對客戶使用自動化投資顧問服務所得之投資組合建議內容提供解釋，不得調整或擴張自動

化投資顧問服務系統所提供之投資組合建議內容，或提供非由系統自動產生之其他投資組合建議；故選項(C)錯誤。

33 (A)。境外基金管理機構或其指定機構應委任「單一」之總代理人在國內代理其基金之募集及銷售；故選項(A)正確。

34 (C)。證券投信投顧事業接受客戶之委託投資資產，(1)應由客戶將資產委託「全權委託保管機構」保管，投信投顧事業不得以任何理由保管受託投資資產、(2)全權委託保管機構對其自有財產所負債務，其債權人「不得」對委託投資資產請求或行使其他權利、(3)信託業兼營全權委託投資業務者，得自行保管信託財產；故選項(C)正確。

35 (D)。證券投資顧問事業之經理人接受委任，對證券投資有關事項提供研究分析或推介建議，視為證券投資顧問事業授權範圍內之行為；故選項(D)正確。

36 (A)。有下列情事之一者，不得充任證券投資信託事業之發起人：(1)受破產之宣告，尚未復權，或曾任法人宣告破產時之董事、監察人、經理人或與其地位相等之人，其破產終結尚未逾三年或調協未履行。(2)使用票據經拒絕往來尚未恢復往來。(3)無行為能力、限制行為能力或受輔助宣告尚未撤銷……等；故選項(A)正確。

37 (B)。專責部門主管及業務人員，應於到職之日起「五日內」由受任人或信託業檢具該等人員符合資格條件之證明文件向投信投顧公會辦理登記；故選項(B)正確。

38 (B)。證券投資信託事業運用每一基金，應依金管會規定之格式及內容於每會計年度終了後「二個月內」，編具年度財務報告向金管會申報；故選項(B)正確。

39 (D)。(1)保護型基金無保證機構提供保證之機制、(2)保護型基金係指在基金存續期間，藉由基金投資工具於到期時提供受益人一定比率本金保護之基金、(3)保護型基金應於公開說明書及銷售文件清楚說明該基金無提供保證機構保證之機制外，「不得」使用保證、安全、無風險等類似文字；故選項(D)錯誤。

40 (D)。(A)經營投顧事業應以股份有限公司組織為限、(B)實收資本額不得少於二千萬、(C)經營全權委託投資業務及期貨顧問業務，其實收資本額應為七千萬元以上；故選項(D)正確。

41 (D)。自動化投資顧問服務系統內建之資產組合自動再平衡功能者，應依下列規定辦理：(1)明確告知客戶提供投資組合再平衡之服務。(2)向客戶揭露投資組合再平衡如何運作，包括投資組合定期檢視、投資組合再平衡執行啟動以及停止之時

機。(3)告知客戶投資組合再平衡可能產生之各項成本及其他可能之限制。(4)應與客戶事先約定自動化投資顧問服務之投資組合再平衡交易相關內容。(5)建立自動化投資顧問服務系統對市場發生重大變動時之政策與處理程序;故選項(D)正確。

42 **(A)**。證券投資顧問事業未於自金管會許可之日起六個月內申請核發營業執照者,廢止其許可。但有正當理由,於期限屆滿前,得向本會申請展延一次,並以六個月為限;故選項(A)正確。

43 **(C)**。以基金績效作為廣告者,應以投信投顧同業公會委請之專家學者、理柏(Lipper)、晨星(Morningstar)、嘉實資訊公司或彭博(Bloomberg)等基金評鑑機構所作之評比資料為標準;故選項(C)為非。

44 **(C)**。境外基金管理辦法第4條:(1)境外基金之投資顧問業務,應由經核准之證券投資顧問事業為之。(2)證券投資顧問事業除擔任銷售機構者外,辦理境外基金之投資顧問業務,應具有即時取得境外基金投資研究相關資訊設備,或與總代理人簽訂提供資訊合作契約。(3)前項資訊合作契約應行記載事項,由投信投顧公會擬訂,報經金管會,修正時亦同。(4)第一項境外基金應以經金管會核准或申報生效得募集及銷售者為限;故選項(C)錯誤。

45 **(D)**。證券投資顧問事業應本誠實及信用原則執行業務,不得與客戶間為有價證券之居間、不得提供客戶無合理分析基礎之買賣訊息、不得同意他人使用本公司業務員名義執行業務;故選項(D)正確。

46 **(C)**。公司宣告破產時之董事、監察人、副總經理,在破產終結未滿「三年」之前不得共同為證券投資顧問事業之發起人;故選項(C)正確。

47 **(D)**。證券投資顧問公司申請以信託方式經營全權委託投資業務,其實收資本額應比委任方式經營全權委託投資業務加計新臺幣五千萬元;故選項(D)正確。

48 **(A)**。因全權委託投資所持有國內發行公司股票之出席股東會、行使表決權,由「客戶」行使之;故選項(A)正確。

49 **(A)**。證券投資顧問事業於各種傳播媒體從事證券投資分析之人員,應具備下列各資格條件之一:(1)符合證券投資分析人員資格、(2)信託業務專業測驗合格,並經證券投資信託及顧問法規測驗合格、(3)符合證券投資信託及顧問業務員資格、(4)符合證券商高級業務員資格、(5)曾擔任國內、外基金經理人工作經驗一年以上、(6)經教育部承認之國內外大學以上學校畢業或具有同等學歷,擔任證券、期貨機構或信託業之業務人員三年以上,民國九十三

解答與解析

年十月三十一日規則修正前，已於各傳播媒體從事證券投資分析之人員且符合規則者，得於原職務或任期內續任之；故選項(A)正確。

50 (A)。(1)全權委託說明書如有重大影響客戶權益事項之變更，應向金管會報備，(2)全權委託投資說明書之封面所標示投資或交易風險警語，應依金管會規定內容訂定，(3)全權委託投資說明書之內容如有虛偽或隱匿情事，需由該事業負責人及經手人員共同負責；故選項(A)正確。

NOTE

109年 第3次投信投顧相關法規(含自律規範)

(　) **1** 下列有關全權委託投資業務資產管理之敘述何者錯誤？　(A)投信投顧事業接受客戶之委託投資資產，與投信投顧事業及全權委託保管機構之自有資產，應分別獨立　(B)投信投顧事業以委任方式經營全權委託業務，應由客戶將資產全權委託保管機構保管或信託移轉予保管機構　(C)投信投顧事業及全權委託保管機構對其自有財產所負債務，其債權人得對委託投資資產行使其權利　(D)除信託業兼營全權委託投資業務，得自行保管信託財產外，投信投顧事業不得保管受託投資資產。

(　) **2** 投顧事業應於何時加入同業公會？　(A)申請許可設立時　(B)開業前　(C)申請核發營業執照時　(D)開業滿一年。

(　) **3** 因應投資策略需要，投信事業運用「多重資產型基金」投資於基金受益憑證之總金額不得超過本基金淨資產價值之多少比例？(A)20%　(B)30%　(C)50%　(D)70%。

(　) **4** 投信事業之現任部門主管、分支機構經理人及業務人員等有異動者，應於異動幾日內向投信投顧公會申報並登錄之？　(A)二個營業日　(B)三日　(C)三個營業日　(D)五個營業日。

(　) **5** 投信投顧事業經營全權委託投資業務，應由客戶與全權委託保管機構另行簽訂委任或信託契約，委任或信託契約之內容及契約範本，由何者擬訂後函報金管會核定？　(A)投信投顧同業公會　(B)證券交易所　(C)櫃檯買賣中心　(D)證券金融公司。

(　) **6** 有關證券投資信託事業業務之經營，下列敘述何者錯誤？　(A)提供分析意見或推介建議　(B)接受客戶全權委託投資業務　(C)運用證券投資信託基金從事證券及其相關商品之投資　(D)向特定人私募證券投資信託基金交付受益憑證。

(　) 　**7** 投顧事業之客戶，得自收受書面投顧契約之日起幾日內，以書面終止契約？ (A)二日　(B)三日　(C)五日　(D)七日。

(　) 　**8** 投顧事業經營全權委託業務，應設置專責部門，下列何者非辦理該專責部門須符合之條件？ (A)應配置適足及適任之主管人員 (B)應配置適足及適任之業務人員　(C)部門主管須取得證券投資分析人員之資格　(D)投資經理人具備投信投顧業務員之資格，並具備一定之工作經歷。

(　) 　**9** 證券投信投顧公會會員對於負責人之委任關係之約定事項，應遵守： (A)會員自律公約　(B)會員章則　(C)選項(A)(B)皆非 (D)選項(A)(B)皆是。

(　) **10** 有關投顧事業從事廣告及營業活動行為之敘述，何者正確？ (A)以國家認證分析師之資格擔保為訴求　(B)應揭示本名，經核准後得以化名為之　(C)於有價證券集中交易市場或櫃檯買賣成交系統交易時間及前後一小時內，在廣播或電視傳播媒體，對不特定人就個別有價證券之買賣進行推介或勸誘　(D)得於傳播媒體從事興櫃股票之投資分析活動。

(　) **11** 基金受益人自行召開受益人會議時，應由繼續持有受益憑證幾年以上？且其所表彰受益權單位數占基金已發行受益權單位總額多少百分比之受益人，以書面申請主管機關核准後自行召開之？ (A)1年，3%　(B)2年，3%　(C)2年，5%　(D)3年，5%。

(　) **12** 下列有關投信投顧事業經營全權委託投資業務收取績效報酬之規定何者正確？ (A)業者向客戶收取績效報酬得約定依一定比率分擔損失　(B)業者與客戶得約定以獲利金額拆帳之方式計收　(C)績效報酬係依主管機關訂定之相關收取條件與計算方式決定　(D)委託投資資產之淨資產價值低於原委託投資資產時，不得計收績效報酬。

(　) **13** 下列何者非投信投顧公會得對違反法令或自律規範之會員所為處置？ (A)停權　(B)課予違約金　(C)命其限期改善　(D)除籍。

( ) **14** 甲投信公司受託運用乙投資人全權委託投資資產，對於乙全權委託投資帳戶內投資公司股票相關事宜之規範何者正確？ (A)投資股票所生之股息、股利依規定應分配至客戶乙之全權委託投資帳戶 (B)投資股票所生之股息、股利依規定應分配至受任人甲投信公司帳戶 (C)出席發行公司股東會、行使表決權由受任人甲投信公司行使之 (D)全權委託保管機構如接獲全權委託投資保管帳戶所持有國內股票之發行公司股東會開會通知或議事錄者，應於收訖後七日內送達客戶。

( ) **15** 基金管理機構、銀行、保險公司、金融控股公司、證券商等機構如曾擔任投信事業之發起人，自主管機關核發該投信事業營業執照之日起多久內，不得再擔任其他投信事業之發起人？ (A)1年 (B)2年 (C)3年 (D)5年。

( ) **16** 某乙受僱於南海投顧事業，辦理全權委託投資之買賣執行，應具備下列何種資格？ (A)通過投信投顧業務員資格測驗 (B)於專業投資機構從事證券相關工作經驗一年 (C)通過信託業務專業測驗合格 (D)取得大學財金相關科系畢業證書即可。

( ) **17** 依證券投資信託基金管理辦法規定貨幣市場基金之加權平均存續期間不得大於幾日？ (A)90日 (B)180日 (C)300日 (D)360日。

( ) **18** 投顧事業從事廣告、公開說明會及其他營業活動，不得有下列何種行為？ 甲.為保證獲利之表示；乙.涉及個別有價證券未來買賣價位研判預測；丙.引用易使人認為確可獲利之類似文字或表示；丁.對證券市場之行情研判，未列合理研判依據 (A)僅甲、乙、丙 (B)僅甲、丙、丁 (C)僅甲、乙、丁 (D)甲、乙、丙、丁。

( ) **19** 證券投資顧問事業係提供證券投資活動之諮詢服務，其與約定諮詢顧問相對人間之法律關係為？ (A)僱傭 (B)委任 (C)承攬 (D)經紀。

(　　) **20** 投信投顧事業與客戶簽訂全權委託投資契約時，下列何者為契約一部分？　(A)全權委託投資說明書　(B)委任人填寫之客戶資料表　(C)法人機構客戶之授權證明書　(D)選項(A)(B)(C)皆是。

(　　) **21** 投信及投顧公司經營全權委託投資業務，客戶交付之委託投資資產由誰保管？　(A)證券經紀商　(B)投信或投顧公司　(C)客戶指定之全權委託保管機構　(D)投信或投顧公司指定之全權委託保管機構。

(　　) **22** 債券型基金資產組合之加權平均存續期間應在一年以上，但下列何者不在此限？　(A)基金成立未滿三個月　(B)信託契約終止日前三個月　(C)基金成立未滿六個月　(D)信託契約終止日前六個月。

(　　) **23** 下列何者為投信事業依規定應設置之基本部門？　甲.投資研究；乙.財務會計；丙.內部稽核；丁.法務　(A)甲、乙、丙、丁　(B)僅甲、乙、丙　(C)僅甲、乙　(D)僅乙、丙。

(　　) **24** 投信投顧事業對於全權委託投資業務之相關主管及從業人員之管理，下列何者正確？　(A)應先登錄方得執行業務　(B)由事業向公會申請登錄　(C)發生異動時應申報　(D)選項(A)(B)(C)皆是。

(　　) **25** 下列何者得擔任投信基金保管機構？　(A)投信事業持有其已發行股份總數百分之十以上股份之銀行　(B)擔任投信基金簽證之銀行　(C)投資於投信事業已發行總數百分之五股份之銀行　(D)擔任投信事業董事之銀行。

(　　) **26** 全權委託投資業務之客戶若為專業投資機構且其委託投資資產已指定保管機構者，證券投資信託事業或證券投資顧問事業得豁免部分規定，由業者與該客戶自行約定。以下豁免規定何者正確？　(A)資產委託全權委託保管機構保管　(B)簽訂全權委託投資契約前之應辦理事項（如審閱期、交付全權委託投資說明書等）　(C)淨資產價值減損通知　(D)選項(A)(B)(C)皆正確。

(　) **27** 「證券投資顧問事業從業人員行為準則」中有關個人交易之規定，僅適用於公司之：　(A)業務人員　(B)受僱人員　(C)經理人　(D)經手人員。

(　) **28** 下列有關境外基金總代理人及銷售機構之敘述何者錯誤？　(A)不得藉主管機關對其代理之境外基金核准或生效，作為保證基金價值之宣傳　(B)不得提供贈品或以其他利益勸誘他人購買境外基金　(C)不得為境外基金績效之預測　(D)可用過去之業績表現作為預期未來績效。

(　) **29** 四個好朋友各出二百五十萬元湊成一千萬元，打算委任某投信公司全權委託投資，該投信公司應如何處理？　(A)請四人簽訂共同委任契約　(B)與四人個別簽訂委任契約　(C)無法接受　(D)再找其他小額客戶與四人湊成二千萬元簽訂共同委任契約。

(　) **30** 全權委託之受任人向客戶收取之委託報酬，應依下列何種基準，以一定比例計算之？　(A)委託投資時之資產　(B)委託投資資產淨值　(C)其他法令規定　(D)選項(A)(B)(C)皆是。

(　) **31** 下列何者非投信事業之「關係人」？　(A)股東為自然人者，其配偶、二親等以內之血親　(B)自然人股東之本人或配偶為負責人之企業　(C)法人股東有控制關係之人　(D)自然人股東之岳父母。

(　) **32** 下列何者非「證券投資顧問事業從業人員行為準則」所稱之經手人員？　(A)公司之負責人　(B)擔任證券投資分析之人員　(C)公司之客戶　(D)知悉相關證券投資資訊之從業人員。

(　) **33** 下列何者為申報在臺銷售的境外基金可投資的項目？　(A)商品現貨　(B)不動產　(C)黃金　(D)大陸地區有價證券。

(　) **34** 以自動化工具提供證券投資顧問服務之業者，應於內部設立演算法之監管機制，其審核包括？　(A)期初審核　(B)定期審核　(C)選項(A)(B)皆是　(D)選項(A)(B)皆非。

(　　) **35** 投信事業在國內募集投資國內之投信基金，原則上應自受益人買回受益憑證請求到達之次一營業日起幾個營業日內，給付買回價金？(A)二個營業日　(B)三個營業日　(C)五個營業日　(D)七個營業日。

(　　) **36** 投信投顧公會接獲投信事業申請經營全權委託投資業務書件，應如何進行？　(A)僅須將原申請書件轉送金管會　(B)申請書件連同審查表及審查意見等轉報金管會許可　(C)於轉報申請書件後，依金管會指示說明審查意見　(D)由金管會填具審查意見表。

(　　) **37** 證券投信投顧公會對於違反該公會章則及公約之會員得為之處分，下列何者為非？　(A)處以新臺幣五萬元以上、十萬元以下之違約金　(B)停止其應享有之部分或全部權益　(C)要求會員公司對其負責人及受僱人員為適當之處分　(D)得按次連續各處以每次提高一倍金額之違約金，至補正改善為止。

(　　) **38** 投信事業對經營之基金，應於何時方得從事廣告活動？　(A)向主管機關申請募集時　(B)經主管機關核准募集後　(C)基金成立日以後　(D)完成募集發行計劃。

(　　) **39** 有關境外基金之廣告、公開說明會及促銷，何者正確？　(A)總代理人委任之銷售機構從事境外基金之廣告、公開說明會及促銷違反規定時，銷售機構需負其法令責任，總代理人可免責　(B)總代理人或其委任之銷售機構為境外基金之廣告、公開說明會及促銷，總代理人應於事實發生後十日內向投信投顧公會申報　(C)可以為客戶預期新臺幣的匯率走勢提供參考　(D)可為境外基金績效作預測。

(　　) **40** 有關金管會對基金保管機構之業務事項管理、檢查，下列何者正確？　(A)發生重大缺失時，始得命其提出基金保管事項之報告或參考資料　(B)得檢查有關證券投資信託基金之帳冊文件　(C)不得命保管銀行之關係人提出基金保管事項之相關資料　(D)選項(A)(B)(C)皆是。

( ) **41** 自動化投資顧問服務之瞭解客戶作業,應評估之項目包括下列哪一項? (A)客戶之投資知識與經驗 (B)客戶之財務狀況 (C)客戶之風險承受程度 (D)選項(A)(B)(C)皆正確。

( ) **42** 全權委託投資契約之受任人,對每一客戶委託投資資產之淨值變化,應每日妥為檢視,發現淨資產價值減損達原委託投資資產20%時,應於何時編製資產交易紀錄及現況報告書,依約定方式送達客戶? (A)事實發生起七日內 (B)事實發生當日 (C)事實發生日起二個營業日內 (D)事實發生五日起。

( ) **43** 投顧事業製作廣播證券投資分析節目應於播放前或播放後為一定之聲明,請問下列何者為正確? 甲.聲明公司名稱;乙.聲明金管會核准之營業執照字號;丙.聲明公司執照字號;丁.聲明「本節目資料僅供參考」 (A)甲、乙、丙 (B)乙、丙、丁 (C)甲、乙、丁 (D)甲、丙、丁。

( ) **44** 為加強投顧事業之經營管理,發生下列哪些情事不用事先報請主管機關核准? (A)變更負責人 (B)變更營業項目 (C)變更資本額 (D)選項(A)(B)(C)皆是。

( ) **45** 下列敘述何者正確? (A)證券投資信託基金與證券投資信託事業及基金保管機構之自有財產應分別獨立 (B)證券投資信託事業與基金保管機構就其自有財產所負債務,其債權人得對基金資產請求扣押或行使權利 (C)證券投資信託基金管理辦法由行政院訂之 (D)基金保管機構應依法及證券投資信託契約之規定混合保管基金。

( ) **46** 為避免利益衝突及內線交易,下列哪些投信事業人員,於基金決定買賣某種股票起至基金不再持有該股票止,受不得參與同種股票買賣之限制? (A)基金經理人之配偶 (B)負責人二親等以內親屬 (C)投信公司之關係企業 (D)選項(A)(B)(C)皆是。

( ) **47** 下列何者為「多重資產型基金」得投資之資產項目? 甲.股票;乙.債券;丙.基金受益憑證;丁.不動產投資信託基金受益

　　證券（REITs）　(A)僅甲、丙　(B)僅乙、丁　(C)僅甲、丙、丁
(D)甲、乙、丙、丁皆可。

(　　) **48** 為規範證券投資信託事業於經營業務，維護專業形象及保障投資人
權益，投信投顧公會特別訂定何種規範，以供會員恪遵？　(A)自
律公約　(B)會員及其銷售機構從事廣告及營業促銷活動行為規範
(C)公開說明書製作要點　(D)基金經理人工作守則。

(　　) **49** 以下何者為正確？　(A)投顧事業之董事至少應有三分之一以上具備
證券分析人員資格　(B)曾在國內外大學任教授，經教育部審查合
格，講授會計學二年以上並有專門著作經金管會認可者，可擔任投
顧事業之分析人員　(C)取得國外證券分析師資格，並有二年以上實
際經驗，經投信投顧公會委託機構舉辦之證券投資信託及顧問事業
業務員之法規測驗合格，經投信投顧公會認可者，可擔任證券投資
顧問事業證券投資分析人員　(D)法律遵循人員需具有律師資格。

(　　) **50** 「鼓勵境外基金深耕計畫」之評估面向為何？　(A)提高境外基金機構
在臺投資，包括設立據點、投入技術與人力　(B)增加我國資產管理
規模　(C)提升對我國資產管理人才之培訓　(D)選項(A)(B)(C)皆是。

解答與解析

1 (C)。證券投資信託事業或證券投資
顧問事業及全權委託保管機構對其
自有財產所負債務，其債權人不得
對委託投資資產，為任何之請求或
行使其他權利；故選項(C)錯誤。

2 (B)。證券投資信託業務非加入投信
投顧商業同業公會，不得開辦該項
業務，意即應於開業前加入同業公
會；故選項(B)正確。

3 (D)。多重資產型基金指得同時投
資於股票、債券、其他固定收益證

券、基金受益憑證、不動產投資信
託基金受益證券及其他經核准得投
資之項目等資產種類，其中投資於
任一資產種類之總金額不得超過基
金淨資產價值「百分之七十」；故
選項(D)正確。

4 (D)。證券投資信託事業之總經理、
業務部門之副總經理、協理、經理，
及分支機構經理人、部門主管與業務
人員有異動者，該事業應於異動次日
起「五個營業日內」，向同業公會申
報登錄；故選項(D)正確。

5 (A)。投顧公司接受客戶委任提供證券投資分析建議,雙方應訂定書面證券投資顧問契約,其內容及契約範本由投信投顧公會擬訂後函報金管會核定;故選項(A)正確。

6 (A)。證券投資信託事業係指經主管機關許可,以經營證券投資信託為業之機構;證券投資信託事業經營之業務種類如下:(1)證券投資信託業務、(2)全權委託投資業務、(3)其他經主管機關核准之有關業務。證券投資信託事業經營之業務種類,應報請主管機關核准;故選項(A)錯誤。

7 (D)。證券投資顧問客戶得自收受書面契約之日起七日內,以書面終止契約,投顧公司僅得向客戶收取請求終止契約前所提供服務之相當報酬;故選項(D)正確。

8 (C)。證券投資顧問事業之部門主管及分支機構經理人,應具備領導及有效輔佐經營證券投資顧問事業之能力,並應具備下列資格之一:(1)符合證券投資分析人員資格,並具專業投資機構相關工作經驗一年以上。(2)經同業公會委託機構舉辦之證券投資信託及顧問事業之業務員測驗合格,並具專業投資機構相關工作經驗二年以上。(3)經證券商同業公會委託機構舉辦之證券商高級業務員測驗合格,或已取得原證券主管機關核發之證券商高級業務員測驗合格證書,並具專業投資機構相關工作經驗三年以上……等;故

選項(C)錯誤。

9 (D)。證券投信投顧公會會員對於負責人之委任關係之約定事項,應遵守:(1)投信投顧公會會員自律公約、(2)投信投顧公會章則、(3)全權委託投資業務操作辦法……等規定辦理;故選項(D)正確。

10 (D)。投顧事業從事廣告及營業活動行為時,(1)不得為保證獲利或負擔損失之表示、(2)不得以化名為之、(3)不得於交易時間及前後一小時內,在廣播或電視傳播媒體,對不特定人就個別有價證券之買賣進行推介或勸誘;故選項(D)正確。

11 (A)。基金受益人自行召開受益人會議時,應由繼續持有受益憑證1年以上,且其所表彰受益權單位數占基金已發行受益權單位總額百分之三之受益人,以書面申請主管機關核准後自行召開之;故選項(A)正確。

12 (D)。受任人向客戶收取之績效報酬時,委託投資資產之淨資產價值低於原委託投資資產時,不得計收績效報酬;故選項(D)正確。

13 (D)。投信投顧公會得對違反法令或自律規範之會員處以停權、課予違約金、命其限期改善之處置,不包括選項(D);故選項(D)為非。

14 (A)。證券投資信託公司受託運用全權委託投資資產,(1)投資股票所生之股息、股利依規定應分配至客戶乙之

全權委託投資帳戶、(2)出席股東會、行使表決權,應由客戶乙行使之、(3)接獲全權委託投資保管帳戶所持有國內股票之發行公司股東會開會通知或議事錄者,應於收訖後三日內送達客戶;故選項(A)正確。

15 **(C)**。擔任證券投資信託事業專業發起人者,於金管會核發該事業營業執照之日起「三年」內,不得再擔任其他證券投資信託事業之發起人;故選項(C)正確。

16 **(A)**。證券投資顧問事業從事全權委託投資有關業務之研究分析、投資決策或買賣執行之業務人員,應具備下列資格之一:(1)取得證券投資分析人員資格、(2)經同業公會委託機構舉辦之證券投資信託及顧問事業之業務員測驗合格、(3)經證券商同業公會委託機構舉辦之證券商高級業務員測驗合格,或已取得原證券主管機關核發之證券商高級業務員測驗合格證書、(4)曾擔任國內、外基金經理人工作經驗一年以上、(5)信託業公會或其認可金融專業訓練機構舉辦之信託業務專業測驗合格者,並經同業公會委託機構舉辦之證券投資信託及顧問事業法規測驗合格、(6)經教育部承認之國內外大學以上學校畢業或具有同等學歷,擔任證券、期貨機構或信託業之業務人員三年以上;故選項(A)正確。

17 **(B)**。貨幣市場基金之加權平均存續期間不得大於一百八十日,運用標

的為附買回交易者,應以附買回交易之期間計算;故選項(B)正確。

18 **(D)**。證券投顧事業從事業務廣告及公開舉辦證券投資分析活動時,不得有的行為包括:(1)以主力外圍、集團炒作、內線消息等違反法令之內容,作為招攬之訴求、(2)於傳播媒體從事投資分析之同時,有招攬客戶之廣告行為、(3)對證券市場之行情研判、市場分析及產業趨勢,「未列」合理研判依據、(4)涉有個別有價證券未來價位研判預測、(5)引用各種推薦書、感謝函、過去績效或其他易使人認為確可獲利之類似文字或表示、(6)為保證獲利或負擔損失之表示……等;故選項(D)正確。

19 **(B)**。證券投資顧問事業係提供證券投資活動之諮詢服務,其與約定諮詢顧問相對人間之法律關係為委任;故選項(B)正確。

20 **(D)**。受任人受理申請全權委託投資時,應請客戶填寫「全權委託投資說明書」、「客戶資料表」,客戶為法人或其他機構者,應檢具客戶出具之授權證明書;故選項(D)正確。

21 **(C)**。投信投顧公司經營全權委託投資業務,客戶交付之委託投資資產應由「客戶指定之全權委託保管機構」保管;故選項(C)正確。

22 **(A)**。債券型基金資產組合之加權平均存續期間應在「一年」以上,但基金成立未滿三個月、證券投資

信託契約終止日前一個月或主要投資於正向浮動利率債券者,不在此限;故選項(A)正確。

23 (B)。證券投資信託事業依法應設置(1)投資研究部門、(2)財務會計部門、(3)內部稽核部門;故選項(B)正確。

24 (D)。投信投顧事業從事全權委託投資業務之相關主管及從業人員,應由該事業向公會申請登錄後方得執行業務;故選項(D)正確。

25 (C)。(1)與投資投信事業相互持有已發行股份總數百分之十以上之銀行、(2)擔任投信基金簽證之銀行、(3)擔任證券投資信託事業董事或監察人;或其董事、監察人擔任證券投資信託事業董事、監察人或經理人,皆不得擔任投信基金保管機構;故選項(C)正確。

26 (D)。全權委託投資業務之客戶若為專業投資機構且其委託投資資產已指定保管機構者,投信投顧事業得豁免部分規定並由業者與該客戶自行約定,包括:資產委託全權委託保管機構保管、簽訂全權委託投資契約前之應辦理事項、淨資產價值減損通知;故選項(D)正確。

27 (D)。證券投資顧問事業從業人員行為準則中有關個人交易之規定,僅適用於公司之經手人員;故選項(D)正確。

28 (D)。總代理人或其委任之銷售機構從事境外基金之廣告、公開說明會及其他營業促銷活動時,不得有下列行為:(1)藉金管會對該境外基金之核准或申報生效,作為證實申請(報)事項或保證境外基金價值之宣傳。(2)提供贈品或以其他利益勸誘他人購買境外基金。(3)對於過去之業績作誇大之宣傳或對同業為攻訐之廣告。(4)對未經金管會核准或申報生效之境外基金,預為宣傳廣告、公開說明會及促銷……等;故選項(D)錯誤。

29 (C)。證券投資信託事業或證券投資顧問事業經營全權委託投資業務,接受單一客戶委託投資資產之金額不得低於新台幣「五百萬元」;故選項(C)正確。

30 (D)。受任人向客戶收取之委託報酬,應依「委託投資時之資產」、「委託投資資產淨值」或「其他法令規定」之基準,依一定比例計算之;故選項(D)正確。

31 (D)。投信事業股東之「關係人」係指:(1)股東為自然人者,指配偶、二親等以內之血親及股東本人或配偶為責人之企業、(2)股東為法人者,指受同一來源控制之法人,包括具有相互控制關係之法人、(3)每一股東與其關係人及股東利用他人名義持有投信事業股份者,合計不得超過該公司已發行股份總數「百分之二十五」;故選項(D)錯誤。

解答與解析

32 (C)。「證券投資顧問事業從業人員行為準則」所稱之經手人員係指：證券投資信託事業負責人、部門主管、分支機構經理人、基金經理人、全權委託投資業務之投資經理人、公司員工依其職位得為參與、制定投資決策之人，或公司員工得有機會事先知悉公司有關投資交易行為之非公開資訊或得提供投資建議之人；故選項(C)錯誤。

33 (D)。境外基金除境外指數股票型基金外，其符合下列條件者，得經金管會核准或申報生效在國內募集及銷售：(1)境外基金從事衍生性商品交易之比率，不得超過金管會所訂定之比率。(2)境外基金不得投資於黃金、商品現貨及不動產。(3)境外基金投資大陸地區證券市場之有價證券占該境外基金總投資之比率，不得超過本會所訂定之比率……等；故選項(D)正確。

34 (C)。以自動化工具提供證券投資顧問服務之業者，業者對系統所運用之演算法，應有效進行監督與管理，於內部設立如下監管機制：(1)期初審核、(2)定期審核；故選項(C)正確。

35 (C)。證券投資信託事業所經理投資國內之基金，應自受益人買回受益憑證請求到達之次一營業日起「五個營業日」內，給付買回價金；故選項(C)正確。

36 (B)。證券投資信託事業或證券投資顧問事業申請經營全權委託投資業務，應填具申請書，並檢具文件，送同業公會審查後，轉報金管會許可；故選項(B)正確。

37 (A)。證券投信投顧公會對於違反該公會章則及公約之會員得為之處分：處以十萬以上、三百萬以下之違約金；故選項(A)錯誤。

38 (B)。證券投資信託事業、總代理人及基金銷售機構從事基金之廣告、公開說明會及其他營業活動時，不得有下列行為：(1)對於過去之業績作誇大之宣傳或對同業攻訐之廣告。(2)為虛偽、詐欺或其他足致他人誤信之行為。(3)對未經金管會核准募集或申報生效之基金，預為宣傳廣告、公開說明會及促銷……等；故選項(B)正確。

39 (B)。(A)(B)總代理人或其委任之銷售機構從事境外基金之廣告、公開說明會及其他營業促銷活動而製作之有關資料，於對外使用前，應先經內部適當審核，確定內容無不當、不實陳述、違反本規範及相關法令之情事，且並應由總代理人於事實發生後十日內將廣告、公開說明會及其他營業促銷活動之資料，向本公會申報。(C)(D)總代理人或其委任之銷售機構從事境外基金之廣告、公開說明會及其他營業促銷活動時，不得有下列行為：(1)藉稱

金管會對該境外基金之核准或申報生效，作為證實申請（報）事項或保證境外基金價值之宣傳。(2)使人誤信能保證本金之安全或保證獲利者。(3)提供贈品或以其他利益勸誘他人購買境外基金。(4)涉及對新臺幣匯率走勢之臆測……等；故選項(B)正確。

40 (B)。金管會對基金保管機構之業務事項管理、檢查：(1)得隨時命其提出基金保管事項之報告或參考資料、(2)得檢查有關證券投資信託基金之帳冊文件、(3)得命保管銀行之關係人提出基金保管事項之相關資料；故選項(B)正確。

41 (D)。自動化投資顧問服務之瞭解客戶作業，除瞭解客戶之投資目的與期間之外，應充分知悉並評估包括但不限於客戶之投資知識、投資經驗、財務狀況及其承受投資風險程度；故選項(D)正確。

42 (C)。全權委託契約之客戶委託投資資產之淨資產價值減損達原委託投資資產百分之二十以上時，受託人應於事實發生日起二個營業日內，編製資產交易紀錄及現況報告等書件送達客戶；故選項(C)正確。

43 (C)。投顧事業製作廣播證券投資分析節目應於播放前後聲明公司名稱、金管會核准之營業執照字號以及「本節目資料僅供參考」；故選項(C)正確。

44 (A)。證券投資顧問事業有下列情事之一，應先報請金管會核准：(1)變更公司名稱、(2)停業、復業及歇業、(3)解散或合併、(4)讓與或受讓全部或主要部分之營業或財產、(5)變更資本額、(6)變更公司或分支機構營業處所、(7)變更營業項目，其不包括選項(A)之變更負責人；故選項(A)正確。

45 (A)。(A)證券投資信託事業或證券投資顧問事業接受客戶之委託投資資產，與證券投資信託事業或證券投資顧問事業及全權委託保管機構之自有財產，應分別獨立。(B)證券投資信託事業或證券投資顧問事業及全權委託保管機構對其自有財產所負債務，其債權人不得對委託投資資產，為任何之請求或行使其他權利。(C)證券投資信託基金管理辦法由金管會訂之。(D)基金保管機構應依法及證券投資信託契約之規定分別保管基金；故選項(A)正確。

46 (A)。證券投資信託事業或證券投資顧問事業全權委託投資業務專責部門主管與投資經理人，其本人、配偶、未成年子女及被本人利用名義交易者，於基金決定買賣某種股票起至基金不再持有該股票止，不得從事同種股票之買賣交易；故選項(A)正確。

47 (D)。多重資產型基金指得同時投資於股票、債券、其他固定收益證券、基金受益憑證、不動產投資信

託基金受益證券及其他經核准得投資之項目等資產種類，其中投資於任一資產種類之總金額不得超過基金淨資產價值「百分之七十」；故選項(D)正確。

48 (B)。《中華民國證券投資信託暨顧問商業同業公會證券投資顧問事業從事廣告及營業活動行為規範》第二條：證券投資顧問事業及其從業人員從事廣告、公開說明會及其他營業活動，應恪遵證券投資信託及顧問法、相關法令及本行為規範，以維護專業形象，並保障投資人權益；故選項(B)正確。

49 (C)。擔任證券投資顧問事業證券投資分析人員，應具備下列資格之一：(1)參加投信投顧同業公會委託機構舉辦之證券投資分析人員測驗合格者、(2)在外國取得證券分析師資格，具有二年以上實際經驗，經同業公會委託機構舉辦之證券投資信託及顧問事業業務員之法規測驗合格，並經同業公會認可者、(3)九十三年十月三十一日前，已取得證券投資分析人員資格者；故選項(C)正確。

50 (D)。「鼓勵境外基金深耕計畫」三大面向及相關評估指標如下：(1)提高境外基金機構在臺投資，包括設立據點、投入技術與人力。(2)增加我國資產管理規模。(C)提升對我國資產管理人才之培訓；故選項(D)正確。

109年 第4次投信投顧相關法規(含自律規範)

( ) **1** 全權委託投資契約之受任人編製之年度報告書,應於每年終了後幾個營業日內,以約定方式送達客戶? (A)五個營業日 (B)二十個營業日 (C)十個營業日 (D)十五個營業日。

( ) **2** 自動化投資顧問服務之投資組合建議內各資產之投資報酬率表現不同,使得系統原本建議之各資產比例有重新調整必要,此稱之為: (A)投資組合檢視 (B)投資組合再平衡 (C)投資組合調整 (D)投資組合更新。

( ) **3** 下列證券投顧事業人員之行為,何者符合規定? (A)為提高績效,與客戶為投資有價證券收益共享或損失分擔之約定 (B)得與客戶借貸有價證券 (C)以真實姓名從事證券投資分析活動 (D)為求準確分析,以紫微斗數方式為投資人作投資分析。

( ) **4** 有關證券投資信託事業業務之經營,下列敘述何者錯誤? (A)提供分析意見或推介建議 (B)接受客戶全權委託投資業務 (C)運用證券投資信託基金從事證券及其相關商品之投資 (D)向特定人私募證券投資信託基金交付受益憑證。

( ) **5** 有關全權委託投資經理人執行全權委託投資交易時應遵循之規定,下列敘述何者錯誤? (A)投資經理人不得口頭指示業務員為買賣之執行 (B)投資經理人通知業務員執行全權委託投資買賣前,應仔細檢視為每一客戶之最新投資或交易決定有關運用委託投資資產之方式與內容有無逾越法令或契約所限制之範圍 (C)業務員應依據投資經理人之投資或交易決定執行買賣 (D)全權委託投資之交易執行結果依客戶別於當日或成交回報日應作成投資或交易執行紀錄。

( ) **6** 投顧事業提供外國股票之投資顧問業務,有關該事業應符合之規定,下列何者為非? (A)實收資本額達新台幣五千萬元以上,具

有即時取得外國有價證券投資研究相關之資訊設備及適足與適任之人員　(B)投顧事業無最低成立年限之限制，惟最近期經會計師查核簽證之財務報告每股淨值不得低於面額　(C)與其簽訂合作契約之證券商，其本公司、子公司或分公司具金管會指定外國證券交易所會員或交易資格者　(D)最近兩年未受證券投資信託及顧問法第103條第2至第5款之處分者。

(　　)　**7** 以下何者非「鼓勵投信躍進計畫」之獎勵優惠措施？　(A)放寬送審基金檔數上限為3檔　(B)簡化特殊類型基金之申請程序　(C)放寬送審基金檔數上限為5檔　(D)縮短申報生效時間。

(　　)　**8** 下列何者非投信投顧公會得對違反法令或自律規範之會員所為處置？　(A)停權　(B)課予違約金　(C)命其限期改善　(D)除籍。

(　　)　**9** 某投信公司為促銷基金，以提供贈品方式勸誘他人購買受益憑證者，應由下列哪一機關函報金管會依法處理？　(A)證券分析協會　(B)投信投顧公會　(C)證券暨期貨市場發展基金會　(D)臺灣證券交易所。

(　　)　**10** 證券投資信託基金管理辦法，訂定之法源依據為何？　(A)證券投資信託事業管理規則　(B)證券交易法　(C)期貨交易法　(D)證券投資信託及顧問法。

(　　)　**11** 有關境外基金銷售機構之資格，何者錯誤？　(A)銀行可擔任境外基金之銷售機構，辦理募集及銷售業務　(B)除取得營業執照未滿一個會計年度者外，最近期經會計師查核簽證之財務報告每股淨值不低於面額　(C)最近二年未曾因辦理境外基金或投信基金業務受一定之處分　(D)證券經紀商不得擔任境外基金銷售機構，辦理募集與銷售業務。

(　　)　**12** 有關全權委託保管機構，下列何種敘述為非？　(A)每一全權委託投資帳戶之保管機構不限定一家　(B)客戶得於全權委託投資契約存續

期間變更全權委託保管機構，但應以書面通知原全權委託保管機構及受任人　(C)新受任全權委託保管機構另應通知受任人，共同與客戶簽訂三方權義協定書　(D)客戶與新任全權委託保管機構所簽訂之委任契約，應與新任全權委託保管機構個別簽訂。

(　) **13** 投信事業新進之業務人員，應由所屬公司向投信投顧公會登錄，非經登錄不得執行業務，向投信投顧公會登錄之期限為何？　(A)執行職務前　(B)次月十日前　(C)執行職務後五日內　(D)執行職務後五個營業日內。

(　) **14** 總代理人申請境外基金於國內募集及銷售，境外基金管理機構應符合之條件，以下何者為非？　(A)管理之公募基金總資產(不包括退休基金或全權委託帳戶)淨值超過20億美元或等值外幣　(B)最近二年未受當地主管機關處分　(C)應成立滿三年以上　(D)基金管理機構對增進我國資產管理業務有符合金管會規定之具體貢獻且經認可。

(　) **15** 有關投信投顧事業人員之管理，下列敘述何者正確？　(A)部門主管應為兼任　(B)業務人員執行職務前應自行先向公會辦理登錄　(C)分支機構經理人有異動時，公司應於事實發生之日起五個營業日內函送同業公會轉報金管會　(D)從業人員之申報登記事項應向證券暨期貨市場發展基金會為之。

(　) **16** 投信事業未於規定期間內申請核發分支機構營業執照者，主管機關得廢止其設立分支機構之許可。但有正當理由，於期限屆滿前，得向主管機關申請核准展延；展延期限不得超過多久，並以一次為限？　(A)1個月　(B)3個月　(C)6個月　(D)1年。

(　) **17** M投信公司對所經營之K投信基金之保管，應注意之事項，下列何者為真？　(A)委由基金保管機構保管　(B)M公司之債務人得對K基金之資產請求　(C)K資產與基金保管機構之各種基金同一帳戶保管分別設會計帳記錄　(D)基金保管機構對K之基金資產與M之自有財產統一保管。

( ) **18** 有關「債券型基金」之敘述，何者正確？ (A)不得投資具股權性質之有價證券 (B)資產組合之加權平均存續期間應在1年以上 (C)不得投資結構式利率商品，但正向浮動利率債券不在此限 (D)選項(A)(B)(C)皆正確。

( ) **19** 對投顧事業業務人員之敘述，何者正確？ (A)應為專任 (B)總人數不得少於三人 (C)非經向主管機關登錄，不得執行業務 (D)總人數不足十人者，不得少於二分之一。

( ) **20** 投信事業經主管機關核准經營全權委託投資業務，應檢具「會計師專案審查全權委託投資業務內部控制制度之審查報告」，向主管機關申請換發營業執照，所稱「會計師」乃指？ (A)應以得辦理公開發行公司財務報告查核簽證業務之會計師為限 (B)應以會計師事務所之合夥會計師為限 (C)應具備會計師三年以上之執業經驗 (D)會計師公會之會員皆是。

( ) **21** 證券投資信託事業提供贈品鼓勵投資人索取基金相關資料時，應確實執行之控管作業，下列何者正確？ (A)應明定活動之期間、參加辦法等項目，以避免紛爭，至於人數、數量依實際活動情況而定，不須事先明定 (B)應留存領取贈品之投資人所填寫資料 (C)各項贈品活動應按日造冊留存 (D)相關宣傳文件、投資人資料及內部審核紀錄保存一年。

( ) **22** 投信事業行使基金持有發行公司股票之投票表決權，應出席股東會行使表決權，表決權行使之評估分析作業、決策程序及執行結果做成書面紀錄，並編號建檔後，應至少保存幾年？ (A)1年 (B)3年 (C)5年 (D)10年。

( ) **23** 投信事業運用每一投信基金，應於每會計年度終了後幾個月內，編具年報？並經誰簽署後公告之？ (A)一個月；投信投顧公會 (B)二個月；基金保管機構 (C)二個月；投信投顧公會 (D)四個月；基金保管機構。

（　）**24** 有關投信投顧公會「會員及其銷售機構從事廣告及營業活動行為規範」對從事廣告、公開說明會及其他營業活動之敘述，何者為非？ (A)不得誘使擾亂交易市場秩序　(B)可於盤中在電視媒體推介特定股票　(C)不得有易使人認為確可獲利之表示　(D)不得以不實資料推介特定股票。

（　）**25** 投顧事業經營全權委託投資業務，其實收資本額未達三億元者，接受委託投資之總金額，其限制為：　(A)不得超過淨值十倍　(B)不得超過淨值二十倍　(C)不得超過資本額十倍　(D)不得超過資本額二十倍。

（　）**26** 下列何者為投信事業依規定應設置之基本部門？　甲.投資研究；乙.財務會計；丙.內部稽核；丁.法務　(A)甲、乙、丙、丁　(B)僅甲、乙、丙　(C)僅甲、乙　(D)僅乙、丙。

（　）**27** 全權委託投資契約及受託證券期貨經紀商之受託買賣契約，應載明證券投信或投顧事業運用委託投資資產從事有價證券投資或證券相關商品交易，逾越法令或全權委託投資契約所定限制範圍者，應由誰負履行責任？　(A)客戶　(B)全權委託保管機構　(C)經營全權委託投資業務之證券投信或投顧事業　(D)證券、期貨經紀商。

（　）**28** 投信事業運用基金辦理有價證券交割，得指示基金保管機構向金融機構辦理短期借款之總金額，不得超過本基金淨資產價值之多少比例？　(A)10%　(B)20%　(C)30%　(D)40%。

（　）**29** 投信投顧事業與客戶簽訂全權委託投資契約時，下列何者為契約一部分？　(A)全權委託投資說明書　(B)委任人填寫之客戶資料表　(C)法人機構客戶之授權證明書　(D)選項(A)(B)(C)皆是。

（　）**30** 投信事業受託管理私募股權基金，應符合下列何項規定？　(A)應設置專責部門並配置適足之人員　(B)受託管理私募股權基金不得與全權委託帳戶間為證券交易行為　(C)私募股權基金投資標的與投信事業有利害關係者應事先經客戶書面同意　(D)選項(A)(B)(C)皆正確。

(　　) **31** 有關投信基金淨資產價值計算，應如何為之？　(A)應於每營業日計算　(B)遵守投信投顧公會之計算標準　(C)依一般公認會計原則為之　(D)選項(A)(B)(C)皆是。

(　　) **32** 有關金管會對基金保管機構之業務事項管理、檢查，下列何者正確？　(A)發生重大缺失時，始得命其提出基金保管事項之報告或參考資料　(B)得檢查有關證券投資信託基金之帳冊文件　(C)不得命保管銀行之關係人提出基金保管事項之相關資料　(D)選項(A)(B)(C)皆是。

(　　) **33** 依據會員及其銷售機構從事廣告及營業活動行為規範對於基金廣告之規定，以下敘述何者正確？　(A)廣告中得以獲利為廣告，只要有事實或理論根據，不須同時報導其風險　(B)未經金管會核准募集之基金可先行從事廣告活動測試市場　(C)平面廣告應揭示警語，有聲廣告應以影像或聲音揭示警語　(D)單純登載投資管理專門知識或服務等標榜企業形象而不涉及產品之廣告亦應標示警語。

(　　) **34** 下列何者為證券投資信託事業得經營之業務種類？　(A)私募基金　(B)共同基金　(C)私募股權基金　(D)選項(A)(B)(C)皆可為之。

(　　) **35** 受任人為個別全權委託投資帳戶從事證券投資後，接獲全權委託保管機構依法出具之越權交易通知書之日起，對於越權交易買進或賣出之款券，應如何履行責任？　(A)由受任人為相反之賣出或買進沖銷處理並結算損益　(B)由受任人指定第三人為相反賣出或買進沖銷處理並結算損益　(C)客戶撤銷買賣　(D)由全權委託保管機構撤銷買賣。

(　　) **36** 投顧事業於舉辦投資分析活動時，對推介之投資標的為使人認為確可獲利之類似文字或表示，可引用下列何者作宣傳報導？　(A)推薦書　(B)感謝函　(C)報章雜誌　(D)選項(A)(B)(C)皆不得引用。

（　）**37** 以自動化工具提供證券投資顧問服務之業者，應於內部設立演算法之監管機制，其審核包括？　(A)期初審核　(B)定期審核　(C)選項(A)(B)皆是　(D)選項(A)(B)皆非。

（　）**38** 下列何者為申報在臺銷售的境外基金可投資的項目？　(A)商品現貨　(B)不動產　(C)黃金　(D)大陸地區有價證券。

（　）**39** 下列對於客戶申訴之處理，何者為是？　(A)對於客戶書面的申訴案件，客戶服務相關部門均應逐日詳細登載，但口頭的申訴案件則不需要　(B)相關部門主管應指派資深同仁保管相關檔案記錄，且至少每月一次交由部門主管及督察主管核閱　(C)申訴對象之員工，應全力配合調查；若陳述與客戶有重大不一致時，為確保其真實性，應出具所言為實之聲明書　(D)申訴案件應由資淺員工調查處理，才不致有偏坦發生，且該員工不得為申訴案件中的申訴對象。

（　）**40** 下列有關基金銷售機構違反投信投顧公會廣告及營業活動行為規範之處置，何者正確？　(A)由投信投顧公會法規委員會審議　(B)由投信或總代理人負責　(C)由投信投顧公會移送金管會依法處理　(D)由投信投顧公會移送信託公會依法處理。

（　）**41** 下列廣告內容，何者未違反投信投顧公會廣告及營業活動行為規範之規定？　(A)固定收益基金內容述及：兼顧中長期保本穩健之固定收益商品　(B)廣告文宣中列有：「未持有傳聞被查帳公司之股票，請安心投資」之字樣　(C)廣告內容述及基金經理人時標示：華爾街聞名債券投資大師　(D)採數量模型操作之基金：標示過去基金績效之模擬。

（　）**42** 投信事業經營全權委託投資業務之契約，於契約失效後至少保存幾年？　(A)十年　(B)七年　(C)五年　(D)三年。

（　）**43** 投信事業經理指數股票型基金借入有價證券，應於內控制度中訂定基金借入有價證券之風險監控管理措施，並提經何單位通過始可為之？　(A)董事會　(B)股東會　(C)受益人大會　(D)金管會。

( ) **44** 投信投顧事業為非專業投資機構之客戶,辦理全權委託投資業務,下列行為規範何者正確? (A)與客戶為投資有價證券收益共享或損失分擔之約定 (B)利用客戶之帳戶,為他人買賣有價證券 (C)將全權委託投資契約之全部或部分複委任他人履行或轉讓他人 (D)依據分析作成決定、交付執行時應作成紀錄並按月檢討。

( ) **45** 投信事業為廣告、公開說明會及其他營業促銷活動時,下列何種行為符合規定? (A)退還部分經理費以促銷受益憑證 (B)對已送主管機關審核尚未核准之基金,預為宣傳 (C)使人誤信能保證本金之安全或保證獲利 (D)於事實發生後十日內向投信投顧公會申報。

( ) **46** 有關境外基金之投資顧問業務,何者錯誤? (A)應由經核准之投顧事業為之 (B)辦理境外基金之投資顧問業務,應與總代理人簽訂提供資訊合作契約,其契約應行記載事項,由投信投顧公會擬訂 (C)投顧事業只能擔任銷售機構,不能辦理境外基金投資顧問業務 (D)顧問之境外基金應以經金管會核准或申報生效得募集及銷售者為限。

( ) **47** 下列何者係投顧事業從事廣告及營業活動行為規範所稱之「廣告」? (A)使用新聞稿宣傳投資諮詢服務訊息 (B)利用電子郵件提供公司業務最新動態 (C)運用網路行銷投資顧問月刊 (D)選項(A)(B)(C)皆是。

( ) **48** 針對投顧事業申請經營全權委託投資業務,下列敘述何者錯誤? (A)未兼營期貨顧問業務者,其實收資本額應達新臺幣五千萬元以上 (B)應設置內部稽核部門 (C)營業滿一年並具有經營全權委託投資能力 (D)應依規定提存營業保證金。

( ) **49** 投信基金投資所得應分配之收益,應於會計年度結束後幾個月內分配之? (A)3個月 (B)4個月 (C)5個月 (D)6個月。

( ) **50** 下列何者為自動化投資顧問服務系統之核心? (A)演算法 (B)類神經網路 (C)爬蟲技術 (D)機器學習。

解答與解析

1 (D)。受任人為每一全權委託投資帳戶編製之年度報告書，應於「每年終了後十五個營業日」內以約定方式送達客戶。故選項(D)正確。

2 (B)。投資組合之再平衡(Rebalancing)：投資組合建議內各資產之投資報酬率表現不同，使得原本建議之各資產比例有重新調整必要，為符合客戶承受投資風險程度或是維持原本設定比例，以降低投資組合之風險。故選項(B)正確。

3 (C)。證券投顧事業人員不得有下列行為：(1)利用職務上所獲知之資訊，為自己或客戶及受益人以外之人從事有價證券買賣之交易。(2)運用委託投資資產或信託財產投資、買賣有價證券時，從事足以損害客戶或受益人權益之交易。(3)與客戶或受益人為投資有價證券收益共享或損失分擔之約定。(4)運用客戶之委託投資資產或信託財產，與自己資金或其他客戶之委託投資資產或受託之其他財產為相對委託之交易。(5)利用客戶之帳戶或信託帳戶，為自己或他人買賣有價證券。(6)將全權委託投資契約之全部或部分複委任他人履行或轉讓他人。(7)運用客戶委託投資資產或客戶信託財產買賣有價證券時，無正常理由，將已成交之買賣委託自全權委託帳戶或信託帳戶改為自己、他人或其他全權委託帳戶，或自其他帳戶改為全權委託帳戶或信託帳戶。(8)未依投資分析報告作成投資決策，或投資分析報告顯然缺乏合理分析基礎與根據者。故選項(C)正確。

4 (A)。提供分析意見或推介建議為證券投資顧問事業之業務。故選項(A)錯誤。

5 (#)。皆正確。據官方公告本題均給分。

6 (B)。經營外國有價證券投資顧問業務者，應符合下列各款之規定：(1)最近期經會計師查核簽證之財務報告每股淨值不低於面額。(2)最近二年未受證券投資信託及顧問法第103條第2款至第5款、證券交易法第66條第2款至第4款……等。(3)已訂定經營外國有價證券投資顧問業務之內部管理制度，並配置適足與適任之業務人員及內部稽核人員。(4)場地設備應符合同業公會之規定。經營境外基金以外之外國有價證券投資顧問業務，除符合前項規定外，並應符合下列各款規定之一：(1)與其簽訂合作契約之證券商，其本公司、子公司、或分公司具本會指定外國證券交易所會員或交易資格者。(2)合作之證券投資顧問公司經會計師簽證之管理資產總淨值超過十億美元或等值外幣者。(3)實收資本額達新臺幣五千萬元以上，具有即時取得外國有價證券投資研究相關之資訊設備及適足與適任之人員者。故選項(B)錯誤。

解答與解析

7 (C)。鼓勵投信躍進計畫的優惠措施：(1)放寬投信事業每次送審之投信基金檔數上限每次送審之投信基金檔數上限得放寬為3檔，且無須同時成立，亦未限制3檔須為同類型，惟不得包含傘型基金。(2)依據證券投資信託事業募集證券投資信託基金處理準則第十二條第三項第二款但書規定，縮短申報生效期間為十二個營業日。(3)簡化特殊類型基金之申請程序。如因產品設計涉及法規修正者，得經向本會申請核准後，遞延使用本優惠措施。(4)在符合相關法令規範下之其他優惠或便利措施。故選項(C)錯誤。

8 (D)。投信投顧公會得對違反法令或自律規範之會員處以停權、課予違約金、命其限期改善之處置，不包括選項(D)。故選項(D)為非。

9 (B)。投顧事業從事廣告、公開說明會及其他營業活動，經不同業公會紀律委員會審議認為有違反行為規範之情事者，除並有違反規定之情事，應由投信投顧同業公會於每月底前彙整函報金管會依法處理外，得視違反情節之輕重，依投信投顧同業公會會員違規處置申復辦法處理之。故選項(B)正確。

10 (D)。為配合管理證券投資信託基金之需要，主管機關金融監督管理委員會依證券投資信託及顧問法第11條第4項、第14條第1項、第17條第3項、第18條第1項、第19條、第22

條第4項、第25條第2項及第46條規定之授權，訂定「證券投資信託基金管理辦法」。故選項(D)正確。

11 (D)。(1)總代理人得委任證券投資信託事業、證券投資顧問事業、證券經紀商、銀行、信託業及其他經金管會核定之機構，擔任境外基金之銷售機構，辦理該境外基金之募集及銷售業務、(2)境外基金銷售機構除取得營業執照未滿一個完整會計年度者，最近期經會計師查核簽證之財務報告每股淨值不低於面額、(3)境外基金銷售機構最近二年不得受境外基金或投資基金業務之一定處分。故選項(D)錯誤。

12 (A)。每一全權委託投資帳戶之全權委託保管機構以「一家」為限；故選項(A)錯誤。

13 (A)。投信事業之經理人及業務人員執行職務前應向投信投顧公會登錄，非經登錄不得執行業務。故選項(A)正確。

14 (C)。境外基金管理機構，應符合下列條件(1)境外基金管理機構須成立滿「二年」、(2)境外基金須成立滿「一年」、(3)基金管理機構（得含其控制或從屬機構）所管理基金總資產淨值超過「二十億」美元或等值之外幣者、(4)該境外基金不得以新台幣或人民幣計價、(5)基金管理機構對增進我國資產管理業務有符合金管會規定之具體貢獻且經認可

（鼓勵境外基金深耕計畫）。故選項(C)正確。

15 (C)。證券投資信託事業之總經理、業務部門之副總經理、協理、經理，及分支機構經理人、部門主管與業務人員有異動者，該事業應於異動次日起「五個營業日內」，向同業公會申報登錄。故選項(C)正確。

16 (C)。投信事業未於自金管會許可之日起六個月內申請核發營業執照者，廢止其許可。但有正當理由，於期限屆滿前，得向金管會申請展延一次，並以六個月為限。故選項(C)正確。

17 (A)。證券投資信託事業經理之基金資產，與證券投資信託事業及基金保管機構之自有財產，應分別獨立。基金保管機構應依證券投資信託基金管理辦法，及該法授權訂定之命令及證券投資信託契約之規定，按基金帳戶別，獨立設帳保管基金。故選項(A)正確。

18 (D)。債券型基金，除法令另有規定外，不得投資下列標的：(1)股票、(2)具有股權性質之有價證券，但轉換公司債、附認股權公司債及交換公司債不在此限、(3)結構式利率商品，但正向浮動利率債券不在此限；證券投資信託事業運用債券型基金投資於轉換公司債、附認股權公司債及交換公司債總金額，不得超過基金淨資產價值之百分之十；

債券型基金持有轉換公司債、附認股權公司債及交換公司債於條件成就致轉換、認購或交換為股票者，應於一年內調整至符合規定。故選項(D)正確。

19 (A)。證券投資顧問事業之總經理、部門主管、分支機構經理人與業務人員除法令另有規定外，應為專任。故選項(A)正確。

20 (A)。「會計師專案審查全權委託投資業務內部控制制度之審查報告」所稱之「會計師」應以得辦理公開發行公司財務報告查核簽證業務之會計師為限。故選項(A)正確。

21 (B)。證券投資信託事業提供贈品鼓勵投資人索取基金相關資料時：(1)應於相關宣傳文件（含電子媒體）上載明贈品活動之期間、人數、數量、參加辦法等項訂有限制條件者，以避免紛爭。(2)應留存領取贈品之投資人所填寫資料或將投資人姓名、聯絡方式等項建檔留存。(3)各項贈品活動應按月造冊，併同宣傳文件、投資人資料及內部審核紀錄保存二年。故選項(B)正確。

22 (C)。證券投資信託事業行使表決權，應基於受益憑證持有人之最大利益，並應就出席股東會表決權行使之評估分析作業、決策程序及執行結果作成書面紀錄，循序編號建檔，至少保存五年。故選項(C)正確。

23 (B)。證券投資信託事業運用每一基金，應依金管會規定之格式及內容於每會計年度終了後二個月內，編具年度財務報告；於每會計年度第二季終了後四十五日內，編具半年度財務報告；於每月終了後十日內編具月報，向金管會申報。該年度財務報告，應經金管會核准之會計師查核簽證，半年度財務報告應經會計師核閱，並經基金保管機構簽署，證券投資信託事業並應予以公告之。故選項(B)正確。

24 (B)。在有價證券集中交易市場或櫃檯買賣成交系統交易時間（上市櫃股票係為上午9時至下午1時30分；興櫃股票則為上午9時至下午3時，簡稱盤中）及前後1小時內，如非進行類股或產業趨勢分析，逕行提及個股分析，即認定有推介個別有價證券之情事，屬禁止行為。故選項(B)錯誤。

25 (B)。證券投資顧問事業經營全權委託投資業務，其實收資本額未達三億元者，接受委託投資之總金額不得超過「淨值二十倍」。故選項(B)正確。

26 (B)。證券投資信託事業依法應設置(1)投資研究部門、(2)財務會計部門、(3)內部稽核部門。故選項(B)正確。

27 (C)。證券投信投顧事業辦理全權委託投資業務，(1)證券經紀商原則由客戶指定之，(2)客戶不指定證券經紀商，由證券投信投顧事業指定者，若與該事業具控制與從屬關係，應對客戶負告知責任、(3)逾越法令或契約限制時，應由證券投信投顧事業負履行責任。故選項(C)正確。

28 (A)。證券投資信託事業運用基金辦理有價證券交割，得指示基金保管機構向金融機構辦理短期借款之總金額不得超過本基金淨資產價值之百分之十。故選項(A)正確。

29 (D)。受任人受理申請全權委託投資時，應請客戶填寫「全權委託投資說明書」、「客戶資料表」，客戶為法人或其他機構者，應檢具客戶出具之授權證明書。故選項(D)正確。

30 (D)。證券投資信託事業得受託管理私募股權基金並應符合下列規定：(1)證券投資信託事業辦理受託管理私募股權基金業務，應設置專責部門，並配置適足、適任之人員。(2)證券投資信託事業應就辦理上開業務之經營原則、作業手續、權責劃分、防制洗錢及打擊資恐、業務紛爭處理、人員教育訓及管理事項、與既有業務之區隔及利益衝突防範等事項，訂定完善之內部控制制度與風險控制及管理機制，並確實執行。(3)證券投資信託事業受託管理私募股權基金，不得與所經理之證券投資信託基金、全權委託帳戶及自有資金帳戶間，為證券或證券相關商品交易行為。(4)證券投資信託事業受託管理私募股權基金，投資

標的事業與本事業有利害關係者，應事先經客戶書面同意或於受託管理契約中特別約定。故選項(D)正確。

31 **(D)**。證券投資信託事業應依照一般公認會計原則並遵守投信投顧公會之計算標準，於「每一營業日」公告前一營業日基金每受益權單位之淨資產價值。故選項(D)正確。

32 **(B)**。金管會對基金保管機構之業務事項管理、檢查：(1)得隨時命其提出基金保管事項之報告或參考資料、(2)得檢查有關證券投資信託基金之帳冊文件、(3)得命保管銀行之關係人提出基金保管事項之相關資料。故選項(B)正確。

33 **(C)**。證券投資信託事業、總代理人及基金銷售機構從事基金之廣告、公開說明會及其他營業活動時，不得有下列行為：(1)以獲利或配息率為廣告者，未同時報導其風險以作為平衡報導。(2)對未經金管會核准募集或申報生效之基金，預為宣傳廣告、公開說明會及促銷。(3)證券投資信託事業、總代理人及基金銷售機構除為單純登載投資管理專門知識或服務等標榜境外基金機構、集團、公司或企業形象而不涉及任何基金產品之廣告，無須標示警語外，其為基金廣告時，應於廣告內容中述明警語。故選項(C)正確。

34 **(D)**。證券投資信託事業經營之業務種類如下：(1)證券投資信託業務。

(2)全權委託投資業務。(3)其他經主管機關核准之有關業務。故選項(D)正確。

35 **(A)**。越權交易買進或賣出之款券或證券相關商品，受任人應於接獲越權交易通知書之日起即依規定為相反之賣出或買進沖銷處理並結算損益。故選項(A)正確。

36 **(D)**。證券投資顧問事業為廣告、公開說明會及其他營業促銷活動時，不得引用各種推薦書、感謝函、過去績效或其他易使人認為確可獲利之類似文字或表示。故選項(D)正確。

37 **(C)**。以自動化工具提供證券投資顧問服務之業者，業者對系統所運用之演算法，應有效進行監督與管理，於內部設立如下監管機制：(1)期初審核、(2)定期審核；故選項(C)正確。

38 **(D)**。境外基金除境外指數股票型基金外，其符合下列條件者，得經金管會核准或申報生效在國內募集及銷售：(1)境外基金從事衍生性商品交易之比率，不得超過金管會所訂定之比率。(2)境外基金不得投資於黃金、商品現貨及不動產。(3)境外基金投資大陸地區證券市場之有價證券占該境外基金總投資之比率，不得超過本會所訂定之比率……等；故選項(D)正確。

39 **(C)**。關於客戶申訴之處理：(A)無論是客戶「書面或口頭」的申訴案件，客

解答與解析

戶服務相關部門均應逐日詳細登載。
(B)主管應指派資深同仁保管檔案記錄，且至少「每季一次」交由部門主管及督察主管核閱。(D)申訴案件應由「經驗豐富的資深員工」調查處理，且該員工不得為申訴案件中的申訴對象。故選項(C)正確。

40 **(C)**。證券投資信託事業或其基金銷售機構為基金之廣告、公開說明會及其他營業促銷活動，應於事實發生後「十日內」向投信投顧同業公會申報；同業公會發現有違法之情事，應於「每月底」前彙整函報金管會依法處理。故選項(C)正確。

41 **(D)**。證券投資信託事業、總代理人及基金銷售機構從事基金之廣告、公開說明會及其他營業活動時，不得有下列行為：(1)使人誤信能保證本金之安全或保證獲利者⋯⋯(A)、(2)截取報章雜誌之報導作為廣告內容⋯⋯(B)、(3)以基金經理人作為宣傳廣告之主要訴求或標題⋯⋯(C)⋯⋯等，故選項(D)正確。

42 **(C)**。受託人受理全權委託投資申請書之書件與簽訂之相關契約，應依客戶別建檔保存，於個別契約失效後至少保存「五年」。故選項(C)正確。

43 **(A)**。證券投資信託事業運用基金資產辦理借款，應於內部控制制度中訂定基金借款之監控管理措施，並提經「董事會」通過。故選項(A)正確。

44 **(D)**。證券投信投顧事業辦理全權委託投資業務，(1)不得與客戶約定共享或損失分擔、(2)不得利用客戶之帳戶為他人買賣有價證券、(3)不得將全權委託投資契約之全部或部分複委任他人履行或轉讓他人、(4)必須依投資分析報告作成投資決定書，交付執行時應作成紀錄並按月檢討。故選項(D)正確。

45 **(D)**。證券投資信託事業為廣告、公開說明會及其他營業促銷活動時，應於事實發生後十日內向投信投顧公會申報；故選項(D)正確。

46 **(C)**。證券投資顧問得擔任境外基金之銷售機構，亦能辦理境外基金投資顧問業務。故選項(C)錯誤。

47 **(D)**。廣告及營業促銷活動行為規範所稱之廣告宣傳方式，包括傳單等印刷物、電子郵件或網際網路系統、報紙或雜誌等出版物、其他任何形式之廣告宣傳⋯⋯等。故選項(D)正確。

48 **(C)**。證券投資顧問事業申請經營全權委託投資業務者，應具備下列條件：(1)實收資本額達應新台幣五千萬元、兼營期貨顧問業務者實收資本額應達新台幣七千萬元、(2)應至少設置投資研究、財務會計及內部稽核部門、(3)應依規定，向得辦理保管業務並符合金管會條件之金融機構提存營業保證金，不包括選項(C)。故選項(C)錯誤。

49 (D)。證券投資信託基金投資所得
依證券投資信託契約之約定應於會
計年度終了後「六個月內」分配收
益。故選項(D)正確。

50 (A)。演算法（algorithms）乃自動
化投資顧問服務系統之核心，並反
映投資顧問業者對市場分析與研究
之邏輯，其設計之正確與否，影響
運算的結果，攸關客戶權益。故選
項(A)正確。

NOTE

110年　第1次投信投顧相關法規(含自律規範)

(　) **1** 投顧公司經金管會許可經營全權委託業務後，應如何續行業務申請程序？ 　(A)於三個月內申請換發營業執照 　(B)檢附公司章程 　(C)備齊書件直接函送金管會核發營業執照 　(D)選項(A)(B)(C)皆是。

(　) **2** 下列何者得擔任境外基金之總代理人？甲.證券投資信託事業；乙.證券投資顧問事業；丙.證券經紀商 　(A)僅丙 　(B)僅甲、乙 　(C)僅甲、丙 　(D)甲、乙、丙皆可。

(　) **3** 有關證券投資信託事業業務之經營，下列敘述何者錯誤？ 　(A)提供分析意見或推介建議 　(B)接受客戶全權委託投資業務 　(C)運用證券投資信託基金從事證券及其相關商品之投資 　(D)向特定人私募證券投資信託基金交付受益憑證。

(　) **4** 小明為甲投顧公司之董事，近日擬投資於丙投信公司，並有意擔任乙投顧公司之監察人，下列敘述何者為正確？ 　(A)小明得為丙公司監察人 　(B)小明不得擔任乙公司監察人 　(C)小明得擔任乙公司監察人 　(D)選項(A)(B)正確。

(　) **5** 投信投顧公會審查申請經營全權委託案件，下列何者有誤？ 　(A)須提出審查意見 　(B)於申請核准及換發執照階段，皆須提出審查意見 　(C)由金管會擬定之審查要點辦理 　(D)投信投顧公會應擬定審查要點報金管會備查。

(　) **6** 有關全權委託投資業務，下列何者為正確？ 　(A)每一全權委託投資帳戶之全權委託保管機構以一家為限 　(B)全權委託投資買賣契約簽約完成，受任人即可運用委託投資資產從事有價證券當日沖銷交易 　(C)客戶不得於全權委託投資契約存續期間變更全權委託保管機構

(D)受任人於全權委託投資契約存續期間，應與客戶每二年至少進行一次訪談，以修正或補充客戶資料。

( ) **7** 投信事業申請（報）募集投信基金經核准後，未能於核准申請通知函送達後一定期限內開始募集，應如何處理？ (A)向主管機關申請延展六個月 (B)申請中斷時效 (C)呈報公會延展六個月 (D)向主管機關申請延展三個月。

( ) **8** 若某投信基金召開基金受益人會議，投資人可以透過何種方式進行投票？ (A)僅能親自出席 (B)僅能書面 (C)僅能電子投票 (D)親自出席、書面或電子投票均可。

( ) **9** 投顧事業可否從事期貨或衍生性商品之宣導廣告？ (A)應申請公會核准 (B)應取得兼營期貨顧問業務之許可 (C)事實發生後向同業公會報備 (D)事實發生後向金管會報備。

( ) **10** 信託業兼營全權委託投資業務，擬運用所有信託財產購買甲上市公司股票，應注意投資之限額為何？ (A)不超過甲已發行股份總額之20% (B)不超過甲已發行股份總額之10% (C)不超過所有受託金額10% (D)不超過受託投資資產淨資產價值之10%。

( ) **11** 投信事業對於業務往來之證券商，應採行哪些管理事項？ (A)應簽訂書面約定，將退還手續費捐贈給慈善機構 (B)定期對財務、業務及服務品質為評比 (C)書面約定除退還之手續費外，不得接受證券商之其他利益 (D)選項(A)(B)(C)皆是。

( ) **12** 以下有關境外基金之敘述，何者為非？ (A)境外基金之私募不得為一般廣告或公開勸募 (B)境外基金是指於中華民國境外設立，具證券投資信託基金性質者 (C)所有境外基金之銷售或代理募集者，皆需經中央銀行同意 (D)任何人非經主管機關核准或向主管機關申報生效後，不得在中華民國境內從事或代理募集、銷售、投資顧問境外基金。

(　) **13** 基金銷售機構終止辦理基金銷售業務者，應即通知投信事業，並由投信事業於事實發生日起幾日內，向投信投顧公會申報並公告？(A)二日　(B)五日　(C)七日　(D)十日。

(　) **14** 信託業兼營全權委託投資業務之操作，針對非專業投資機構之客戶，下列敘述何者錯誤？　(A)應依據投資分析作成投資決定　(B)分析、決定、執行及檢討等控制作業應留存紀錄，並至少保存五年　(C)投資分析與決定應有合理基礎及依據　(D)客戶不得要求查詢資產交易情形。

(　) **15** 投信事業或投顧事業經營全權委託投資業務，與客戶簽訂全權委託投資契約，以下敘述何者正確？　(A)得接受共同委任或信託，但以三人為限　(B)契約應載明客戶為公開發行公司之董事、監察人、經理人或10%以上之股東，其股權異動之有關法律責任　(C)委託投資資產應於簽約後十日內分次存入全權委託保管機構　(D)選項(A)(B)(C)皆是。

(　) **16** 下列有關投信事業對於基金資產運用之指示權之敘述何者正確？(A)得複委任他人代行　(B)原則上不得複委任他人處理　(C)不需盤點檢查保管機構所保管的基金資產　(D)投信事業不得指示基金保管機構處分資產。

(　) **17** 下列何者不是「中華民國證券投資信託暨顧問商業同業公會會員及其銷售機構從事廣告及營業促銷活動行為規範」之主要目的？(A)為宣傳基金產品專業安全　(B)為保障投資人權益　(C)為維護證券投信事業之專業形象　(D)督促證券投資信託事業經營業務應恪遵之自律規範。

(　) **18** 若個人依規定申請匯回之境外資金，其中5%資金以全權委託專戶從事金融投資，可投資以下哪種商品？　(A)私募股票　(B)反向ETN　(C)槓桿ETF　(D)臺指期。

( ) **19** 證券投資信託基金投資所得依證券投資信託契約之約定應分配收益，除經主管機關核准者外，應於會計年度終了後多久內分配之？ (A)1個月 (B)3個月 (C)4個月 (D)6個月。

( ) **20** 債券型基金資產組合之加權平均存續期間應在一年以上，但下列何者不在此限？ (A)基金成立未滿三個月 (B)信託契約終止日前三個月 (C)基金成立未滿六個月 (D)信託契約終止日前六個月。

( ) **21** 某投顧事業為眾多客戶使用便利，開發了行動裝置APP，下列行動裝置安全控管須注意事項，何者正確？ (A)首次發布前應經資安單位同意，之後若權限有變動，則改由經法遵單位同意 (B)初次上架前應通過認證合格第三方檢測實驗室的委外資安檢測 (C)後續若應用程式有重大更新項目時，無須檢測 (D)以上皆正確。

( ) **22** 有關投信事業之董事、監察人或經理人之行為規範，以下敘述何者正確？ (A)甲投信事業之負責人、部門主管或分支機構經理人於一定限額內得投資上櫃之乙投信事業之股票 (B)投信事業之董事、監察人或經理人不得擔任投信基金所購入股票發行公司之董事、監察人或經理人 (C)投信事業之董事、監察人或經理人於投信事業決定運用投信基金買賣某種上市（櫃）公司股票時起，至投信基金不再持有該種股票時止之期間內，若欲參與同種股票買賣應事先向董事會申報 (D)選項(A)(B)(C)皆是。

( ) **23** 某投信事業經營全權委託投資業務，其分支機構欲辦理推廣及招攬行為，下列敘述何者錯誤？ (A)填具申請書向金管會申請許可 (B)檢具分支機構辦理推廣及招攬內部控制制度文件 (C)檢具申請書及附件所載事項無虛偽、隱匿之聲明 (D)推廣及招攬屬商業行為，無須向主管機關申請許可。

( ) **24** 投顧事業未能依規定之期間內申請核發營業執照者，且未依時限申請展期，金管會得為如何之處理？ (A)通知其補正 (B)通知其展期 (C)駁回申請案 (D)廢止其許可。

(　　) **25** 下列有關境外基金總代理人及銷售機構之敘述何者錯誤？　(A)擔任境外基金機構在國內之訴訟及一切文件之送達代收人　(B)內部控制制度應包括充分瞭解客戶、銷售行為、短線交易防制等法令應遵循之作業原則，並由境外基金管理機構送同業公會審查　(C)依投資人申購、買回或轉換境外基金之交易指示，轉送境外基金機構　(D)總代理人應編製投資人須知及公開說明書中譯本等相關資訊，交付與銷售機構、參與證券商及投資人。

(　　) **26** 針對非專業投資機構之客戶，全權委託投資契約之投資經理人就執行買賣之事項，應遵守哪些事項？　(A)依客戶別作成投資或交易決定　(B)以口頭方式交付業務員執行買賣，以求掌握時機　(C)投資決定僅可包含投資分析之投資建議內容　(D)投資經理人得自行執行買賣，但仍應撰寫投資決定書。

(　　) **27** 全權委託投資契約及受託證券期貨經紀商之受託買賣契約，應載明證券投信或投顧事業運用委託投資資產從事有價證券投資或證券相關商品交易，逾越法令或全權委託投資契約所定限制範圍者，應由誰負履行責任？　(A)客戶　(B)全權委託保管機構　(C)經營全權委託投資業務之證券投信或投顧事業　(D)證券、期貨經紀商。

(　　) **28** 有關投顧事業年度財務報告申報之規定，下列敘述何者正確？　(A)應送交證券暨期貨市場發展基金會，彙送金管會　(B)應向投信投顧公會申報，並由公會轉呈金管會核准　(C)送交投信投顧公會，並由投信投顧公會彙送金管會完成申報　(D)應向證券商業同業公會申報，並彙送金管會完成申報。

(　　) **29** 全權委託投資契約之客戶對於委託投資帳戶之資產交易情形進行查詢時，客戶應注意哪些事項？　(A)約定以書面為之者，提出書面申請書　(B)不得與受任人相互約定其他查詢方式　(C)客戶應作成查詢紀錄　(D)選項(A)(B)(C)皆是。

( ) **30** 若境外基金機構、總代理人及證券投資信託事業舉辦了一項教育訓練，對該訓練計畫在哪方面較無疑慮？ (A)舉辦於主要經濟活動為觀光的外國小島 (B)參加資格依近一季銷售業績客觀排序選定 (C)共舉辦三天，兩天由講師授以基金專業課程，亦可彈性搭配觀光行程 (D)授課主題為認識海洋與自然生態。

( ) **31** 投信將基金海外投資業務複委任受託管理機構，則至少每隔多久須查核複委任受託管理機構之基金資產與該事業經理之其他各證券投資信託基金或全權委託帳戶於同一日對同一股票及具有股權性質之債券作反向投資決定之情形，並作成紀錄？ (A)每週 (B)每兩週 (C)每月 (D)每季。

( ) **32** 召開投信基金受益人會議須向何單位辦理？ (A)向金管會事前申請 (B)向金管會事前申報 (C)向金管會事後申報 (D)向投信投顧公會事後申報。

( ) **33** 證券經紀商欲以信託方式經營全權委託投資業務，應接受委託人原始信託財產達新臺幣多少數額以上，方可依相關法令申請兼營金錢之信託及有價證券信託？ (A)1,000萬元 (B)600萬元 (C)500萬元 (D)300萬元。

( ) **34** 何者為經營外國有價證券投資顧問業務者可對專業投資人提供外國有價證券顧問服務的種類及範圍？甲.申報生效得募集及銷售之境外基金；乙.經惠譽與標普信用評等為BB級的外國中央政府債券；丙.經穆迪信用評等為Ba2級的外國公司債 (A)僅甲 (B)僅乙 (C)僅丙 (D)甲、乙、丙。

( ) **35** 若某投信發行一檔全球已開發國家股票基金，而其資產投資55%於美國、20%投資於英國、另25%投資於其他歐洲地區，該投信得將多少比例海外投資業務複委任第三人？ (A)20% (B)55% (C)75% (D)100%。

( ) **36** 自簽訂全權委託投資契約起7日內，受任人接獲客戶提出終止契約之書面要求，則受任人於運用委託投資資產期間所產生之費用中，客戶不須支付： (A)交易手續費 (B)稅捐 (C)委託報酬 (D)選項(A)(B)(C)皆非。

( ) **37** 甲投信公司受託運用乙投資人全權委託投資資產，對於乙全權委託投資帳戶內投資公司股票相關事宜之規範何者正確？ (A)投資股票所生之股息、股利依規定應分配至客戶乙之全權委託投資帳戶 (B)投資股票所生之股息、股利依規定應分配至受任人甲投信公司帳戶 (C)出席發行公司股東會、行使表決權由受任人甲投信公司行使之 (D)全權委託保管機構如接獲全權委託投資保管帳戶所持有國內股票之發行公司股東會開會通知或議事錄者，應於收訖後七日內送達客戶。

( ) **38** 依投信投顧公會廣告及營業活動行為規範規定，以基金績效作為廣告者，應以規定之基金評鑑機構所作之評比資料為標準，下列何者為非符合規定之基金評鑑機構？ (A)理柏（Lipper） (B)晨星（Morningstar） (C)里昂CLSA CG Watch (D)嘉實資訊（股）公司。

( ) **39** 依投信投顧公會廣告及營業活動行為規範之規定，下列何種廣告內容無加註警語之規定？ (A)提及基金投資範圍或市場之經濟走勢預測時 (B)以投資高收益境外基金為訴求 (C)提及定時定額投資績效 (D)標榜企業形象而不涉及任何基金產品之廣告。

( ) **40** 下列何者非證券投信投顧公會廣告及營業活動行為規範之適用對象？ (A)投信事業 (B)投顧事業 (C)基金銷售機構 (D)證券自營商。

( ) **41** 下列有關證券投資信託基金（指數股票型基金除外）之受益憑證，其買回規定之敘述何者正確？ (A)買回價格以請求買回之書面到達投信事業或其代理機構次日之基金淨資產核算之 (B)在國內募集投資國內之投信基金，應自受益人買回受益憑證請求到達之次日起

七個營業日內給付買回價金　(C)在國內募集投資國外之投信基金，其買回價金之給付依證券投資信託契約之規定辦理　(D)投信事業如遇有無從給付買回價金之特殊情事得暫不給付買回價金，並於事後向金管會申報。

(　) **42** 依證券投資信託及顧問法規定，何種事業不得兼營證券投資信託事業？　(A)證券商　(B)期貨商　(C)期貨信託事業　(D)期貨顧問事業。

(　) **43** 投信事業之經手人員於到職日起幾日內，應向督察主管申報所投資之國內上市、上櫃公司股票之種類及其數量等資料？　(A)2日內　(B)5日內　(C)7日內　(D)10日內。

(　) **44** 有關全權委託投資業務主要依據下列何項規定辦理？甲.證券投資信託及顧問法；乙.證券投資信託事業證券投資顧問事業經營全權委託投資業務管理辦法；丙.中華民國證券投資信託暨顧問商業同業公會經主管機關授權訂定之業務操作辦法　(A)僅甲、乙　(B)僅乙、丙　(C)僅甲、丙　(D)甲、乙、丙。

(　) **45** 投信事業運用每一投信基金，應依主管機關規定之格式及內容於每會計年度終了後多久內，編具年度財務報告向主管機關申報？　(A)一個月　(B)二個月　(C)三個月　(D)四個月。

(　) **46** 投信事業新進之業務人員，應由所屬公司向投信投顧公會登錄，非經登錄不得執行業務，向投信投顧公會登錄之期限為何？　(A)執行職務前　(B)次月十日前　(C)執行職務後五日內　(D)執行職務後五個營業日內。

(　) **47** 投信事業於國內募集投信基金投資於外國有價證券，下列何者依規定不得投資？　(A)英國另類投資市場（AIM）交易之股票　(B)韓國店頭市場（KOSDAQ）交易之股票　(C)日本店頭市場（JASDAQ）交易之股票　(D)選項(A)(B)(C)皆可投資。

(　) **48** 依據投信投顧公會會員自律公約，會員對其與客戶之利益衝突或不同客戶間之利益衝突情事，應： (A)避免之 (B)以書面約定為依據 (C)以多數客戶之利益為依據 (D)以損益標準為處理原則。

(　) **49** 透過電子支付帳戶申購買回基金，目前可買到的商品範圍包括？ (A)僅限國內投信發行以新臺幣計價的貨幣市場基金 (B)僅限國內投信發行以新臺幣計價的基金 (C)僅限國內投信發行的基金 (D)所有國內投信發行基金及金管會核備之境外基金。

(　) **50** 基金受益人自行召開受益人會議時，應由繼續持有受益憑證幾年以上？且其所表彰受益權單位數占基金已發行受益權單位總額多少百分比之受益人，以書面申請主管機關核准後自行召開之？ (A)1年，3% (B)2年，3% (C)2年，5% (D)3年，5%。

解答與解析

1 (A)。根據「證券投資信託事業證券投資顧問事業經營全權委託投資業務管理辦法」第7條，證券投資信託事業或證券投資顧問事業應自本會許可經營全權委託投資業務之日起三個月內，填具申請書，並檢具所需文件，送同業公會審查後，轉報本會申請換發營業執照。

2 (D)。「境外基金管理辦法」第8條第1項：境外基金機構得委任經核准營業之證券投資信託事業、證券投資顧問事業或證券經紀商擔任總代理人，辦理境外基金募集及銷售業務。

3 (A)。根據「證券投資信託及顧問法」第3條及第4條，接受客戶全權委託投資業務、運用證券投資信託基金從事證券及其相關商品之投資、向特定人私募證券投資信託基金交付受益憑證，屬於證券投資信託事業經營之業務，提供分析意見或推介建議，屬於證券投資顧問事業經營之業務。故選(A)。

4 (B)。根據「證券投資顧問事業負責人與業務人員管理規則」第7條，證券投資顧問事業之董事、監察人或經理人，除法令另有規定外，不得投資於其他證券投資顧問事業，或兼為其他證券投資顧問事業、證券投資信託事業或證券商之董事、監察人或經理人。故選(B)。

5 (C)。根據「中華民國證券投資信託暨顧問商業同業公會全權委託投資業務審查要點」第2條，申請核准經營全權委託投資業務：申請人應檢

具規定書件，函送本公會，經本公會審查並出具審查意見後，轉報金管會核准。申請換發營業執照：申請人應自金管會核准經營全權委託投資業務之日起三個月內，檢具規定書件，函送本公會，經本公會審查並出具審查意見後，轉報金管會申請換發營業執照。故選(C)。

6 **(A)**。根據「中華民國證券投資信託暨顧問商業同業公會證券投資信託事業證券投資顧問事業經營全權委託投資業務操作辦法」：(B)第17條之1：受任人運用委託投資資產從事有價證券當日沖銷交易者，應訂定有效利益衝突防範作業原則及無法反向沖銷之風險管理機制。(C)第28條：客戶得於全權委託投資契約存續期間變更全權委託保管機構，但應以書面通知原保管機構及受任人。(D)第29條：受任人於全權委託投資契約存續期間，應與客戶經常聯繫，隨時注意及掌握客戶財務狀況及風險承受程度等因素之變化，並與客戶每年至少進行一次訪談，以修正或補充客戶資料表內容，作為未來投資或交易決定之參考，並留存備查。僅(A)正確。

7 **(A)**。「證券投資信託事業募集證券投資信託基金處理準則」第7條第2項：證券投資信託事業申請（報）募集證券投資信託基金經核准或生效後，應於申請核准或申報生效通知函送達日起六個月內開始募集，

三十日內募集成立該基金。但有正當理由無法於六個月內開始募集者，於期限屆滿前，得向本會申請展延一次，並以六個月為限。

8 **(D)**。「證券投資信託基金受益人會議準則」第7條第1、2項：受益人會議得以書面或親自出席之方式召開。受益人會議召開者得將電子方式列為表決權行使方式之一，其行使方法應載明於受益人會議開會通知。故選(D)。

9 **(B)**。根據「中華民國證券投資信託暨顧問商業同業公會證券投資顧問事業從事廣告及營業活動行為規範」第6條，投顧事業應取得兼營期貨顧問業務之許可，而從事期貨或衍生性商品之宣導廣告。

10 **(B)**。根據「證券投資信託事業證券投資顧問事業經營全權委託投資業務管理辦法」第17條，為全體全權委託投資帳戶投資任一公司股票之股份總額，不得超過該公司已發行股份總數之百分之十。

11 **(B)**。「中華民國證券投資信託暨顧問商業同業公會會員自律公約」第11條：本公會會員應與業務往來之證券商簽訂書面約定，載明該會員及其負責人與受僱人不得接受證券商退還之手續費或其他利益。並應定期對業務往來之證券商進行財務、業務及服務品質之評比，作為是否繼續維持

往來之依據，其擬進行業務往來之證券商，亦應先予評比。

12 **(C)**。「境外基金管理辦法」第2條：任何人非經金融監督管理委員會核准或向本會申報生效後，不得在中華民國境內代理募集及銷售境外基金。

13 **(A)**。「證券投資信託事業募集證券投資信託基金處理準則」第31條第1項：基金銷售機構終止辦理基金銷售業務者，應即通知證券投資信託事業，並由證券投資信託事業於事實發生日起二日內，向同業公會申報並公告。

14 **(D)**。「證券投資信託事業證券投資顧問事業經營全權委託投資業務管理辦法」第28條第5項：客戶得要求查詢資產交易情形，受委託之證券投資信託事業或證券投資顧問事業不得拒絕。

15 **(B)**。根據「證券投資信託事業證券投資顧問事業經營全權委託投資業務管理辦法」第22條，全權委託投資契約應與客戶個別簽訂，除法令或本會另有規定外，不得接受共同委任或信託。委託投資時之委託投資資產，應於簽約時一次全額存入全權委託保管機構；增加委託投資資產時，亦同。僅(B)正確。

16 **(B)**。「證券投資信託基金管理辦法」第5條：證券投資信託事業對於基金資產之運用有指示權，並應

親自為之，除本會另有規定外，不得複委任第三人處理；證券投資信託事業有指示基金保管機構從事保管、處分、收付基金資產之權，並得不定期盤點檢查基金資產。

17 **(A)**。「中華民國證券投資信託暨顧問商業同業公會會員及其銷售機構從事廣告及營業活動行為規範」第2條：本公會會員及其銷售機構，為經營、辦理或推展證券投資信託、證券投資顧問、全權委託投資與境外基金相關業務，從事廣告、公開說明會及其他營業活動時，應恪遵證券投資信託及顧問法、相關法令規定及本行為規範，以提升自律、維護專業形象並保障投資人權益。

18 **(D)**。「境外資金匯回金融投資管理運用辦法」第3條第1項：信託專戶或證券全權委託專戶從事金融投資之範圍，以下列為限：一、國內有價證券。二、在我國期貨交易所進行之證券相關期貨、選擇權交易。三、國內保險商品。

19 **(D)**。「證券投資信託及顧問法」第31條：證券投資信託基金投資所得依證券投資信託契約之約定應分配收益，除經主管機關核准者外，應於會計年度終了後六個月內分配之，並應於證券投資信託契約內明定分配日期。

20 **(A)**。「證券投資信託基金管理辦法」第29條：債券型基金資產組

合之加權平均存續期間應在一年以上。但基金成立未滿三個月、證券投資信託契約終止日前一個月或者要投資於正向浮動利率債券者,不在此限。

21 **(B)**。根據「中華民國證券商業同業公會新興科技資通安全自律規範」第6條:(A)首次發布或權限變動皆應經資安、法遵單位同意。(C)如通過實驗室檢測後一年內有更新上架之需要,應於每次上架前就重大更新項目進行委外或自行檢測。僅(B)正確。

22 **(B)**。(A)「證券投資信託事業負責人與業務人員管理規則」第15條:證券投資信託事業之負責人、部門主管或分支機構經理人,除法令另有規定外,不得投資於其他證券投資信託事業,或兼為其他證券投資信託事業、證券投資顧問事業或證券商之董事、監察人或經理人。(C)「證券投資信託事業負責人與業務人員管理規則」第14條:證券投資信託事業之負責人、部門主管、分支機構經理人與基金經理人,其本人、配偶、未成年子女及被本人利用名義交易者,除法令另有規定外,於證券投資信託事業決定運用證券投資信託基金從事某種公司股票及具股權性質之衍生性商品交易時起,至證券投資信託基金不再持有該公司股票及具股權性質之衍生性商品時止,不得從事該公司股票

及具股權性質之衍生性商品交易。僅(B)正確。

23 **(D)**。「證券投資信託事業證券投資顧問事業經營全權委託投資業務管理辦法」第7-1條:證券投資信託事業或證券投資顧問事業經營全權委託投資業務者,申請分支機構辦理全權委託投資業務之推廣及招攬,應填具申請書,並檢具下列文件,向本會申請許可:一、載明分支機構辦理全權委託投資業務之推廣及招攬決議之董事會議事錄。二、分支機構辦理全權委託投資業務之推廣及招攬內部控制制度。三、申請書及附件所載事項無虛偽、隱匿之聲明書。

24 **(D)**。「證券投資顧問事業設置標準」第8條第3項:證券投資顧問事業未於規定期間內申請核發營業執照者,廢止其許可。

25 **(B)**。「境外基金管理辦法」第42條第3項:總代理人及銷售機構之內部控制制度應包括充分瞭解客戶、銷售行為、短線交易防制、洗錢防制及法令所訂應遵循之作業原則,並由總代理人送交同業公會審查。

26 **(A)**。「中華民國證券投資信託暨顧問商業同業公會證券投資信託事業證券投資顧問事業經營全權委託投資業務操作辦法」第35條:全權委託投資之投資或交易決定,應由投資經理人依據前條投資或交易分

析及考量客戶各項委任條件後，客觀公正地依客戶別作成投資或交易決定，再通知業務員執行買賣等事項；投資分析與決定並應有合理之基礎及根據。投資經理人交付業務員執行買賣時應作成紀錄，不得僅以口頭方式為之，以避免誤聽及無合理依據之交易情事發生。

27 **(C)**。「證券投資信託事業證券投資顧問事業經營全權委託投資業務管理辦法」第25條：全權委託投資契約及受託證券期貨經紀商之受託買賣契約，應載明證券投資信託事業、證券投資顧問事業運用委託投資資產從事有價證券投資或證券相關商品交易，逾越法令或全權委託投資契約所定限制範圍者，應由證券投資信託事業或證券投資顧問事業負履行責任。

28 **(C)**。根據「證券投資顧問事業管理規則」第8條第6項，投顧事業年度財務報告之申報，應送交投信投顧公會，並由投信投顧公會彙送金管會完成申報。

29 **(A)**。「中華民國證券投資信託暨顧問商業同業公會證券投資信託事業證券投資顧問事業經營全權委託投資業務操作辦法」第46條：客戶查詢其全權委託投資帳戶之資產交易情形、委託投資資產庫存數量、金額及證券相關商品未沖銷部位，應以書面或其他與受任人相互約定

之查詢方式為之。客戶以書面提出者，受任人應於接獲書面申請並確認無誤後，始得告知或提供客戶查詢資料，並應作成客戶查詢紀錄，以供備查。

30 **(C)**。根據「中華民國證券投資信託暨顧問商業同業公會會員及其銷售機構通路報酬支付暨銷售行為準則」第3條，總代理人及證券投資信託事業贊助或提供其銷售機構之員工教育訓練及產品說明會，應以基金產品或產業、市場發展或有助於提昇銷售人員知識及能力等相關課程為主，且有一定之上課比重。故選(C)。

31 **(B)**。根據「中華民國證券投資信託暨顧問商業同業公會證券投資信託事業經理守則」第9條，公司應定期查核（至少每二週一次）複委任受託管理機構之基金資產與公司經理之其他各基金或全權委託帳戶於同一日對同一股票及具有股權性質之債券作反向投資決定之情形，並作成紀錄。

32 **(B)**。「證券投資信託基金受益人會議準則」第2條：證券投資信託事業、受益人或基金保管機構召開受益人會議前，應檢具召開事由向金融監督管理委員會申報。

33 **(A)**。「證券投資信託事業證券投資顧問事業經營全權委託投資業務管理辦法」第2-1條：證券投資信託事

業、證券投資顧問事業或證券經紀商，以信託方式經營全權委託投資業務，接受委託人原始信託財產應達新臺幣一千萬元以上，並應依本辦法及證券投資信託事業證券投資顧問事業證券商兼營信託業務管理辦法，申請兼營金錢之信託及有價證券之信託。

34 (D)。 根據金管會公告經營外國有價證券投資顧問業務者提供顧問外國有價證券之種類及範圍，甲、乙、丙皆為經營外國有價證券投資顧問業務者可對專業投資人提供外國有價證券顧問服務的種類及範圍。

35 (D)。 根據放寬投信基金海外投資業務複委任受託管理機構之反向投資決定限制相關規範，證券投資信託事業運用基金資產，得依證券投資信託基金管理辦法第五條第一項規定，將基金投資於亞洲及大洋洲以外之海外投資業務複委任第三人處理。但基金投資於亞洲及大洋洲以外之金額超過基金淨資產價值百分之七十者，得將海外投資業務全部複委任，不受前揭複委任海外投資地區之限制。故選(D)。

36 (C)。「中華民國證券投資信託暨顧問商業同業公會證券投資信託事業證券投資顧問事業經營全權委託投資業務操作辦法」第20條：受任人於全權委託投資契約存續期間，接獲客戶提出終止契約之書面要求

者，應依契約了結有關權利義務事項，其應由客戶負擔之費用、稅捐、委託或績效報酬，依終止契約要求提出期日之不同，規定如下：一、自簽訂契約起七日內提出者，應負擔運用其委託投資資產期間交易手續費、稅捐及相關費用，但不收取委託或績效報酬。二、於前款期間之後提出者，應負擔運用其委託投資資產期間之委託或績效報酬、交易手續費、稅捐、相關費用及依全權委託投資契約應負擔之損害賠償或違約金。故選(C)。

37 (A)。 根據全權委託投資契約範本（配合客戶委任保管機構）第12條，委託投資資產之有價證券所生孳息、股息、股利及無償配股或其他利益，由發行人或集中保管事業依規定分配至各全權委託投資帳戶。故選(A)。

38 (C)。 根據中華民國證券投資信託暨顧問商業同業公會「會員及其銷售機構從事廣告及營業活動行為規範」第12條第3項，以基金績效作為廣告者，應以本公會委請之專家學者、理柏（Lipper）、晨星（Morningstar）、嘉實資訊（股）公司或彭博（Bloomberg）等基金評鑑機構所作之評比資料為標準。

39 (D)。 根據中華民國證券投資信託暨顧問商業同業公會「會員及其銷售機構從事廣告及營業活動行為規

解答與解析

範」第10條，證券投資信託事業、總代理人及基金銷售機構除為單純登載投資管理專門知識或服務等標榜境外基金機構、集團、公司或企業形象而不涉及任何基金產品之廣告，無須標示警語外，其為基金廣告時，應於廣告內容中述明下列或與之相類之警語……。故選(D)。

40 (D)。根據中華民國證券投資信託暨顧問商業同業公會「會員及其銷售機構從事廣告及營業活動行為規範」第2條，本公會會員及其銷售機構，為經營、辦理或推展證券投資信託、證券投資顧問、全權委託投資與境外基金相關業務，從事廣告、公開說明會及其他營業活動時，應恪遵證券投資信託及顧問法、相關法令規定及本行為規範，以提升自律、維護專業形象並保障投資人權益。故選(D)。

41 (C)。(A)根據「證券投資信託基金管理辦法」第70條第2項，受益憑證之買回價格，得以證券投資信託契約明定，以買回請求到達證券投資信託事業或其代理機構之當日或次一營業日之基金淨資產價值核算之。(B)根據「證券投資信託基金管理辦法」第71條，證券投資信託事業所經理投資國內之基金，應自受益人買回受益憑證請求到達之次一營業日起五個營業日內，給付買回價金。(D)根據「證券投資信託基金管理辦法」第70條第1項，投信事業

如遇有無從給付買回價金之特殊情事得暫不給付買回價金，應先經金管會核准。僅(C)正確。

42 (B)。「證券投資信託及顧問法」第66條第3項：證券商、期貨信託事業、期貨顧問事業、期貨經理事業或其他相關事業取得主管機關許可者，得兼營證券投資信託事業或證券投資顧問事業。故選(B)。

43 (D)。「中華民國證券投資信託暨顧問商業同業公會證券投資顧問事業從業人員行為準則」第5條：經手人員於到職日起十日內應出具聲明書及依公司所制定之制式表格申報本人帳戶及利害關係人帳戶持有國內上市、上櫃及興櫃公司股票及具股權性質之衍生性商品之名稱及數量等資料。

44 (D)。根據「中華民國證券投資信託暨顧問商業同業公會證券投資信託事業經理守則」第1條，全權委託業務依證券投資信託及顧問法、證券投資信託事業證券投資顧問事業經營全權委託投資業務管理辦法與授權中華民國證券投資信託暨顧問商業同業公會訂定之相關規章辦理。故選(D)。

45 (B)。「證券投資信託及顧問法」第100條：證券投資信託事業運用每一證券投資信託基金，應依主管機關規定之格式及內容於每會計年度終了後二個月內，編具年度財務

報告；於每月終了後十日內編具月報，向主管機關申報。

46 (A)。「證券投資信託事業負責人與業務人員管理規則」第7條第1項：證券投資信託事業之總經理、業務部門之副總經理、協理、經理，及分支機構經理人、業務部門之部門主管與業務人員，除法令另有規定外，應為專任；其於執行職務前，應由所屬證券投資信託事業向同業公會登錄，非經登錄，不得執行業務。

47 (D)。依據「證券投資信託基金管理辦法」第8條第2項規定證券投資信託事業於國內募集證券投資信託基金投資外國有價證券之種類及範圍，證券投資信託基金投資之外國有價證券，以下列各目為限：(1)於外國證券集中交易市場、美國店頭市場（NASDAQ）、英國另類投資市場（AIM）、日本店頭市場（JASDAQ）及韓國店頭市場（KOSDAQ）交易之股票（含承銷股票）、存託憑證（Depositary Receipts）、認購（售）權證或認股權憑證（Warrants）、參與憑證（Participatory Notes）、不動產投資信託受益證券（REITs）及基金受益憑證、基金股份、投資單位（包括反向型ETF、商品ETF及槓桿型ETF）……。故選(D)。

48 (A)。「中華民國證券投資信託暨顧問商業同業公會會員自律公約」第13條：本公會會員為信守忠實誠信及保密之業務經營原則，維護其業務之獨立性及隱密性、妥慎保管業務機密、避免其與客戶之利益衝突或不同客戶間之利益衝突情事，應遵守本公會就會員經營之各項業務而訂定之業務操作辦法或管理規章。

49 (B)。「電子支付機構管理條例」第4條第1項第2款規定辦理所稱經主管機關核准代理收付款項之金融商品或服務如下：(一)保險業依國際金融業務條例設立之國際保險業務分公司所銷售之保險商品。(二)保險業依保險法所銷售以新臺幣收付之保險商品。(三)證券投資信託事業所募集發行且以新臺幣收付為限之證券投資信託基金。故選(B)。

50 (A)。「證券投資信託及顧問法」第40條第2項：受益人自行召開受益人會議峙，應由繼續持有受益憑證一年以上，且其所表彰受益權單位數占提出首峙該基金已發行在外受益權單位總數百分之三以上之受益人，以書面敘明提議事項及理由，申請主管機關核准後，自行召開之。

解答與解析

110年 第2次投信投顧相關法規(含自律規範)

( ) **1** 投信投顧事業訂定經營全權委託作業流程，應包括哪些內容？ (A)契約簽訂 (B)帳戶之開立 (C)審查申請案件之流程及部門 (D)選項(A)(B)(C)皆是。

( ) **2** 投信投顧事業申請換發全權委託營業執照，應於多久完成？如有相當理由無法於期間內完成，應如何處理？ (A)三個月內；申請展延六個月 (B)六個月內；申請展延三個月 (C)三個月內；申請展延三個月 (D)六個月內；申請展延六個月。

( ) **3** 投顧事業之部門主管，應由所屬投顧事業向何機構登錄後，始得執行業務？ (A)證券暨期貨市場發展基金會 (B)金融監督管理委員會 (C)證券投資信託暨顧問商業同業公會 (D)證券商業同業公會。

( ) **4** 「投信公司應以善良管理人之注意及具專業度之謹慎方式管理客戶委託之資產，於內部建立職能區隔機制，使員工各盡其職務上應盡之注意義務。」以上敘述為其應遵守基本原則中之何項？ (A)忠實義務原則 (B)誠信原則 (C)專業原則 (D)管理謹慎原則。

( ) **5** 下列何者非基金保管機構之業務項目？ (A)資產保管 (B)有價證券借貸 (C)有價證券買賣之交割 (D)交易確認。

( ) **6** 以下何者依法無須訂定內部控制制度？ (A)投信事業 (B)兼營投信業務之信託業 (C)經營投顧業務之投顧事業 (D)經營接受客戶全權委託投資業務之投顧事業。

( ) **7** 投信投顧事業經營全權委託投資業務，下列何項屬其資金得運用之範圍？ (A)從事短期票券之附條件交易 (B)存放於金融機構 (C)國內信託業發行之貨幣市場共同信託基金受益證券 (D)選項(A)(B)(C)皆是。

(　) 8 投信事業與投顧事業之異同，下列敘述何者正確？　(A)均須為股份有限公司方可申請設立　(B)前者設立時實收資本額不得少於新臺幣三億元，後者則為一億元　(C)投信之設立須經金管會核准，投顧則不用　(D)最低實收資本額，發起人於發起時得分批認購，不須一次認足。

(　) 9 投信事業對受益人買回受益憑證之請求，下列何者錯誤？　(A)不得拒絕　(B)價金之給付不得遲延　(C)買回價格依交易日次二營業日之基金淨資產價值核算之　(D)買回價格得以證券投資信託契約明定，以買回請求之當日或次一營業日之基金淨資產價值核算之。

(　) 10 投信公司為從事廣告、公開說明會及其他營業促銷活動而製作之有關資料，應於事實發生後幾日內向同業公會申報？　(A)5日　(B)10日　(C)2日　(D)7日。

(　) 11 投顧事業舉辦投資講習會、座談會及說明會等，除已取得兼營期貨顧問業務之許可外，不得對下列何者作投資分析？　(A)上櫃股票(B)公債　(C)上市股票　(D)選擇權。

(　) 12 某投信事業經營全權委託投資業務，其分支機構欲辦理推廣及招攬行為，下列敘述何者錯誤？　(A)填具申請書向金管會申請許可(B)檢具分支機構辦理推廣及招攬內部控制制度文件　(C)檢具申請書及附件所載事項無虛偽、隱匿之聲明　(D)推廣及招攬屬商業行為，無須向主管機關申請許可。

(　) 13 有關證券投資信託事業業務之經營，下列敘述何者錯誤？　(A)提供分析意見或推介建議　(B)接受客戶全權委託投資業務　(C)運用證券投資信託基金從事證券及其相關商品之投資　(D)向特定人私募證券投資信託基金交付受益憑證。

(　) 14 下列有關境外基金總代理人及銷售機構之敘述何者錯誤？　(A)不得藉主管機關對其代理之境外基金核准或生效，作為保證基金價值之宣傳　(B)不得提供贈品或以其他利益勸誘他人購買境外基金

(C)不得為境外基金績效之預測　(D)可用過去之業績表現作為預期未來績效。

(　　) **15** 下列何者不能擔任投顧事業總經理？　(A)符合證券投資分析人員資格，並具專業投資機構相關工作經驗一年以上者　(B)經教育部承認之國內外專科以上學校畢業或具同等學歷，並具專業投資機構相關工作經驗四年以上，成績優良者　(C)有學經歷足資證明其具備證券金融專業知識、經營經驗及領導能力，可健全有效經營投顧事業之業務者　(D)僅取得證券高級業務員合格證書者。

(　　) **16** 全權委託投資資產之價值，除全權委託投資契約另有約定外，應依證券投資信託暨顧問商業同業公會所訂標準計算，下列敘述何者為非？　(A)上市股票，以集中交易市場之收盤價格為準　(B)認購初次上市、上櫃股票，於該股票掛牌交易前，以每股十元之價值計算　(C)暫停交易股票，若暫停交易期滿而終止交易，以零價值為計算標準，俟出售該股票時再以售價計算之　(D)上市受益憑證以計算日集中交易市場之收盤價格為準。

(　　) **17** 下列有關投信基金經理人得負責之基金數量及資格條件，何者為非？　(A)得採由核心基金經理人及協管基金經理人組成團隊之多重經理人方式為之　(B)得同時管理私募證券投資信託基金　(C)基金經理人兼管基金以屬同類型基金為限，所管理之基金數量、額度及投資地區不受限制　(D)不同基金間之投資決策仍應分別獨立。

(　　) **18** Y投信公司發生對投資人權益有重大影響事項，依法應如何處理？　(A)於事實發生之日起二日內申報　(B)於事實發生後三日內公告　(C)於事實發生後三日內抄送主管機關　(D)於事實發生之日起二日內公告並向金管會申報。

(　　) **19** 有關投信基金之管理，交易員應依據何者執行有價證券買賣？　(A)基金經理人之口頭指示即可　(B)投資建議書　(C)基金經理人所作之投資決定　(D)選項(A)(B)(C)皆是。

( ) **20** 若個人依規定申請匯回之境外資金，其中5%資金以全權委託專戶從事金融投資，可投資以下哪種商品？ (A)私募股票 (B)一般ETN (C)反向ETF (D)利率變動型人壽保險。

( ) **21** 投顧事業之負責人、業務人員及所有受僱人員應確實遵守公司內部之職能區隔機制，以提供證券投資顧問服務及管理客戶委託之資產，並提供最佳之證券投資服務，係「證券投資顧問事業從業人員行為準則」中所稱之： (A)善良管理人注意原則 (B)忠實誠信原則 (C)勤勉原則 (D)專業原則。

( ) **22** 投信事業首次募集之投信基金，其相關規範何者正確？ (A)應限於封閉型基金 (B)應於核准申請募集後3個月內開始募集基金 (C)應於開始募集日起30天內募集成立 (D)經核發營業執照後，應於3個月內申請募集證券投資信託基金。

( ) **23** 投信事業就每一投信基金之資產，應依金管會規定之比率，以何種方式保持？甲.現金；乙.存放於銀行；丙.向票券商買入短期票券；丁.其他經金管會規定之方式 (A)僅甲 (B)僅乙、丙 (C)僅甲、乙、丙 (D)甲、乙、丙、丁。

( ) **24** 依證券投資信託事業負責人與業務人員管理規則之規定，下列何種業務人員不得辦理登錄範圍以外之業務，或由其他業務人員兼任？ (A)基金經理人 (B)內部稽核 (C)主辦會計 (D)投資研究人員。

( ) **25** 投顧事業有下列何種情事應於事實發生之日起五個營業日內函送同業公會彙報金管會？ (A)因經營業務或業務人員執行業務，發生訴訟、非訟事件或經同業公會調處 (B)開業、停業、復業及歇業 (C)變更營業項目 (D)選項(A)(B)(C)皆是。

( ) **26** 有關投信事業之從業人員行為規範，下列何者正確？ (A)運用基金買賣有價證券時，不得將證券商或期貨商退還手續費歸入基金資產 (B)得約定或提供特定利益、對價以促銷受益憑證 (C)不得轉讓出席股東會委託書 (D)得在公開網站上推介個別有價證券買賣。

（　）**27** 債券型基金資產組合之加權平均存續期間應在幾年以上？　(A)1年　(B)2年　(C)3年　(D)4年。

（　）**28** 下列何者非投信投顧公會得對違反法令或自律規範之會員所為處置？　(A)停權　(B)課予違約金　(C)命其限期改善　(D)除籍。

（　）**29** 金管會為鼓勵我國投信事業提升國內資產管理人才與技術，擴大資產管理規模並朝向國際化發展，於民國104年發布之鼓勵措施稱作何計畫？　(A)鼓勵投信深耕計畫　(B)鼓勵投信躍進計畫　(C)鼓勵投信展翅計畫　(D)以上皆非。

（　）**30** 若投信投顧公司依資恐防制法第七條對經指定制裁對象之財物或財產上利益及所在地之通報，須保存何種相關資料？　(A)通報紀錄　(B)交易憑證　(C)年度報告　(D)以上資料都須保存。

（　）**31** 投信事業申請募集第二個基金，應於該申請案核准通知函送達日起多久期間內開始募集？　(A)二個月　(B)三個月　(C)四個月　(D)六個月。

（　）**32** 投信事業首次募集之投信基金，其相關規範何者正確？　(A)應限於封閉型基金　(B)應於核准申請募集後三個月內開始募集基金　(C)應於開始募集日起45天內募集成立　(D)應為投資於國內之股票型或平衡型基金。

（　）**33** 投顧事業舉辦證券投資分析講習會時，下列敘述之行為何者正確？　(A)不得對同業或他人為攻訐或損害營業信譽　(B)鼓動他人拒絕履行證券投資買賣之交割義務　(C)可從事易經、卜筮之方式進行投資分析　(D)製作有聲媒體廣告時，未以語音或文字聲明「本公司經主管機關核准之營業執照字號」。

（　）**34** 投信事業行使基金持有發行公司股票之投票表決權，應出席股東會行使表決權，表決權行使之評估分析作業、決策程序及執行結果做成書面紀錄，並編號建檔後，應至少保存幾年？　(A)1年　(B)3年　(C)5年　(D)10年。

( ) **35** 依證券投資信託基金管理辦法規定貨幣市場基金之加權平均存續期間不得大於幾日？ (A)90日 (B)180日 (C)300日 (D)360日。

( ) **36** 投顧事業擔任境外平衡型基金之總代理，其境外基金管理機構必須成立滿幾年？ (A)1年 (B)2年 (C)3年 (D)無限制。

( ) **37** 下列何者可擔任投顧事業之證券投資分析人員？ (A)參加投信投顧公會委託機構舉辦之證券投資分析人員測驗合格者 (B)在外國取得證券分析師資格，並有1年以上實際經驗 (C)曾擔任基金經理人工作經驗2年以上者 (D)具有5年以上實務經驗，取得證券業務員資格者。

( ) **38** 下列有關投信事業之設置與組織之敘述，何者錯誤？ (A)以股份有限公司為限，實收資本額不得少於新臺幣三億元 (B)依公司法之規定採募集設立 (C)應至少設置投資研究、財務會計及內部稽核部門 (D)依其事業規模、業務情況與內部控制之需要，配置適足及適任之部門主管、經理人及業務人員。

( ) **39** 下列對於全權委託投資之客戶資產保管敘述，何者有誤？ (A)公司應依法令、信託契約及全權委託契約之規定，要求保管機構定期將相關表冊交付公司，並報證基會備查 (B)公司為帳務處理及加強內部控制之需要，應要求保管機構配合公司編製各項管理表冊 (C)公司如認為保管機構違反契約或有關法令規定，或有違反之虞時，應即採取適當措施並呈報主管機關 (D)公司不得以任何理由保管客戶之金錢、有價證券或其他資產，委任人資產保管應依法令之規定及契約之約定辦理。

( ) **40** 投顧事業經營全權委託投資業務，除應設置全權委託專責部門外，依規定尚應設置其他部門，下列何者屬依全權委託投資業務管理辦法規定應設置之部門？ (A)投資研究部門 (B)財務會計部門 (C)內部稽核部門 (D)選項(A)(B)(C)皆是。

( ) **41** 甲基金為連結某ETF的連結基金,甲基金資產價值應如何計算? (A)該ETF的單位淨資產價值 (B)該ETF的市場收盤價格 (C)前兩者取其低者 (D)甲基金的市場收盤價格。

( ) **42** 有關境外基金機構、總代理人及證券投資信託事業贊助或提供其銷售機構通路報酬之合理性原則,下列敘述何者錯誤? (A)不得變相支付獎勵銷售活動之一次性通路報酬 (B)不得將尚未收取之經理費收入預先支付銷售機構,作為經理費分成項目 (C)不得有為支付通路報酬而於短期間內集中收取經理費 (D)手續費後收級別基金在任何情況下均不得於銷售時支付以銷售額計算之遞延手續費作為通路報酬。

( ) **43** 下列何者為投顧事業申請經營全權委託業務須符合之條件? (A)實收資本須達五千萬元,同時申請經營全權委託投資業務及兼營期貨顧問業務者,實收資本額應達新臺幣七千萬元 (B)最近三年未曾受金管會警告之處分 (C)營業滿一年 (D)選項(A)(B)(C)皆是。

( ) **44** 依據投信事業經理守則,經手人員個人交易之限制,以下何者為正確? (A)督察主管及其所管理人員之個人帳戶交易,應另由總經理指定其他人員予以核准或查核 (B)經手人員得以特定身分取得初次上市(櫃)公司股票,但應事先獲得督察主管之書面批准 (C)經手人員如於進行股票交易之當日,知悉公司於同日亦欲執行同種股票之買賣盤,則於公司未執行或未撤回該買賣盤前,經手人員得買入或賣出該項投資,但應先經書面批准 (D)選項(A)(B)(C)皆正確。

( ) **45** 若投信投顧公司依資恐防制法第七條對經指定制裁對象之財物或財產上利益及所在地之通報,相關資料應保存多久? (A)1年 (B)3年 (C)5年 (D)無限期。

( ) **46** 投顧公司經核發營業執照後,如欲經營下列何種業務須另行申請核准後始得為之? (A)舉辦免費之證券投資分析講習 (B)發

行證券投資出版品　(C)接受客戶全權委託投資業務　(D)選項(A)(B)(C)皆非。

(　) **47** 依據證券投資信託事業基金經理守則，公司內部應建立一直接對公司什麼階層以上負責之中立監督單位，並應建立內部督察程序？
(A)董事　(B)總經理　(C)監察人　(D)稽核主管。

(　) **48** 甲保險公司成立迄今滿三年，未曾因資金管理業務受主管機關處分，且具有保險資金管理經驗，並持有證券資產總金額新臺幣60億元，今該公司欲取得乙投信事業之股份，依規定甲公司與其關係人最多能持有乙公司股份佔乙公司已發行股份總數之比例為何？
(A)5%　(B)10%　(C)25%　(D)無限制。

(　) **49** 投信事業與客戶（專業投資機構且委託投資資產已指定保管機構者除外）簽訂全權委託投資契約，應至少有多少期間，供客戶審閱全部條款內容？　(A)14日以上　(B)10日以上　(C)5日以上　(D)7日以上。

(　) **50** 受任人於有價證券全權委託投資契約存續期間，為隨時注意及掌握客戶財務狀況及風險承受程度等因素之變化，應至少多久與客戶進行一次訪談？　(A)每個月　(B)每季　(C)每半年　(D)每年。

解答與解析

1 (D)。「中華民國證券投資信託暨顧問商業同業公會證券投資信託事業證券投資顧問事業經營全權委託投資業務操作辦法」第10條：受任人應訂定經營全權委託投資業務之作業程序，其內容應包括全權委託投資契約之簽訂、帳戶之開立，與審查申請案件之流程及不同部門或人員之分層負責事項等，並於實際執行時，確實按步驟操作。

2 (C)。根據「證券投資信託事業證券投資顧問事業經營全權委託投資業務管理辦法」第7條，投信投顧事業申請換發全權委託營業執照，應於三個月內完成，如有相當理由無法於期間內完成，應於期限屆滿前，得由同業公會轉報本會申請展延一次，並以三個月為限。

3 (C)。「證券投資顧問事業負責人與業務人員管理規則」第6條第1

項：證券投資顧問事業之總經理、部門主管、分支機構經理人及業務人員，除法令另有規定外，應為專任；其於執行職務前，應由所屬證券投資顧問事業向證券投資信託暨顧問商業同業公會登錄，非經登錄，不得執行業務。

4 (D)。根據「中華民國證券投資信託暨顧問商業同業公會證券投資信託事業經理守則」第5條，管理謹慎原則係指公司應以善良管理人之注意及具專業度之謹慎方式管理客戶委託之資產，於內部建立職能區隔機制，使員工各盡其職務上應盡之注意義務。

5 (B)。「證券投資信託及顧問法」第5條：基金保管機構：指本於信託關係，擔任證券投資信託契約受託人，依證券投資信託事業之運用指示從事保管、處分、收付證券投資信託基金，並依本法及證券投資信託契約辦理相關基金保管業務之信託公司或兼營信託業務之銀行。

6 (C)。「證券投資信託及顧問法」第93條：證券投資信託事業及經營接受客戶全權委託投資業務之證券投資顧問事業，應建立內部控制制度；其準則，由主管機關定之。

7 (D)。「證券投資信託事業證券投資顧問事業經營全權委託投資業務管理辦法」第23條：證券投資信託事業或證券投資顧問事業經營全權委

託投資業務，委託投資資產之閒置資金，其得運用及範圍如下：一、現金。二、存放於金融機構。三、向票券商買入短期票券。四、短期票券及債券之附買回交易。五、本國信託業發行之貨幣市場共同信託基金受益證券。六、其他經本會規定者。

8 (A)。根據「證券投資信託事業設置標準」第2、7條及「證券投資顧問事業設置標準」第2、5條：(B)投信設立時實收資本額不得少於新臺幣三億元，投顧不得少於新臺幣二千萬元。(C)投信及投顧之設立皆須經金管會核准。(D)投信及投顧之最低實收資本額，發起人應於發起時一次認足。故選(A)。

9 (C)。「證券投資信託基金管理辦法」第70條第2項：受益憑證之買回價格，得以證券投資信託契約明定，以買回請求到達證券投資信託事業或其代理機構之當日或次一營業日之基金淨資產價值核算之。

10 (B)。「證券投資顧問事業管理規則」第12條第2項：證券投資顧問事業為廣告、公開說明會及其他營業促銷活動，應於事實發生後十日內向同業公會申報。

11 (D)。根據「中華民國證券投資信託暨顧問商業同業公會證券投資顧問事業從事業務廣告及舉辦證券投資分析活動行為規範」第6條，投顧事

業舉辦投資講習會、座談會及說明會等，經金管會核准外，不得從事期貨或衍生性商品之投資分析。

12 **(D)**。「證券投資信託事業證券投資顧問事業經營全權委託投資業務管理辦法」第7-1條第1項：證券投資信託事業或證券投資顧問事業經營全權委託投資業務者，申請分支機構辦理全權委託投資業務之推廣及招攬，應填具申請書，並檢具下列文件，向本會申請許可：一、載明分支機構辦理全權委託投資業務之推廣及招攬決議之董事會議事錄。二、分支機構辦理全權委託投資業務之推廣及招攬內部控制制度。三、申請書及附件所載事項無虛偽、隱匿之聲明書。

13 **(A)**。根據「證券投資信託及顧問法」第3條、第4條，提供分析意見或推介建議為證券投資顧問事業經營之業務，故選(A)。

14 **(D)**。根據「境外基金管理辦法」第50條，總代理人或其委任之銷售機構從事境外基金之廣告、公開說明會及促銷時不可用過去之業績表現作為預期未來績效。

15 **(D)**。「證券投資顧問事業負責人與業務人員管理規則」第3條第2項：證券投資顧問事業之總經理，應具備下列資格之一：一、符合第四條所定證券投資分析人員資格，並具專業投資機構相關工作經驗一年以上。二、經

教育部承認之國內外專科以上學校畢業或具有同等學歷，並具專業投資機構相關工作經驗四年以上，成績優良。三、有其他學經歷足資證明其具備證券金融專業知識、經營經驗及領導能力，可健全有效經營證券投資顧問事業之業務。

16 **(B)**。根據「中華民國證券投資信託暨顧問商業同業公會全權委託投資資產價值之計算標準」第2條，認購初次上市、上櫃之股票，於該股票掛牌交易前，以買進成本為準。故選(B)。

17 **(B)**。根據有關證券投資信託事業負責人與業務人員管理規則第5條第2項規定之令，公募基金經理人不得同時管理私募證券投資信託基金。

18 **(D)**。「證券投資信託事業管理規則」第5條第1項：證券投資信託事業應將重大影響受益人權益之事項，於事實發生之日起二日內公告，向本會申報並抄送同業公會。

19 **(C)**。根據「中華民國證券投資信託暨顧問商業同業公會證券投資信託事業經理守則」第9條，交易員應依據基金經理人所作之投資決定執行有價證券買賣，但基金經理人仍應隨時觀察證券市場交易狀況，於履行必要之投資分析及作成決策後調整之。

20 **(B)**。根據「境外資金匯回金融投資管理運用辦法」第3、4、5條，全權

委託專戶從事金融投資，不得投資於私募股票、反向ETF及利率變動型人壽保險，故選(B)。

21 **(A)**。根據「中華民國證券投資信託暨顧問商業同業公會證券投資顧問事業從業人員行為準則」第3條，善良管理人注意原則指應以善良管理人之責任及注意，確實遵守公司內部之職能區隔機制，以提供證券投資顧問服務及管理客戶委託之資產，並提供最佳之證券投資服務。

22 **(C)**。根據「證券投資信託事業募集證券投資信託基金處理準則」第7條：(A)不限於封閉型基金。(B)應於核准申請募集後6個月內開始募集基金。(D)經核發營業執照後，應於1個月內申請募集證券投資信託基金。故選(C)。

23 **(D)**。「證券投資信託及顧問法」第30條：證券投資信託事業就每一證券投資信託基金之資產，應依主管機關所定之比率，以下列方式保持之：一、現金。二、存放於銀行。三、向票券商買入短期票券。四、其他經主管機關規定之方式。

24 **(B)**。「證券投資信託事業負責人與業務人員管理規則」第8條第1項：證券投資信託事業之內部稽核及風險管理人員，不得辦理登錄範圍以外之業務。

25 **(A)**。「證券投資顧問事業管理規則」第5條：證券投資顧問事業有下

列情事之一者，應於事實發生之日起五個營業日內函送同業公會彙報本會：一、變更董事、監察人或經理人。二、董事、監察人或持有已發行股份總數百分之五以上之股東持股之變動。三、因經營業務或業務人員執行業務，發生訴訟、非訟事件或經同業公會調處。四、其他經本會規定應申報之事項。

26 **(C)**。根據「證券投資信託事業負責人與業務人員管理規則」第13條：(A)運用基金買賣有價證券時，不得未將證券商或期貨商退還手續費歸入基金資產。(B)不得約定或提供特定利益、對價以促銷受益憑證。(D)不得在公開網站上推介個別有價證券買賣。故選(C)。

27 **(A)**。「證券投資信託基金管理辦法」第29條：債券型基金資產組合之加權平均存續期間應在一年以上。

28 **(D)**。根據「證券投資信託及顧問法」第88條第1項，投信投顧公會得對違反法令或自律規範之會員予以停權、課予違約金、警告、命其限期改善等處置；或要求會員對其從業人員予以暫停執行業務一個月至六個月之處置。故選(D)

29 **(B)**。金管會為鼓勵我國投信事業提升國內資產管理人才與技術，擴大資產管理規模並朝向國際化發展，於民國104年發布鼓勵投信躍進計畫。

30 **(D)**。根據「金融機構對經指定制裁
對象之財物或財產上利益及所在地
通報辦法」第3條第2項，金融機構
進行資恐防制法第七條第二項之通
報，通報紀錄、交易憑證及年度報
告，應以原本方式保存五年。

31 **(D)**。「證券投資信託事業募集證券
投資信託基金處理準則」第7條第2
項：證券投資信託事業申請（報）
募集證券投資信託基金經核准或生
效後，應於申請核准或申報生效通
知函送達日起六個月內開始募集，
三十日內募集成立該基金。

32 **(D)**。根據「證券投資信託事業募集
證券投資信託基金處理準則」第7
條：(A)不限於封閉型基金。(B)應
於核准申請募集後6個月內開始募集
基金。(C)應於開始募集日起30天內
募集成立。故選(D)。

33 **(A)**。根據「中華民國證券投資信託
暨顧問商業同業公會證券投資顧問
事業從事業務廣告及舉辦證券投資
分析活動行為規範」第6條：(B)不
得鼓動或誘使他人拒絕履行證券投
資買賣之交割義務、為抗爭或其他
擾亂交易市場秩序之行為。(C)不得
藉卜筮或怪力亂神等方式，為投資
人作投資分析。(D)製作有聲媒體
廣告時，未以語音或文字聲明「本
公司經主管機關核准之營業執照字
號」。故選(A)。

34 **(C)**。「證券投資信託事業管理規
則」第23條第4項：證券投資信託事
業應將基金所持有股票發行公司之
股東會通知書及出席證登記管理，
並應就出席股東會行使表決權，表
決權行使之評估分析作業、決策程
序及執行結果作成書面紀錄，循序
編號建檔，至少保存五年。

35 **(B)**。「證券投資信託基金管理辦
法」第49條：貨幣市場基金之加
權平均存續期間不得大於一百八十
日，運用標的為附買回交易者，應
以附買回交易之期間計算。

36 **(B)**。根據「境外基金管理辦法」第
24條，投顧事業擔任境外平衡型基
金之總代理，其境外基金管理機構
必須成立滿二年。

37 **(A)**。「證券投資顧問事業負責人與
業務人員管理規則」第4條：任證券
投資顧問事業證券投資分析人員，
應具備下列資格之一：一、參加同
業公會委託機構舉辦之證券投資分
析人員測驗合格者。二、在外國取
得證券分析師資格，具有二年以上
實際經驗，經同業公會委託機構舉
辦之證券投資信託及顧問事業業務
員之法規測驗合格，並經同業公會
認可者。三、九十三年十月三十一
日前，已取得證券投資分析人員資
格者。故選(A)。

38 **(B)**。募集設立指發起人不認足第一
次應發行之股份，而就未認足之部

分經申請證券管理機關核准後，公開招募。根據「證券投資信託事業設置標準」第7條第2項，證券投資信託事業之組織，以股份有限公司為限，其實收資本額不得少於新臺幣三億元。前項最低實收資本額，發起人應於發起時一次認足。故(B)有誤。

39 (A)。根據「中華民國證券投資信託暨顧問商業同業公會證券投資信託事業經理守則」第10條，公司應依法令、信託契約及全權委託契約之規定，要求保管機構定期將相關表冊交付公司，並報主管機關備查。主管機關為金管會，故選(A)。

40 (D)。「證券投資信託事業證券投資顧問事業經營全權委託投資業務管理辦法」第8條：證券投資信託事業或證券投資顧問事業經營全權委託投資業務，應設置專責部門，並配置適足、適任之主管及業務人員。除前項專責部門外，證券投資信託事業或證券投資顧問事業並應至少設置投資研究、財務會計及內部稽核部門。

41 (A)。「證券投資信託基金資產價值之計算標準」第4條：ETF連結基金資產價值之計算方式：所單一連結之ETF主基金，以計算日該ETF主基金單位淨資產價值為準。

42 (D)。「中華民國證券投資信託暨顧問商業同業公會會員及其銷售機構

通路報酬支付暨銷售行為準則」第5條之1：境外基金機構、總代理人及證券投資信託事業銷售手續費後收級別基金，以銷售額計算遞延手續費於銷售時作為通路報酬支付銷售機構，除應符合本準則第五條通路報酬支付原則之規定外，如於尚未收取相關收入前即先預付遞延手續費予銷售機構者，應至少評估基金前收與後收級別手續費率之合理性、基金規模維持率或週轉率等，以確保所支付遞延手續費率或金額之合理性。

43 (A)。根據「證券投資信託事業證券投資顧問事業經營全權委託投資業務管理辦法」第5條：(B)最近半年未曾受金管會警告之處分。(C)無須營業滿一年。僅(A)正確。

44 (A)。「中華民國證券投資信託暨顧問商業同業公會證券投資信託事業經理守則」第6條：(B)經手人員不得以特定人身分取得初次上市（櫃）及初次登錄興櫃股票，以避免其利用職務之便獲取不當利益。(C)經手人員如於進行股票及具股權性質之衍生性商品交易之當日，知悉公司於同日亦欲執行同種股票及其衍生性商品之買賣盤，則於公司未執行或未撤回該買賣盤前，經手人員不得買入或賣出該項投資。僅(A)正確。

45 (C)。根據「金融機構對經指定制裁對象之財物或財產上利益及所在地

通報辦法」第3條第2項，金融機構進行資恐防制法第七條第二項之通報，通報紀錄、交易憑證及年度報告，應以原本方式保存五年。

46 (C)。「證券投資信託事業證券投資顧問事業經營全權委託投資業務管理辦法」第3條：證券投資信託事業或證券投資顧問事業經營全權委託投資業務應向本會申請核准。任何人非經前項核准，不得經營有價證券全權委託投資業務。

47 (B)。「中華民國證券投資信託暨顧問商業同業公會證券投資信託事業經理守則」第14條：公司內部應建立一直接對公司總經理以上階層負責之中立監督單位並應建立內部督察程序，公司應確保執行查核之人員具備足以執行其職務之能力與經驗，促使公司管理行為遵守本身的內部政策與程序，以及應適用之法律與相關規定。

48 (C)。根據「證券投資信託事業設置標準」第9條，證券投資信託事業之股東，除符合資格條件者外，每一股東與其關係人及股東利用他人名義持有股份合計，不得超過該公司已發行股份總數百分之二十五。

49 (D)。「中華民國證券投資信託暨顧問商業同業公會證券投資信託事業證券投資顧問事業經營全權委託投資業務操作辦法」第13條：受任人與客戶簽訂全權委託投資契約前，應有七日以上之期間，供客戶審閱全部條款內容，並依內部作業規範辦理瞭解客戶相關資料。

50 (D)。「中華民國證券投資信託暨顧問商業同業公會證券投資信託事業證券投資顧問事業經營全權委託投資業務操作辦法」第29條：受任人於全權委託投資契約存續期間，應與客戶經常聯繫，隨時注意及掌握客戶財務狀況及風險承受程度等因素之變化，並與客戶每年至少進行一次訪談，以修正或補充客戶資料表內容，作為未來投資或交易決定之參考，並留存備查。

解答與解析

110年 第3次投信投顧相關法規(含自律規範)

(　) **1** 投信事業募集投信基金，經申請核准或申報生效後，除金管會另有規定外，須符合下列何者條件及一定規模後，始得辦理追加募集？ (A)申請（報）日前五個營業日平均已發行單位數占原申請核准或申報生效發行單位數之比率達80%以上　(B)自開放買回之日起至申請（報）送件日屆滿二個月　(C)自開放買回之日起至申請（報）送件日屆滿三個月　(D)自開放買回之日起至申請（報）送件日屆滿六個月。

(　) **2** 「投信公司應以善良管理人之注意及具專業度之謹慎方式管理客戶委託之資產，於內部建立職能區隔機制，使員工各盡其職務上應盡之注意義務。」以上敘述為其應遵守基本原則中之何項？　(A)忠實義務原則　(B)誠信原則　(C)專業原則　(D)管理謹慎原則。

(　) **3** 投信事業或投顧事業經營全權委託投資業務，與客戶簽訂全權委託投資契約，以下敘述何者正確？　(A)得接受共同委任或信託，但以三人為限　(B)契約應載明客戶為公開發行公司之董事、監察人、經理人或10%以上之股東，其股權異動之有關法律責任　(C)委託投資資產應於簽約後十日內分次存入全權委託保管機構　(D)選項(A)(B)(C)皆是。

(　) **4** 全權委託契約之客戶與全權委託保管機構簽訂之保管契約與公會訂定之範本不同時，應注意不得有下列何情事？　(A)違反公序良俗　(B)導致同業間之不公平競爭　(C)使客戶間發生利益衝突　(D)選項(A)(B)(C)皆不得為之。

(　) **5** 若某投信基金召開基金受益人會議，受益人採書面或電子方式行使表決權者，其意思表示最晚須在何時送達？　(A)開會當日　(B)開會一日前　(C)開會二日前　(D)開會三日前。

(　) **6** 投信事業經營全權委託投資業務之契約，於契約失效後至少保存幾年？　(A)十年　(B)七年　(C)五年　(D)三年。

(　) **7** 下列何者正確？　(A)投信基金之受益權，按受益權單位總數，加權分割　(B)每一受益憑證之受益權單位數，依保管機構之記載 (C)每一受益憑證之受益權單位數，依投信事業之記載　(D)投信基金之受益權，按受益權單位總數，平均分割。

(　) **8** 證券投資信託事業發行受益憑證得不印製實體，但必須用何種方式交付？　(A)帳簿劃撥　(B)現金　(C)支票　(D)政府債券。

(　) **9** 有關投顧事業申請設立分支機構，下列何者正確？　(A)應先檢附公司章程、營業計畫書申請許可　(B)於申請核發營業執照時須檢附內部控制制度、營業場所之權狀影本　(C)取得許可後三個月內申請核發營業執照　(D)分支機構之營業處所可為與其他事業共同使用之共享空間。

(　) **10** 投信投顧事業訂定經營全權委託作業流程，應包括哪些內容？ (A)契約簽訂　(B)帳戶之開立　(C)審查申請案件之流程及部門 (D)選項(A)(B)(C)皆是。

(　) **11** 投信事業負責人、部門主管、分支機構經理人及業務人員之登錄事項，由何者擬訂？　(A)財政部　(B)金管會　(C)投信投顧公會 (D)證券交易所。

(　) **12** 自動化投資顧問服務之投資組合建議內各資產之投資報酬率表現不同，使得系統原本建議之各資產比例有重新調整必要，此稱之為： (A)投資組合檢視　(B)投資組合再平衡　(C)投資組合調整　(D)投資組合更新。

(　) **13** 下列有關投信基金保管之敘述，何者有誤？　(A)由基金保管機構保管　(B)應設立獨立之基金帳戶　(C)與基金保管機構之財產應分別獨立　(D)投信事業債權人得對基金資產行使權利。

( ) **14** 若某投信基金召開基金受益人會議將電子投票列為行使表決權方式之一,電子投票相關事務可由何單位辦理? (A)發行該基金之投信 (B)該基金之保管銀行 (C)集保結算所 (D)選項(A)(B)(C)皆正確。

( ) **15** 以下對於「自動化投資顧問服務」之敘述何者正確? (A)完全經由網路互動 (B)全無或極少人工服務 (C)提供客戶投資組合建議之顧問服務 (D)選項(A)(B)(C)皆正確。

( ) **16** 有關全權委託保管機構之規範何者正確? (A)應由受任之投信或投顧事業與全權委託保管機構簽訂委任契約 (B)全權委託保管機構之指定,應由客戶為之 (C)數個客戶得共同委任同一全權委託保管機構保管,並共同簽訂委任契約 (D)每一全權委託投資帳戶之保管機構不以一家為限。

( ) **17** 信託業兼營全權委託投資業務,其單獨管理運用或集合管理運用之信託財產涉及運用於證券交易法第6條之有價證券之金額未達新臺幣多少時,得不受全權委託投資業務管理辦法第四章(信託業兼營全權委託投資業務)之規範? (A)5,000萬元 (B)3,000萬元 (C)2,000萬元 (D)1,000萬元。

( ) **18** 投信事業行使基金持有發行公司股票之投票表決權,應出席股東會行使表決權,表決權行使之評估分析作業、決策程序及執行結果做成書面紀錄,並編號建檔後,應至少保存幾年? (A)1年 (B)3年 (C)5年 (D)10年。

( ) **19** 「鼓勵境外基金深耕計畫」之優惠措施中,總代理人申請代理境外基金之每次送件基金檔數上限為幾檔? (A)2檔 (B)3檔 (C)4檔 (D)5檔。

( ) **20** 有關投信事業之自有資金運用之原則,下列何者錯誤? (A)不得貸與他人 (B)購買政府債券或金融債券 (C)購買國庫券、可轉讓之銀行定期存單或商業票據 (D)不能購買期貨信託基金。

( ) **21** 全權委託保管機構,依據委任契約代理客戶與證券商簽訂開戶暨受託買賣契約,並依規定開立其他投資買賣帳戶,下列敘述何者為非? (A)接受開戶之證券商或其他交易對象,依規定應由受任人指定 (B)接受開戶之證券商或其他交易對象,不以一家為限 (C)受任人與證券商或其他交易對象有相互投資或控制與從屬關係者,應於全權委託投資契約中揭露 (D)全權委託保管機構完成開戶手續後,應將開戶事宜通知客戶。

( ) **22** 甲保險公司成立迄今滿三年,未曾因資金管理業務受主管機關處分,且具有保險資金管理經驗,並持有證券資產總金額新臺幣80億元,今該公司欲取得乙投信事業之股份,依規定甲公司與其關係人最多能持有乙公司股份佔乙公司已發行股份總數之比例為何? (A)5% (B)10% (C)25% (D)無限制。

( ) **23** 有關境外基金銷售機構應辦理事項,以下何者敘述錯誤? (A)受理境外基金投資人之申購、買回或轉換等事宜,應直接轉送境外基金機構辦理 (B)應交付投資人須知及公開說明書中譯本等相關資訊予投資人 (C)就不可歸責銷售機構之情事,應協助投資人紛爭處理與辦理投資人權益保護事宜及一切通知事項 (D)銷售機構終止辦理境外基金之募集及銷售業務者,應即通知總代理人。

( ) **24** 甲某曾任小李公司宣告破產時之董事、乙為當時之監察人、丙為副總經理,其破產終結未滿幾年,三人不得共同為投顧事業之發起人? (A)1年 (B)2年 (C)3年 (D)5年。

( ) **25** 若境外基金機構、總代理人及證券投資信託事業舉辦了一項教育訓練,對該訓練計畫在哪方面較無疑慮? (A)舉辦於主要經濟活動為觀光的外國小島 (B)參加資格依近一季銷售業績客觀排序選定 (C)共舉辦三天,兩天由講師授以基金專業課程,亦可彈性搭配觀光行程 (D)授課主題為認識海洋與自然生態。

（　　）**26** 經營投信事業，發起人應成立滿三年、最近三年未曾因資金管理業
務受其本國主管機關處分，並符合法定資格之基金管理機構、銀行
或保險公司，其所認股份，合計不得少於第一次發行股份多少？
(A)10%　(B)20%　(C)25%　(D)30%。

（　　）**27** 下列有關投顧事業從事廣告及其他營業活動行為之敘述，何者為合
法行為？　(A)所提供證券投資服務之績效、內容無任何證據，於
廣告中表示較其他業者為優　(B)於有線電視頻道播出之節目從事投
資分析之同時，播出招攬客戶之廣告　(C)以聯合主力外圍進行股價
炒作作為訴求，進行有價證券之推介行為　(D)在交易所或櫃買中
心交易時間及其開盤前與收盤後一小時以外之時段，在廣播或電視
傳播媒體，根據合理分析基礎及依據對不特定人就個別有價證券進
行推介行為。

（　　）**28** 以下何者為全權委託投資業務管理辦法所稱之全權委託保管機構？
(A)兼營信託業務之銀行　(B)投信公司　(C)投顧公司　(D)保全公司。

（　　）**29** 投信投顧公會會員，為告知客戶投資之風險及從事投資決定或交易
過程之相關資訊，並向客戶快速揭露最新之資訊，規定會員應共
同信守之基本業務經營原則為：　(A)專業原則　(B)忠實誠信原則
(C)公開原則　(D)善良管理原則。

（　　）**30** 投顧事業應於何時加入同業公會？　(A)申請許可設立時　(B)開業
前　(C)申請核發營業執照時　(D)開業滿一年。

（　　）**31** 投信投顧事業申請換發全權委託營業執照，應於多久完成？如有相
當理由無法於期間內完成，應如何處理？　(A)三個月內；申請展
延六個月　(B)六個月內；申請展延三個月　(C)三個月內；申請展
延三個月　(D)六個月內；申請展延六個月。

（　　）**32** 投信事業行使投信基金持有股票之投票表決權相關規範，何者正確？
(A)投票權僅能由受益憑證持有人親自為之　(B)投信事業應積極爭取
被持有股票公司之經營權，以爭取受益憑證持有人利益　(C)投信事

業出席股東會前，應將行使表決權之評估分析做成說明建檔　(D)證券投信事業應將股東會相關書面資料及紀錄至少保存三年。

( )**33** 信託事業兼營全權委託投資業務，應向何機關申請經營核准？ (A)內政部　(B)經濟部　(C)金融監督管理委員會　(D)財政部。

( )**34** 境外基金之募集及銷售不成立時，總代理人應依境外基金管理辦法規定，將款項退款至何者帳戶？　(A)投資人指定之銀行帳戶　(B)總代理人　(C)銷售機構　(D)選項(A)(B)(C)皆可。

( )**35** 有關投顧事業舉辦之講習會，授課人員應遵守之事項，下列敘述何者為正確？　(A)不得以提供贈品方式招攬客戶　(B)對特定股票未來價位研判預測　(C)對不特定人推介買賣特定股票　(D)可以藉易經方式進行投資分析。

( )**36** 有關基金經理人同時管理或協管其他基金之規定，下列何者非為所稱同類型基金之分類？　(A)主動式操作管理權益型基金　(B)主動式操作管理債權型基金　(C)被動式操作管理基金　(D)平衡型基金、多重資產型基金或組合型基金。

( )**37** 若個人依規定申請匯回之境外資金，其中5%資金以全權委託專戶從事金融投資，可投資以下哪種商品？　(A)私募股票　(B)一般ETN　(C)反向ETF　(D)利率變動型人壽保險。

( )**38** 有關投顧事業營業執照核發之申請，下列敘述何者為非？　(A)應於申請經營許可後六個月內為之　(B)未於規定期間內為之者，主管機關得廢止其許可　(C)有正當理由，得申請延展一年　(D)申請延展以一次為限。

( )**39** 全權委託投資契約之受任人，對每一客戶委託投資資產之淨值變化，應每日妥為檢視，發現淨資產價值減損達原委託投資資產20%時，應於何時編製資產交易紀錄及現況報告書，依約定方式送達客戶？　(A)事實發生起七日內　(B)事實發生當日　(C)事實發生日起二個營業日內　(D)事實發生五日起。

(　　) **40** 投信事業於國內募集投信基金投資於外國有價證券，下列何者依規定不得投資？　(A)英國另類投資市場（AIM）交易之股票　(B)韓國店頭市場（KOSDAQ）交易之股票　(C)日本店頭市場（JASDAQ）交易之股票　(D)選項(A)(B)(C)皆可投資。

(　　) **41** 依投信投顧同業公會「會員及其銷售機構從事廣告及營業活動行為規範」規定，投顧事業製作電視證券投資分析節目，應於畫面載明公司名稱、營業執照字號及什麼字樣？　(A)投資風險自負　(B)從事投資分析人員真實姓名　(C)以上分析不代表公司意見　(D)歡迎加入會員。

(　　) **42** 關於投信事業業務人員之職前訓練與在職訓練，下列敘述何者錯誤？　(A)初任及離職滿一年再任之業務人員應於到職後半年內參加職前訓練　(B)在職人員應於任職期間參加在職訓練　(C)未依規定參加職前訓練與在職訓練者，不得充任業務人員　(D)參加職前訓練與在職訓練成績不合格者，應於一年內再行補訓。

(　　) **43** 下列何者非「證券投資顧問事業從業人員行為準則」所稱之經手人員？　(A)公司之負責人　(B)擔任證券投資分析之人員　(C)公司之客戶　(D)知悉相關證券投資資訊之從業人員。

(　　) **44** 下列何者為投顧事業得為之行為？　(A)與客戶間為有價證券之居間　(B)於盤中交易去電客戶告知無合理分析基礎之買賣訊息　(C)同意他人使用本公司業務員名義執行業務　(D)應本誠實及信用原則執行業務。

(　　) **45** 投信將基金海外投資業務複委任海外受託管理機構，下列何者非受託管理機構應符合之資格條件？　(A)具二年以上管理或經營國際證券投資信託基金業務經驗　(B)所管理投資於證券之共同基金總資產淨值超過50億美元　(C)最近一年未因資產管理業務受當地主管機關處分並有紀錄在案　(D)已就所受託管理之不同基金間於同一日對同一股票及具有股權性質之債券作反向投資決定，訂定相關利益衝突防範措施。

( ) **46** 投信投顧事業經營全權委託投資業務，有關紛爭之解決方式之敘述何者正確？ (A)由主管機關擬訂紛爭調解處理辦法 (B)由同業公會擬訂紛爭調解處理辦法 (C)由簽約雙方訂定紛爭調解處理辦法 (D)由證券投資人及期貨交易人保護中心訂定紛爭調解處理辦法。

( ) **47** 投信事業新進之業務人員，應由所屬公司向投信投顧公會登錄，非經登錄不得執行業務，向投信投顧公會登錄之期限為何？ (A)執行職務前 (B)次月十日前 (C)執行職務後五日內 (D)執行職務後五個營業日內。

( ) **48** 投信依規定得將基金投資哪些區域範圍之海外投資業務複委任第三人？ (A)東亞以外地區 (B)亞洲以外地區 (C)亞洲及大洋洲以外地區 (D)所有海外地區。

( ) **49** 乙投顧公司判斷甲上市公司股票，擬運用所有全權委託客戶之委託資產購買，應注意投資之限額為何？ (A)不超過甲已發行股份總數之10% (B)不超過甲已發行股份總數之20% (C)不超過所有受託金額10% (D)不超過受託投資淨資產價值之10%。

( ) **50** 依據「證券投資顧問事業從業人員行為準則」，證券投資顧問事業對於自然人客戶個人資料之蒐集或利用，應注意遵守何種法規？ (A)個人資料保護法 (B)銀行法 (C)證券交易法 (D)信託業法。

解答與解析

1 (A)。「證券投資信託事業募集證券投資信託基金處理準則」第8條：證券投資信託事業募集證券投資信託基金，經申請核准或申報生效後，除本會另有規定外，申請（報）日前五個營業日平均已發行單位數占原申請核准或申報生效發行單位數之比率達百分之八十以上者，得辦理追加募集。

2 (D)。根據「中華民國證券投資信託暨顧問商業同業公會證券投資信託事業經理守則」第5條，管理謹慎原則：係指公司應以善良管理人之注意及具專業度之謹慎方式管理客戶委託之資產，於內部建立職能區隔機制，使員工各盡其職務上應盡之注意義務。

3 (B)。根據「證券投資信託事業證券投資顧問事業經營全權委託投資業務管理辦法」第22條：(A)全權委託投資契約，應與客戶個別簽訂，除法令或本會另有規定外，不得接受共同委任或信託。(C)委託投資資產，應於簽約時一次全額存入全權委託保管機構。

4 (D)。「中華民國證券投資信託暨顧問商業同業公會證券投資信託事業證券投資顧問事業經營全權委託投資業務操作辦法」第19條：客戶與受任人或全權委託保管機構間所簽訂之契約，如與第十七條規定範本不同時，不得有下列情事：一、違反法令規定或公序良俗。二、導致同業間不公平競爭。三、個別契約之間有不同約定，致使客戶之間發生利益衝突。

5 (C)。「證券投資信託基金受益人會議準則」第8條第3項：受益人以書面或電子方式行使表決權時，其意思表示應於受益人會議開會二日前送達指定處所，意思表示有重複時，以最先送達者為準。

6 (C)。「證券投資信託事業證券投資顧問事業經營全權委託投資業務管理辦法」第22條第10項：全權委託投資契約及相關資料，於契約失效後至少保存五年。

7 (D)。「證券投資信託及顧問法」第35條第1項：證券投資信託基金之受益權，按受益權單位總數，平均分割，每一受益憑證之受益權單位數，依受益憑證之記載。

8 (A)。「證券投資信託及顧問法」第32條第2項：發行受益憑證得不印製實體，而以帳簿劃撥方式交付之。

9 (A)。根據「證券投資顧問事業設置標準」第42、43條：(B)應於申請許可時檢附內部控制制度、於核發營業執照時檢附營業場所之權狀影本。(C)取得許可後六個月內申請核發營業執照。(D)分支機構之業處所須獨立且未與其他事業共同使用。僅(A)正確。

10 (D)。「中華民國證券投資信託暨顧問商業同業公會證券投資信託事業證券投資顧問事業經營全權委託投資業務操作辦法」第10條：受任人應訂定經營全權委託投資業務之作業程序，其內容應包括全權委託投資契約之簽訂、帳戶之開立，與審查申請案件之流程及不同部門或人員之分層負責事項等，並於實際執行時，確實按步驟操作。

11 (C)。「證券投資顧問事業負責人與業務人員管理規則」第10條：證券投資顧問事業負責人、部門主管、分支機構經理人及業務人員之登錄事項，由中華民國證券投資信託暨顧問商業同業公會擬訂，申報本會核定後實施；修正時，亦同。

12 **(B)**。根據「中華民國證券投資信託暨顧問商業同業公會證券投資顧問事業以自動化工具提供證券投資顧問服務（Robo-Advisor）作業要點」第6條，自動化投資顧問服務之投資組合建議內各資產之投資報酬率表現不同，使得系統原本建議之各資產比例有重新調整必要，稱之為投資組合再平衡。

13 **(D)**。「證券投資信託及顧問法」第21條：證券投資信託事業募集或私募之證券投資信託基金，與證券投資信託事業及基金保管機構之自有財產，應分別獨立。證券投資信託事業及基金保管機構就其自有財產所負之債務，其債權人不得對於基金資產為任何請求或行使其他權利。基金保管機構應依本法、本法授權訂定之命令及證券投資信託契約之規定，按基金帳戶別，獨立設帳保管證券投資信託基金。

14 **(C)**。「證券投資信託基金受益人會議準則」第7條第3項：受益人會議採電子方式行使表決權時，其電子投票相關事務應委託證券集中保管事業或其他經本會核准之機構辦理。

15 **(D)**。「中華民國證券投資信託暨顧問商業同業公會證券投資顧問事業以自動化工具提供證券投資顧問服務（Robo-Advisor）作業要點」第2條：本作業要點所稱自動化投資顧問服務，係指完全經由網路互動，

全無或極少人工服務，而提供客戶投資組合建議之顧問服務。

16 **(B)**。根據「證券投資信託事業證券投資顧問事業經營全權委託投資業務管理辦法」第11條，全權委託保管機構，應由客戶自行指定之。

17 **(D)**。根據「證券投資信託事業證券投資顧問事業經營全權委託投資業務管理辦法」第2條，信託業兼營全權委託投資業務，其單獨管理運用或集合管理運用之信託財產涉及運用於證券交易法第6條之有價證券之金額達新臺幣一千五百萬元以上時，得受全權委託投資業務管理辦法第四章（信託業兼營全權委託投資業務）之規範。故選(D)。

18 **(C)**。「證券投資信託事業管理規則」第23條：證券投資信託事業應將基金所持有股票發行公司之股東會通知書及出席證登記管理，並應就出席股東會行使表決權，表決權行使之評估分析作業、決策程序及執行結果作成書面紀錄，循序編號建檔，至少保存五年。

19 **(B)**。根據「鼓勵境外基金深耕計畫」第4條，鼓勵境外基金深耕計畫之優惠措施中，總代理人申請代理境外基金之每次送件基金檔數上限為3檔。

20 **(D)**。「證券投資信託事業管理規則」第12條：證券投資信託事業之資金，不得貸與他人、購置非營

業用之不動產或移作他項用途。非屬經營業務所需者，其資金運用以下列為限：一、國內之銀行存款。二、購買國內政府債券或金融債券。三、購買國內之國庫券、可轉讓之銀行定期存單或商業票據。四、購買符合本會規定條件及一定比率之證券投資信託基金受益憑證。五、其他經本會核准之用途。

21 **(A)**。「中華民國證券投資信託暨顧問商業同業公會證券投資信託事業證券投資顧問事業經營全權委託投資業務操作辦法」第24條：接受開戶之證券商、期貨商或其他交易對象，由客戶自行指定，且不以一家為限。

22 **(C)**。「證券投資信託及顧問事業之管理規則」第9條第1項：證券投資信託事業之股東，除符合證券投資信託事業設置標準第八條資格條件或有同標準第九條第二項之情事者外，每一股東與其關係人及股東利用他人名義持有股份合計，不得超過該公司已發行股份總數百分之二十五。

23 **(A)**。「境外基金管理辦法」第3條第5項：銷售機構受理境外基金投資人之申購、買回或轉換等事宜，除信託業依特定金錢信託契約受託投資境外基金者外，應經總代理人轉送境外基金機構辦理。

24 **(C)**。根據「證券投資顧問事業設置

標準」第3條受破產之宣告，尚未復權，或曾任法人宣告破產時之董事、監察人、經理人或與其地位相等之人，其破產終結尚未逾三年或調協未履行，不得充任證券投資顧問事業之發起人。

25 **(C)**。「中華民國證券投資信託暨顧問商業同業公會會員及其銷售機構通路報酬支付暨銷售行為準則」第3條：境外基金機構、總代理人及證券投資信託事業，於贊助或提供其銷售機構之員工教育訓練及產品說明會時，應考量銷售機構整體銷售方案進行適當之教育訓練。總代理人及證券投資信託事業贊助或提供其銷售機構之員工教育訓練及產品說明會，應以基金產品或產業、市場發展或有助於提昇銷售人員知識及能力等相關課程為主，且有一定之上課比重。總代理人及證券投資信託事業應於公司內部控制制度明定贊助或提供教育訓練及產品說明會課程規劃及上課比重之原則。

26 **(B)**。根據「證券投資信託事業設置標準」第8條，經營投信事業，發起人應成立滿三年、最近三年未曾因資金管理業務受其本國主管機關處分，並符合法定資格之基金管理機構、銀行或保險公司，其所認股份，合計不得少於第一次發行股份之百分之二十。

27 **(D)**。根據中華民國證券投資信託暨顧問商業同業公會「會員及其銷

售機構從事廣告及營業活動行為規
範」第16條，(A)、(B)、(C)選項皆
為不合法行為。

28 **(A)**。「證券投資信託事業證券投資
顧問事業經營全權委託投資業務管
理辦法」第2條第7項：本辦法所稱
全權委託保管機構，指依本法及全
權委託相關契約，保管委託投資資
產及辦理相關全權委託保管業務，
並符合本會所定條件之銀行。

29 **(C)**。根據「中華民國證券投資信
託暨顧問商業同業公會會員自律公
約」第3條，公開原則指提供客戶充
足必要之資訊，告知客戶投資之風
險及從事投資決定或交易過程之相
關資訊，並向客戶快速揭露最新之
資訊。

30 **(B)**。「證券投資顧問事業設置標
準」第8條第4項：證券投資顧問事
業非加入同業公會，不得開業。

31 **(C)**。根據「證券投資信託事業證券
投資顧問事業經營全權委託投資業
務管理辦法」第7條，投信投顧事
業申請換發全權委託營業執照，應
於三個月內完成，如有相當理由無
法於期間內完成，得由同業公會轉
報金融監督管理委員會申請展延一
次，並以三個月為限。

32 **(C)**。根據「證券投資信託事業管理
規則」第23條：(A)證券投資信託
事業行使證券投資信託基金持有股
票之投票表決權，除法令另有規定

外，應由證券投資信託事業指派該
事業人員代表為之。(B)證券投資信
託事業行使前項表決權，應基於受
益憑證持有人之最大利益，且不得
直接或間接參與該股票發行公司經
營或有不當之安排情事。(D)證券
投資信託事業應將基金所持有股票
發行公司之股東會通知書及出席證
登記管理，並應就出席股東會行使
表決權，表決權行使之評估分析作
業、決策程序及執行結果作成書面
紀錄，循序編號建檔，至少保存五
年。故選(C)。

33 **(C)**。「證券投資信託事業證券投資
顧問事業經營全權委託投資業務管
理辦法」第3條：證券投資信託事業
或證券投資顧問事業經營全權委託
投資業務應向金融監督管理委員會
申請核准。

34 **(A)**。「境外基金管理辦法」第38
條：境外基金之募集及銷售不成立
時，總代理人應依境外基金募集及
銷售規定退款至投資人指定之銀行
帳戶。

35 **(A)**。根據中華民國證券投資信託
暨顧問商業同業公會「會員及其銷
售機構從事廣告及營業活動行為規
範」第16條，投顧事業舉辦之講習
會不得以提供贈品方式招攬客戶。

36 **(D)**。根據修正證券投資信託事業以
多重經理人方式管理基金及基金經
理人兼管基金之相關規範，所稱同

類型基金指同屬主動式操作管理權益型基金、主動式操作管理債權型基金、被動式操作管理基金。

37 (B)。根據「境外資金匯回金融投資管理運用辦法」第3、4、5條，全權委託專戶從事金融投資，不得投資於私募股票、反向ETF及利率變動型人壽保險，故選(B)。

38 (C)。「證券投資顧問事業設置標準」第8條第3項：證券投資顧問事業未於規定期間內申請核發營業執照者，廢止其許可。但有正當理由，於期限屆滿前，得向本會申請展延一次，並以六個月為限。

39 (C)。「中華民國證券投資信託暨顧問商業同業公會證券投資信託事業證券投資顧問事業經營全權委託投資業務操作辦法」第47條：受任人應每日檢視每一客戶委託投資資產之淨資產價值變化，發現淨資產價值減損達原委託投資資產百分之二十以上時，應於事實發生之日起二個營業日內，編製資產交易紀錄及現況報告書，以約定方式送達客戶。

40 (D)。依據證券投資信託基金管理辦法第8條第2項規定，證券投資信託事業於國內募集證券投資信託基金投資外國有價證券之種類及範圍，證券投資信託基金投資之外國有價證券，以下列各目為限：於外國證券集中交易市場、美國店頭市場（NASDAQ）、英國

另類投資市場（AIM）、日本店頭市場（JASDAQ）及韓國店頭市場（KOSDAQ）交易之股票（含承銷股票）、存託憑證（Depositary Receipts）、認購（售）權證或認股權憑證（Warrants）、參與憑證（Participatory Notes）、不動產投資信託受益證券（REITs）及基金受益憑證、基金股份、投資單位（包括反向型ETF、商品ETF及槓桿型ETF）……。故選(D)。

41 (B)。根據中華民國證券投資信託暨顧問商業同業公會「會員及其銷售機構從事廣告及營業活動行為規範」第16條，製作電視證券投資分析節目時，應於畫面或版面明顯處，聲明公司名稱、金管會或原證期會核准之營業執照字號、從事證券投資分析人員真實姓名。

42 (A)。「證券投資信託事業負責人與業務人員管理規則」第11條：初任及離職滿二年後再任之證券投資信託事業業務人員，應於到職後半年內參加職前訓練，在職人員應於任職期間參加在職訓練。

43 (C)。根據「中華民國證券投資信託暨顧問商業同業公會證券投資顧問事業從業人員行為準則」第4條之1，經手人員係指證券投資顧問事業之負責人、部門主管、分支機構經理人、對客戶或不特定人提供分析意見或推介建議之人、投資經理人、知悉相關證券投資資訊之從業

人員，但內銀行、金融控股公司、證券期貨事業及保險公司擔任證投資顧問事業之董事、監察人者，不適用本章經手人員申報交易之規範。

44 (D)。「證券投資顧問事業管理規則」第13條第1項：證券投資顧問事業應依本法、本法授權訂定之命令及契約之規定，以善良管理人之注意義務及忠實義務，本誠實及信用原則執行業務。

45 (C)。根據有關證券投資信託基金管理辦法第5條第1項規定之令，受託管理機構應對於受委任業務具備專業能力，並依法得辦理所受託管理之業務，且符合下列資格條件：(1)具有二年以上管理或經營國際證券投資信託基金業務經驗。(2)所管理投資於證券之共同基金總資產淨值超過五十億美元或等值之外幣。(3)最近二年未因資產管理業務受當地主管機關處分並有紀錄在案。(4)已配置適當人力及技術以進行受委任事項。(5)已就所受託管理之不同基金間於同一日對同一股票及具有股權性質之債券作反向投資決定，訂定相關利益衝突防範措施。

46 (B)。「證券投資信託事業證券投資顧問事業經營全權委託投資業務管理辦法」第22條第9項：全權委託投資相關契約及第二項第二十款紛爭之解決方式，由同業公會擬訂契約範本及紛爭調解處理辦法，函報本會核定；修正時亦同。

47 (A)。「證券投資顧問事業負責人與業務人員管理規則」第6條第1項：證券投資顧問事業之總經理、部門主管、分支機構經理人及業務人員，除法令另有規定外，應為專任；其於執行職務前，應由所屬證券投資顧問事業向同業公會登錄，非經登錄，不得執行業務。

48 (C)。根據放寬投信基金海外投資業務複委任受託管理機構之反向投資決定限制相關規範，證券投資信託事業運用基金資產，得依證券投資信託基金管理辦法第五條第一項規定，將基金投資於亞洲及大洋洲以外之海外投資業務委任第三人處理。

49 (A)。「證券投資信託事業證券投資顧問事業經營全權委託投資業務管理辦法」第17條：為每一全權委託投資帳戶投資任一公司股票、公司債或金融債券及認購權證之總金額，不得超過該全權委託投資帳戶淨資產價值之百分之十。

50 (A)。「中華民國證券投資信託暨顧問商業同業公會證券投資顧問事業從業人員行為準則」第27條：對於客戶個人資料之蒐集或利用，應注意遵守個人資料保護法之規定，若有違反，應自負法律責任，並賠償公司因此直接或間接所受損害及所生費用（含訴訟費及律師費）。

解答與解析

111年 第1次投信投顧相關法規(含自律規範)

(　) **1** 下列何者非依據證券投資顧問事業從業人員行為準則之規定，接受客戶委任，提供證券投資顧問服務前，應先進行之行為？　(A)向客戶揭露收費之基準　(B)與客戶簽訂書面證券投資顧問契約(C)向客戶揭露收費之數額　(D)提供投資組合與研究分析。

(　) **2** 下列何者得擔任投信基金保管機構？　(A)投信事業持有其已發行股份總數10%以上股份之銀行　(B)擔任投信基金簽證之銀行　(C)投資於投信事業已發行總數5%股份之銀行　(D)擔任投信事業董事之銀行。

(　) **3** 投信事業經理指數股票型基金借入有價證券，應於內控制度中訂定基金借入有價證券之風險監控管理措施，並提經何單位通過始可為之？　(A)董事會　(B)股東會　(C)受益人大會　(D)金管會。

(　) **4** 銷售基金時，以下何者行為較無不妥？　(A)向高齡且重大傷病主動推銷高風險之基金產品　(B)銷售以投資非投資等級債券為訴求之基金，要求投資人簽署風險預告書　(C)銷售某基金B級別時，考量B級別較晚成立、歷史績效較短，改提供該基金A級別成立以來的報酬率走勢圖給投資人參考　(D)將銷售基金所獲得之通路報酬，部分以贈送餐券的方式回饋給長期支持的忠實客戶。

(　) **5** 境外基金管理機構最多得委任幾個總代理人在國內代理其基金之募集與銷售？　(A)1個　(B)3個　(C)5個　(D)未有限制。

(　) **6** 投信募集發行ESG相關主題基金，在其公開說明書中，不一定包含哪項資訊？　(A)ESG的投資目標與衡量標準　(B)ESG的投資策略與方法　(C)ESG的投資比例配置　(D)ESG績效指標。

( ) **7** 甲投信公司運用所經營之X投信基金，下列何種操作違反規定？
(A)投資於甲公司旗下之Y基金，但不收經理費　(B)投資丙公司無擔保公司債總額5%　(C)投資於具利害關係之乙上市公司發行股份總數5%　(D)投資丁公司經理之Z基金，加計Y基金，其總額為X淨資產價值5%。

( ) **8** 證券投資信託契約終止後，投信事業應於金管會核准清算後多久期間內完成投信基金之清算？　(A)一個月　(B)二個月　(C)三個月 (D)六個月。

( ) **9** 有關投信投顧事業經營全權委託投資業務，全權委託投資契約之規定，何者為非？　(A)應與客戶個別簽訂　(B)共同委任時須簽訂共同委任契約　(C)契約副本送交全權委託保管機構　(D)應載明委託投資資產。

( )**10** 下列有關「指數股票型基金」之敘述何者錯誤？　(A)係指以追蹤、模擬或複製標的指數表現，並在證券交易市場交易，且申購、買回採實物或依契約規定方式交付之基金　(B)指數之成分證券僅含各類股票　(C)所投資之標的指數成分證券包括股票、債券及其他經主管機關核准之有價證券　(D)投信事業募集指數股票型基金，得不記載基金之發行總面額。

( )**11** 投信事業行使基金持有發行公司股票之投票表決權，應出席股東會行使表決權，表決權行使之評估分析作業、決策程序及執行結果做成書面紀錄，並編號建檔後，應至少保存幾年？　(A)一年　(B)三年　(C)五年　(D)十年。

( )**12** 有關自動化工具提供證券投資顧問服務之再平衡交易，若要對原投資組合的標的進行調整，可在與客戶事先約定未超過___檔標的之可投資基金名單進行調整？　(A)10　(B)20　(C)30　(D)35。

(　　) **13** 全權委託投資契約存續期間是否可以增加或提取委託投資資產？ (A)可增加不能提取　(B)可提取不能增加　(C)可增加，但要資產價值達新臺幣500萬元以上才能提取　(D)增加或提取均沒有限制。

(　　) **14** 投信投顧事業訂定經營全權委託作業流程，應包括哪些內容？甲.契約簽訂；乙.帳戶之開立；丙.審查申請案件之流程及部門　(A)僅甲　(B)僅乙　(C)僅甲、丙　(D)甲、乙、丙皆是。

(　　) **15** 某投信經許可經營全權委託投資業務，但若自獲得許可後在＿＿內沒有招攬到任何客戶與其簽訂全權委託投資契約，則其全權委託許可將無效？　(A)一年　(B)二年　(C)三年　(D)五年。

(　　) **16** 某投信基金規模10億元，目前共已投資2,500萬元於創新板上市公司股票，其餘則均投資於上市櫃公司股票，最近又發現另一家創新板上市之公司未來極具潛力，這家創新板公司目前市值20億元，假設該基金能以目前價格買入此股票，可投資金額最高上限為？ (A)500萬元　(B)1,000萬元　(C)2,000萬元　(D)5,000萬元。

(　　) **17** 經營投信事業，發起人應成立滿三年、最近三年未曾因資金管理業務受其本國主管機關處分，並符合法定資格之基金管理機構、銀行或保險公司，其所認股份，合計不得少於第一次發行股份多少？ (A)10%　(B)20%　(C)25%　(D)30%。

(　　) **18** 投信事業應將重大影響受益人權益之事項，於事實發生之日起二日內公告申報，下列何種事項非屬重大影響投資人權益之事項？ (A)存款不足退票　(B)四分之一之董事發生變動　(C)變更公司之簽證會計師　(D)向關係人購買不動產。

(　　) **19** 若某投信基金召開基金受益人會議將電子投票列為行使表決權方式之一，電子投票相關事務可由何單位辦理？　(A)發行該基金之投信　(B)該基金之保管銀行　(C)集保結算所　(D)以上皆可。

( ) **20** 投顧事業之部門主管，應由所屬投顧事業向何機構登錄後，始得執行業務？ (A)證券暨期貨市場發展基金會 (B)金融監督管理委員會 (C)證券投資信託暨顧問商業同業公會 (D)證券商業同業公會。

( ) **21** 投信事業運用自有資金，購買某一支於國內募集之投信基金之總金額，不得超過該投信最近期公司淨值之多少比率？ (A)5% (B)10% (C)20% (D)40%。

( ) **22** 下列何者行為違反證券投資顧問事業管理規則？ (A)針對VIP客戶，額外提供資金借貸服務 (B)製作證券投資分析節目，由受僱分析師參與節目 (C)發現不明人士冒充該投顧事業之員工，立即公告澄清 (D)不得購買投顧事業推介給投資人的標的。

( ) **23** 下列何者非屬投信事業管理規則所稱之業務人員？ (A)法令遵循人員 (B)基金經理人 (C)內部稽核人員 (D)人事主管。

( ) **24** 甲投信公司於本國募集投資於海外之投信基金，製作廣告時可以下列何種方式宣傳？ (A)預計明年之投資報酬率達15%以上 (B)該區域經濟穩定成長，是絕對安全、無風險之投資環境 (C)預測新臺幣將再貶值 (D)刊登自成立以來全部績效。

( ) **25** 透過電子支付帳戶申購買回基金，目前可買到的商品範圍包括？ (A)僅限國內投信發行以新臺幣計價的貨幣市場基金 (B)僅限國內投信發行以新臺幣計價的基金 (C)僅限國內投信發行的基金 (D)所有國內投信發行基金及金管會核備之境外基金。

( ) **26** 下列敘述何者有誤？ (A)基金保管機構應以善良管理人之注意義務及忠實義務，並本誠實信用原則，保管基金資產 (B)基金保管機構之董事、監察人、經理人、業務人員及其他受僱人員，不得以職務上所知悉之消息從事有價證券買賣之交易活動或洩漏予他人 (C)投資基金產生虧損時，基金保管機構應為基金受益人之權益向投信事業追償 (D)基金保管機構之代理人、代表人或受僱人，履行投信

契約規定之義務有故意或過失時，基金保管機構應與自己之故意或
過失負同一責任。

(　) **27** 下列有關投顧事業從事廣告、公開說明會等營業促銷活動之敘述，
何者錯誤？　(A)從事公開說明會之內容應錄影及錄音存查，並
至少保存一年　(B)應於事實發生後十日內向投信投顧公會申報
(C)為營業促銷活動製作之宣傳資料、廣告物及相關紀錄應保存一
年　(D)主管機關得隨時抽查投顧事業之宣傳資料及廣告物等相關
紀錄，投顧事業不得拒絕或妨礙。

(　) **28** 證券投資信託事業經核准得投資下列哪些本國事業？甲.證券投資
顧問事業；乙.創業投資事業；丙.保險代理人　(A)僅甲　(B)僅乙
(C)僅甲、丙　(D)甲、乙、丙。

(　) **29** 下列何者為投顧事業得為之行為？　(A)自行製播證券投資分析節
目，找藝人來擔任節目主持人　(B)出資邀請網紅招攬客戶　(C)舊
客戶推薦介紹新客戶加入會員成功，給予舊客戶推廣獎勵金
(D)以通訊軟體轉發分析師的股市分析建議給會員。

(　) **30** 未經主管機關核准經營投顧業務者，依證券投資信託及顧問法之
規定，得處幾年以下有期徒刑？　(A)一年　(B)五年　(C)三年
(D)四年。

(　) **31** 下列何者為證券投顧事業舉辦證券投資分析研討會，宣導推廣其公
司業務時，應注意之禁止行為？　(A)會議中論及市場分析及產業
趨勢，列出合理研判依據　(B)不得涉有個別有價證券未來價位研判
預測　(C)為推廣業務所製發之書面文件列明公司登記名稱、地址、
電話及營業執照字號　(D)製發之書面文件列出其與同業間之投資
服務績效優劣。

(　) **32** 投信公司為從事廣告、公開說明會及其他營業促銷活動而製作之有
關資料，應於事實發生後幾日內向同業公會申報？　(A)5日　(B)10
日　(C)2日　(D)7日。

( ) **33** 證券投資信託事業經核准得投資下列哪些本國事業？甲.金融資訊服務公司；乙.行動支付業；丙.大數據處理業　(A)僅甲　(B)僅乙　(C)僅甲、丙　(D)甲、乙、丙。

( ) **34** 依投信投顧公會廣告及營業活動行為規範規定，投信事業以基金績效為廣告者，基金績效與指標（benchmark）作比較時，下列何者非為應遵守之規定？　(A)比較基期應一致　(B)計算幣別應一致　(C)該指標（benchmark）須載於基金公開說明書或投資人須知中　(D)該指標須報經投信投顧公會審查後始得為之。

( ) **35** 初任及離職滿二年後再任之投顧事業業務人員，應於到職後多久期間內參加職前訓練？　(A)一年　(B)半年　(C)三個月　(D)二個月。

( ) **36** 兼營投顧業務之信託業，申請經營外國有價證券投顧業務，應向何機關申請核准？　(A)中央銀行　(B)經濟部　(C)財政部　(D)金管會。

( ) **37** 有關證券投資信託基金規範何者為非？　(A)基金經理人應符合證券投資信託事業負責人與業務人員管理規則所定資格條件　(B)可利用兩個基金對同一支股票，在同時或同一日作相反投資　(C)每一基金應有獨立之會計並依規定作成各項簿冊文件　(D)證券投資信託事業應將基金資產與自有財產分別保管。

( ) **38** 投信事業為下列何項行為者，應於事實發生之日起五個營業日內函送投信投顧公會彙報主管機關？甲.變更業務人員；乙.持股5%以上之股東持股發生變動；丙.基金經理人之持股發生變動　(A)僅甲　(B)僅乙　(C)僅甲、丙　(D)甲、乙、丙。

( ) **39** 下列何者符合境外基金總代理人從事廣告及營業活動之規定？　(A)申購手續費屬後收型之基金，可以免收申購手續費為廣告主要訴求　(B)不得以未經金管會核准或同意生效之境外基金為廣告內容　(C)以基金投資組合平均信用評級作為銷售訴求　(D)以「本季銷售冠軍」為廣告標題。

(　　) **40** 下列證券投顧事業人員之行為，何者符合規定？　(A)為提供完整之服務，保管客戶之印鑑與存摺　(B)同意他人靠行使用該投顧事業之名義執行業務　(C)與客戶為投資有價證券收益共享或損失分擔之約定　(D)依法令規定，代客戶查詢委任事項。

(　　) **41** 全權委託投資契約之受任人，對每一客戶委託投資資產之淨值變化，應每日妥為檢視，發現淨資產價值減損達原委託投資資產20%時，應於何時編製資產交易紀錄及現況報告書，依約定方式送達客戶？　(A)事實發生起七日內　(B)事實發生當日　(C)事實發生日起二個營業日內　(D)事實發生五日起。

(　　) **42** 下列有關以自動化工具提供證券投資顧問服務之再平衡交易之敘述，下列何者錯誤？　(A)須達到執行門檻且符合再平衡交易之約定條件才能執行再平衡　(B)以自動化工具提供證券投資顧問服務，投資標的必為經金管會核准或申報生效得募集及銷售之證券投資信託基金或境外基金　(C)電腦系統自動為客戶執行再平衡交易後，應即時將交易執行結果通知客戶　(D)須於內部控制制度中訂定交易頻率之監控管理措施。

(　　) **43** 因應投資策略需要，投信事業運用「多重資產型基金」投資於基金受益憑證之總金額不得超過本基金淨資產價值之多少比例？　(A)20%　(B)30%　(C)50%　(D)70%。

(　　) **44** 全權委託投資契約之客戶對於委託投資帳戶之資產交易情形進行查詢時，應注意哪些事項？甲.約定以書面為之者，客戶須提出書面申請書；乙.不得與受任人相互約定其他查詢方式；丙.受任人應製作客戶查詢紀錄　(A)僅甲　(B)僅乙　(C)僅甲、丙　(D)甲、乙、丙皆是。

(　　) **45** 投信事業對經金管會核准募集之基金，舉行公開說明會等促銷活動，下列宣傳行為之敘述，何者為正確？　(A)作基金獲利之保證　(B)藉核准之事實為保證受益憑證價值　(C)不對同業為攻訐之廣告　(D)提供申購滿額贈禮。

(　) **46** 證券投資信託事業證券投資顧問事業經營全權委託投資業務管理辦法，所稱全權委託投資業務之投資標的不包含：　(A)房地產　(B)政府債券　(C)公司債券　(D)股票。

(　) **47** 若境外基金機構、總代理人及證券投資信託事業舉辦了一項教育訓練，對該訓練計畫在哪方面較無疑慮？　(A)舉辦於主要經濟活動為觀光的外國小島　(B)參加資格依近一季銷售業績客觀排序選定　(C)共舉辦三天，兩天由講師授以基金專業課程，亦可彈性搭配觀光行程　(D)授課主題為認識海洋與自然生態。

(　) **48** 投信事業經營投信基金顯然不善者，則依現行法令規定，下列處理方式何者正確？　(A)交由該基金之保管機構管理　(B)由受益人會議自行決議如何處理　(C)主管機關得命該投信事業將該投信基金移轉於經指定之其他投信事業經理　(D)由該投信事業向投資人說明後進行清算。

(　) **49** 投信事業或投顧事業經營全權委託投資業務，與客戶簽訂全權委託投資契約，其規範何者正確？　(A)委託投資資產應於簽約時一次全額存入全權委託保管機構，增加委託投資資產時得由雙方議定將增加之資產分二次存入全權委託保管機構　(B)投資或交易基本方針及投資或交易範圍，應參酌客戶之資力、投資或交易經驗與目的及相關法令限制，審慎議定之　(C)全權委託投資契約及相關資料於簽約日起至少保存五年　(D)證券經紀商或期貨經紀商之指定，由客戶自行為之，並以指定一家為限。

(　) **50** 部分境外基金對於在短時間內對同一基金進行申購後買回，視為短線交易並收取短線交易買回費用，下列對短線交易費用之敘述何者不正確？　(A)相關資訊應公告於基金資訊觀測站之短線交易公告專區　(B)短線交易之認定應有明確之天期　(C)基金交易確認書中應將短線交易買回費與一般買回交易金額分別列示　(D)短線交易費用由銷售機構負擔，不會影響投資人的贖回款項金額。

解答與解析

1 (D)。「中華民國證券投資信託暨顧問商業同業公會證券投資顧問事業從業人員行為準則」第20條：接受客戶委任，提供證券投資顧問服務前，應先向客戶說明契約重要內容及以客戶能充分瞭解之方式揭露風險與收費之基準及數額，並與客戶簽訂書面證券投資顧問契約，以確定雙方之權利義務。

2 (C)。「證券投資信託基金管理辦法」第59條第2項：信託公司或兼營信託業務之銀行有下列情形之一，除經本會核准外，不得擔任各該證券投資信託事業之基金保管機構：一、投資於證券投資信託事業已發行股份總數達百分之十以上。二、擔任證券投資信託事業董事或監察人；或其董事、監察人擔任證券投資信託事業董事、監察人或經理人。三、證券投資信託事業持有其已發行股份總數達百分之十以上。四、由證券投資信託事業或其代表人擔任董事或監察人。五、擔任基金之簽證機構。六、與證券投資信託事業屬於同一金融控股公司之子公司，或互為關係企業。七、其他經本會為保護公益規定不適合擔任基金保管機構。

3 (A)。「證券投資信託基金管理辦法」第40條：證券投資信託事業經理指數股票型基金借入有價證券，

應於內部控制制度中訂定基金借入有價之風險監管理措施，提經董事會通過。

4 (B)。「中華民國證券投資信託暨顧問商業同業公會會員及其銷售機構通路報酬支付暨銷售行為準則」第8條：銷售以投資非投資等級債券為訴求之基金，除投資人屬金融消費者保護法第四條所稱專業投資機構者外，應要求投資人簽署風險預告書。

5 (A)。「境外基金管理辦法」第3條：境外基金管理機構或其指定機構應委任單一之總代理人在國內代理其基金之募集及銷售。

6 (D)。根據ESG相關主題投信基金之資訊揭露事項審查監理原則，選項(D)應為揭露ESG參考績效指標。

7 (C)。根據「證券投資信託基金管理辦法」第10條，證券投資信託事業募集基金，不得投資於本證券投資信託事業或與本證券投資信託事業有利害關係之公司所發行之證券。

8 (C)。「證券投資信託及顧問法」第47條：證券投資信託契約終止時，清算人應於主管機關核准清算後三個月內，完成證券投資信託基金之清算，並將清算後之餘額，依受益權單位數之比率分派予各受益人。

9 (B)。「證券投資信託事業證券投資顧問事業經營全權委託投資業務

管理辦法」第22條：證券投資信託事業或證券投資顧問事業經營全權委託投資業務，應與客戶簽訂全權委託投資契約，明定其與客戶間因委任或信託關係所生之各項全權委託投資權利義務內容，並將契約副本送交全權委託保管機構。前項全權委託投資契約，應與客戶個別簽訂，除法令或本會另有規定外，不得接受共同委任或信託。

10 **(B)**。「證券投資信託基金管理辦法」第37條第2項：指數之成分證券包括股票、債券及其他經本會核准之有價證券。

11 **(C)**。「證券投資信託事業管理規則」第23條：證券投資信託事業應將基金所持有股票發行公司之股東會通知書及出席證登記管理，並應就出席股東會行使表決權，表決權行使之評估分析作業、決策程序及執行結果作成書面紀錄，循序編號建檔，至少保存五年。

12 **(C)**。「根據中華民國證券投資信託暨顧問商業同業公會證券投資顧問事業以自動化工具提供證券投資顧問服務（Robo-Advisor）作業要點」第6條，可與客戶事先約定未超過30檔標的之可投資基金名單進行調整。

13 **(C)**。根據「中華民國證券投資信託暨顧問商業同業公會證券投資信託

事業證券投資顧問事業經營全權委託投資業務操作辦法」第23條，全權委託投資契約存續期間得增加或提取委託投資資產，惟資產價值低於新臺幣五百萬元者，不得提取。

14 **(D)**。「中華民國證券投資信託暨顧問商業同業公會證券投資信託事業證券投資顧問事業經營全權委託投資業務操作辦法」第77條：受託人應訂定經營全權委託投資業務之作業程序，其內容應包括契約之簽訂、帳戶之開立，與審查申請案件之流程及不同部門或人員之分層負責事項等，並於實際執行時，確實按步驟操作。

15 **(B)**。「證券投資信託事業證券投資顧問事業經營全權委託投資業務管理辦法」第8-1條：證券投資信託事業或證券投資顧問事業經營全權委託投資業務，於經本會許可並完成換發營業執照後二年內，未與客戶簽訂全權委託投資契約者，廢止其經營全權委託投資業務之許可。

16 **(A)**。根據「證券投資信託基金管理辦法」第10條第1項規定之令，每一基金投資任一創新板上市公司股票之總金額，不得超過本基金淨資產價值之百分之一；每一基金投資創新板上市公司股票之總金額，不得超過本基金淨資產價值之百分之三。故可投資金額最高上限為10億*3%-2500萬=500萬元。

17 (B)。根據「證券投資信託事業設置標準」第8條，經營投信事業，發起人應成立滿三年、最近三年未曾因資金管理業務受其本國主管機關處分，並符合法定資格之基金管理機構、銀行或保險公司，其所認股份，合計不得少於第一次發行股份之百分之二十。

18 (B)。根據「證券投資信託事業管理規則」第5條，應更正為三分之一之董事發生變動。

19 (C)。證券投資信託基金受益人會議準則第7條第3項：受益人會議採電子方式行使表決權時，其電子投票相關事務應委託證券集中保管事業或其他經本會核准之機構辦理。

20 (C)。「證券投資顧問事業負責人與業務人員管理規則」第6條第1項：證券投資顧問事業之總經理、部門主管、分支機構經理人及業務人員，除法令另有規定外，應為專任；其於執行職務前，應由所屬證券投資顧問事業向證券投資信託暨顧問商業同業公會登錄，非經登錄，不得執行業務。

21 (A)。根據有關證券投資信託事業管理規則第12條第1項第4款及第5款規定之令，證券投資信託事業運用自有資金購買於國內募集之證券投資信託基金、對不特定人募集之期貨信託基金及經本會核准或生效在國內募集及銷售之境外基金，持有每一基金總金額，不得超過證券投資信託事業淨值之百分之五。

22 (A)。根據「證券投資顧問事業管理規則」第13條，不得與客戶有借貸款項、有價證券，或為借貸款項、有價證券之居間情事。

23 (D)。「證券投資信託事業負責人與業務人員管理規則」第2條第2項：本規則所稱業務人員，指為證券投資信託事業從事下列業務之人員：一、辦理受益憑證之募集發行、銷售及私募。二、投資研究分析。三、基金之經營管理。四、執行基金買賣有價證券。五、辦理全權委託投資有關業務之研究分析、投資決策或買賣執行。六、內部稽核。七、法令遵循。八、風險管理。九、主辦會計。十、辦理其他經核准之業務。

24 (D)。根據「境外基金管理辦法」第50條，總代理人或其委任之銷售機構從事境外基金之廣告、公開說明會及促銷時，除本會另有規定外，不得有下列行為：一、藉本會對該境外基金之核准或申報生效，作為證實申請（報）事項或保證境外基金價值之宣傳。二、使人誤信能保證本金之安全或保證獲利。三、提供贈品或以其他利益勸誘他人購買境外基金。四、對於過去之業績作誇大之宣傳或對同業為攻訐之廣告。五、為虛偽、欺罔、或其他顯

著有違事實或故意使他人誤信之行為。六、對未經本會核准或申報生效之境外基金，預為宣傳廣告、公開說明會及促銷。七、內容違反法令、契約或公開說明書內容。八、為境外基金績效之預測。九、涉及對新臺幣匯率走勢之臆測。十、違反同業公會訂定廣告及促銷活動之自律規範。十一、其他影響投資人權益之事項。僅(D)正確。

25 (B)。電子支付機構管理條例第4條第1項第2款規定辦理所稱經主管機關核准代理收付款項之金融商品或服務如下：(一)保險業依國際金融業務條例設立之國際保險業務分公司所銷售之保險商品。(二)保險業依保險法所銷售以新臺幣收付之保險商品。(三)證券投資信託事業所募集發行且以新臺幣收付為限之證券投資信託基金。故選(B)。

26 (C)。根據「證券投資信託及顧問法」第24條，應更正為證券投資信託事業因故意或過失致損害基金之資產時，基金保管機構應為基金受益人之權益向其追償。

27 (C)。「證券投資顧問事業管理規則」第12條：從事廣告、公開說明會及其他營業促銷活動製作之宣傳資料、廣告物及相關紀錄應保存二年。

28 (D)。依據「證券投資信託事業管理規則」第12條第1項第5款規定，核准證券投資信託事業得運用自有資金之用途如下：(一)投資於本國期貨交易所，投資金額不得超過該證券投資信託事業實收資本額百分之十。但證券投資信託事業投資時，該事業經會計師查核簽證之最近年度財務報告所列淨值低於實收資本額者，上開百分之十計算以淨值為準。(二)投資於金融科技產業，包括金融資訊服務公司、行動支付業、第三方支付業及大數據處理業。(三)投資於臺灣集中保管結算所股份有限公司及財團法人中華民國證券櫃檯買賣中心轉投資成立從事基金網路銷售業務之公司。(四)投資於本國保險代理人公司或保險經紀人公司。(五)投資於本國證券投資顧問事業。(六)投資於本國創業投資事業及創業投資管理顧問公司。

29 (D)。根據「證券投資顧問事業管理規則」第13條，不得自行或委託他人製播之證券投資分析節目，以非事業之受僱人擔任節目主持人。不得利用非專職人員招攬客戶或給付不合理之佣金。故選(D)。

30 (B)。根據「證券投資信託及顧問法」第107條，未經主管機關許可，經營證券投資信託業務、證券投資顧問業務、全權委託投資業務或其他應經主管機關核准之業務，得處五年以下有期徒刑，併科新臺幣一百萬元以上五千萬元以下罰金。

31 (D)。根據中華民國證券投資信託暨顧問商業同業公會「會員及其銷

售機構從事廣告及營業活動行為規範」第16條，不得對同業或他人為攻訐或損害營業信譽。

32 (B)。「證券投資顧問事業管理規則」第12條第2項：證券投資顧問事業為廣告、公開說明會及其他營業促銷活動，應於事實發生後十日內向同業公會申報。

33 (D)。依「證券投資信託事業管理規則」第12條第1項第5款規定，核准證券投資信託事業得運用自有資金之用途如下：(一)投資於本國期貨交易所，投資金額不得超過該證券投資信託事業實收資本額百分之十。但證券投資信託事業投資時，該事業經會計師查核簽證之最近年度財務報告所列淨值低於實收資本額者，上開百分之十計算以淨值為準。(二)投資於金融科技產業，包括金融資訊服務公司、行動支付業、第三方支付業及大數據處理業。(三)投資於臺灣集中保管結算所股份有限公司及財團法人中華民國證券櫃檯買賣中心轉投資成立從事基金網路銷售業務之公司。(四)投資於本國保險代理人公司或保險經紀人公司。(五)投資於本國證券投資顧問事業。(六)投資於本國創業投資事業及創業投資管理顧問公司。

34 (D)。中華民國證券投資信託暨顧問商業同業公會「會員及其銷售機構從事廣告及營業活動行為

規範」第12條，基金績效與指標（benchmark）作比較時，除比較基期及計算幣別應一致外，該指標（benchmark）應由證券投資信託事業檢具相關證明文件，報經金管會核備後載明於基金公開說明書，並於通知本公會後始得為之；境外基金則由總代理人檢具證明文件並將該指標載明於投資人須知，於報經本公會核對無誤後始得為之；指標（benchmark）有變動時，亦同。

35 (B)。「證券投資顧問事業負責人與業務人員管理規則」第13條：初任及離職滿二年後再任之證券投資顧問事業業務人員，應於到職後半年內參加職前訓練，在職人員應於任職期間參加在職訓練。

36 (D)。根據「證券投資顧問事業管理規則」第21條，經營外國有價證券投資顧問業務者，應向金融監督管理委員會申請核准。

37 (B)。根據「中華民國證券投資信託暨顧問商業同業公會證券投資信託事業經理守則」第9條，為避免基金經理人任意對同一支股票及具有股權性質之債券於不同基金間作買賣相反之投資決定，而影響基金受益人之權益，應遵守不得對同一支股票及具有股權性質之債券，有同時或同一日作相反投資決定之原則。

38 (B)。「證券投資信託事業管理規則」第4條第1項：證券投資信託事業

有下列情事之一者，除依相關法令辦理外，並應於事實發生之日起五個營業日內函送中華民國證券投資信託暨顧問商業同業公會彙報本會：一、變更董事、監察人或經理人。二、因經營業務或業務人員執行業務，發生訴訟、非訟事件或經同業公會調處。三、董事、監察人或持有已發行股份總數百分之五以上之股東持股之變動。四、其他經本會規定應申報之事項。僅乙正確。

39 (B)。根據中華民國證券投資信託暨顧問商業同業公會「會員及其銷售機構從事廣告及營業活動行為規範」第8條，境外基金總代理人從事廣告及營業活動，申購手續費屬後收型之基金，不得以免收申購手續費為廣告主要訴求，不得以基金投資組合平均信用評級作為銷售訴求，不得以基金銷售排行之方式為廣告內容。

40 (D)。根據「證券投資顧問事業管理規則」第13條，證券投資顧問事業人員不得保管或挪用客戶之有價證券、款項、印鑑或存摺，不得同意或默許他人使用本公司或業務人員名義執行業務，不得與客戶為投資有價證券收益共享或損失分擔之約定。

41 (C)。「證券投資信託事業證券投資顧問事業經營全權委託投資業務管理辦法」第29條第2項：客戶委託投資資產之淨資產價值減損達原委託投資資產之百分之二十以上時，

證券投資信託事業或證券投資顧問事業應自事實發生之日起二個營業日內，編製資產交易紀錄及現況報告書送達客戶。日後每達較前次報告淨資產價值減損達百分之十以上時，亦同。

42 (B)。為落實普惠金融，提供小額投資人更完整之自動化理財服務，金管會經參酌投信投顧公會建議，於保障投資人權益之前提，並在兼顧符合法制架構及實務需求下，放寬投顧事業從事自動化投顧服務（Robo-Advisor）有關自動再平衡交易之規範，業者事先與客戶於契約中約定在達到執行門檻且符合再平衡交易之約定條件情況時，可由電腦系統自動為客戶執行再平衡交易，該再平衡交易之約定條件除現行維持原約定之投資標的及投資比例為條件外，新增如業者與客戶約定之投資標的為經金管會核准或申報生效得募集及銷售之證券投資信託基金或境外基金，亦可在不超過與客戶事先約定之可投資基金名單（上限為30檔標的）及一定變動程度（各投資標的之投資比例變動絕對值合計數未超過60%）範圍內自動執行，由業者與客戶就兩種再平衡條件擇一進行約定。

43 (D)。「證券投資信託基金管理辦法」第31-1條第1項：多重資產型基金指得同時投資於股票、債券（包含其他固定收益證券）、基金受益憑證、不動產投資信託基金受益證

券及經本會核准得投資項目等資產種類，且投資於前開任一資產種類之總金額不得超過本基金淨資產價值之百分之七十者。

44 (C)。「中華民國證券投資信託暨顧問商業同業公會證券投資信託事業證券投資顧問事業經營全權委託投資業務操作辦法」第46條：客戶查詢其全權委託投資帳戶之資產交易情形、委託投資資產庫存數量、金額及證券相關商品未沖銷部位，應以書面或其他與受任人相互約定之查詢方式為之。客戶以書面提出者，受任人應於接獲書面申請並確認無誤後，始得告知或提供客戶查詢資料，並應作成客戶查詢紀錄，以供備查。僅甲、丙正確。

45 (C)。根據「證券投資信託事業管理規則」第22條，證券投資信託事業為廣告、公開說明會及其他營業促銷活動時，不得有藉本會對證券投資信託基金募集之核准或生效，作為證實申請（報）事項或保證受益憑證價值之宣傳，不得使人誤信能保證本金之安全或保證獲利者，提供贈品或以其他利益勸誘他人購買受益憑證。

46 (A)。根據「證券投資信託事業證券投資顧問事業經營全權委託投資業務管理辦法」第14條，證券投資信託事業或證券投資顧問事業經營全權委託投資業務，不得從事證券相關商品以外之交易。

47 (C)。根據「中華民國證券投資信託暨顧問商業同業公會會員及其銷售機構通路報酬支付暨銷售行為準則」第3條，總代理人及證券投資信託事業贊助或提供其銷售機構之員工教育訓練及產品說明會，應以基金產品或產業、市場發展或有助於提昇銷售人員知識及能力等相關課程為主，且有一定之上課比重。故選(C)。

48 (C)。「證券投資信託及顧問法」第97條第2項：證券投資信託事業或證券投資顧問事業，因停業、歇業或顯然經營不善，主管機關得命其將全權委託投資契約移轉於經主管機關指定之其他證券投資信託事業或證券投資顧問事業經理。

49 (B)。根據「證券投資信託事業證券投資顧問事業經營全權委託投資業務管理辦法」第22條：(A)委託投資資產，應於簽約時一次全額存入全權委託保管機構；增加委託投資資產時，亦同。(C)全權委託投資契約及相關資料，於契約失效後至少保存五年。(D)證券經紀商或期貨經紀商之指定，由客戶自行為之；客戶僅指定一家證券經紀商或期貨經紀商者，應明確告知客戶相關風險。

50 (D)。基金短線交易費用應由投資人負擔，費用歸入基金資產。

111年 第2次投信投顧相關法規(含自律規範)

( ) **1** 若某證券投資信託基金投資於一家證交所創新板上市公司之股票，則此基金投資於該創新板上市公司股票之總金額，不得超過其基金淨資產之___? (A)1% (B)3% (C)5% (D)10%。

( ) **2** 甲為上市電子公司，有意投資金山投信公司，金山投信公司實收資本額為新臺幣四億元，請問甲公司投資金山投信公司之股份不得超過多少? (A)新臺幣一億元 (B)新臺幣二億元 (C)新臺幣三億元 (D)無上限規定。

( ) **3** 證券投資信託基金投資於槓桿型ETF，不得超過基金淨資產之___? (A)1% (B)3% (C)5% (D)10%。

( ) **4** 符合「鼓勵投信躍進計畫」之「基本必要條件」及三面向者，除基本優惠措施外，並可選擇另一項優惠措施，以下何者非可選用之獎勵優惠措施? (A)放寬送審基金檔數上限 (B)簡化特殊類型基金之申請程序 (C)永久放寬單一基金投資大陸地區有價證券總金額之上限 (D)縮短申報生效時間。

( ) **5** 吳先生將一億元委託墾丁投顧公司全權投資於有價證券，墾丁投顧公司如將一億元全部投資於上市上櫃股票，至少應分散投資於幾家公司之股票? (A)三家 (B)五家 (C)十家 (D)沒有限制。

( ) **6** 有關「鼓勵境外基金深耕計畫」面向一：提高境外基金機構在臺投資之評估指標敘述，何者有誤? (A)我國無設置據點之境外基金機構，其總代理人之產品分析人員超過金管會規定應配置最低人數 (B)我國無設置據點之境外基金機構，其總代理人之通路服務人員達到金管會規定高二級距的最低人數 (C)境外基金機構於我國之總代理人自申請日前三年無重大違規情事 (D)在臺設立證券投資信託

事業、證券投資顧問事業或證券商，且該等據點自申請日前三年無
重大違規情事。

(　　) **7** 經營證券投資信託事業應經何機關之許可？　(A)中央銀行　(B)財
政部　(C)國發會　(D)金融監督管理委員會。

(　　) **8** 有關投信公司經營全權委託業務，對於專責部門之規定何者正確？
(A)可指定大學畢業並具專業投資機構相關工作經驗四年以上者，
為該專責部門主管　(B)可由原專責投資分析部門擴增　(C)專責部
門業務人員須具備證券商業務人員之資格　(D)辦理投資或交易決
策之業務人員任何情況下皆不得兼任私募投信基金之投資或交易決
策人員。

(　　) **9** 投信事業向主管機關申請換發營業執照，應繳納之執照費用為：
(A)按法定最低實收資本額四千分之一計算　(B)新臺幣一千元
(C)新臺幣二千元　(D)新臺幣三千元。

(　　) **10** 下列何者為投信事業依規定應設置之基本部門？甲.投資研究；乙.財
務會計；丙.內部稽核；丁.法務　(A)甲、乙、丙、丁　(B)僅甲、
乙、丙　(C)僅甲、乙　(D)僅乙、丙。

(　　) **11** 證券投資信託事業經核准得投資下列哪些本國事業？甲.證券投資
顧問事業；乙.創業投資事業；丙.保險代理人　(A)僅甲　(B)僅乙
(C)僅甲、丙　(D)甲、乙、丙。

(　　) **12** 下列對於投信事業有關基金業務執行的規定，何者為是？　(A)公司
基金管理業務之相關執行程序及其事項，悉應遵守各證券投資信託
基金受益憑證發行計劃、證券投資信託契約之限制與規定　(B)除了
以善良管理人之注意管理受託管理資產，並得為自己、代理人、受
僱人或其他任何第三人謀取利益　(C)公司應採取合理步驟，以確定
客戶之真正身分，並於需要時要求檢視身分證明文件；另應確定客
戶之財務狀況、投資經驗及投資目標。所有程序應備存書面，以遵
守「公平交易法」之相關規定　(D)公司應與保管機構之資產各自

獨立，故無指示保管機構之權，也不可盤點檢查委託保管在保管機構之資產。

(　) **13** 證券投資信託基金投資於甲上市公司，若甲公司因財務困難，股票暫停交易期滿而終止交易，基金投資於甲公司股票之資產價值應如何計算？　(A)以暫停交易前一營業日收盤價計算　(B)以最近最新財務報告所列之每股淨值計算　(C)取前兩者較低者計算　(D)以零價值為計算。

(　) **14** 下列何者違反投信的交易室管理措施？　(A)執行交易下單之電腦設備置於交易室內　(B)執行交易下單之電腦設備置於交易室以外之獨立空間　(C)透過門禁管理系統紀錄　(D)為維護個人資料安全，門禁系統紀錄之人員出入狀況應三個月後自動銷毀、資料不予留存。

(　) **15** 若某投信基金召開基金受益人會議將電子投票列為行使表決權方式之一，電子投票相關事務可由何單位辦理？　(A)發行該基金之投信　(B)該基金之保管銀行　(C)集保結算所　(D)以上三者任一。

(　) **16** 投信事業募集基金之資產，應依主管機關所定比率與所定方式保持之，下列何者非主管機關所定方式？　(A)現金　(B)存放於銀行　(C)向票券商買入符合一定評等等級以上之短期票券　(D)購買利率交換契約。

(　) **17** 甲公司為基金銷售機構，乙公司非為基金銷售機構，當兩者展開聯合業務推展活動時，以下須注意事項中，何者敘述有誤？　(A)該聯合業務推展活動應事前向主管機關申請許可　(B)活動說明應讓投資人可以明確看出甲、乙非同一家公司　(C)甲公司應事先核閱乙公司之活動性質及內容　(D)乙公司之活動不得違反證券投資信託事業及基金銷售機構相關法令。

(　) **18** 違反證券投資信託基金管理辦法之規定者，應依何種法規之有關規定處罰？　(A)證券交易法施行細則　(B)公司法　(C)證券投資信託及顧問法　(D)證券投資信託事業管理規則。

（　）**19** 某投信發行一上市ETF，若欲對該ETF辦理分割或反分割作業，下列何者不符合辦理規定？　(A)須至證交所指定之網際網路資訊申報系統進行申報　(B)最晚須於停止變更受益人名簿記載日30日前提出申請　(C)申請時所檢附之作業計畫，為利作業彈性，可暫不填寫受益憑證停止過戶日期　(D)受益憑證停止過戶期間應為5日。

（　）**20** 投信事業之年報及月報，應送由何單位轉送何機構備查？　(A)證券商業同業公會；金管會　(B)投信投顧公會；金管會　(C)證交所；金管會　(D)投信投顧公會；證交所。

（　）**21** 下列有關投信基金投資有價證券之規定，何者錯誤？　(A)應委託證券經紀商交易　(B)指示基金保管機構辦理交割　(C)持有投資資產應登記於基金保管機構名下之基金專戶　(D)任何情況下均不得複委託第三人處理。

（　）**22** 投信公司或投顧公司從事廣告、公開說明會及其他營業活動所製作之宣傳資料、廣告物及相關紀錄應保存多久？　(A)1年　(B)2年　(C)3年　(D)5年。

（　）**23** 投顧事業經營全權委託投資業務，依法公司應設立哪些部門？甲.全權委託之專責部門；乙.投資研究部門；丙.秘書部門；丁.財務會計部門；戊.內部稽核部門；己.公關部門　(A)甲、乙、丁、戊　(B)甲、乙、丙、己　(C)甲、丁、戊、己　(D)乙、丁、戊、己。

（　）**24** 甲投信事業之董事李四，經查李四之配偶亦為乙上市公司之股東，請問李四之配偶持有乙上市公司已發行股份總數多少以上股份，李四即不得參與甲投信事業運用投信基金買賣乙上市公司股票之決定？　(A)5%　(B)10%　(C)15%　(D)20%。

（　）**25** 投信公司擔任1家境外基金管理機構之總代理人，需提存多少營業保證金？　(A)新臺幣2,000萬元　(B)新臺幣3,000萬元　(C)新臺幣5,000萬元　(D)新臺幣7,000萬元。

( ) **26** 甲投信公司對所經營之乙投信基金之保管，應注意之事項，下列何者為真？　(A)委由基金保管機構保管　(B)甲公司之債權人得對乙基金之資產請求　(C)乙基金資產與基金保管機構之各種基金同一帳戶保管分別設會計帳記錄　(D)基金保管機構對乙之基金資產與甲之自有財產統一保管。

( ) **27** 傘型基金以資產配置為其理念，下列有關傘型基金之規範敘述何者錯誤？　(A)傘型基金係於該基金下投資不同之子基金　(B)子基金依資產配置理念，選擇某一種類基金為區隔配置或交叉組合各種基金　(C)子基金數得超過三檔，且應依次申請同時募集　(D)子基金間不得有自動轉換機制，子基金間之轉換須由投資人申請方得辦理。

( ) **28** 違反投信投顧公會章則及公約，公會對該會員最高得處以新臺幣多少之違約金？　(A)30萬元　(B)50萬元　(C)100萬元　(D)300萬元。

( ) **29** 下列何者為投顧事業得為之行為？　(A)自行製播證券投資分析節目，找藝人來擔任節目主持人　(B)出資邀請網紅招攬客戶　(C)舊客戶推薦介紹新客戶加入會員成功，給予舊客戶推廣獎勵金　(D)以通訊軟體轉發分析師的股市分析建議給會員。

( ) **30** 投信或投顧運用全權委託投資資產從事證券相關商品交易，不能投資下列何種契約？　(A)臺灣期貨交易所的黃金期貨契約　(B)英國倫敦金屬交易所的銅期貨契約　(C)美國紐約商業交易所的原油期貨契約　(D)美國芝加哥商業交易所的比特幣期貨契約。

( ) **31** 下列證券投顧事業人員之行為，何者符合規定？　(A)為提高績效，與客戶為投資有價證券收益共享或損失分擔之約定　(B)得與客戶借貸有價證券　(C)以真實姓名從事證券投資分析活動　(D)為求準確分析，以紫微斗數方式為投資人作投資分析。

( ) **32** 投顧公司經核發營業執照後，如欲經營下列何種業務須另行申請核准後始得為之？甲.接受客戶全權委託投資業務；乙.舉辦免費之

證券投資分析講習；丙.發行證券投資出版品　(A)僅甲　(B)僅乙
(C)僅甲、丙　(D)甲、乙、丙皆是。

(　　) **33** 全權委託投資契約之受任人運用全權委託投資資產買賣有價證券而
經由證券商退還手續費，應如何處理？　(A)列為管理報酬　(B)作
為客戶買賣交易成本之減項　(C)作為投資獲利　(D)累積為客戶委
託投資資產。

(　　) **34** 「證券投資顧問事業從業人員行為準則」為投顧公司委任或聘僱契
約之一部分，如有受僱人員違反該行為準則時，下列何者非該受
僱人員可能遭受公司所為之處分？　(A)警告　(B)懲戒　(C)解僱
(D)註銷業務人員資格證書。

(　　) **35** 證券投資顧問事業申請經營全權委託投資業務，下列何者非為應具
備條件？　(A)實收資本額達新臺幣五千萬元以上　(B)具有經營全
權委託投資業務能力　(C)營業滿二年　(D)取得營業執照已滿一個
會計年度者，最近期經會計師查核簽證之財務報告每股淨值不低於
面額。

(　　) **36** 投信事業運用每一投信基金應於會計年度終了後多久內編具年度
財務報告，於每月終了後多久編具月報？　(A)二個月、二十日
(B)三個月、十日　(C)二個月、十日　(D)三個月、二十日。

(　　) **37** 張三擔任甲投信公司之總經理，張三之下列行為何者符合證券投資
信託管理法令之規範？　(A)投資於上櫃之乙投信公司股票不超過
5%　(B)經股東會同意兼任甲投信公司之董事長　(C)經股東會同意
兼任丙投信公司之總經理　(D)請假時公司應指派具有符合擔任總
經理資格之代理人代理之。

(　　) **38** 證券投資信託事業為募集證券投資信託基金，其所發行之有價證
券為：　(A)基金股份　(B)受益憑證　(C)認股權證　(D)換股權
利證書。

（　　）**39** 境外基金管理機構得在國內對下列何者進行境外基金之私募？甲.銀行業；乙.票券業；丙.信託業；丁.保險業　(A)僅丙、丁　(B)僅甲、乙、丙　(C)僅甲、丁　(D)甲、乙、丙、丁皆可。

（　　）**40** 證券投資顧問事業之經手人員於在職期間依公司規定定期彙總申報本人及利害關係人帳戶交易狀況，所稱利害關係人為：　(A)本人之父母投資　(B)本人二等親之姻親投資　(C)本人三等親之血親投資　(D)本人、配偶及其未成年子女利用他人名義投資受有利益者。

（　　）**41** 依投顧事業設置標準第五條規定，成立投顧事業之實收資本額不得少於新臺幣多少元？　(A)1,000萬元　(B)2,000萬元　(C)3,000萬元　(D)4,000萬元。

（　　）**42** 下列有關投顧事業從事廣告及其他營業活動行為之敘述，何者為合法行為？　(A)所提供證券投資服務之績效、內容無任何證據，於廣告中表示較其他業者為優　(B)於有線電視頻道播出之節目從事投資分析之同時，播出招攬客戶之廣告　(C)以聯合主力外圍進行股價炒作作為訴求，進行有價證券之推介行為　(D)在證交所或櫃買中心交易時間及其開盤前與收盤後一小時以外之時段，在廣播或電視傳播媒體，根據合理分析基礎及依據對不特定人就個別有價證券進行推介行為。

（　　）**43** 下列有關證券投資顧問公司人員行為之敘述何者錯誤？　(A)提供研究分析建議時，應作成投資分析報告，載明分析之基礎及根據，並提供客戶投資組合之基本特性與相關風險　(B)應避免關係企業間、不同部門與不同職務人員間傳遞機密　(C)運用全權委託投資資產為有價證券投資時，應關注投資標的發行公司之公司治理情形　(D)非任職期間內或期間終止後，可洩漏或利用其於受僱期間內所獲得之資訊。

（　　）**44** 下列投顧事業使用社群媒體及網站從事業務招攬之行為規定，何者敘述錯誤？　(A)公司應建立內部管理機制　(B)僅限轉貼公司依公

會規定審核通過之資料　(C)審核通過之資料不得添載其他與業務相關之廣告宣傳文字　(D)業務人員得依需要略微調整更動審核通過之內容。

(　) **45** 下列何種行為非屬證券投資顧問事業從事廣告及營業活動行為規範所指之「廣告」或「公開說明會及其他營業活動」？　(A)於大樓外牆之跑馬燈顯示公司名稱及服務事項　(B)於自宅中與固定之友人為證券價值分析之研討　(C)於雜誌中置入宣傳公司證券投資分析之專題報導　(D)在捷運車廂廣告看板上宣傳公司的基金產品。

(　) **46** 下列有關以自動化工具提供證券投資顧問服務之再平衡交易之敘述，下列何者錯誤？　(A)須達到執行門檻且符合再平衡交易之約定條件才能執行再平衡　(B)以自動化工具提供證券投資顧問服務，投資標的必為經金管會核准或申報生效得募集及銷售之證券投資信託基金或境外基金　(C)電腦系統自動為客戶執行再平衡交易後，應即時將交易執行結果通知客戶　(D)須於內部控制制度中訂定交易頻率之監控管理措施。

(　) **47** 投信公司為保本型基金製作廣告時，保本型基金為保證型者，其應揭示之警語，以下何者錯誤？　(A)投資人持有本基金至到期日時，始可享有＿＿＿%的本金保證　(B)本基金經金管會核准，表示本基金絕無風險　(C)投資人於到期日前買回者或有本基金信託契約第＿＿＿條或公開說明書所定應終止之情事者，不在保證的範圍　(D)應於廣告內容中以顯著字體刊印。

(　) **48** 下列何者非投信投顧公會廣告及營業活動行為規範訂定之目的？　(A)提昇業者自律精神　(B)維護事業專業形象　(C)保障投資收益　(D)保障投資人權益。

(　) **49** 投信事業經主管機關核准經營全權委託投資業務，應檢具「會計師專案審查全權委託投資業務內部控制制度之審查報告」，向主管機關申請換發營業執照，所稱「會計師」乃指：　(A)應以得辦理公

開發行公司財務報告查核簽證業務之會計師為限　(B)應以會計師事務所之合夥會計師為限　(C)應具備會計師三年以上之執業經驗(D)會計師公會之會員皆是。

(　　) **50** 有關投信事業業務之經營，下列敘述何者錯誤？　(A)得經營證券投資信託業務　(B)不得兼營證券投資顧問事業　(C)得經營全權委託投資業務　(D)得募集證券投資信託基金發行受益憑證。

解答與解析

1 (A)。根據「證券投資信託基金管理辦法」第10條第1項規定之令，每一基金投資任一創新板上市公司股票之總金額，不得超過本基金淨資產價值之百分之一。

2 (A)。根據「證券投資信託事業設置標準」第9條，證券投資信託事業之股東，除符合前條資格條件者外，每一股東與其關係人及股東利用他人名義持有股份合計，不得超過該公司已發行股份總數百分之二十五。四億元*25%=一億元。

3 (D)。有關「證券投資信託基金管理辦法」第10條第1項所定「本會另有規定」：證券投資信託事業運用證券投資信託基金資產，投資期貨信託事業對不特定人募集之期貨信託基金、證券交易市場交易之反向型ETF（Exchange Traded Fund）、商品ETF、槓桿型ETF之比例，不得超過本基金淨資產價值之百分之十。

4 (C)。根據「鼓勵投信躍進計畫」，符合「基本必要條件」及三面向，

除基本優惠措施外，並可選擇下列一項優惠措施；若另再達成其他對提升我國資產管理業務經營與發展有具體績效貢獻事項，最多可選擇二優惠措施：(1)放寬投信事業每次送審之基金檔數上限。(2)依據證券投資信託事業募集證券投資信託基金處理準則第十二條第三項第二款但書規定，縮短申報生效期間為十二個營業日。(3)簡化特殊類型基金之申請程序。如因產品設計涉及法規修正者，得經向本會申請核准後，遞延使用本優惠措施。(4)在符合相關法令規範下之其他優惠或便利措施。

5 (B)。「證券投資信託事業證券投資顧問事業經營全權委託投資業務管理辦法」第17條：證券投資信託事業或證券投資顧問事業運用委託投資資產應分散投資，每一全權委託投資帳戶投資任一公司股票、公司債或金融債券及認購權證之總金額，不得超過該全權委託投資帳戶淨資產價值之百分之二十。

6 (B)。根據「鼓勵境外基金深耕計畫」第3項，應為我國無設置據點之境外基金機構，其總代理人之通路服務人員達到金管會規定高一級距的最低人數。

7 (D)。「證券投資信託事業證券投資顧問事業經營全權委託投資業務管理辦法」第3條：證券投資信託事業或證券投資顧問事業經營全權委託投資業務應向金融監督管理委員會申請核准。

8 (A)。(B)根據「證券投資信託事業證券投資顧問事業經營全權委託投資業務管理辦法」第8條，證券投資信託事業或證券投資顧問事業經營全權委託投資業務，應設置專責部門，並配置適足、適任之主管及業務人員。(C)根據「證券投資顧問事業負責人與業務人員管理規則」第5條，專責部門業務人員應具備下列資格之一：一、依前條第一項規定取得證券投資分析人員資格。二、經同業公會委託機構舉辦之證券投資信託及顧問事業之業務員測驗合格。三、經證券商同業公會委託機構舉辦之證券商高級業務員測驗合格，或已取得原證券主管機關核發之證券商高級業務員測驗合格證書。四、曾擔任國內、外基金經理人工作經驗一年以上。五、信託業公會或其認可金融專業訓練機構舉辦之信託業務專業測驗合格者，並經同業公會委託機構舉辦之證券投

資信託及顧問事業法規測驗合格。六、經教育部承認之國內外大學以上學校畢業或具有同等學歷，擔任證券、期貨機構或信託業之業務人員三年以上。(D)根據「證券投資顧問事業負責人與業務人員管理規則」第7條，他業兼營全權委託投資業務者，其辦理投資或交易決策之業務人員得兼任私募證券投資信託基金、對符合一定資格條件之人募集期貨信託基金或全權委託期貨交易業務之投資或交易決策人員。故選(A)。

9 (B)。「證券投資信託事業設置標準」第48條第3項：證券投資信託事業申請換發營業執照時，應繳納執照費新臺幣一千元。

10 (B)。「證券投資信託事業設置標準」第10條：證券投資信託事業應至少設置投資研究、財務會計及內部稽核部門。

11 (D)。依據「證券投資信託事業管理規則」第12條第1項第5款規定，核准證券投資信託事業得運用自有資金之用途如下：(一)投資於本國期貨交易所，投資金額不得超過該證券投資信託事業實收資本額百分之十。但證券投資信託事業投資時，該事業經會計師查核簽證之最近年度財務報告所列淨值低於實收資本額者，上開百分之十計算以淨值為準。(二)投資於金融科技產業，包括

金融資訊服務公司、行動支付業、第三方支付業及大數據處理業。(三)投資於臺灣集中保管結算所股份有限公司及財團法人中華民國證券櫃檯買賣中心轉投資成立從事基金網路銷售業務之公司。(四)投資於本國保險代理人公司或保險經紀人公司。(五)投資於本國證券投資顧問事業。(六)投資於本國創業投資事業及創業投資管理顧問公司。

12 (A)。 根據「中華民國證券投資信託暨顧問商業同業公會證券投資信託事業經理守則」第11條：(B)除了以善良管理人之注意管理受託管理資產，不得為自己、代理人、受僱人或其他任何第三人謀取利益。(C)公司應採取合理步驟，以確定客戶之真正身分，並於需要時要求檢視身分證明文件；另應確定客戶之財務狀況、投資經驗及投資目標。所有程序應備存書面，以遵守「洗錢防制法」之相關規定。(D)公司於法令許可範圍內，有指示保管機構之權，並不定期盤點檢查委託保管之資產。故選(A)。

13 (D)。 根據「中華民國證券投資信託暨顧問商業同業公會全權委託投資資產價值之計算標準」第2條，因財務困難而暫停交易股票，若暫停交易期滿而終止交易，基金之資產價值以零價值為計算標準，俟出售該股票時再以售價計算之。

14 (D)。 根據「中華民國證券投資信託暨顧問商業同業公會證券投資信託事業經理守則」第9條，交易室人員出入應予以適當管制，並以門禁管理系統或設置出入登記簿記錄人員出入狀況。相關記錄應留存備查並應適時檢視人員出入之權限。

15 (C)。 「證券投資信託基金受益人會議準則」第7條第3項：受益人會議採電子方式行使表決權時，其電子投票相關事務應委託證券集中保管事業或其他經本會核准之機構辦理。

16 (D)。 「證券投資信託及顧問法」第30條第1項：證券投資信託事業就每一證券投資信託基金之資產，應依主管機關所定之比率，以下列方式保持之：一、現金。二、存放於銀行。三、向票券商買入短期票券。四、其他經主管機關規定之方式。

17 (A)。 中華民國證券投資信託暨顧問商業同業公會「會員及其銷售機構從事廣告及營業活動行為規範」第8條之4：證券投資信託事業、總代理人及基金銷售機構與非銷售機構於合作範圍內從事業務推展活動，應遵守下列原則：一、不得利用與非銷售機構合作從事業務推展活動，規避基金銷售法規而有違反證券投資信託事業及基金銷售機構相關法令。二、應於合作時確認合作之非銷售機構不涉及基金銷售等特許金

融業務經營，且應以顯著方式為相關說明或標註使投資人得以分辨非銷售機構平台與基金銷售平台之區別。三、非銷售機構就與證券投資信託事業、總代理人及基金銷售機構於合作範圍內從事業務推展活動時，證券投資信託事業及總代理人應事先核閱非銷售機構之活動性質及內容。

18 (C)。「證券投資信託基金管理辦法」第1條：本辦法依證券投資信託及顧問法第十一條第四項、第十四條第一項、第十七條第三項、第十八條第一項、第十九條、第二十二條第四項、第二十五條第二項及第四十六條規定訂定。

19 (C)。「臺灣證券交易所股份有限公司上市指數股票型基金受益憑證分割及反分割作業程序」第3條：證券投資信託事業或期貨信託事業經理之上市指數股票型基金受益憑證辦理分割或反割作業者，應至遲於停止變更受益人名簿記載日三十日前檢具主管機關核准函、指數股票型基金受益憑證分割或反分割申請書及作業計畫等書件，向本公司提出申請，並在本公司指定之網際網路資訊申報系統申報。

20 (B)。「證券投資信託基金管理辦法」第76條：年度財務報告、半年度財務報告及月報之申報，應送由投信投顧公會彙送金融監督管理委員會。

21 (D)。「證券投資信託基金管理辦法」第5條第1項：證券投資信託事業對於基金資產之運用有指示權，並應親自為之，除本會另有規定外，不得複委任第三人處理。故(D)有誤。

22 (B)。「證券投資顧問事業管理規則」第12條第3項：從事廣告、公開說明會及其他營業促銷活動製作之宣傳資料、廣告物及相關紀錄應保存二年。

23 (A)。「證券投資信託事業證券投資顧問事業經營全權委託投資業務管理辦法」第8條：除專責部門外，證券投資信託事業或證券投資顧問事業並應至少設置投資研究、財務會計及內部稽核部門。

24 (A)。「證券投資信託及顧問法」第78條：證券投資信託事業之負責人、部門主管、分支機構經理人或基金經理人本人或其配偶，有擔任證券發行公司之董事、監察人、經理人或持有已發行股份總數百分之五以上股東者，於證券投資信託事業運用證券投資信託基金買賣該發行公司所發行之證券時，不得參與買賣之決定。

25 (B)。「境外基金管理辦法」第10條：投信公司擔任一家境外基金管理機構所管理之基金時，應提存營業保證金新臺幣三千萬元。

26 (A)。「證券投資信託基金管理辦法」第57條：證券投資信託事業經理之基金資產，與證券投資信託事業及基金保管機構之自有財產，應分別獨立。證券投資信託事業及基金保管機構就其自有財產所負之債務，其債權人不得對於基金資產為任何請求或行使其他權利。基金保管機構應依本法、本法授權訂定之命令及證券投資信託契約之規定，按基金帳戶別，獨立設帳保管基金。

27 (C)。根據「證券投資信託基金管理辦法」第24條，證券投資信託事業得募集發行具資產配置理念之傘型基金，子基金數不得超過三檔，且應一次申請同時募集。

28 (D)。根據「中華民國證券投資信託暨顧問商業同業公會會員違規處置申復辦法」第7條，違反投信投顧公會章則及公約，處以新臺幣十萬元以上、三百萬元以下之違約金。

29 (D)。根據「證券投資顧問事業管理規則」第13條，不得自行或委託他人製播之證券投資分析節目，以非事業之受僱人擔任節目主持人。不得利用非專職人員招攬客戶或給付不合理之佣金。故選(D)。

30 (D)。根據「證券投資信託事業證券投資顧問事業經營全權委託投資業務管理辦法」第16條，證券投資信託事業或證券投資顧問事業運用委託投資資產從事證券相關商品交易，其交易範圍應符合經本會依期貨交易法第五條公告期貨商得受託從事交易與證券相關之期貨契約、選擇權契約及期貨選擇權契約。期貨交易法公告之期貨契約不包含美國芝加哥商業交易所的比特幣期貨契約。

31 (C)。「證券投資顧問事業負責人與業務人員管理規則」第15條，證券投顧事業人員不得與客戶為投資有價證券收益共享或損失分擔之約定，不得與客戶有借貸款項、有價證券，或為借貸款項、有價證券之居間情事，不得藉卜筮或怪力亂神等方式，為投資人作投資分析。

32 (A)。「證券投資信託事業證券投資顧問事業經營全權委託投資業務管理辦法」第3條：證券投資信託事業或證券投資顧問事業經營全權委託投資業務應向金融監督管理委員會申請核准。任何人非經前項核准，不得經營有價證券全權委託投資業務。

33 (B)。「證券投資信託事業證券投資顧問事業經營全權委託投資業務管理辦法」第28條第6項：證券投資信託事業或證券投資顧問事業運用委託投資資產買賣有價證券、證券相關商品或其他經本會規定得投資或交易項目者，應將證券經紀商、期貨經紀商或其他交易對手退還之手續費或給付之其他利益，作為客戶買賣成本之減少。

解答與解析

34 (D)。「中華民國證券投資信託暨顧問商業同業公會證券投資顧問事業從業人員行為準則」第4條：本行為準則為公司委任或聘僱契約之一部份，負責人、業務人員及所有受僱人員如違反本行為準則時，可能遭受公司之警告、懲戒或解僱處分。若同時違反法律或主管機關之相關規定時，亦將遭受司法機關或行政機關之訴追或處分。

35 (C)。根據「證券投資信託事業證券投資顧問事業經營全權委託投資業務管理辦法」第5條，證券投資顧問事業申請經營全權委託投資業務，無須營業滿二年。

36 (C)。「證券投資信託及顧問法」第100條第1項：證券投資信託事業運用每一證券投資信託基金，應依主管機關規定之格式及內容於每會計年度終了後二個月內，編具年度財務報告；於每月終了後十日內編具月報，向主管機關申報。

37 (D)。「證券投資信託事業負責人與業務人員管理規則」第17條：證券投資信託事業之經理人或業務人員請假、停止執行業務或其他原因出缺者，所屬證券投資信託事業應指派具有與被代理人相當資格條件之人員代理之。

38 (B)。「證券投資信託及顧問法」第3條：本法所稱證券投資信託，指向不特定人募集證券投資信託基金發行受益憑證，或向特定人私募證券投資信託基金交付受益憑證，從事於有價證券、證券相關商品或其他經主管機關核准項目之投資或交易。

39 (D)。「境外基金管理辦法」第52條：境外基金機構得在國內對下列對象進行境外基金之私募：一、銀行業、票券業、信託業、保險業、證券業、金融控股公司或其他經本會核准之法人或機構。二、符合本會所定條件之自然人、法人或基金。

40 (D)。根據「中華民國證券投資信託暨顧問商業同業公會證券投資顧問事業從業人員行為準則」第7條，所稱利害關係人包括：一、本人配偶及其未成年子女。二、本人、配偶及其未成年子女利用他人名義投資有價證券及其衍生性金融商品而直接或間接受有利益者。

41 (B)。「證券投資顧問事業設置標準」第5條：證券投資顧問事業之組織，以股份有限公司為限，其實收資本額不得少於新臺幣二千萬元。

42 (D)。「中華民國證券投資信託暨顧問商業同業公會證券投資顧問事業從事廣告及營業活動行為規範」第6條，投顧事業從事廣告及其他營業活動，不得對所提供證券投資服務之績效、內容或方法無任何證據時，於廣告中表示較其他業者為優，不得於傳播媒體從事投資分析之同時，有招攬客戶之廣告行為。

不得以主力外圍、集團炒作、內線消息或其他不正當或違反法令之內容，作為招攬之訴求及推介個別有價證券之依據。僅(D)正確。

43 (D)。「中華民國證券投資信託暨顧問商業同業公會證券投資顧問事業從業人員行為準則」第26條：非因職務需要或公司書面同意，不得於任職期間內或期間終止後，洩露或利用公司或其客戶任何機密、通訊往來、帳戶、關係或交易，或任何其於受僱期間所接觸獲得之資訊，亦不得藉由該項資訊獲取財務利益。

44 (D)。「中華民國證券投資信託暨顧問商業同業公會證券投資顧問事業從業人員行為準則」第24條之1：業務人員使用電子郵件、群組電子郵件、佈告欄及網站（包括但不限於網站聊天室、個人部落格及臉書等社群媒體）從事業務招攬之行為，公司應建立內部管理機制。業務人員於第一項所列傳播媒體使用之廣告，僅限轉貼公司依本公會「會員及其銷售機構從事廣告及營業活動行為規範」規定經公司內部法令遵循部門或權責部門主管適當審核通過之資料，業務人員不得變動其內容；亦不得添載其他與業務相關之廣告宣傳文字。

45 (B)。中華民國證券投資信託暨顧問商業同業公會「會員及其銷售機構從事廣告及營業活動行為規範」第5條：本行為規範所稱廣告，指

以促進業務為目的，運用下列傳播媒體，就第二條業務及其相關事務為傳遞、散布或宣傳：一、報紙、雜誌等出版物、期刊或其他出版印刷刊物。二、DM、信函廣告、貼紙、日（月）曆、投資說明書、傳單、電話簿、海報、廣告稿、簡報、公開說明書或其他印刷物。三、看板、布條、招牌、牌坊、公車或其他交通工具上之廣告或其他任何形式之靜止或活動之工具與設施等。四、電視、電影、電話、電腦、傳真、手機簡訊、幻燈片、廣播、廣播電台、跑馬燈或其他通訊傳播媒體等。五、與公共領域相關之網際網路、電子郵件、電子看板、電子視訊、電子語音或其他電子通訊傳播設備。六、新聞稿。七、其他任何形式之廣告宣傳。故選(B)。

46 (B)。為落實普惠金融，提供小額投資人更完整之自動化理財服務，金管會經參酌投信投顧公會建議，於保障投資人權益之前提，並在兼顧符合法制架構及實務需求下，放寬投顧事業從事自動化投顧服務（Robo-Advisor）有關自動再平衡交易之規範，業者事先與客戶於契約中約定在達到執行門檻且符合再平衡交易之約定條件情況時，可由電腦系統自動為客戶執行再平衡交易，該再平衡交易之約定條件除現行維持原約定之投資標的及投資比例為條件外，新增如業者與客戶約

定之投資標的為經金管會核准或申報生效得募集及銷售之證券投資信託基金或境外基金，亦可在不超過與客戶事先約定之可投資基金名單（上限為30檔標的）及一定變動程度（各投資標的之投資比例變動絕對值合計數未超過60%）範圍內自動執行，由業者與客戶就兩種再平衡條件擇一進行約定。

47 (B)。根據「中華民國證券投資信託暨顧問商業同業公會境外基金廣告及營業促銷活動行為規範」第9條，應更正為本基金經行政院金融監督管理委員會核准或申報生效在國內募集及銷售，惟不表示絕無風險。

48 (C)。中華民國證券投資信託暨顧問商業同業公會「會員及其銷售機構從事廣告及營業活動行為規範」第2條：本公會會員及其銷售機構，為經營、辦理或推展證券投資信託、證券投資顧問、全權委託投資與境外基金相關業務，從事廣告、公開說明會及其他營業活動時，應恪遵證券投資信託及顧問法、相關法令規定及本行為規範，以提升自律、維護專業形象並保障投資人權益。故選(C)。

49 (A)。根據「證券投資信託事業證券投資顧問事業經營全權委託投資業務管理辦法」第7條第2項，所稱會計師，應以得辦理公開發行公司財務報告查核簽證業務之會計師為限。

50 (B)。「證券投資信託及顧問法」第66條：證券投資信託事業及證券投資顧問事業符合主管機關所定之條件並取得許可者，得互相兼營。

111年 第3次投信投顧相關法規(含自律規範)

( ) **1** 有關證券投資信託事業業務之經營，下列敘述何者錯誤？ (A)提供分析意見或推介建議 (B)接受客戶全權委託投資業務 (C)運用證券投資信託基金從事證券及其相關商品之投資 (D)向特定人私募證券投資信託基金交付受益憑證。

( ) **2** 投信事業申請募集第二個基金，應於該申請案核准通知函送達日起多久期間內開始募集？ (A)二個月 (B)三個月 (C)四個月 (D)六個月。

( ) **3** 下列敘述何者有誤？ (A)基金保管機構應以善良管理人之注意義務及忠實義務，並本誠實信用原則，保管基金資產 (B)基金保管機構之董事、監察人、經理人、業務人員及其他受僱人員，不得以職務上所知悉之消息從事有價證券買賣之交易活動或洩漏予他人 (C)投資基金產生虧損時，基金保管機構應為基金受益人之權益向投信事業追償 (D)基金保管機構之代理人、代表人或受僱人，履行投信契約規定之義務有故意或過失時，基金保管機構應與自己之故意或過失負同一責任。

( ) **4** 下列有關投信基金投資有價證券之規定，何者錯誤？ (A)應委託證券經紀商交易 (B)指示基金保管機構辦理交割 (C)持有投資資產應登記於基金保管機構名下之基金專戶 (D)任何情況下均不得複委託第三人處理。

( ) **5** 信託業以信託方式兼營全權委託投資業務，於經客戶同意可使第三人代為處理全權委託投資業務，所稱第三人係指經核准得經營全權委託之何事業？甲.經核准得經營全權委託之信託業；乙.投信業；丙.投顧業 (A)僅甲 (B)僅乙 (C)僅甲、丙 (D)甲、乙、丙皆是。

( ) **6** 某投信發行一上市ETF，若欲對該ETF辦理分割或反割作業，下列何者不符辦理規定？ (A)須向證交所提出申請 (B)最晚須於停止變更受益人名簿記載日10日前提出申請 (C)申請時須檢附主管機關核准函 (D)作業計畫須訂明受益憑證單位數分割或反分割之比率。

( ) **7** 投信公司募集發行ESG基金後，須在年度結束後多久以內，向投資者定期揭露ESG評估資訊？ (A)1個月 (B)2個月 (C)3個月 (D)4個月。

( ) **8** 私募基金依信託契約規定，下列敘述何者有誤？ (A)依投信契約規定私募基金應向受益人報告基金每一受益權單位之淨資產價值 (B)私募基金之買回程序及買回價金之給付期限，應依證券投資信託契約之規定辦理 (C)私募基金之年度財務報告應依證券投資信託契約之規定向受益人報告 (D)私募基金之年度財報，除向主管機關申報外並應於報紙公告。

( ) **9** 吳先生將一億元委託墾丁投顧公司全權投資於有價證券，墾丁投顧公司如將一億元全部投資於上市上櫃股票，至少應分散投資於幾家公司之股票？ (A)三家 (B)五家 (C)十家 (D)沒有限制。

( ) **10** 投信事業經營全權委託投資業務，其股東或關係企業為證券商者，下列何者應與全權委託投資業務分離？甲.證券自營商投資決策人員；乙.證券承銷商所承銷有價證券定價決策相關資訊；丙.證券經紀商為客戶所為之推介 (A)僅甲、乙須分離 (B)僅甲須分離 (C)僅乙、丙須分離 (D)甲、乙、丙皆須分離。

( ) **11** 若某投信基金召開基金受益人會議，投資人可以透過何種方式進行投票？ (A)僅能親自出席 (B)僅能書面 (C)僅能電子投票 (D)親自出席、書面或電子投票均可。

( ) **12** 受主管機關依證券投資信託及顧問法規定解除職務之處分者，於幾年內不得擔任投信事業或投顧事業之發起人、負責人及業務人員？ (A)1年 (B)2年 (C)3年 (D)5年。

( ) **13** 下列何者非投信事業運用投信基金投資有價證券時所為之行為？
(A)可指示基金保管機構辦理交割 (B)將持有投資資產登記於基金保管機構名下之基金專戶 (C)交易須以現款現貨為之 (D)除法令另有規定外，應委託證券自營商為之。

( ) **14** 投信基金投資所得應分配之收益，應於會計年度結束後幾個月內分配之？ (A)3個月 (B)4個月 (C)5個月 (D)6個月。

( ) **15** 投信基金之買回價格，應以何日之基金淨資產價值核算之？ (A)請求買回到達投信事業或其代理機構之當日或次一營業日 (B)請求買回到達投信事業或其代理機構之次日 (C)請求買回到達投信事業或其代理機構之次二營業日 (D)請求買回到達投信事業或其代理機構之前一營業日。

( ) **16** 全權委託契約客戶委託投資資產之淨資產價值減損達原委託投資資產多少比例以上時，受託人應於規定期間內，編製法定書件送達客戶？ (A)50% (B)10% (C)30% (D)20%。

( ) **17** 投信投顧事業經營全權委託投資業務，對客戶之委託投資資產，應如何保管之？ (A)得經客戶同意後保管 (B)不得以任何理由保管 (C)得經董事會同意後保管 (D)得經投信投顧公會同意後保管。

( ) **18** 投信及投顧公司與客戶簽訂全權委託投資契約前，應將全權委託投資之相關事項指派專人向客戶詳細說明，並交付全權委託投資說明書，下列何者非為該說明書應載明之事項？ (A)該事業全權委託投資業務部門主管及業務人員之學經歷 (B)該事業經營全權委託投資業務之績效 (C)投資或交易風險警語 (D)收費方式。

( ) **19** 依據全權委託投資業務管理辦法，對於投顧事業財務報表中淨值，應如何認定？甲.經最近期會計師查核簽證；乙.經董事會通過；丙.經監察人承認 (A)僅甲、乙 (B)僅乙、丙 (C)僅甲、丙 (D)甲、乙、丙皆是。

(　) **20** 投信事業應將證券投資信託基金之公開說明書、有關銷售之文件、證券投資信託契約及最近期財務報告，置於何處以供查閱？　(A)金管會　(B)證券交易所　(C)證券暨期貨市場發展基金會　(D)營業處所及其基金銷售機構之營業處所。

(　) **21** 投信事業向主管機關申請換發營業執照，應繳納之執照費用為：　(A)按法定最低實收資本額四千分之一計算　(B)新臺幣一千元　(C)新臺幣二千元　(D)新臺幣三千元。

(　) **22** 某投顧總部在台北，目前已獲許可經營全權委託投資業務，近期在南部開設一新分公司，希望分公司能也協助推廣及招攬全權委託投資業務，需經何種流程？　(A)向金管會申請核准　(B)向金管會申報備查　(C)向投信顧公會申報備查　(D)不須經作業流程，分公司自動獲得經營全權委託投資業務之資格。

(　) **23** 有關投信事業設置標準第八條有關專業發起人之規定，下列何者錯誤？　(A)一定要是本國機構才可擔任發起人　(B)發起人（或控股50%以上且符合條件之子公司）成立必定滿三年　(C)非綜合之證券商不能擔任發起人　(D)投信事業應於發起人轉讓持股前須申報金管會備查。

(　) **24** 下列何者非投顧事業自有資金之用途？　(A)銀行存款　(B)購買國內政府債券　(C)提供委託人直接融資　(D)購買商業票據。

(　) **25** 下列何者非「證券投資顧問事業從業人員行為準則」所稱之經手人員？　(A)公司之負責人　(B)擔任證券投資分析之人員　(C)公司之客戶　(D)公司之受僱人員而得提供投資建議者。

(　) **26** 投信事業從事廣告及營業促銷活動行為規範所稱投信事業之各種廣告宣傳方式，下列何者正確？甲.公開說明書；乙.投資說明書；丙.電子郵件；丁.傳單　(A)僅甲、乙　(B)僅丙、丁　(C)僅甲、乙、丁　(D)甲、乙、丙、丁。

(　) **27** 投顧事業可否從事期貨或衍生性商品之宣導廣告？　(A)應申請公會
核准　(B)應取得兼營期貨顧問業務之許可　(C)事實發生後向同業
公會報備　(D)事實發生後向金管會報備。

(　) **28** 有關自動化工具提供證券投資顧問服務之再平衡交易，若要對原投
資組合的標的及投資比例進行調整，各投資標的之投資比例變動絕
對值合計數不得超過？　(A)25%　(B)50%　(C)60%　(D)100%。

(　) **29** 違反證券投資信託事業管理規則者，除依證券投資信託及顧問法有
關規定處罰外，主管機關並得於幾年內停止受理該事業募集證券投
資信託基金之申請案件？　(A)一年　(B)二年　(C)三年　(D)五年。

(　) **30** 受益人之收益分配請求權，自收益發放日起多久內不行使而消滅？
(A)1年　(B)2年　(C)3年　(D)5年。

(　) **31** 投信公司取得營業執照後，首次募集之基金應符合下列何種條件？
(A)國內募集投資國外　(B)投信基金最低成立金額為新臺幣20億元
(C)封閉式基金無分散標準之規定　(D)所募集之開放式基金無閉鎖
期規定。

(　) **32** 有關投信事業募集基金、運用基金資產應遵守之規定，何者有誤？
(A)不得投資於未上市、未上櫃股票或私募有價證券　(B)不得從事
證券信用交易　(C)不得轉讓基金所購入股票發行公司股東會之委託
書　(D)不得投資正向浮動利率債券。

(　) **33** 基金經理公司運用證券投資信託基金所持有之資產，如發生重大特
殊事件，致基金資產按現行計算標準計算無法反映公平價格之情
況，應如何計算基金淨值？　(A)應依最後可得之報價評價，但對
計算出之淨值另予備註說明　(B)應以買入成本評價　(C)應停止計
算淨值並暫停基金申購贖回　(D)應依內部控制所載，啟動例外狀
況之處理作業程序。

(　　) **34** 投信投顧公會對有關投顧事業全權委託業務經營之申請出具審查意見，下列敘述何者正確？　(A)申請核准經營全權委託業務經金管會核准後，再出具審查意見　(B)經金管會核准換發營業執照後，再出具審查意見　(C)申請核准經營全權委託業務及申請換發營業執照時，均先由投信投顧公會出具審查意見後再轉報金管會　(D)向金管會申請核准、投信投顧公會具審查意見沒有先後順序之分。

(　　) **35** 下列有關全權委託投資業務資產管理之敘述何者錯誤？　(A)投信投顧事業接受客戶之委託投資資產，與投信投顧事業及全權委託保管機構之自有資產，應分別獨立　(B)投信投顧事業以委任方式經營全權委託業務，應由客戶將資產全權委託保管機構保管或信託移轉予保管機構　(C)投信投顧事業及全權委託保管機構對其自有財產所負債務，其債權人得對委託投資資產行使其權利　(D)除信託業兼營全權委託投資業務，得自行保管信託財產外，投信投顧事業不得保管受託投資資產。

(　　) **36** 投信事業之負責人、部門主管、分支機構經理人、基金經理人及其關係人從事上市、上櫃公司股票交易，應向何人申報？　(A)金管會　(B)所屬投信事業　(C)投信投顧公會　(D)臺灣證券交易所。

(　　) **37** 境外基金之募集及銷售不成立時，總代理人應依境外基金管理辦法規定，將款項退款至何者帳戶？　(A)投資人指定之銀行帳戶　(B)總代理人　(C)銷售機構　(D)選項(A)(B)(C)皆可。

(　　) **38** 部分境外基金對於在短時間內對同一基金進行申購後買回，視為短線交易並收取短線交易買回費用，下對短線交易費用之敘述何者不正確？　(A)相關資訊應公告於基金資訊觀測站之短線交易公告專區　(B)短線交易之認定應有明確之天期　(C)基金交易確認書中應將短線交易買回費與一般買回交易金額分別列示　(D)短線交易費用由銷售機構負擔，不會影響投資人的贖回款項金額。

( ) **39** 依投信投顧公會廣告及營業活動行為規範規定,以基金定時定額投資績效為廣告時,基金須成立滿多久以上? (A)三個月 (B)六個月 (C)一年 (D)二年。

( ) **40** 證券經紀商兼營投顧事業,以信託方式辦理全權委託投資業務,接受委託人原始信託財產之最低標準為新臺幣多少元以上? (A)200萬元 (B)300萬元 (C)500萬元 (D)1,000萬元。

( ) **41** 下列何者違反投信的交易室管理措施? (A)執行交易下單之電腦設備置於交易室內 (B)執行交易下單之電腦設備置於交易室以外之獨立空間 (C)透過門禁管理系統紀錄 (D)為維護個人資料安全,門禁系統紀錄之人員出入狀況應三個月後自動銷毀、資料不予留存。

( ) **42** 下列對於投信事業有關客戶充分揭露的規定,何者為非? (A)公司應符合公平與誠信原則向客戶揭露其收費之基準及數額,並可隨時依市場狀況調高費用 (B)公司進行自有資金之交易時,應優先執行基金之買賣,並應將最佳之價格分配予客戶,且應依規定定期將研究或分析報告與投資結果資料寄予客戶 (C)公司管理基金資產時,應向客戶提供有關公司之充份資料,包括公司及其分公司之營業地址、公司經營業務之種類與限制,以及代表公司執行業務並可能與客戶有所聯繫的人員之身分和職位 (D)客戶得要求公司揭露其財務狀況,公司應提供可公開之財務報表資料,不得拒絕。

( ) **43** 客戶發現受託之投信公司運用其全權委託投資資產,違反之間所訂定之全權委託投資契約時,將該情事通知投信投顧公會,投信投顧公會於必要時得為如何處理? (A)代客戶向證券投資信託公司求償 (B)依規定積極處理,作成書面報告函報金管會 (C)查證後通知證券投資信託公司終止該全權委託投資契約 (D)通知受託經紀商停止辦理交割。

( ) **44** 甲投顧公司運用全權委託投資資產從事證券相關商品交易,依法規定之交易額度限制,為每一帳戶營業日未沖銷買進選擇權之權

利金總額不得超過該全權委託投資帳戶淨資產價值之多少比率？
(A)5%　(B)3%　(C)15%　(D)10%。

(　) **45** 投信事業於國內募集投信基金投資於外國有價證券之種類與範圍由
何機關定之？　(A)投信投顧公會　(B)財政部　(C)金管會　(D)中
央銀行。

(　) **46** 投信公司為保本型基金製作廣告時，保本型基金為保證型者，其
應揭示之警語，以下何者錯誤？　(A)投資人持有本基金至到期日
時，始可享有＿＿＿%的本金保證　(B)本基金經金管會核准，表示
本基金絕無風險　(C)投資人於到期日前買回者或有本基金信託契
約第＿＿＿＿條或公開說明書所定應終止之情事者，不在保證的範圍
(D)應於廣告內容中以顯著字體刊印。

(　) **47** 投信投顧公會為避免會員之間相互破壞同業信譽、共同利益或其他
不當競爭之情事，規定會員應共同信守之基本業務經營原則為：
(A)專業原則　(B)公平競爭原則　(C)善良管理原則　(D)守法原則。

(　) **48** 關於投信公司經理人使用辦公處所資訊及通訊設備應遵守之規定，
下列何者錯誤？　(A)不得在公司的電腦下載來路不明的應用程式
(B)上班時間內使用自己的手機，要事前經過公司許可　(C)自己的
手機在台股交易時段內要交給公司集中保管　(D)若上班忘了帶自
己的手機，因為並沒有需要集中保管之設備，當天可不用寫交付保
管紀錄。

(　) **49** 投信事業與投顧事業之異同，下列敘述何者正確？　(A)均須為股份
有限公司方可申請設立　(B)前者設立時實收資本額不得少於新臺幣
三億元，後者則為一億元　(C)投信之設立須經金管會核准，投顧則
不用　(D)最低實收資本額，發起人於發起時得分批認購，不須一
次認足。

(　) **50** 投信事業運用自有資金，購買某一支於國內募集之投信基金之總金額，不得超過該投信最近期公司淨值之多少比率？　(A)5% (B)10%　(C)20%　(D)40%。

解答與解析

1 (A)。根據「證券投資信託及顧問法」第3、4條，接受客戶全權委託投資業務、運用證券投資信託基金從事證券及其相關商品之投資、向特定人私募證券投資信託基金交付受益憑證，屬於證券投資信託事業經營之業務，提供分析意見或推介建議，屬於證券投資顧問事業經營之業務。故選(A)。

2 (D)。「證券投資信託事業募集證券投資信託基金處理準則」第7條第2項：證券投資信託事業申請（報）募集證券投資信託基金經核准或生效後，應於申請核准或申報生效通知函送達日起六個月內開始募集，三十日內募集成立該基金。但有正當理由無法於六個月內開始募集者，於期限屆滿前，得向本會申請展延一次，並以六個月為限。

3 (C)。根據「證券投資信託及顧問法」第24條，應更正為證券投資信託事業因故意或過失致損害基金之資產時，基金保管機構應為基金受益人之權益向其追償。

4 (D)。「證券投資信託基金管理辦法」第5條第1項：證券投資信託事業對於基金資產之運用有指示權，並應親自為之，除本會另有規定外，不得複委任第三人處理。故(D)有誤。

5 (D)。「證券投資信託事業證券投資顧問事業經營全權委託投資業務管理辦法」第37條：信託業兼營全權委託投資業務，受託人應自行處理信託事務。但經客戶及受益人之同意，得使第三人代為處理。前項得代理受託人處理全權委託投資業務之第三人，以經本會核准得兼營全權委託投資業務之信託業暨得經營全權委託投資業務之證券投資信託事業及證券投資顧問事業為限。

6 (B)。「臺灣證券交易所股份有限公司上市指數股票型基金受益憑證分割及反分割作業程序」第3條：證券投資信託事業或期貨信託事業經理之上市指數股票型基金受益憑證辦理分割或反割作業者，應至遲於停止變更受益人名簿記載日三十日前檢具主管機關核准函、指數股票型基金受益憑證分割或反分割申請書及作業計畫等書件，向本公司提出申請，並在本公司指定之網際網路資訊申報系統申報。

7 (B)。根據有關證券投資信託事業發行環境、社會與治理（ESG）相關主題證券投資信託基金之資訊揭露事項審查監理原則，投信公司募集發行ESG基金後，應於年度結束後2個月，每年在公司網站上向投資者揭露定期評估的資訊。

8 (D)。「證券投資信託基金管理辦法」第56條：證券投資信託事業私募基金應依第七十二條規定每一營業日計算基金之淨資產價值，並得依證券投資信託契約規定向受益人報告基金每一受益權單位之淨資產價值。私募基金之買回程序及買回價金之給付期限，依證券投資信託契約之規定辦理。私募基金之年度財務報告應依證券投資信託契約之規定向受益人報告之。

9 (B)。「證券投資信託事業證券投資顧問事業經營全權委託投資業務管理辦法」第17條：證券投資信託事業或證券投資顧問事業運用委託投資資產應分散投資，每一全權委託投資帳戶投資任一公司股票、公司債或金融債券及認購權證之總金額，不得超過該全權委託投資帳戶淨資產價值之百分之二十。

10 (D)。「信託業兼營全權委託投資業務操作辦法」第34條第2項：信託業之主要股東或關係企業為證券商者，證券自營商投資決策人員及其決策資訊，或證券承銷商所承銷有價證券定價決策相關資訊，或證券經紀商為客戶所為之推介，應與全權決定運用信託財產為有價證券投資之業務分離。

11 (D)。「證券投資信託基金受益人會議準則」第7條：受益人會議得以書面或親自出席之方式召開。受益人會議召開者得將電子方式列為表決權行使方式之一，其行使方法應載明於受益人會議開會通知。故選(D)。

12 (C)。根據「證券投資信託及顧問法」第68條，主管機關依證券投資信託及顧問法規定解除職務之處分者，於三年內不得擔任證券投資信託事業或證券投資顧問事業之發起人、負責人及業務人員。

13 (D)。「證券投資信託基金管理辦法」第5條第2項：證券投資信託事業運用基金為上市或上櫃有價證券投資，除法令另有規定外，應委託證券經紀商，在集中交易市場或證券商營業處所，為現款現貨交易。

14 (D)。「證券投資信託基金管理辦法」第77條：基金投資所得依證券投資信託契約之約定應分配收益，除經本會核准者外，應於會計年度終了後六個月內分配之，並應於證券投資信託契約內明定分配日期。

15 (A)。「證券投資信託基金管理辦法」第70條第2項：受益憑證之買回價格，得以證券投資信託契約明定，以買回請求到達證券投資信託

事業或其代理機構之當日或次一營業日之基金淨資產價值核算之。

16 **(D)**。「證券投資信託事業證券投資顧問事業經營全權委託投資業務管理辦法」第29條：客戶委託投資資產之淨資產價值減損達原委託投資資產之百分之二十以上時，證券投資信託事業或證券投資顧問事業應自事實發生之日起二個營業日內，編製法定書件送達客戶。

17 **(B)**。「證券投資顧問事業證券投資信託事業經營全權委託投資業務管理辦法」第11條第1項：證券投資顧問事業或證券投資信託事業經營全權委託投資業務，應由客戶將委託投資資產交由保管機構保管或信託移轉予保管機構，證券投資顧問事業或證券投資信託事業並不得以任何理由保管委託投資資產。

18 **(B)**。根據「證券投資信託事業證券投資顧問事業經營全權委託投資業務管理辦法」第21條，該事業經營全權委託投資業務之績效非為該說明書應載明之事項。

19 **(D)**。根據「證券投資信託事業證券投資顧問事業經營全權委託投資業務管理辦法」第13條，淨值以最近期經會計師查核簽證、董事會通過及監察人承認之財務報告為準。

20 **(D)**。「證券投資信託及顧問法」第20條：證券投資信託事業及基金保管機構應將證券投資信託基金之

公開說明書、有關銷售之文件、證券投資信託契約及最近財務報表，置於其營業處所及其代理人之營業處所，或以主管機關指定之其他方式，以供查閱。

21 **(B)**。「證券投資信託事業設置標準」第48條第3項：證券投資信託事業申請換發營業執照時，應繳納執照費新臺幣一千元。

22 **(A)**。「證券投資信託事業證券投資顧問事業經營全權委託投資業務管理辦法」第7-1條第1項：證券投資信託事業或證券投資顧問事業經營全權委託投資業務者，申請分支機構辦理全權委託投資業務之推廣及招攬，應填具申請書，並檢具下列文件，向金融監督管理委員會申請許可：一、載明分支機構辦理全權委託投資業務之推廣及招攬決議之董事會議事錄。二、分支機構辦理全權委託投資業務之推廣及招攬內部控制制度。三、申請書及附件所載事項無虛偽、隱匿之聲明書。

23 **(A)**。「投信事業設置標準」第8條並無規定一定要是本國機構才可擔任發起人。

24 **(C)**。「證券投資顧問事業管理規則」第6條：證券投資顧問事業之資金，不得貸與他人、購置非營業用之不動產或移作他項用途；非屬經營業務所需者，其資金運用以下列為限：一、國內之銀行存款。二、

購買國內政府債券或金融債券。三、購買國內之國庫券、可轉讓銀行定期存單或商業票據。四、購買符合本會規定條件及一定比率之證券投資信託基金受益憑證。五、其他經本會核准之用途。

25 **(C)**。「中華民國證券投資信託暨顧問商業同業公會證券投資顧問事業從業人員行為準則」第4條之1：經手人員係指證券投資顧問事業之負責人、部門主管、分支機構經理人、對客戶或不特定人提供分析意見或推介建議之人、投資經理人、知悉相關證券投資資訊之從業人員，但國內銀行、金融控股公司、證券期貨事業及保險公司擔任證券投資顧問事業之董事、監察人者，不適用本章經手人員申報交易之規範。

26 **(D)**。「中華民國證券投資信託暨顧問商業同業公會境外基金廣告及營業促銷活動行為規範」第5條：本規範所稱「廣告」，指以促進業務為目的，運用下列傳播媒體，就境外基金之募集及銷售業務及相關事務，向不特定多數人為傳遞、散布或宣傳：一、報紙、雜誌等出版物。二、ＤＭ、信函廣告、投資說明書、傳單等印刷物。三、電視、電影、幻燈片、廣播電台、跑馬燈等。四、海報、看板、布條、公車或其他交通工具上之廣告等。五、自動電話系統、網頁、電子郵件或

其他電子傳播方式。六、新聞稿。七、其他任何形式之廣告宣傳。本規範所稱「銷售文件」，係指向投資人交付之投資人須知、公開說明書中譯本或併同上開文件所提供之其它有關資料，其內容載有申購基金之概況資料。故選(D)。

27 **(B)**。根據中華民國證券投資信託暨顧問商業同業公會「會員及其銷售機構從事廣告及營業活動行為規範」第16條，不得未經許可兼營期貨顧問業務，而從事期貨或衍生性商品之投資分析。

28 **(C)**。根據「有關證券投資顧問事業管理規則」第13條第2項及「證券投資顧問事業負責人與業務人員管理規則」第15條第2項規定之令，若要對原投資組合的標的及投資比例進行調整，各投資標的之投資比例變動絕對值合計數不得超過百分之六十。

29 **(B)**。根據「證券投資信託及顧問法」第103條，主管機關對證券投資信託事業或證券投資顧問事業違反本法或依本法所發布之命令者，該事業二年以下停止其全部或一部之募集或私募證券投資信託基金或新增受託業務。

30 **(D)**。「證券投資信託及顧問法」第37條第1項：受益人之收益分配請求權，自收益發放日起五年間不行使而消滅，因時效消滅之收益併入該證券投資信託基金。

31 (B)。根據「證券投資信託事業募集證券投資信託基金處理準則」第7條第1項，證券投資信託事業經核發營業執照後，除他業兼營證券投資信託業務者外，應於一個月內申請募集符合下列規定之證券投資信託基金：一、為國內募集投資於國內之股票型證券投資信託基金或平衡型證券投資信託基金。二、證券投資信託基金最低成立金額為新臺幣二十億元。三、封閉式證券投資信託基金受益權單位之分散標準，應符合臺灣證券交易所股份有限公司有價證券上市審查準則之規定。四、開放式證券投資信託基金自成立日後滿三個月，受益人始得申請買回。僅(B)正確。

32 (D)。根據「證券投資信託基金管理辦法」第10條，投信事業募集基金、運用基金資產，除投資正向浮動利率債券外，不得投資於結構式利率商品。故(D)有誤。

33 (D)。根據「中華民國證券投資信託暨顧問商業同業公會證券投資信託事業經理守則」第9條，基金經理公司運用證券投資信託基金所持有之資產，如發生重大特殊事件，致有基金資產按證券投資信託基金資產價值之計算標準計算無法反映公平價格之情形，應於內部控制制度中載明例外狀況之處理作業程序，內容至少包括啟動時機及條件、評價依據及方法、重新評價之合理週期。

34 (C)。根據「中華民國證券投資信託暨顧問商業同業公會證券投資信託事業證券投資顧問事業經營全權委託投資業務操作辦法」第3條，證券投資信託事業或證券投資顧問事業申請經營全權委託投資業務，除金管會另有規定外，應填具申請書，並檢具金管會規定文件，先送投信投顧公會審查，經投信投顧公會出具審查意見後，轉報金管會許可。

35 (C)。「證券投資信託事業證券投資顧問事業經營全權委託投資業務管理辦法」第9條：證券投資信託事業或證券投資顧問事業接受客戶之委託投資資產，與證券投資信託事業或證券投資顧問事業及全權委託保管機構之自有財產，應分別獨立。證券投資信託事業或證券投資顧問事業及全權委託保管機構對其自有財產所負債務，其債權人不得對委託投資資產，為任何之請求或行使其他權利。

36 (B)。「證券投資信託事業負責人與業務人員管理規則」第14條第2項：證券投資信託事業之負責人、部門主管、分支機構經理人、基金經理人本人及其關係人從事公司股票及具股權性質之衍生性商品交易，應向所屬證券投資信託事業申報交易情形。

37 (A)。「境外基金管理辦法」第38條：境外基金之募集及銷售不成立時，總代理人應依境外基金募集及

銷售規定退款至投資人指定之銀行帳戶。

38 (D)。基金短線交易費用應由投資人負擔，費用歸入基金資產。

39 (C)。根據中華民國證券投資信託暨顧問商業同業公會「會員及其銷售機構從事廣告及營業活動行為規範」第12條，以基金定時定額投資績效為廣告時，基金須成立滿一年以上。

40 (D)。「證券投資信託事業證券投資顧問事業經營全權委託投資業務管理辦法」第2-1條第1項：證券投資信託事業、證券投資顧問事業或證券經紀商，以信託方式經營全權委託投資業務，接受委託人原始信託財產應達新臺幣一千萬元以上，並應依本辦法及證券投資信託事業證券投資顧問事業證券商兼營信託業務管理辦法，申請兼營金錢之信託及有價證券之信託。

41 (D)。根據「中華民國證券投資信託暨顧問商業同業公會證券投資信託事業經理守則」第9條，交易室人員出入應予以適當管制，並以門禁管理系統或設置出入登記簿記錄人員出入狀況。相關記錄應留存備查並應適時檢視人員出入之權限。

42 (A)。根據「中華民國證券投資信託暨顧問商業同業公會證券投資信託事業經理守則」第11條，公司應向客戶揭露其收費之基準及數額，所

有會影響對客戶的收費、相關費用或將費用調高之做法，應符合公平與誠信原則；調高費用者，應於與客戶協議書中揭露，並於定期表件中彙報。

43 (B)。「中華民國證券投資信託暨顧問商業同業公會證券投資信託事業證券投資顧問事業經營全權委託投資業務操作辦法」第89條：受託人應遵守信託業內部控制制度標準規範；受託人全權決定運用信託財產為有價證券投資或證券相關商品交易資金，不得違反其與委託人所簽訂之契約，委託人或受益人就受託人違約，除得依約終止契約外，其因此所生之損害，得向受託人請求損害賠償。委託人或受益人發現受託人違反契約時，得通知本公會；全權委託保管機發現受託人違反契約時，應即通知本公會。本公會接獲上開通知經查明屬實後，除依規定積極處理外，必要時應作成書面函報金管會。

44 (A)。根據「證券投資信託事業證券投資顧問事業運用委託投資資產從事證券相關商品交易應行注意事項」，每一全權委託投資帳戶每營業日未沖銷之買進選擇權之權利金總額，不得超過該全權委託投資帳戶淨資產價值之百分之五。

45 (C)。「證券投資信託基金管理辦法」第8條第2項：證券投資信託事業於國內募集基金投資外國有價證

券,其種類及範圍由金融監督管理委員會定之。

46 (B)。根據「中華民國證券投資信託暨顧問商業同業公會境外基金廣告及營業促銷活動行為規範」第9條,應更正為本基金經行政院金融監督管理委員會核准或申報生效在國內募集及銷售,惟不表示絕無風險。

47 (B)。根據「中華民國證券投資信託暨顧問商業同業公會會員自律公約」第3條,公平競爭原則指避免會員之間相互破壞同業信譽、共同利益或其他不當競爭之情事。

48 (D)。根據「中華民國證券投資信託暨顧問商業同業公會證券投資信託事業經理守則」第6條,有未交付保管之情形(例如未攜帶、請假或臨時性未交付保管之情形)亦應記錄原因,相關記錄皆應留存備查。

49 (A)。根據「證券投資信託事業設置標準」第2、7條及「證券投資顧問事業設置標準」第2、5條:(B)投信設立時實收資本額不得少於新臺幣三億元,投顧不得少於新臺幣二千萬元。(C)投信及投顧之設立皆須經金管會核准。(D)投信及投顧之最低實收資本額,發起人應於發起時一次認足。故選(A)。

50 (A)。根據「證券投資信託事業管理規則」第12條第1項第4款及第5款規定之令,證券投資信託事業運用自有資金購買於國內募集之證券投資信託基金、對不特定人募集之期貨信託基金及經本會核准或生效在國內募集及銷售之境外基金,持有每一基金總金額,不得超過證券投資信託事業淨值之百分之五。

解答與解析

112年 第1次投信投顧相關法規(含自律規範)

(　) **1** 有關證券投資信託事業業務之經營，下列敘述何者錯誤？　(A)提供分析意見或推介建議　(B)接受客戶全權委託投資業務　(C)運用證券投資信託基金從事證券及其相關商品之投資　(D)向特定人私募證券投資信託基金交付受益憑證。

(　) **2** 考量氣候變遷及低碳轉型可能對投信事業營運造成影響，為完備業者落實氣候變遷之風險管理制度，下列何者敘述為非？　(A)董事會應認知氣候風險為其所面臨的風險之一　(B)對於氣候風險之管理，應由高階經理人督導公司氣候風險策略及業務計畫之擬定與執行　(C)高階經理人或相關管理階層應負責發展及執行應對策略及計畫，定期向董事會報告　(D)公司應依據實體風險及轉型風險可能對本身的財務影響作評估及揭露。

(　) **3** 證券投資信託事業有關帳目及紀錄之保存，須針對保管、檢索和存儲紀錄建立適當程序，並聘用專業人員，每年應最少幾次進行相關帳冊之查核，於客戶要求時得提供予客戶查閱？　(A)1次　(B)2次　(C)3次　(D)4次。

(　) **4** 「鼓勵投信躍進計畫」訂有三大評估面向，以下何者為非？　(A)投研能力　(B)國際布局　(C)人才培育　(D)資產規模。

(　) **5** 境外基金機構之總代理人應於何時公告所代理境外基金之單位淨資產價值？　(A)每星期第一營業日　(B)每一營業日　(C)應即時公告　(D)每個月公告一次。

(　) **6** 投信事業於國內募集投信基金投資於外國有價證券之種類與範圍由何機關定之？　(A)投信投顧公會　(B)財政部　(C)金管會　(D)中央銀行。

(　) **7** 「鼓勵境外基金深耕計畫」之優惠措施中，總代理人申請代理境外
基金之每次送件基金檔數上限為幾檔？　(A)2檔　(B)3檔　(C)4檔
(D)5檔。

(　) **8** 下列敘述何者正確？　(A)證券投資信託基金與證券投資信託事業及
基金保管機構之自有財產應分別獨立　(B)證券投資信託事業與基金
保管機構就其自有財產所負債務，其債權人得對基金資產請求扣押
或行使權利　(C)證券投資信託基金管理辦法由行政院訂之　(D)基
金保管機構應依法及證券投資信託契約之規定混合保管基金。

(　) **9** 某投信發行一上市ETF，若欲對該ETF辦理分割或反分割作業，下
列何者不符辦理規定？　(A)須至證交所指定之網際網路資訊申報
系統進行申報　(B)最晚須於停止變更受益人名簿記載日30日前提
出申請　(C)申請時所檢附之作業計畫，為利作業彈性，可暫不填寫
受益憑證停止過戶日期　(D)受益憑證停止過戶期間應為五日。

(　) **10** 證券投資信託基金所持有之資產，如發生重大特殊事件，致基金資
產價值之計算標準計算無法反映公平價格之情形，應啟動例外狀況
之處理作業程序。以下何種情況可能符合重大特殊事件條件？甲.所
投資之證券因編不出財報暫停交易、乙.所投資之市場因當地發生政
變而關閉　(A)僅甲　(B)僅乙　(C)甲、乙皆不是　(D)甲、乙皆是。

(　) **11** 投信投顧事業為非專業投資機構之客戶辦理全權委託投資業務，
下列行為規範何者正確？　(A)與客戶為投資有價證券收益共享
或損失分擔之約定　(B)利用客戶之帳戶，為他人買賣有價證券
(C)將全權委託投資契約之全部或部分複委任他人履行或轉讓他人
(D)依據分析作成決定、交付執行時應作成紀錄並按月檢討。

(　) **12** AI投顧公司資本額為新臺幣三億元，則其經營全權委託投資業務，
接受委託投資之總金額：　(A)不得超過新臺幣二十五億元　(B)不得
超過新臺幣五十億元　(C)不得超過新臺幣一百億元　(D)不受限制。

(　　) **13** 有關經營全權委託投資業務提存營業保證金之規定，下列敘述何者
正確？　(A)為分散風險得分別提存於二家以上之金融機構　(B)投
顧事業之實收資本額增加時，應依規定向提存之金融機構增提營業
保證金　(C)可以將營業保證金設定質權或提供擔保　(D)更換提存
金融機構，向金管會核備即可。

(　　) **14** 甲投信公司為特定投資人決定運用全權委託投資資產，投資與甲公
司有利害關係之證券承銷商所承銷之有價證券，為避免利益衝突，
應如何處理？　(A)僅可申購投資資產5%以下　(B)公司自行以複委
任方式由其他投信事業執行　(C)須經該客戶書面同意後始得進行
(D)接獲客戶口頭通知即可。

(　　) **15** 得受理保管經營全權委託投資業務之事業所提存營業保證金之外
國銀行在我國境內之分公司，應具備下列何評等機構之一定等級
以上評等之資格？甲.中華信用評等公司；乙.Moody's Investors
Service；丙.Standard & Poor's Corp.　(A)僅甲、乙　(B)僅乙、丙
(C)僅甲、丙　(D)甲、乙、丙。

(　　) **16** 有關全權委託契約指定交易之證券經紀商或期貨經紀商，下列敘述
何者錯誤？　(A)證券經紀商或期貨經紀商之指定，由客戶自行為
之　(B)客戶不指定證券經紀商或期貨經紀商時，可由投信或投顧指
定　(C)兼營全權委託業務之證券經紀商或期貨經紀商，不可接受客
戶之指定自己　(D)客戶不指定證券經紀商或期貨經紀商時，兼營
全權委託業務之證券經紀商或期貨經紀商，不得指定自己。

(　　) **17** 下列何者不得為投信事業之專業發起人？　(A)創投公司　(B)銀行
(C)基金管理機構　(D)保險公司。

(　　) **18** 為加強投顧事業之經營管理，發生下列哪些情事不用事先報請主管
機關核准？　(A)變更負責人　(B)變更營業項目　(C)變更資本額
(D)公司更名。

( ) **19** 下列何者非投顧事業自有資金之用途？　(A)銀行存款　(B)購買國內政府債券　(C)提供委託人直接融資　(D)購買商業票據。

( ) **20** 投信事業之基金經理人同時管理兩個同類型基金時，以下何者為非？　(A)投資地區並無限制　(B)應具備二年以上管理同類型基金之經驗　(C)為了操作策略可利用兩個基金對同一支股票，在同時或同一日作相反投資　(D)不得同時管理私募證券投資信託基金。

( ) **21** 有關自動化投資顧問服務之投資組合再平衡功能之敘述，何者錯誤？　(A)應明確告知客戶系統提供投資組合再平衡之服務　(B)應告知客戶投資組合再平衡可能產生之各項成本　(C)應向客戶揭露投資組合再平衡如何運作　(D)若市場發生重大變化時，仍必須等到投資組合定時檢視時才能啟動再平衡。

( ) **22** 下列何者非投信投顧公會得對違反法令或自律規範之會員所為處置？　(A)停權　(B)課予違約金　(C)命其限期改善　(D)除籍。

( ) **23** 有關投顧事業從事廣告及營業活動行為之敘述，何者正確？　(A)以國家認證分析師之資格擔保為訴求　(B)應揭示本名，經核准後得以化名為之　(C)於有價證券集中交易市場或櫃檯買賣成交系統交易時間及前後一小時內，在廣播或電視傳播媒體，對不特定人就個別有價證券之買賣進行推介或勸誘　(D)得於傳播媒體從事興櫃股票之投資分析活動。

( ) **24** 下列哪些敘述是投信事業為廣告、公開說明會及其他營業促銷活動時禁止之行為？甲.開放式基金可以「無折價風險」等相類詞語作為廣告；乙.可預為宣傳廣告未經主管機關核准募集之基金　(A)甲　(B)乙　(C)甲、乙皆是　(D)甲、乙皆不是。

( ) **25** 以下何者依法無須訂定內部控制制度？　(A)投信事業　(B)兼營投信業務之信託業　(C)經營投顧業務之投顧事業　(D)經營接受客戶全權委託投資業務之投顧事業。

( ) **26** 為強化證券期貨業健全永續發展經營，金管會發布「證券期貨業永續發展轉型執行策略」擬定27項具體措施，請問不包含下列何者？(A)證券期貨業揭露碳盤查相關資訊 (B)定期評估核心營運系統及設備，確保營運持續、韌性之能力提報董事會 (C)將企業執行ESG及因應氣候變遷等情形列入自營選股、期貨交易、基金及全權委託投資考量因素 (D)舉辦「綠色金融科技」之主題式推廣活動。

( ) **27** 境外基金管理機構得在國內對下列何者進行境外基金之私募？甲.銀行業；乙.票券業；丙.信託業；丁.保險業 (A)僅丙、丁 (B)僅甲、乙、丙 (C)僅甲、丁 (D)甲、乙、丙、丁皆可。

( ) **28** 若某投信發行一檔全球已開發國家股票基金，而其資產投資55%於美國、20%投資於英國、另25%投資於其他歐洲地區，該投信得將多少比例海外投資業務複委任第三人？ (A)20% (B)55% (C)75% (D)100%。

( ) **29** 下列有關投信事業依「金融資產證券化條例」公開募集基金投資於受益證券或資產基礎證券時應遵守之事項，何者為非？ (A)以投資經主管機關核准或申報生效公開招募之受益證券或資產基礎證券為限 (B)每一基金投資於任一受託機構所發行之受益證券總額，不得超過該受託機構發行之受益證券總額之20% (C)每一基金投資於任一受託機構或特殊目的公司所發行之受益證券或資產基礎證券之總額，不得超過該受託機構或特殊目的公司該次發行之受益證券或資產基礎證券總額之10% (D)所投資之受益證券或資產基礎證券應符合經主管機關核准或認可之信用評等機構評等達一定等級以上者。

( ) **30** 下列有關須經金管會核准後，始得終止基金信託契約之規定，何者有誤？ (A)基金保管機構解散或破產 (B)基金淨資產價值低於投信投顧公會所定之標準 (C)因市場狀況、基金特性、規模，或其他法律上或事實上原因致基金無法繼續經營 (D)受益人會議決議終止投信契約。

( ) **31** 投信募集發行ESG相關主題基金,在其公開說明書中,不一定包含下列哪項資訊? (A)ESG的投資目標與衡量標準 (B)ESG的投資策略與方法 (C)ESG的投資比例配置 (D)ESG績效指標。

( ) **32** 若某證券投資信託基金投資於多家證交所創新板上市公司之股票,則此基金投資於所有創新板上市公司股票之總金額,不得超過其基金淨資產之__? (A)1% (B)3% (C)5% (D)10%。

( ) **33** 投信投顧事業經營全權委託投資業務,對客戶之委託投資資產,應如何保管之? (A)得經客戶同意後保管 (B)不得以任何理由保管 (C)得經董事會同意後保管 (D)得經投信投顧公會同意後保管。

( ) **34** 投信或投顧公司為受任人接受客戶全權委託投資業務,共同簽訂之三方權義協定書,係為何三方? (A)客戶、受任人、全權委託保管機構 (B)客戶、受任人、證券經紀商 (C)客戶、全權委託保管機構、證券經紀商 (D)受任人、全權委託保管機構、證券經紀商。

( ) **35** 依全權委託投資業務操作辦法規定,受任人參與委託投資業務之受僱人,於自有帳戶買進某種上市、上櫃股票後,幾日內不得再行賣出? (A)15日 (B)10日 (C)30日 (D)60日。

( ) **36** 投信投顧事業申請經營全權委託投資業務,下列何者為非? (A)申請核准時,由投信投顧公會初步審查 (B)申請換發營業執照時,由投信投顧公會審查後函報金管會 (C)應檢具金管會規定書件 (D)應檢具之書件由投信投顧公會規定之。

( ) **37** 投信事業之發起人或持有已發行股份總數_____以上之股東,不得兼為其他國內投信事業之發起人? (A)5% (B)10% (C)15% (D)20%。

( ) **38** 下列投信事業內部人員禁止兼任規定,何者錯誤? (A)他業兼營投信業務之內部稽核可由他業登錄之內部稽核兼任 (B)投信公司內部稽核人員,不得辦理登錄範圍以外之業務 (C)全權委託投資業務之客

戶若非為專業投資機構，投信公司基金經理人得與全權委託投資經理人相互兼任　(D)投信公司辦理研究分析者不可兼任買賣執行業務。

(　) **39** 甲、乙二人係同一公司之同事，均有意爭取擔任該公司轉投資之投信事業董事職務，但甲受期貨交易法解除職務處分剛滿三年；乙受票據經拒絕往來但已恢復往來。依證券投資信託管理法令之規定，誰不可擔任？　(A)甲　(B)乙　(C)甲、乙均可擔任　(D)甲、乙均不可擔任。

(　) **40** 依「證券投資顧問事業從業人員行為準則」之規定，經手人員為本人帳戶投資國內上市（櫃）公司股票及具股權性質之衍生性商品前，應事先以書面報經督察主管核准，請問下列何者非該準則所規範之「具股權性質之衍生性商品」？　(A)可轉換公司債　(B)個股選擇權交易　(C)股款繳納憑證　(D)臺灣存託憑證。

(　) **41** 投顧事業提供客戶投資分析建議時，應如何為之？　(A)作成書面投資分析報告　(B)報告須載明個股分析及買賣價位研判　(C)投資分析報告之紀錄不得以電子媒體形式儲存　(D)投資分析報告之副本、紀錄應自提供之日起保存1年。

(　) **42** 有關投信投顧事業人員之管理，下列敘述何者正確？　(A)部門主管應為兼任　(B)業務人員執行職務前應自行先向公會辦理登錄　(C)分支機構經理人有異動時，公司應於事實發生次日起五個營業日內向同業公會登錄　(D)從業人員之申報登記事項應向證券暨期貨市場發展基金會為之。

(　) **43** 下列何者行為違反證券投資顧問事業管理規則？　(A)針對VIP客戶，額外提供資金借貸服務　(B)製作證券投資分析節目，由受僱分析師參與節目　(C)發現不明人士冒充該投顧事業之員工，立即公告澄清　(D)不得購買投顧事業推介給投資人的標的。

(　) **44** 自動化投資顧問服務之「瞭解客戶作業」於設計線上問卷時，應考慮之因素為何？甲.問卷所列問題須能取得客戶足夠資訊；乙.問卷

所列問題需具體明確,並適時利用提示設計提供額外說明;丙.應設計適當機制處理對問卷之回答顯然有不一致情形 (A)僅甲、乙 (B)僅乙、丙 (C)僅甲、丙 (D)甲、乙、丙皆應考慮。

( ) 45 下列何者非依據證券投資顧問事業從業人員行為準則之規定,接受客戶委任,提供證券投資顧問服務前,應先進行之行為? (A)向客戶揭露收費之基準 (B)與客戶簽訂書面證券投資顧問契約 (C)向客戶揭露收費之數額 (D)提供投資組合與研究分析。

( ) 46 依投信投顧公會廣告及營業活動行為規範規定,以基金定時定額投資績效為廣告時,基金須成立滿多久以上? (A)三個月 (B)六個月 (C)一年 (D)二年。

( ) 47 依據投信投顧公會「會員及其銷售機構從事廣告及營業活動行為規範」規定,投顧事業從事業務廣告及舉辦證券投資分析活動,有違反證券投資顧問事業管理規則第14條第1項所訂之情事者,投信投顧公會應於每月底前彙整函報何機關? (A)證券商業同業公會 (B)財政部 (C)金管會 (D)法務部。

( ) 48 投信事業及投顧事業之董事、監察人、經理人或受僱人執行職務有違反證券投資信託及顧問法或其他有關法令之行為,足以影響業務之正常執行時,主管機關得隨時命令該事業停止其執行業務,期限最長為: (A)六個月 (B)一年 (C)二年 (D)三年。

( ) 49 有關自動化工具提供證券投資顧問服務之再平衡交易,若要對原投資組合的標的及投資比例進行調整,各投資標的之投資比例變動絕對值合計數不得超過? (A)25% (B)50% (C)60% (D)100%。

( ) 50 全權委託契約之客戶與全權委託保管機構簽訂之保管契約與公會訂定之範本不同時,應注意不得有下列何情事?甲.違反公序良俗;乙.導致同業間之不公平競爭;丙.使客戶間發生利益衝突 (A)僅甲、乙 (B)僅乙、丙 (C)僅甲、丙 (D)甲、乙、丙皆不得為之。

解答與解析

1 (A)。根據「證券投資信託及顧問法」第3、4條,接受客戶全權委託投資業務、運用證券投資信託基金從事證券及其相關商品之投資、向特定人私募證券投資信託基金交付受益憑證,屬於證券投資信託事業經營之業務,提供分析意見或推介建議,屬於證券投資顧問事業經營之業務。故選(A)。

2 (B)。根據「中華民國證券投資信託暨顧問商業同業公會證券投資信託事業風險管理實務守則」第2條,對於氣候風險之管理,應由董事會督導公司氣候風險策略及業務計畫之擬定與執行。

3 (A)。根據「中華民國證券投資信託暨顧問商業同業公會證券投資信託事業經理守則」第11條,須針對保管、檢索和存儲紀錄建立適當程序,並聘用專業人員,每年最少一次進行相關帳冊之查核,於客戶要求時得提供客戶查閱。

4 (D)。「鼓勵投信躍進計畫」係以的方式,導引我國事業提升內資產管理人才與技術,擴大資產管理規模並朝向國際化發展。符合「基本必要條件」的投信事業,若能進一步在「投研能力」、「國際布局」及「人才培育」等3面向之2個面向中有具體績效貢獻並符合計畫所訂標準者,本會對於其辦理相關業務將給予優惠措施。

5 (B)。「境外基金管理辦法」第14條:總代理人應於每一營業日公告所代理境外基金之單位淨資產價值。

6 (C)。「證券投資信託基金管理辦法」第8條第2項,證券投資信託事業於國內募集基金投資外國有價證券,其種類及範圍由本會金融監督管理委員會定之。

7 (B)。根據「鼓勵境外基金深耕計畫」第4條,鼓勵境外基金深耕計畫之優惠措施中,總代理人申請代理境外基金之每次送件基金檔數上限為3檔。

8 (A)。「證券投資信託及顧問法」第21條:證券投資信託事業募集或私募之證券投資信託基金,與證券投資信託事業及基金保管機構之自有財產,應分別獨立。證券投資信託事業及基金保管機構就其自有財產所負之債務,其債權人不得對於基金資產為任何請求或行使其他權利。基金保管機構應依本法、本法授權訂定之命令及證券投資信託契約之規定,按基金帳戶別,獨立設帳保管證券投資信託基金。

9 (C)。根據「臺灣證券交易所股份有限公司上市指數股票型基金受益憑證分割及反分割作業程序」第4條,作業計畫應訂明受益憑證停止過戶之日期,其期間為五日。

10 (D)。「中華民國證券投資信託暨顧問商業同業公會證券投資信託事業經理守則」第9條，所稱重大特殊事件至少應包含經濟環境或證券發行人發生下列情事之一：(1)投資標的暫停交易；(2)突發事件造成交易市場關閉；(3)交易市場非因例假日停止交易；(4)久無報價與成交資訊；(5)基金遇有大規模或佔基金淨值一定比例之投資標的發生暫停交易之情事。(6)其他事件導致基金持有標的市場價格無法反映公平價格。

11 (D)。「證券投資信託事業證券投資顧問事業經營全權委託投資業務管理辦法」第28條第1項：證券投資信託事業或證券投資顧問事業運用委託投資資產投資或交易，應依據其分析作成決定，交付執行時應作成紀錄，並按月提出檢討，其分析與決定應有合理基礎及根據。

12 (D)。「證券投資信託事業證券投資顧問事業經營全權委託投資業務管理辦法」第13條第1項：證券投資顧問事業經營全權委託投資業務，接受委託投資之總金額，不得超過其淨值之二十倍。但其實收資本額達新臺幣三億元者，不在此限。

13 (B)。根據「證券投資信託事業證券投資顧問事業經營全權委託投資業務管理辦法」第10條，營業保證金應以現金、銀行存款、政府債券或金融債券提存，不得設定質權或以任何方式提供擔保，且不得分散提存於不同金融機構；提存金融機構之更換或營業保證金之提取，應函報金管會核准後始得為之。證券投資顧問事業之實收資本額增加時，應依規定，向提存之金融機構增提營業保證金。故選(B)。

14 (C)。根據「證券投資信託事業證券投資顧問事業經營全權委託投資業務管理辦法」第14條，非經客戶書面同意或契約特別約定者，不得投資與本事業有利害關係之證券承銷商所承銷之有價證券。

15 (D)。「證券投資信託事業證券投資顧問事業經營全權委託投資業務管理辦法」第2條第7項、第10條第1項所稱符合本會所定條件，指保管委託投資資產與辦理相關全權委託保管業務之信託公司或兼營信託業務之銀行、提存營業保證金之金融機構，屬外國銀行在中華民國境內之分公司者，其總公司之信用評等等級應達下列標準之一：(1)經Standard&Poor's Ratings Services評定，長期債務信用評等達BBB-級以上，短期債務信用評等達A-3級以上。(2)經Moody's Investors Service,Inc評定，長期債務信用評等達Baa3級以上，短期債務信用評等達P-3級以上。(3)經Fitch Ratings Ltd.評定，長期債務信用評等達BBB-級以上，短期債務信用評等達F3級以上。(4)經中華信用評等股份有限公司評定，長期債務信用評等

達twBBB-級以上，短期債務信用
評等達twA-3級以上。(5)經英商惠
譽國際信用評等股份有限公司臺灣
分公司評定，長期債務信用評等達
BBB-（twn）級以上，短期債務信
用評等達F3（twn）級以上。

16 (C)。「證券投資信託事業證券投資
顧問事業經營全權委託投資業務管
理辦法」第22條第5項：證券經紀商
或期貨經紀商之指定，由客戶自行
為之；客戶僅指定一家證券經紀商
或期貨經紀商者，應明確告知客戶
相關風險。

17 (A)。根據「證券投資信託事業設置
標準」第8條第1項，經營證券投資
信託事業，發起人應為符合資格條
件之基金管理機構、銀行、保險公
司、證券商或金融控股公司。

18 (A)。「證券投資顧問事業管理規
則」第3條第1項：證券投資顧問事
業有下列情事之一者，應先報請本
會核准：一、變更公司名稱。二、
變更資本額。三、變更營業項目。
四、變更公司或分支機構營業處
所。五、受讓或讓與全部或主要部
分營業或財產。六、解散或合併。
七、停業、復業及歇業。八、其他
經本會規定應經核准之事項。

19 (C)。「證券投資顧問事業管理規
則」第6條：證券投資顧問事業之資
金，不得貸與他人、購置非營業用
之不動產或移作他項用途；非屬經

營業務所需者，其資金運用以下列
為限：一、國內之銀行存款。二、
購買國內政府債券或金融債券。
三、購買國內之國庫券、可轉讓銀
行定期存單或商業票據。四、購買
符合本會規定條件及一定比率之證
券投資信託基金受益憑證。五、其
他經本會核准之用途。

20 (C)。根據「中華民國證券投資信託
暨顧問商業同業公會證券投資信託
事業經理守則」第9條，同一公司不
同經理人不同帳戶對同一支股票及
具有股權性質之債券不得有同時或
同一日作相反投資決定。

21 (D)。根據「中華民國證券投資信
託暨顧問商業同業公會證券投資顧
問事業以自動化工具提供證券投資
顧問服務（Robo-Advisor）作業要
點」第6條，若市場發生重大變化
時，不須等到投資組合定時檢視時
才能啟動再平衡。

22 (D)。根據「證券投資信託及顧問
法」第88條第1項，對違反法令或自
律規範之會員予以停權、課予違約
金、警告、命其限期改善等處置；
或要求會員對其從業人員予以暫停
執行業務一個月至六個月之處置。

23 (D)。中華民國證券投資信託暨顧
問商業同業公會「會員及其銷售機
構從事廣告及營業活動行為規範」
第16條，投顧事業從事廣告及營業
活動，不得以國家認證分析師之資

格擔保為訴求；不得揭示非真實姓名；不得於有價證券集中交易市場或櫃檯買賣成交系統交易時間及前後一小時內，在廣播或電視傳播媒體，對不特定人就個別有價證券之買賣進行推介或勸誘。

24 (C)。根據中華民國證券投資信託暨顧問商業同業公會境外基金廣告及營業促銷活動行為規範第8條，甲、乙皆是投信事業為廣告、公開說明會及其他營業促銷活動時禁止之行為。

25 (C)。「證券投資信託及顧問法」第93條：證券投資信託事業及經營接受客戶全權委託投資業務之證券投資顧問事業，應建立內部控制制度；其準則，由主管機關定之。故選(C)。

26 (D)。根據金管會發布「證券期貨業永續發展轉型執行策略」，具體措施中不包含舉辦「綠色金融科技」之主題式推廣活動。

27 (D)。「境外基金管理辦法」第52條第1項：境外基金機構得在國內對下列對象進行境外基金之私募：銀行業、票券業、信託業、保險業、證券業、金融控股公司或其他經本會核准之法人或機構。

28 (D)。根據放寬投信基金海外投資業務複委任受託管理機構之反向投資決定限制相關規範，證券投資信託事業運用基金資產，得依證券投資信託基金管理辦法第五條第一項規定，將基金投資於亞洲及大洋洲以

外之海外投資業務複委任第三人處理。但基金投資於亞洲及大洋洲以外之金額超過基金淨資產價值百分之七十者，得將海外投資業務全部複委任，不受前揭複委任海外投資地區之限制。故選(D)。

29 (B)。「證券投資信託基金管理辦法」第15條：證券投資信託事業募集基金投資於依金融資產證券化條例發行之受益證券或資產基礎證券時，應遵守下列事項：一、除經本會核定為短期票券者外，以投資經本會核准或申報生效公開招募之受益證券或資產基礎證券為限。二、每一基金投資於任一受託機構或特殊目的公司發行之受益證券或資產基礎證券之總額，不得超過該受託機構或特殊目的公司該次（如有分券指分券後）發行之受益證券或資產基礎證券總額之百分之十；亦不得超過本基金淨資產價值之百分之十。三、每一基金投資於任一創始機構發行之股票、公司債、金融債券及將金融資產信託與受託機構或讓與特殊目的公司發行之受益證券或資產基礎證券之總金額，不得超過本基金淨資產價值之百分之十。四、所投資之受益證券或資產基礎證券應符合經本會核准或認可之信用評等機構評等達一定等級以上者。

30 (B)。根據「證券投資信託及顧問法」第45條，應為基金淨資產價值低於主管機關所定之標準。主管機關，為金融監督管理委員會。

解答與解析

31 (D)。根據ESG相關主題投信基金之資訊揭露事項審查監理原則,選項(D)應為揭露ESG參考績效指標。

32 (B)。根據「證券投資信託基金管理辦法」第10條第1項規定之令,每一基金投資任一創新板上市公司股票之總金額,不得超過本基金淨資產價值之百分之一;每一基金投資創新板上市公司股票之總金額,不得超過本基金淨資產價值之百分之三。

33 (B)。「證券投資信託事業證券投資顧問事業經營全權委託投資業務管理辦法」第11條第1項:證券投資信託事業或證券投資顧問事業以委任方式經營全權委託投資業務,應由客戶將資產委託全權委託保管機構保管或信託移轉予保管機構,證券投資信託事業或證券投資顧問事業並不得以任何理由保管受託投資資產。

34 (A)。根據「中華民國證券投資信託暨顧問商業同業公會證券投資信託事業證券投資顧問事業經營全權委託投資業務操作辦法」第17條,受任人審查客戶填具及檢附之申請書件合於規定並依第十三條規定辦理後,與客戶及全權委託保管機構共同簽訂三方權義協定書。

35 (C)。根據「中華民國證券投資信託暨顧問商業同業公會證券投資信託事業證券投資顧問事業經營全權委託投資業務操作辦法」第52條,於自有帳戶內買入某種股票或具股權性質之衍生性商品後三十日內不得再行賣出,或賣出某種股票或具股權性質之衍生性商品後三十日內不得再行買入。

36 (D)。根據「中華民國證券投資信託暨顧問商業同業公會全權委託投資業務審查要點」第2條,應檢具之書件由金管會規定之。

37 (A)。「證券投資信託及顧問法」第73條第1項:證券投資信託事業之董事、監察人或持有已發行股份總數百分之五以上之股東,不得兼為其他證券投資信託事業之發起人或持有已發行股份總數百分之五以上之股東。

38 (C)。根據有關「證券投資信託事業負責人與業務人員管理規則」第8條第6項所定「有效防範利益衝突之作業原則」相關規範,基金經理人與全權委託投資經理人相互兼任,須遵守其防範利益衝突之作業原則。故(C)有誤。

39 (A)。「證券投資信託及顧問法」第68條,受期貨交易法撤換或解除職務之處分,尚未逾五年;使用票據經拒絕往來尚未恢復往來,不得充任董事、監察人或經理人。故選(A)。

40 (D)。「中華民國證券投資信託暨顧問商業同業公會證券投資顧問事業從業人員行為準則」第9條:經手人員為本人帳戶投資國內上市、上櫃及興櫃公司股票及具股權性質之衍

生性商品前，應事先以書面報經督察主管或所屬部門主管核准。前項具股權性質之衍生性商品指可轉換公司債、附認股權公司債、認股權憑證、認購（售）權證、股款繳納憑證、新股認購權利證書、新股權利證書、債券換股權利證書、個股選擇權交易及股票期貨。

41 (A)。「證券投資顧問事業管理規則」第11條第1項：證券投資顧問事業提供證券投資分析建議時，應作成投資分析報告，載明合理分析基礎及根據。

42 (C)。(A)根據「證券投資顧問事業負責人與業務人員管理規則」第6條，證券投資顧問事業之總經理、部門主管、分支機構經理人及業務人員，除法令另有規定外，應為專任。(B)根據「證券投資顧問事業負責人與業務人員管理規則」第6條，其於執行職務前，應由所屬證券投資顧問事業向同業公會登錄，非經登錄，不得執行業務。(D)根據「證券投資顧問事業負責人與業務人員管理規則」第10條，證券投資顧問事業負責人、部門主管、分支機構經理人及業務人員之登錄事項，由同業公會擬訂，申報本會核定後實施；修正時，亦同。故選(C)。

43 (A)。根據「證券投資顧問事業管理規則」第13條，不得與客戶有借貸款項、有價證券，或為借貸款項、有價證券之居間情事。

44 (D)。根據「中華民國證券投資信託暨顧問商業同業公會證券投資顧問事業以自動化工具提供證券投資顧問服務（Robo-Advisor）作業要點」第4條，自動化投資顧問服務之瞭解客戶作業於設計線上問卷時，須考慮下列因素：一、問卷所列問題須能取得客戶足夠之資訊，以利提供適當之投資建議。二、問卷所列問題須具體明確，並適時利用提示設計，提供額外說明。三、應設計適當機制處理客戶對問卷之回答顯然有不一致或矛盾情形。

45 (D)。「中華民國證券投資信託暨顧問商業同業公會證券投資顧問事業從業人員行為準則」第20條：接受客戶委任，提供證券投資顧問服務前，應先向客戶說明契約重要內容及以客戶能充分瞭解之方式揭露風險與收費之基準及數額，並與客戶簽訂書面證券投資顧問契約，以確定雙方之權利義務。

46 (C)。根據中華民國證券投資信託暨顧問商業同業公會「會員及其銷售機構從事廣告及營業活動行為規範」第12條，以基金定時定額投資績效為廣告時，基金須成立滿一年以上。

47 (C)。根據中華民國證券投資信託暨顧問商業同業公會「會員及其銷售機構從事廣告及營業活動行為規範」第23條，投顧事業從事業務廣告及舉辦證券投資分析活動，有違

反證券投資顧問事業管理規則第14條第1項所訂之情事者，投信投顧公會應於每月底前彙整函報何機關金管會依法處理。

48 (B)。「證券投資信託及顧問法」第104條：證券投資信託事業及證券投資顧問事業之董事、監察人、經理人或受僱人執行職務，有違反本法或其他有關法令之行為，足以影響業務之正常執行者，主管機關除得隨時命令該事業停止其一年以下執行業務或解除其職務外，並得視情節輕重，對該事業為前條所定之處分。

49 (C)。根據「證券投資顧問事業管理規則」第13條第2項及「證券投資顧問事業負責人與業務人員管理規則」第15條第2項規定之令，若要對原投資組合的標的及投資比例進行調整，各投資標的之投資比例變動絕對值合計數不得超過百分之六十。

50 (D)。「中華民國證券投資信託暨顧問商業同業公會證券投資信託事業證券投資顧問事業經營全權委託投資業務操作辦法」第19條：客戶與受任人或全權委託保管機構間所簽訂之契約，如與第十七條規定範本不同時，不得有下列情事：一、違反法令規定或公序良俗。二、導致同業間不公平競爭。三、個別契約之間有不同約定，致使客戶之間發生利益衝突。

信託業務│銀行內控│
初階授信│初階外匯│
理財規劃│保險人員推薦用書

暢銷上榜好書

2F021121	初階外匯人員專業測驗重點整理+模擬試題	蘇育群	510元
2F031111	債權委外催收人員專業能力測驗重點整理+模擬試題 👑 榮登金石堂暢銷榜	王文宏 邱雯瑄	470元
2F041101	外幣保單證照 7日速成	陳宣仲	430元
2F051131	無形資產評價師(初級、中級)能力鑑定速成 👑 榮登博客來、金石堂暢銷榜	陳善	近期出版
2F061131	證券商高級業務員(重點整理+試題演練)	蘇育群	670元
2F071121	證券商業務員(重點整理+試題演練) 👑 榮登金石堂暢銷榜	金永瑩	590元
2F081101	金融科技力知識檢定(重點整理+模擬試題)	李宗翰	390元
2F091121	風險管理基本能力測驗一次過關	金善英	470元
2F101121	理財規劃人員專業證照10日速成	楊昊軒	390元
2F111101	外匯交易專業能力測驗一次過關	蘇育群	390元

2F141121	防制洗錢與打擊資恐(重點整理+試題演練)	成琳	630元
2F151121	金融科技力知識檢定主題式題庫(含歷年試題解析) 👑 榮登博客來暢銷榜	黃秋樺	470元
2F161121	防制洗錢與打擊資恐7日速成　👑 榮登金石堂暢銷榜	艾辰	550元
2F171131	14堂人身保險業務員資格測驗課 👑 榮登博客來、金石堂暢銷榜	陳宣仲 李元富	490元
2F181111	證券交易相關法規與實務	尹安	590元
2F191121	投資學與財務分析　　　👑 榮登金石堂暢銷榜	王志成	570元
2F201121	證券投資與財務分析	王志成	460元
2F211121	高齡金融規劃顧問師資格測驗一次過關 👑 榮登博客來暢銷榜	黃素慧	450元
2F621131	信託業務專業測驗考前猜題及歷屆試題 👑 榮登金石堂暢銷榜	龍田	590元
2F791131	圖解式金融市場常識與職業道德 👑 榮登博客來、金石堂暢銷榜	金融編輯小組	530元
2F811131	銀行內部控制與內部稽核測驗焦點速成+歷屆試題 👑 榮登金石堂暢銷榜	薛常湧	近期出版
2F851121	信託業務人員專業測驗一次過關	蔡季霖	670元
2F861121	衍生性金融商品銷售人員資格測驗一次過關	可樂	470元
2F881121	理財規劃人員專業能力測驗一次過關 👑 榮登金石堂暢銷榜	可樂	600元
2F901131	初階授信人員專業能力測驗重點整理+歷年試題解析 二合一過關寶典　　　　👑 榮登金石堂暢銷榜	艾帕斯	近期出版
2F911131	投信投顧相關法規(含自律規範)重點統整+歷年試題 解析二合一過關寶典	陳怡如	480元
2F951131	財產保險業務員資格測驗(重點整理+試題演練)	楊昊軒	近期出版
2F121121	投資型保險商品第一科7日速成	葉佳洺	590元
2F131121	投資型保險商品第二科7日速成	葉佳洺	570元
2F991081	企業內部控制基本能力測驗(重點統整+歷年試題) 👑 榮登金石堂暢銷榜	高瀅	450元

千華數位文化股份有限公司

■新北市中和區中山路三段136巷10弄17號　■千華公職資訊網 http://www.chienhua.com.tw
■TEL: 02-22289070　FAX: 02-22289076

學習方法 系列

如何有效率地準備並順利上榜，學習方法正是關鍵！

作者在投入國考的初期也曾遭遇過書中所提到類似的問題，因此在第一次上榜後積極投入記憶術的研究，並自創一套完整且適用於國考的記憶術架構，此後憑藉這套記憶術架構，在不被看好的情況下先後考取司法特考監所管理員及移民特考三等，印證這套記憶術的實用性。期待透過此書，能幫助同樣面臨記憶困擾的國考生早日金榜題名。

榮登金石堂暢銷排行榜

—— 連三金榜 黃禕 ——

翻轉思考	適合的最好	一定學得會
破解道聽塗說	調整習慣來應考	萬用邏輯訓練

三次上榜的國考達人經驗分享！
運用邏輯記憶訓練，教你背得有效率！
記得快也記得牢，從方法變成心法！

作者線上分享

網路書店

最強校長 謝龍卿

榮登博客來暢銷榜

作者線上分享

經驗分享＋考題破解
帶你讀懂考題的know-how！

open your mind！
讓大腦全面啟動，做你的防彈少年！

108課綱是什麼？考題怎麼出？試要怎麼考？書中針對學測、統測、分科測驗做統整與歸納。並包括大學入學管道介紹、課內外學習資源應用、專題研究技巧、自主學習方法，以及學習歷程檔案製作等。書籍內容編寫的目的主要是幫助中學階段後期的學生與家長，涵蓋普高、技高、綜高與單高。也非常適合國中學生超前學習、五專學生自修之用，或是學校老師與社會賢達了解中學階段學習內容與政策變化的參考。

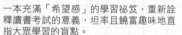

推薦學習方法　影音課程

國家圖書館出版品預行編目(CIP)資料

(金融證照)投信投顧相關法規(含自律規範)重點統整+歷年

　　試題解析二合一過關寶典 / 陳怡如編著. -- 第三版.

　　-- 新北市：千華數位文化股份有限公司, 2023.10

　　　面；　公分

　　ISBN 978-626-380-062-5 (平裝)

　　1.CST: 投資法規　2.CST: 證券法規

　　563.51　　　　　　　　　112016965

投信投顧相關法規(含自律規範)

[金融證照] 重點統整＋歷年試題解析二合一過關

編 著 者：陳 怡 如

發 行 人：廖 雪 鳳
登 記 證：行政院新聞局局版台業字第 3388 號
出 版 者：千華數位文化股份有限公司
　　　　　地址／新北市中和區中山路三段 136 巷 10 弄 17 號
　　　　　電話／(02)2228-9070　　傳真／(02)2228-9076
　　　　　郵撥／第 19924628 號　千華數位文化公司帳戶
　　　　　千華公職資訊網：http://www.chienhua.com.tw
　　　　　千華網路書店：http://www.chienhua.com.tw/bookstore
　　　　　網路客服信箱：chienhua@chienhua.com.tw

法律顧問：永然聯合法律事務所
編輯經理：甯開遠
主　　編：甯開遠
執行編輯：陳資穎
校　　對：千華資深編輯群
排版主任：陳春花
排　　版：林婕瀅

出版日期：2023 年 10 月 25 日　　第三版／第一刷

本書如有勘誤或其他補充資料，
將刊於千華公職資訊網　http://www.chienhua.com.tw
歡迎上網下載。